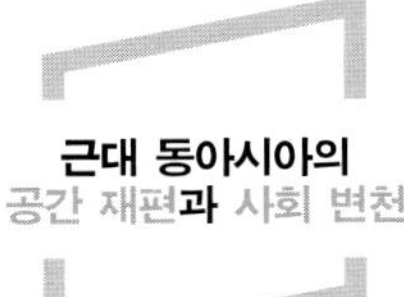

근대 동아시아의
공간 재편**과** 사회 변천

글쓴이

우쑹디(吳松弟 Wu Songdi) 복단(復旦)대학 역사지리연구중심 교수 겸 연구중심 주임
저우쯔펑(周子峰 Zhou Zifeng) 홍콩수인(樹仁)대학 역사계 부교수
이영호(李榮昊 Lee Youngho) 인하대학교 사학과 교수
이시카와 료타(石川亮太 Ishikawa Ryota) 리츠메이칸(立命館)대학 경영학부 교수
박준형(朴俊炯, Park Junhyung) 인하대학교 한국학연구소 HK연구교수
양지혜(梁知惠 Yang Jihye) 한양대학교 박사과정
린위루(林玉茹 Lin Yuru) 대만중앙연구원 대만사연구소 연구원
하세봉(河世鳳 Ha Saebong) 한국해양대학교 동아시아학과 교수
야오융차오(姚永超 Yao Yongchao) 상해해관(海關)학원 기초부 부교수
딩셴융(丁賢勇 Ding Xianyong) 항주(杭州)사범대학 인문학원 교수
왕저(王哲 Wang Zhe) 남개(南開)대학 역사학원 부교수
우링페이(伍伶飛 Wu Lingfei) 복단대학 역사지리연구중심 박사과정

옮긴이(중국어 원고)

임찬혁(任贊赫, Ren Zanhe) 서울대학교 국사학과 강사

동아시아한국학연구총서 22
근대 동아시아의 공간 재편과 사회 변천

초판 인쇄 2015년 5월 20일 **초판 발행** 2015년 5월 30일
엮은이 인하대학교 한국학연구소 · 중국 복단대학 역사지리연구중심 편
펴낸이 박성모 **펴낸곳** 소명출판 **출판등록** 제13-522호
주소 서울시 서초구 서초중앙로6길 15, 1층
전화 02-585-7840 **팩스** 02-585-7848 **전자우편** somyong@korea.com **홈페이지** www.somyong.co.kr

값 29,000원   ⓒ 인하대학교 한국학연구소 · 중국 복단대학 역사지리연구중심, 2015
ISBN 979-11-86356-40-1 94330
ISBN 978-89-5626-835-4 (세트)

이 책은 2007년 정부(교육과학기술부)의 재원으로 한국연구재단의 지원을 받아 수행된 연구임(KRF-2007-361-AM0013).

동아시아한국학연구총서 22

근대 동아시아의 공간 재편과 사회 변천

Spatial Organization and Social Change in Modern East Asia

인하대학교 한국학연구소 · 중국 복단대학 역사지리연구중심 편

소명출판

인하대학교 한국학연구소는 2007년부터 '동아시아 상생과 소통의 한국학'을 의제로 삼아 인문한국(HK) 사업을 수행하고 있다. 상생과 소통을 꾀하는 동아시아한국학이란, 우선 동아시아 각 지역과 국가의 연구자들이 자국의 고유한 환경 속에서 축적해 온 '한국학(들)'을 각기 독자적인 한국학으로 재인식하게 하고, 다음으로 그렇게 재인식된 복수의 한국학(들)이 서로 생산적으로 소통할 수 있는 방법을 구성해내는 한국학이다. 우리는 바로 이를 '동아시아한국학'이라는 고유명사로 명명하고 있다. 따라서 동아시아한국학은 하나의 중심으로 수렴된 한국학을 지양하고, 상이한 시선들이 교직해 화성(和聲)을 창출하는 복수의 한국학을 지향한다.

이런 목표의식하에 한국학연구소는 한국학이 지닌 서구주의와 민족주의적 편향성을 극복하기 위한 방법으로 근대전환기 각국에서 이뤄진 한국학(들)의 계보학적 재구성을 시도하고 있다. 주지하듯이 한국에서 자국학으로 발전해온 한국학은 물론이고, 구미에서 지역학으로 구조화된 한국학, 중국·러시아 등지에서 민족학의 일환으로 형성된 조선학과 고려학, 일본에서 동양학의 하위 범주로 형성된 한국학 등 이미 한국학은 단성적(單聲的)인 방식이 아니라 다성적(多聲的)인 방식으로 존재하고 있다. 우리는 그 계보를 탐색하고 이들을 서로 교통시키고자 한다. 다시 말해 본 연구소는 동아시아적 사유와 담론의 허브로서 동아시아한국학의 방법론을 정립하기 위해 학문적 모색을 거듭하고 있다.

더욱이 다시금 동아시아 각국의 특수한 사정들을 헤아리면서도 국경을 넘어서는 보편적 가치를 모색할 필요성이 절실해지는 이즈음, 상생과 소통을 위한 사유와 그 실천의 모색에 있어 그간의 학문적 성과를 가름하고 공유하는 것은 여러 모로 의미가 있으리라 여겨진다. 이에 우리는 복수의 한국학에 대한 계보학적 탐색, 상생과 소통을 위한 동아시아한국학의 방법론 정립, 연구 성과의 대중적 공유라는 세 가지 지향점을 중심으로 지속적으로 축적되고 있는 연구 성과를 세 방향으로 갈무리하고자 한다.

본 연구소에서는 상생과 소통을 위한 동아시아한국학 연구에 있어 연구자들에게 자료와 토대를 정리해 연구의 기초를 제공하고, 또한 현재 동아시아한국학 연구의 범위와 향방을 보여줄 뿐만 아니라 그 연구 성과들을 시민들과 공유하는 것까지 고려하는 방향으로 총서를 발행하고 있다. 모쪼록 이 총서가 동아시아에서 갈등의 피로를 해소하고 새로운 상생의 방법을 모색하는 데 일조할 수 있기를 기대한다.

인하대학교 한국학연구소

본서는 인하대학교 한국학연구소가 진행하는 개항 및 도시 연구의 일환으로 편찬된 것이다. 본 연구소는 2010년 6월 목포대 도서문화연구원, 부산대 민족문화연구소, 제주대 탐라문화연구소, 한국해양대 국제해양문제연구소 등과 학술교류협정을 맺고 매년 국제학술회의를 개최하기로 약속했다. 협력 연구소들이 순차적으로 학술대회를 주최하는 것으로 하여 현재까지 5회를 넘어섰다. 본 연구소가 주최한 2011년 12월 첫 번째 국제학술회의의 성과는 단행본 『동아시아 개항도시의 형성과 네트워크』(글로벌콘텐츠, 2012)로 출간된 바 있다.

이 학술회의에 중국 측 리더로 참가했던 복단(復旦)대학 역사지리연구중심의 우쏭디[吳松弟] 소장은 이후 이러한 학술회의의 방식을 수용하여, 연구 관심이 일치하는 여러 연구기관 연합으로 학술회의를 기획하였다. 그것은 2013년 10월 19~20일 상해의 복단대학에서 역사지리연구중심이 주최하고, 인하대학교 한국학연구소를 비롯하여 중산(中山)대학 아태연구원, 남개(南開)대학 역사학원 등 중국 측 4개 기관이 함께 주관하는 국제학술회의로 결실을 맺었다. 학술회의의 주제는 '해양·항구성시·복지—19세기이래적동아교통여사회변천(海洋·港口城市·腹地—19世紀以來的東亞交通與社會變遷)'이었으며, 본서는 여기서 발표된 42편의 글 중 본서의 기획에 맞는 10편의 글에다 이시카와 료타[石川亮村], 양지혜 두 분의 글을 추가하여 편집한 것이다.

본서는 제1부 '공간의 재편－개항장・배후지・잡거', 제2부 '사회의 변천－무역・네트워크・근대'로 구분하여 편집하였다. 제1부에는 개항장 배후지의 경제 변동에 대한 세 편의 글을, 그리고 개항 이후 식민지사회에서 내외국인이 잡거하는 모습을 보인 한국의 부산・평양・흥남의 도시공간 재편에 대한 세 편의 글을 수록하였다. 제2부에는 한국과 중국의 개항장 무역에 대한 세 편의 글, 개항 이후 설치된 교통・통신 인프라가 지역주민들의 생활에 미친 근대적 영향에 대한 세 편의 글을 수록하였다.

제1부의 개항장 배후지의 경제 변동에 대해서는 우쑹디가 중국 대륙 전체를 놓고 배후지의 경제발전을 거시적으로 보았다면, 저우쯔펑[周子峰]과 이영호는 하나의 특정한 개항도시가 배후지의 경제발전에 미친 영향을 검토했다.

우쑹디는 「"동쪽에서 서쪽으로, 변방에서 내지로"－중국 근대 경제 변천의 공간적 진행 경로」에서, 중국 대륙 전체를 놓고 경제발전의 공간적 변천을 거시적으로 개관하였다. 개항 이후 경제발전에 대해 중국 동부연안의 통상구안(通商口岸, 개항장)에 주목하는 것이 일반적이지만 내륙의 변경지역에도 통상구안이 존재하므로 경제발전의 경로도 양측면에서 보아야 한다고 주장한다. 즉 동부연안에서 서쪽 내지로 향하는 경제발전의 공간적 이동이 중심적이지만 부차적으로 내륙 변경에서 내지로 경제발전의 경로가 존재하는 것을 주목하자고 한다. 따라서 동부연안의 개항도시를 중심으로 한 '항구-배후지' 이론은 변경의 통상구안을 통해 육로와 수로로 국경 너머에 위치한 항구-배후지로 연결되는 경로를 대상으로 확장될 필요가 있다고 지적한다. 중국대륙을 대상으로 한 거시적인 시각이어서 한국에 적용하기에는 어려움이 있다.

저우쯔펑은 「근대 하문(廈門)과 경제 배후지」에서, 남경조약에 의해 최초로 개항된 5개 항구 중 하나인 하문 항구와 배후지 및 국제시장의 네트워크 속에서 나타나는 경제적 변동의 양상을 고찰하였다. 하문은 개항 이전에도 복건성을 배후지로 하면서 대만 및 동남아지역과 무역하는 중심지였다. 개항 이후 국제시장에 민감하게 반응하면서 농업생산의 성장을 보이지만 기술적 진보를 동반하지 못하여 오히려 몰락하고 말았다. 반면 공업의 측면에서는 서양 공산품의 수입이 전통 수공업의 몰락을 초래하는 한편에서 새로운 산업의 등장을 자극하기도 했다고 보았다. 일본이 대만을 식민지화한 이후에는 대만시장의 상실로 위축되기도 하는 한편 화교자본의 유입으로 금융과 소비시장의 활성화도 초래한다. 대만식민지의 존재와 화교자본이 경제 변동에 영향을 미친 점은 다른 지역과는 양상을 달리하는 하문의 특징으로 지적할 수 있겠다.

이영호는 「인천 개항과 배후지의 산업 변동」에서, 개항기에서 식민지시기에 걸쳐 인천 배후지의 산업이 어떻게 변화했는지 검토하였다. 배후지의 범위를 개항 초기에는 외국인의 활동이 가능한 개항장에서 100리까지의 범위로 보았지만 타 항구의 개항과 철도망의 형성으로 광협의 신축성을 보이게 되고, 식민지로 되어서는 인천과 서울이라는 두 거대 소비도시의 중간에 설정된 경인지대가 배후지의 핵심지역이 된 것으로 파악했다. 개항 직후에는 개항장의 무역구조가 배후지에 영향을 미쳤다. 그렇지만 식민지가 되어서는 일제의 식민지 산업정책에 의해 배후지 산업이 변화하였다. 식민지 초기에는 수도 서울과 인천 개항장에 공급하기 위한 상업적 농업이 발전했으나 일제의 산미증식계획에 의해 미곡의 증산이 추진되다가 공업화 정책에 의해 경인공업단지가 설치되고 일제 말기의 전쟁기에는 군수산업 중심으로 개편되었다. 인천항 배후지의 산업 변동 양상은 한국 내의 다른 항구도시 배후지에서 농업지대가 공업단지로 변모되는 모델이 되었다고 본다.

다음으로 개항 이후 식민지를 통해 이루어진 한국의 도시공간 재편에 대해, 이시카와 료타는 개항 초기 부산의 일본인과 중국인 잡거문제를, 박준형은 평양 개시장의 내외국인 잡거문제를, 그리고 양지혜는 식민지 조선의 홍남을 사례로 일본인 하층민의 '식민자 사회' 편입문제를 중심으로 검토하였다.

이시카와 료타는 「개항장을 둘러싼 이동과 제도의 상극―1880년대 부산 일본조계의 중국인 거주문제」에서, 조계가 동아시아 공통의 제도로서 다각적, 광역적 인적 이동과 교역의 기반이 되었다는 점을 주장했다. 1883년 청국상점 덕흥호(德興號)가 부산의 일본조계에 정주하려는 과정에서 일본과 청국 사이에 발생한 분쟁을 검토했다. 덕흥호는 부산의 일본조계에 상점을 개설하려 했지만 일본영사가 일본의 전관조계라고 하여 폐점시킴으로써 외교문제로 비화된 사건이다. 이 사건을 계기로 일본은 각국조계로의 전환을 검토하기도 했지만 전통적인 왜관의 기득권을 계승하고자 전관체제의 고수를 유지하였다. 이에 청국은 부산에 별도의 전관조계를 설치하게 되었다. 위로부터 이루어진 청일간의 패권경쟁보다는 민간인의 이러한 활동이 아래로부터 동아시아 조계의 보편성을 촉구하는 힘으로 작용할 수 있었다고 한다.

박준형은 「개항기 평양의 개시과정과 개시장의 공간적 성격」에서, 개항장이 아닌 개시장의 공간을 외교적, 민족적 시각이 아니라 일제의 한반도 공간재편이라는 관점에서 검토하였다. 청일전쟁 이전 평안도와 황해도에서 성행한 미통상구안에서의 청국인 밀무역은 바다와 내지의 경계를 무너뜨려, 내지이면서도 외국선박의 왕래가 자유로운 무법지대를 조성하였다. 청일전쟁 이후에는 평양에 외국인이 불법적으로 거주하는 상황도 초래되어, 1898년 이후 평양개방을 둘러싸고 갈등이 빚어졌다. 한국정부는 '내지'에서의 외국인 퇴거를 요구하고 각국은 이미 잡거가 진행된 현상을 인정하여 조계를 설정할 것을 요구하였다. 결국 한국정부는 칙령에 의한 자주적 개방을 선언하게 되는데, 이는 조계를 설정하지 않은 채 잡거지로서 평양 개시장을 설정하는 것으로 되었다. 이 과정에서 조계지와 마찬가지로 개시장에서도 '조계 밖 10리 이내'에서 외국인이 토지와 가옥을 매입하여 잡거할 수 있는 조항의 적용문제가 거론됨으로써 한국의 어느 지역이라도 잡거의 현상이 기정사실화되면 이 규정이 적용될 가능성, 그럼으로써 식민지화의 연쇄적 공간재편이 가능해지게 되었다는 점을 강조했다.

양지혜는 「'식민자 사회' 만들기―식민지기 흥남의 사택촌과 일본인 노동자 가족」에서, 함경도 흥남의 일본인 하층민 노동자들이 조선인을 차별하면서 조선인과 분리된 식민자 사회의 주체로 형성되는 양상을 그렸다. 먼저 흥남의 도시공간이 민족적으로 분리되었지만 일본인 사이에도 계급적 차별이 존재했다고 진단한다. 일본인 하층민 노동자는 식민자 집단의 말단에 위치하여 일본인과 조선인 사이에 낀 경계인으로서 조선인과의 대면관계가 많았지만, 역설적으로 일본어 표준어 사용, 도시민다운 행동, 부도덕한 조선인 이미지 조작 등의 방식으로 '일본인 되기', '일본인다움'을 추구함으로써 식민자 사회의 일원이 되어갔다고 본다. 일본인 하층민이 식민지 일상생활에서 일본인만의 분리된 세계를 형성해감으로써 식민지 체제를 지탱한 견고한 보수층이 된 과정을 그들의 구술자료를 통해 그려냈다. 식민지의 공간은 물리적 공간에 의해 구별되는 것만이 아니라 '식민자 사회'라는 일본인사회의 구심력에 의해서도 구별된다는 점을 강조했다.

제2부의 동아시아 개항장 및 항구도시의 무역에 대해서는 하세봉이 거시적으로 살피고, 린위루[林玉如]가 개항장 영파(寧波)의 무역사례를 중심으로, 그리고 야오용차오[姚永超]가 모피라는 하나의 상품을 중심으로 검토하였다.

하세봉은 「무역통계를 통해 본 1930년대 동아시아 역내 교역과 항구도시」에서, 1930년대 동아시아 항구도시 사이의 무역의 특징을 면·선·점의 개념을 가지고 검토했다. 각국의 무역통계는 분할가능한 지역의 개념을 달리 규정하고 있지만, 공통적으로 보면 일본제국을 중심으로 그 식민지 조선·대만·만주, 그리고 중국의 화북·화중·화남으로 구분된다고 보았다. 면과 면, 즉 지역과 지역 사이의 교역은 일본과 식민지 사이에 형성된 방사선 교역이 중심인데, 특히 일본과 조선간의 무역이 상호의존도가 가장 높은 반면, 중국의 비중은 낮다고 보았다. 그리고 방사선 구조에 연결된 점으로서의 항구도시에서 교역이 이루어지는데, 오사카와 고베가 동아시아 역내무역의 중심지이며, 상해와 요코하마는 세계무역체제에 연결되는 것으로 설명했다. 조공체제와 사무역이 개항장 무역을 거쳐 제국-식민지 형성기에 동아시아 역내무역 시스템으로 변모한 양상을 거시적으로 개관하였다.

린위루는 「「척소빈통(尺素頻通)」－청말 영파 대리 무역상과 천주(泉州), 대만 각 항구 사이의 무역」에서, 천주의 무역상이 영파와 대만의 담수(淡水)항에서 무역한 실태를, 1894~1905년 필사된 「척소빈통」이라는 74건의 편지를 통해 검토했다. 편지는 영파에 파견된 천주의 무역대리상이 영파를 중심으로 천주 및 대만 각 항구와 이루어진 교역의 실태를 천주상인에게 보고한 내용이 중심이다. 이를 통해 위탁대리무역의 실태, 증기선과 범선의 무역경쟁, 상품의 운송과정, 항구 및 무역대리상 사이의 상업분쟁, 남북 물산의 가격비교, 상품의 품종과 등급, 수출입 무역의 실태 등을 확인할 수 있다고 한다. 영파에서 활동한 해상집단의 실태, 그들 사이의 경쟁, 그리고 서양상인과의 경쟁도 담고 있다. 뿐만 아니라 가족과 친구에게 보낸 편지도 포함되어 그들의 가정 및 일상생활의 측면도 살필 수 있다. 중국 중부에 위치하면서 남방무역의 집산지였던 영파를 중심으로 청말 개항장 사이에 전개된 남방무역의 양상을 이 사례를 통해 확인할 수 있다.

야오융차오는 「사치(奢侈)의 배후－근대 동북 대개발 과정에서의 모피 무역」에서, 중국 동북지역의 근대적 개발에 따라 사치품인 모피 무역에 파동이 일어나는 모습, 그리고 그것이 환경에 미친 영향을 분석했다. 원래 모피는 동북지방 사람들이 황실에 납공하던 특산물이었는데 개항 이후 서구 시장의 사치품으로 수요가 증대함에 따라 자원의 고갈을 초래했다고 한다. 또 수렵과 모피가공, 무역으로 이어지는 생산과 유통체계의 변화도 뒤따랐다. 해관의 통계를 살펴보면 시기별로 모피 수출액에 차이가 있고 수출 중심지에도 변화가 나타났다고 한다. 특히 모피 무역이 동북의 개발이나 지역주민의 삶을 향상시킨 측면과는 별도로 페스트의 유행으로 환경적 재앙을 초래할 뿐 아니라 항구 폐쇄 등 경제발전에도 역효과를 가져왔다고 한다. 근대적 개발이 보복성 재난을 초래한 점을 강조했다.

다음으로 근대적 인프라가 지역주민에게 미친 영향에 대해 딩셴융[丁賢勇]은 철도, 왕저[王哲]는 우편, 우링페이[伍伶飛]는 등대를 주제로 검토했다.

딩셴융은 「놀라운 변화—항강선(杭江線) 철도 개통 전후의 향민 세계」에서, 1934년 절강성 항주와 강서성 옥산 사이에 도입된 항강철도가 향민에게 미친 영향을 『화룡(火龍)』이라는 작품을 통해 살폈다. 1934년이라면 철도가 개통된 지 오래되어 근대화의 물결이 여러 도시를 휩쓴 시기이지만 농촌마을은 풍수적 측면에서 철도개통을 반대하는 사람도 있을 정도로 근대화와는 먼 거리에 놓여 있었다. 철도가 개통된 뒤 용과 같은 마디마디를 연결한 기차, 즉 '화룡'은 향민들을 외부세계와 연결시키는 새로운 근대물이었다. 당연한 일이지만 기차는 수천 년간 잠들었던 마을에 갑자기 들이닥쳐 향민들의 생활세계를 크게 변화시켰다. 일거에 각성될 수 없었지만 사회변화는 기차의 개통과 함께 기적소리를 높이고 있었다는 것이다.

왕저는 「근대 우정(郵政) 지도와 우정 네트워크」에서, 여러 판본의 우정 지도를 비교 분석하여 우정 네트워크의 실태를 파악했다. 특히 북경·천진 및 하북성 일대의 우정 지도를 1907년판과 1919년판을 비교 대조하여 우정 네트워크가 공간적으로 확장되어가는 모습을 소개했다.

1907년은 청의 주도하에, 1919년은 중화민국의 주도하에 우정 네트워크의 확장이 진행되었다. 우편물의 배송지역, 배송방법, 배달속도 등을 서구사회와 비교하여 발전 정도를 살피기도 했다. 우정 지도를 통해서는 우정 네트워크의 실제 모습을 직관적으로 파악할 수도 있다.

우링페이는 「근대 중국의 등대 건설 및 관리 중 관민(官民) 상호작용의 지역적 차이」에서, 등대의 건설과 관리의 모습을 해관사료를 활용하여 민간의 역량과 관변의 상호작용이라는 관점에서 검토했다. 민간의 역량이 참여한 결과는 바람직한 모습도 보였지만 폐단도 낳았다고 분석한다. 동시에 관민 간의 긍정적 또는 부정적 상호작용이 화북·장강·화남지역 등에서 지역적으로 상당한 차이를 보인다는 점도 확인하고 있다. 그것은 각 지역 관변 당국과 민중의 인식 수준, 처리방식, 수지타산의 차이에서 비롯된 것으로 보았다.

이상에서 본서에 수록된 글의 핵심적인 내용을 살펴보았다. 처음부터 기획에 의거하여 학술회의를 거쳐 본서를 편집한 것이 아니라 학술회의의 결과 중에서 선택적으로 편집하다 보니 엄밀하게 주제와 일치하지 못한 문제가 발생할 수밖에 없다. 연구대상 지역이 고른 분포를 보이지 못한 측면도 있다. 특히 일본은 연구대상에서 빠져 있다. 글이 거시적인 것도 있고 미시적인 것도 있다. 연구분야가 초보적인 경우도 있고 익숙한 부분도 있다. 이런 약점에도 불구하고 동아시아의 근대적 재편의 한 측면을 공간과 사회의 변화를 통해서 살펴보려한 편집 의도는 전하고 싶다.

여러 글 가운데 이시카와 료타의 글은 2014년 12월 한국해양대 국제해양문제연구소가 목포대 도서문화연구원, 부산대 민족문화연구소,

인하대 한국학연구소, 제주대 탐라문화연구소 등과 공동으로 개최한 국제학술회의에서 발표된 것이고, 양지혜의 글은 『도시연구』 7호에 실린 것임을 밝힌다. 글의 게재를 수락해주신 두 분께 이 자리를 빌려 감사드린다. 아울러 복단대학에서 주최한 학술회의에서 발표된 글의 수록을 허락해주신 관련분야 여러 학자께 감사의 말씀을 올린다. 무엇보다도 본인이 인하대 한국학연구소장직을 수행할 때 함께 학술회의를 기획했을 뿐 아니라 본서를 편집할 때에도 여러 가지 어려운 일을 감당해낸 인하대 한국학연구소 박준형 연구교수의 노고를 높이 치하한다. 어려운 출판환경에도 불구하고 까다로운 기획물의 간행을 허락해주신 소명출판 박성모 사장님과 편집진 여러분께 감사드린다.

2015년 5월

인하대학교 사학과 교수 이영호

제1부

공간의 재편 개항장·배후지·잡거

"동쪽에서 서쪽으로, 변방에서 내지로"

중국 근대 경제 변천의 공간적 진행 경로
우쑹디

중국 근대시기(1840~1949)에 벌어진 전통 경제로부터 근대 경제로의 변천의 과정에 있어서 공간적 진행 경로와 그로 인해 형성된 경제, 지리적 구조를 분석하는 것은 중국 근대 경제지리 연구의 중요한 과제이다. 100여 년 동안 중국은 비록 서구 열강들의 침략을 받았지만 그 과정에서 서양의 경험을 학습하여 근대화의 길에 들어섰고 최종적으로 수천 년간의 봉건통치를 결속 짓고 새로운 시대에 진입했다. 1949년 10월 중화인민공화국의 수립은 중국의 근대화가 새로운 단계에 들어섰음을 의미한다. 때문에 근대 경제지리 연구는 하나의 중요한 과제로서 해당 연구를 통해 선진적인 생산력이 어떤 방향으로 중국에 수입되어 영향을 미쳤는지, 그리고 그것이 어떻게 중국 자체의 요소들과 결부되어 초기 근대화의 추진력으로 작용했는지 살필 수 있다.

제1차, 제2차 아편전쟁과 그에 따른 개항장의 설치가 주로 동부 연해지역에서 이루어졌기에 학자들은 일반적으로 중국의 경제 변천 과정이 동부 연해지역에서 시작되었다고 인식한다. 물론 이러한 결론 자체에는 별다른 문제가 없지만 단순히 해당 결론만 갖고서는 중국 근대 경제 변천의 공간적 진행 경로를 완벽하게 설명할 수 없으며 마땅히 더 큰 공간적 범위 내에서 논의를 해봐야 한다.

필자는 중국 근대 경제 변천의 공간적 진행 경로, 또는 중국 초기 근대화의 공간적 진행 경로에 대해 "동쪽에서 서쪽으로, 변방에서 내지로"라는 설명이 가능하다고 본다.

1. 중국 근대 경제 변천의 공간적 진행 경로

―"동쪽에서 서쪽으로, 변방에서 내지로"

중국은 동쪽으로 태평양에 인접해 있는데 대륙의 해안선 길이는 1.8만 킬로미터에 달하고 군데군데 매우 많은 양항이 분포되어 있다. 뿐만 아니라 중국의 육지 국경선도 매우 긴바, 10여 개 인근 국가와 2.28만 킬로미터의 국경선을 맞대고 있고 수많은 변경 도시를 통해 국제

무역을 진행하고 있다. 근대 이후 중국은 외부로부터의 충격 속에 이전과는 질적으로 다른 이른바 조약제도 규정하에서 대외무역 교류를 진행했다. 대외적인 압박하에 청나라는 외국과의 일련의 불평등조약을 통해 수많은 통상구안(通商口岸)을 개방했다. 19세기 말에 이르러 수많은 지방의 관신(官紳, 관료)들은 통상구를 개방하는 것이 지방 경제에 이점을 가져다주고 외국의 통제 속에 수많은 이익 손실이 발생한다는 점에 주목하여 자체적으로 지방 통상구를 개설하는 붐을 일으켰다.

이와 같이 수많은 지역에서 자체로 통상구를 개방한 것은 선진적인 생산력의 도입과 발전에 편리를 제공했지만 실제로 근대 경제에 변화가 발생하는 데는 시간과 강도 면에서 일정 정도의 차이를 보였다. 중국 근대 경제 변천의 공간적 진행 경로 혹은 주요 진행 방향에 대해서 대체적으로 "동쪽에서 서쪽으로, 변방에서 내지로"라는 표현으로 개괄할 수 있을 것이다. 이른바 "동쪽에서 서쪽으로"는 근대 경제의 변천이 동쪽 연해 개항장에서 시작되어 주요 교통로를 따라 중부 지역과 서부 내륙 지대로 확대되었음을 의미하고, "변방에서 내지로"는 변강 지역의 경우 국경 인근 지역의 통상구안에서 변화가 시작되어 점차 변강 지역 내부로 확산되는 것을 의미한다.

주지하다시피 1860년대 이전 제1차, 제2차 아편전쟁의 결과로 개방된 통상구안들은 중국 근대 경제 변천이 가장 먼저 발생한 지역으로 해당 통상구의 분포는 곧 "동쪽에서 서쪽으로, 변방에서 내지로"의 진행 경로를 보여준다. 1842년 8월, 청나라는 압박에 의해 영국과 강녕조약(江寧條約, 남경조약－역자 주)을 체결하였는데 이때 중국 동부 연해 지역의 광주(廣州), 하문(廈門), 복주(福州), 영파(寧波), 상해(上海) 등 5개 도시

가 중국의 첫 개항장으로 개방되었다. 1856년 제2차 아편전쟁을 일으
킨 영국과 프랑스는 청나라를 핍박해 천진조약(天津條約)과 북경조약(北
京條約)을 체결했고 더욱 많은 개항장을 개방하기에 이르렀다. 당시 개
방된 조주(潮州), 경주(瓊州), 담수(淡水), 계롱(鷄籠), 타구(打狗), 대만부(臺灣
府, 지금의 臺南), 천진(天津), 등주(登州), 우장(牛莊) 등 9개 개항장은 동부 연
해 지역에 위치해 있고, 진강(鎭江), 구강(九江), 한구(漢口), 강녕(江寧)(여러
가지 원인으로 1899년에 개항됨) 등 4개 개항장은 동부 연해 지역과 장강(長
江, 양쯔강 – 역자 주) 중하류 지역을 연결하는 지점에 위치해 있었다.

18세기 말 이래 러시아는 경제적인 발전과 중앙아시아 지역에서의
군사적 승리와 더불어 중국으로의 육로 통상 범위를 확대하기 위해 이
른바 "영국이 접근하기 어렵고 러시아와 가까운 거리에 있는" 중국 서
북지역과 몽골 지역에서 이권을 챙기려고 온갖 수단을 가리지 않았다.
1851년 러시아는 청나라와 이리-타르바하타이 통상장정을 체결해 이
리, 타르바하타이(오늘날 신강(新疆) 탑성(塔城))를 개항장으로 정하고 이듬
해 정식으로 개방했다. 이 시점은 제1차 아편전쟁 후 개항장으로 개방
된 광주, 상해 등 5개 개항장보다 9년 정도 늦었지만 제2차 아편전쟁
후 개항장으로 개방된 우장, 등주, 한구, 대남 등 연해 지역의 개항장보
다는 7년 정도 앞선 것이었다. 게다가 제2차 아편전쟁 기간에 러시아
는 무력으로 청나라를 핍박해 애혼조약(璦琿條約)과 중-러 북경조약을
체결함으로써 흑룡강 이북, 우수리강 이동의 사할린섬을 포함한 약
100만 평방킬로미터의 넓은 영토를 빼앗았고, 그밖에도 카슈카르, 쿠
룬 지역의 면세 무역권을 획득하였다. 한마디로 영국, 프랑스, 미국 등
구미 제국주의 국가들이 중국 연해 지역에서 개항장을 개방하는 이른

바 "동쪽에서 서쪽으로"의 변화 과정이 시작된 지 얼마 되지 않아 북쪽의 러시아는 중국을 핍박해 변경도시를 개항장으로 개방하는 이른바 "변방에서 내지로"의 변화 과정을 겪게 했던 것이다.

1870년대 이래 영국, 프랑스, 러시아 등이 중국을 핍박해 개항장을 개방하는 추세를 강화함과 동시에 일본은 1860년대 이후로부터 중국의 개항장을 통해 상업적인 이득을 취하려는 시도를 보였다. 그러다가 1894년 갑오전쟁(甲午戰爭, 청일전쟁—역자 주) 이후에는 중국 정부에 압력을 가해 동북 변경 지역과 내륙 지역에 개항장을 설치하는 데 앞장섰다. 이런 움직임과 동시에 청나라 정부는 자국의 이익을 지키기 위해 각 지방에서 자체로 통상구를 설치하는 것을 적극 지지하였다. 〈표 1〉(글 말미에 위치)을 살펴보면 1930년 5월 10일 중산항(中山港)을 통상구로 개방할 때까지 중국에 총 108개의 상부(商埠)와 4개 조차지(租借地) 및 통계에 포함되지 않은 홍콩, 마카오 등 2개 외국 식민지까지 합치면 총 114개의 대외무역 창구가 설치되었음을 알 수 있다. 이는 현재 중국의 산서(山西), 귀주(貴州), 섬서(陝西), 청해(靑海), 영하(寧夏) 등 지역을 제외한 거의 대부분의 성, 시, 자치구를 포함한 지역에 다수의 통상구안이 설치되었음을 의미한다.

이처럼 연해 지역에 설치된 통상구안들이 중국 근대 경제 변천 과정에서 일으킨 역할에 대해서는 일찍부터 많은 사람들의 주목을 받아 현재까지 주요 연구 주제로 각광받고 있다. 하지만 이와는 달리 변경 지역의 통상구안에 대해서는 아직까지 학계의 충분한 주목을 받지 못하고 있는데 해당 연구는 시간적으로도 그렇고 공간적으로도 매우 소략하다고 할 수 있다. 근래 일부 학자들이 변경지역의 통상구가 가지는 중요성에 주목하여 해당 통상구가 지역 경제 변천 과정에서 일으킨 역할에 대한 연구를 진행하여 변경 지역 경제의 모습을 일정 정도 복원하기에 이르렀다.

실제로 1889년 이전에 중국에는 이미 연해, 연강의 구안을 연결하고 서로 다른 지역 간의 교통망을 중심으로 한 무역 구조가 형성되어 있었는데 운남도 인근 나라들과 민간 무역 위주의 장기간의 경제적 교류를 진행해왔다. 하지만 그러한 교류에도 불구하고 운남은 여전히 중국 대외무역 구조에서 주변부적인 지위를 차지할 뿐이었다. 그러던 것이 1889년에 운남 몽자(蒙自)가 통상구로 개방되자 운남성의 대외무역도 새로운 단계로 접어들게 되었다. 그 후 사모(思茅), 등월(騰越)이 잇달아 개방되어 1902년에 이르러서는 운남에 몽자, 사모, 등월 등 삼관(三關)이 함께 발전하는 새로운 국면이 형성되었다. 해당 통상구들은 운남 내륙지역과 해외 시장을 연결해주는 연결 고리 역할을 하였으며 이를 통해 운남의 대외무역은 커다란 발전을 이룩하여 점차 중국 대외무역 구조 가운데서 선두를 점하게 되었다. 그밖에도 통상구가 개방되기 이전 주로 미얀마 등 인접 국가들과 이루어지던 운남의 대외무역은 통상구가 개방된 이후에는 홍콩으로 방향 전환을 이루었고 그 범위도 점차 세계 각지로 확대되었다. 뿐만 아니라 운남의 대외무역의 중심도 점차 운남 서부 지역에서 동부 지역으로 이전되었고 과거 대외무역 상품의 최대 집산지였던 등월의 위치는 점차 몽자와 곤명(昆明)이 대체하게 되었다. 다시 말해서 통상구의 개방은 운남의 근대 경제 변천 과정에 비교적 큰 촉진 역할을 일으켰던 것이다.[1]

신강의 경우 대외무역은 동쪽, 서쪽, 북쪽 등 세 개 방향으로 진행되었는데, 그중에서도 서쪽과 북쪽 방향으로 이루어진 러시아 무역 그리고 남쪽의 카슈카르를 거쳐 진행된 인도, 아프가니스탄 무역이 주를 이루었다. 이러한 신강의 대외무역은 처음에는 이리, 탑성 두 개 통상구를 통해 이루어졌으며, 1880년대에 이르러서는 카슈카르, 적화(迪化) 및 천산(天山) 남북의 3개 통상구가 추가로 개방되었다. 1883년에 이르러 신강의 대러시아 무역액은 1850년의 그것과 비교해 수출은 13.3배 증가하여 303.64만 루블에 달했고, 수입은 4.4배 증가해 279.2만 루블에 달했다. 러시아는 신강 지역에 천, 명주, 성냥 등 공산품을 수출했고, 신강으로부터 각종 모피, 목화 등 농, 축산품을 수입했다. 민국 시기에 들어 신강의 대러시아 수출은 계속해서 성장세를 보였다. 1912년 신강에 와있던 러시아인은 11,912명에 달했고 그 가운데서 65%가 축산품 가공 등 대러시아 수출 가공업 분야 직종에 종사했다. 다시 말해서 신강 목축업의 수출 지향성이 진일보 강화되었던 것이다. 1917년에 이르러 신강 이외 지역으로의 무역 중에서 8, 9할은 이미 러시아인의 장악하에 놓여 있었다. 곡물, 밀, 밀가루, 식염, 건과 등 물품이 주로 외몽골 지역으로 수출된 것 외에 신강 지역에서 생산된 대부분의 원료, 반제품 및 일용공산품은 러시아로 수출되었다. 신강지역에서 해마다 내몽골 포두(包頭)로 수출된 물품은 피모와 건과뿐이었고 포두에서 들여온 물품은 소량의 잡색 포필(布疋) 뿐이었다. 그 후 1925년에 이르기까지 소련 정세가 불안정해 경제가 쇠락하자 신강 지역의 목화가 부분적으로 천진을 통해 수출된 것 외에 해당 지역의 목화, 생사, 양털, 피

---

1   张永帅, 「近代云南的开埠与口岸贸易研究(1889~1937)」, 중국 : 复旦大学 박사논문, 2011.

장(皮張)의 주요 수출 방향은 여전히 러시아 시장이었고 천진 등 중국 내지 시장은 부수적인 위치에 놓여있었다. 신강 지역으로 수입된 제품에는 중국 내지에서 운반해 온 차와 면사 외에 기타 설탕, 면포, 모융포, 철기, 숙혁 등 대부분은 주로 러시아에서 운반해 왔다.[2]

서장(西藏)의 경우 근대 이전 장시기 동안 자급자족적인 자연경제 상태에 처해 있었다. 서장 내의 각 지역과 주변 기타 지역 사이에는 오랜 기간 이어 내려온 물물교환의 상품 교환 방식이 존재했다. 근대에 들어 아동(亞東), 강자(江孜), 갈대극(噶大克) 등 통상구가 개방됨에 따라 서장의 상업 무역은 큰 성장을 거두었으며, 주변의 감숙, 청해, 사천, 운남 및 인도 지역과의 무역이 비약적으로 발전하였다. 서장의 상인들은 해당 지역의 특산품인 양털, 소꼬리 등을 인도로 운반해가고 인도에서 면포나 양털 제품 등을 구입하거나 인도 화폐 루피를 서장 지역으로 가져다 판매했다. 그 후 그들은 다시 서장의 충초(蟲草), 피장, 사향(麝香) 등 특산품을 감숙, 사천, 운남 지역으로 가져다 팔고 해당 지역에서 차, 비단 및 기타 일용 잡화를 구해 왔다. 그 과정에 서장의 아동 통상구가 화물 유통의 중심지가 되었는데, 서장무역총회가 인도 카림퐁에서 조사한 바에 따르면 아동 통상구에서 카림퐁을 거쳐 인도 각 지역으로 수출된 서장의 화물은 1949년 이래 꾸준히 1000만 루피를 능가하였고 카림퐁에서 아동을 거쳐 서장 각 지역으로 수입된 화물은 1951년의 통계를 예로 들면 천 5,500태(馱), 모직품 1,250태, 담배 5,000태, 백당(白糖) 7,000태, 오금(五金) 제품 4,000태에 달했다.[3]

---

2 자세한 내용은 樊如森의 新疆 경제에 관한 논술을 참고하기 바람. 张萍·樊如森 外, 간행 예정, 『中国近代经济地理(西北卷)』, 华东师范大学出版社.

중국의 광대한 변경 지역은 거리상으로 동부 연해 지역과 매우 멀리 떨어져 있지만 주변의 인접 국가와는 매우 가까운 거리에 위치해 있다. 이러한 공간적 거리 및 민족 분포, 역사 문화 등 다방면의 원인으로 인해 중국 변경 지역의 대외 경제 무역은 다른 지역 특히는 동부 연해 지역에 비해 편리한 것이 사실이다. 이처럼 중국 근대 변경 지역에 설치된 통상구가 크게 발전하여 해당 지역의 경제적 변천을 이룩한 것은 논란의 여지가 없는 사실로 이는 곧 중국 변경 지역에 설치된 해당 통상구들이 기타 지역에 설치된 통상구들이 일으키지 못한 역할을 일으켰음을 의미한다. 만약 이러한 역할에 대해 충분히 인식하지 못한다면 변경 지역 경제의 외향성 수요에 대해 제대로 이해할 수 없을 뿐더러, 경제가 발달한 동부 지역과 멀리 떨어진 변경 지역에 일정한 수량의 서양 화물, 서양식 주택은 물론이고 발전기나 전등이 출현한 시기 또한 동부지역에 비해 별로 뒤처지지 않고, 일부 변경 지역의 경우 경제, 문화 발전 수준이 동부 연해 지역에 비해 별로 낙후하지 않은 이유 등에 대해서도 제대로 설명할 수 없다.

이밖에 동부 연해 지역과 변경 지역에 설치된 통상구의 개방 시기에 대해서도 분석해 볼 필요가 있다. 〈표 1〉에서 열거한 37개 연해 지역 통상구와 19개의 변경 지역 통상구 중에서 개방 시기가 가장 빠른 것은 당연히 제1차 아편전쟁 이후 개항된 광주, 상해, 하문, 복주, 영파 등 지역이다. 변경 지역의 통상구 19곳 중에서 이리와 타르바하타이가 가

---

3   자세한 내용은 中国社会科学院民族研究所·中国藏学研究中心社会经济所 편,『西藏的商业与手工业调查研究』, 中国藏学出版社, 2000, 1~21쪽에 실린 李坚尚의 글「西藏的商业和贸易」을 참고하기 바람.

장 이른 시기인 1851년에 개방되었는데 이는 연해 지역의 5개 개항장에 비해 9년 정도 늦을 뿐이다. 한편 연해 지역 통상구 전체를 살펴보면 평균 개방 시기가 1892년이지만,[4] 변경 지역 통상구 전체를 살펴보면 평균 개방 시기가 1895년으로, 전자가 후자에 비해 이르긴 하지만 그 시간 차이가 겨우 3년에 불과하다. 그 원인을 〈표 1〉에서 찾아보면 스스로 통상구를 개방한 경우 대부분 그 시기가 뒤쳐졌기 때문이다. 따라서 초기 개방한 통상구의 경우 연해 지역의 개방 시기가 변경 지역에 비해 빠르지만 중, 후반에 가서는 변경 지역의 통상구 개방 시기가 연해 지역 통상구의 그것에 비해 별반 늦지 않았다고 볼 수 있다.

2. 중국 근대 경제 변천의 주요 진행 방향은 "동쪽에서 서쪽으로"였고 "변방에서 내지로"는 부차적인 진행 방향이었다

하지만 중국 전체의 근대 경제 변천 과정 혹은 초기 근대화 과정을 놓고 봤을 때 연해 지역의 통상구가 미친 영향력은 변경 지역의 통상구가 미친 영향력에 비해 월등히 높은 수준이다. 따라서 그러한 영향력이 미친 공간적 범위의 크기든지 아니면 해당 지역 인구 규모에 상

---

4   필자의 통계에 따르면 37개 연해 지역 통상구의 개방 연도 합계는 70,023년으로 평균 개방 시간은 1892.5년이다. 한편 19개 변경 지역 통상구의 개방 연도 합계는 36,009년으로 평균 개방 시간은 1895.2년이다.

관없이 중국 근대 경제 변천의 주요한 진행 방향은 "동쪽에서 서쪽으로"였고 "변방에서 내지로"의 방향은 부차적인 것이었다.

우선 〈표 1〉에서 열거한 112개의 통상구 중에서 37개가 연해 지역에 분포되어 있고 19개는 변경 지역에 분포되어 있는데 후자는 전자의 절반 정도일 뿐이다. 게다가 교통이 불편하고 인구가 적은 등의 원인으로 인해 변경 지역의 통상구가 영향력을 미칠 수 있는 범위도 상대적으로 제한적이라고 할 수 있다. 그밖에 56개 통상구는 연해 지역도 아니고 변경 지역도 아닌 중국 내륙 지역에 분포되어 있는데 해당 통상구의 화물은 대부분 연해 지역의 통상구나 변경 지역의 통상구를 통해서 수출입되기 때문에, 사실상 내륙 지역의 통상구는 연해 지역과 변경 지역 통상구에서 광활한 내지로 들어가기 위한 물류 집산지의 역할을 한다고 볼 수 있다. 실제로 내륙 지역 통상구 자체가 연해 지역 혹은 변경 지역 통상구의 배후지 범위 내에 속해 있기도 한데, 이런 통상구를 거쳐 수출입되는 화물의 향방에 대한 분석을 통해 연해 지역 통상구와 변경 지역 통상구 중에서 어느 것이 중국 내륙 지역에 더 큰 영향을 미쳤는지를 분석할 수 있다.

〈표 1〉과 관련 역사문헌에 대한 분석을 통해[5] 내륙 지역의 56개 통상구 중에서 실제로 카룬, 커부두, 우리야쑤타이(외몽골 지역), 강자(江孜), 카다크(서장 지역), 곤명(昆明, 운남 지역) 및 영고탑(寧古塔, 흑룡강 지역) 등 7개

5　자세한 내용은 吳松弟 主编, 戴鞍钢 副主编의 『中国近代经济地理』(총 9권, 华东师范大学出版社, 출간 예정)의 2권부터 9권까지의 내용과 吳松弟 主编, 『中国百年经济拼图－港口城市及其腹地与中国现代化』, 山东画报出版社, 2006의 각 지역에 대한 서술을 참고하기 바람.

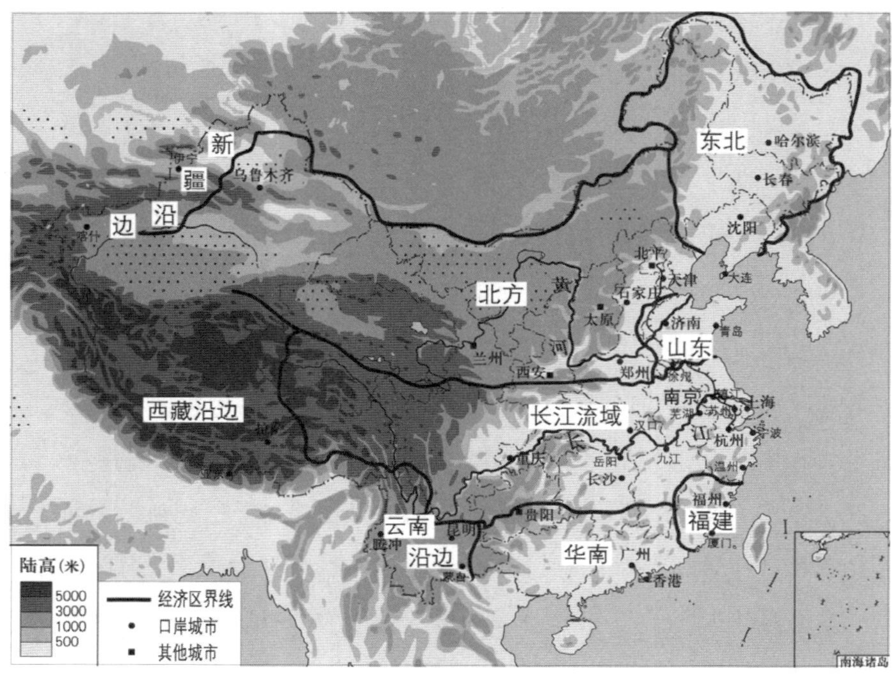

〈그림 1〉 1930년대 중국 연해 및 변경 지역 통상구의 영향력 범위

통상구만이 변경 지역에서 내지로 들어가기 위한 중간 지점에 위치해 있었고 나머지 49개 통상구(이 중 일부 통상구가 연해 지역 통상구와 변경 지역 통상구의 교차 배후지 범위 내에 속할 수 있는 가능성도 배제할 수 없음)는 모두 연해 지역의 통상구에서 내지로 들어가기 위한 중간 지점에 위치해 있다.

이를 통해 변경 지역의 통상구의 경우 배후지 범위가 해당 성을 벗어나지 않는 경우가 다수일 뿐더러 그 범위도 비교적 작다는 것을 알 수 있다. 하지만 이에 반해 연해 지역의 통상구의 경우 그 배후지 범위는 여러 개의 성을 포괄하는 경우가 많으며, 그러한 범위를 합치면 중국의 절대 대부분을 포함하게 된다.

다음으로, 단순히 통상구 숫자와 그 배후지 범위 및 개방 시기를 비교하는 것을 통해서는 근대 경제 변천의 다양한 내용들을 제대로 설명할 수 없다. 예를 들어 대외무역 상황과 그 개방 정도에 대한 분석이 몹시 중요하며, 그렇게 하기 위해서는 무역 수치에 대한 분석이 절실하다. 아래에서는 통상구의 숫자가 비교적 많고 무역량도 상대적으로 큰 중국 서남 변경 지역의 통상구에 관한 몇 건의 통계 수치를 살펴보도록 하자.

〈표 2〉 중국 서남 지역의 주요 통상구의 수출입 무역액과 전국 무역액에서 차지하는 비율

	1912년	전국 중 비율	1931년	전국 중 비율
몽자(蒙自)	19,569,689	0.016044	26,402,306	0.006709
사모(思茅)	262,801	0.000215	232,879	0.00006
등월(腾越)	2,506,905	0.002055	2,962,629	0.000753
중경(重庆)	26,870,867	0.02203	75,302,847	0.019135
만현(万县)			17,066,384	0.004337
합계	49,210,262	0.040344	121,967,045	0.030992

• 서양 화물의 수입액과 지방 화물의 수입액 및 수출액 세 가지 항목을 포함하고 있다. 1912년의 경우 단위는 양(兩)이고, 1931년의 경우 단위는 관평량(關平兩)이다.
• 출전 : 『中華民國元年通商各關華洋貿易總冊』第八款; 『民國二十年海關中外貿易統計年刊·統計輯要』; 『民國十八年至二十年海關貿易貨值按關全數』.

근대에 귀주(貴州)에는 해관이 설치되지 않았다. 따라서 상술한 5개 관문(關門, 통상구)의 수출입 무역 총액은 사실상 오늘날 사천, 운남, 귀주 및 서장 등 중국 서남 지역 4개 성, 자치구의 중화민국 시기 무역량이 대부분을 차지한다고 볼 수 있다. 하지만 그러한 무역액은 당해 연도 중국 전체 대외무역액의 4%와 3%만을 차지할 뿐이고, 또 이상의 중국 해관총세무사서(中國海關總稅務司署)의 통계 숫자에는 신강, 감숙 및 당시

영국의 식민통치하에 있던 홍콩과 포르투갈 식민통치하에 있던 마카오에 대한 수치가 포함되지 않았으며, 서장의 변경 지역 통상구의 경우 부분적으로만 통계 수치가 남아있음을 염두에 둘 필요가 있다. 즉 이러한 요소들을 전부 고려하면 서남 지역의 무역액이 중국 전체 수출입 무역액 가운데서 차지하는 비중은 아마 4% 내지는 3%보다도 더 적을 것이며, 실제로 이는 매우 미미한 수치에 불과해 동부 연해 지역의 그것과 서로 비교할 수 없음을 알 수 있다.

앞의 1절에서 서술했듯이 중국 서부 변경 지역에 위치한 운남, 서장, 신강 등 성, 자치구가 동부 연해 지역과 멀리 떨어져 있기에 수출입 물자 대부분은 해당 지역 내의 통상구를 통해 유통되고 나머지 일부만 육로와 수로를 통해 동부 연해 지역의 통상구로 운송된 후 재차 수출입되었던 것이다. 하지만 대안강(戴安鋼), 번여삼(樊如森) 등의 연구에 따르면 운남, 서장, 신강 등의 성, 자치구가 위치한 중국 서남 지역과 서북 지역의 경우에도 수출입 물자 중의 극히 일부만이 해당 지역 내의 통상구를 통해 유통되고 대부분은 육로와 수로를 통해 상해, 청도, 광주, 천진 등 연해 지역에 운송된 후 수출입되었다고 한다.[6] 이는 곧 서북, 서남 변경 지역에도 비록 통상구가 있긴 하지만, 다른 각도에서 해당 지역은 연해 지역 주요 항구들의 광활한 배후지의 서쪽 끝이라고도 볼 수 있다는 것이다.

필자가 여러 번 지적했듯이 중국 근대화의 요소들은 주로 동부 연해

----

6   戴鞍钢, 『港口·城市·腹地—上海与长江流域经济关系的历史考察, 1843~1913』, 复旦大学出版社, 1998, 204쪽; 樊如森, 「西北近代经济外向化中的天津因素」, 『复旦学报』(사회과학) 제6호, 2001.

지역에 상륙한 이후 점차 서부로 확장해 갔다. 광활한 공간적 거리와 교통 상황의 영향으로 해당 요소들이 서부 지역에서 확장되는 시간, 속도, 심도는 동부 연해 지역에 비해 약할 뿐만 아니라 심지어는 중부 지역에 비해서도 약했다. 이는 서부 지역에 통상구가 설치된 시간이 비교적 늦고 양적인 측면에서도 비교적 적었다는 사실을 통해 방증된다. 공간적 거리에 비례해 근대화의 정도에 강약의 차이가 존재하는 현상은 비단 동부, 중부, 서부 등 세 개 지역의 상호 비교를 통해서 드러날 뿐만 아니라, 서부 지역 내에서도 통상구 주변 지역을 제외할 경우 동부 연해 지역과의 거리가 멀면 멀수록 근대화의 정도가 낮은 현상이 발견된다.[7]

3. '항구-배후지' 이론에 대한 수정과 보충

2004년 필자는 『하북학간(河北學刊)』에 「항구-배후지와 중국 근대화의 공간적 진행 경로」라는 제목의 논문을 발표해 다음과 같은 관점을 제시했다.

1840년 이래 중국 근대 경제의 공간적 확장 모델은 대체적으로 연해 지역의 항구 도시 및 그 인근 지역에 우선 먼저 근대적인 경제가 형성된 이후

---

7   吳松弟, 「中国近代经济地理格局形成的机制与表现」, 『史学月刊』 제8호, 2009, 65~72쪽.

점차 교통로를 따라 내지로 확장되었다. 항구 도시와 그 배후지 사이의 경제적 연계는 양 지역 간의 물자 유통을 통해 잘 드러나는바, 이는 해당 지역의 경제 발전에 무시할 수 없는 영향을 미쳤다. 이밖에 장강 연선의 적지 않은 대외 개방 항구 도시들도 해당 지역 경제의 근대화 과정에 중요한 역할을 발휘했다. 모든 항구 도시들은 각자 일정한 범위의 배후지를 소유하고 있고 해당 지역의 발전 정도는 항구 도시 및 항구 도시를 연결하는 주요 교통로와의 거리 및 접근성의 편리 여부에 따라 결정되었는바 결과적으로 이로 인해 각 지역의 경제 발전 속도의 차이와 수준의 차이가 결정되었다. 따라서 '항구-배후지' 이론은 중국 경제 근대화의 공간적 진행 경로를 이해하기 위한 관건이라 할 수 있다.

이처럼 '항구-배후지' 이론이 매우 중요하기에 필자는 대학원생의 학위논문 작성을 지도하는 과정에서 무릇 근대 경제 지리를 연구하는 경우라면 모두 임의의 항구 도시 및 그 배후지 사이의 경제 관계로부터 착수하여 경제발전사 및 경제 지리의 각도에서 유관 문제를 연구하도록 지도하였다. 현재 이러한 시각에서 쓰인 석·박사학위논문은 총 20여 편에 달하는데, 모두 상술한 논리에 따라 각자 논지를 전개하고 있어 해당 논리를 가히 '항구-배후지' 이론이라고 정리할 수 있을 것이다.

중국 경제의 근대화에 관한 연구가 부단히 심화되고 또 공간적으로 확대됨에 따라 항구-배후지 이론 역시 끊임없이 수정되고 보충되었다.

이른바 '항구'란 엄격한 의미에서 연해 지역이나 하천 주변에 위치한 항구를 가리킨다. 통상구에 관한 연구가 날로 늘어남에 따라 상당히 많은 통상구가 항구가 아니라 육로 교통 내지는 항공 교통의 허브임이 밝혀졌다. 따라서 항구형 도시일 경우에만 '항구 도시'라는 용어를 사용하고 기타 유형의 도시일 경우에는 '구안(口岸) 도시'라는 용어를 사용함이 적절할 것이다.

한편 '배후지(hinterland)'란 경제지리학적 해석에 따르면 항구 도시 배후에 위치한, 수출할 상품을 생산하고 수입된 상품을 소비하는 내륙 지역을 가리킨다. 중국은 앞으로는 해양을 바라보고 뒤로는 내륙을 등진 해륙형 국가이기 때문에 대부분의 연해 지역 항구의 경우 배후지는 위와 같은 해석으로 설명이 가능하지만, 섬에 위치한 항구의 배후지는 그대로 해석할 수 없다. 때문에 일부 박사학위논문에서는 '육향(陸向) 배후지' 또는 '해향(海向) 배후지'라는 용어를 사용하기도 했다.

실제로 '육향 배후지'의 주변부는 소속 항구와 물류 유통을 진행할 뿐더러 기타 항구와도 똑같이 물류 유통을 진행한다. 비록 양적인 측면에서 후자와 발생하는 물류 유통량이 전자에 크게 못 미치지만 이러한 주변부의 경우 '교차 배후지'라고 할 수 있다. 그밖에 일부 한정된 공간 내에 몇 개의 항구가 존재하고 이들 항구가 공통으로 하나의 배후지를 갖고 있는 경우가 있다. 이런 경우에는 '공동 배후지'라고 할 수 있다. 이후에도 일부 학위논문에서는 통상구와 배후지 사이의 연계 정도에 따라 '핵심 배후지' 또는 '주변 배후지'라는 용어를 사용하기도 했다.

2006년 필자는 여러 개 나라와 국경을 맞대고 있는 중국 서부 지역의 경우 근대화를 추진하는 동력은 단순히 동부 연해 지역으로부터만 오는 것이 아니라고 지적하면서 신강, 서장 내 일부 지역의 경우 해당 지역의 통상구를 통해 곧바로 러시아, 중앙아시아 및 인도 등 나라들과 상품을 수출입할 수 있고, 운남의 경우에는 육로와 수로를 통해 인근 국가의 하이퐁이나 양곤 등으로 이동한 후 해당 지역의 항구를 통해 상품을 수출입할 수 있다. 하지만 이에 관한 연구가 아직 미진한바, 다수의 연구는 여전히 동부 연해 지역으로부터 미치는 영향에만 주목하고 있다.[8] 2년 후 필자는 서부 지역 연구의 중요성을 깨닫고 새로 입학한 박사과정생에게 운남 통상구 무역을 주제로 학위논문을 작성하게 하였다. 논문 지도를 하는 과정에서 운남은 물론 기타 서부 지역 근대 경제 변천의 진행 경로 속에 내재된 특수한 성격에 대해 보다 깊이 이해하게 되었다.

1889년 몽자가 먼저 개방되었고 곧이어 사모, 등월도 개방되었는데 이로써 운남에는 몽자를 중심으로 삼관(三關)이 병립 발전하는 국면이 형성되었다. 몽자의 주요 무역 상대는 홍콩이었는데 수출되는 화물들은 베트남의 홍하(紅河)를 거쳐 항구 도시 하이퐁으로 운반된 후 다시 홍콩으로 옮겨진다. 주지하다시피 홍콩은 중국 남부 지역의 무역 중심으로 이상의 무역 노선은 홍콩, 베트남과 운남을 한데 이어놓았을 뿐만 아니라 운남을 세계 각지와 연결하는 역할을 하기도 했다. 홍하를 통한 수로 무역은 한 달 정도의 시간이 소요되는데, 이는 기타 도로 운수와 비교할 때 시간과 금전 면에서 훨씬 많은 이문을 남길 수 있는 방도로 운남-베트남 도로가 개통되기 이전 몽자 지역 수출입 무역의 가장 중요한 통로로 기능하였다. 1910년 운남-베트남 철도가 개통되자 하이퐁에서 운남 곤명까지 직통 노선이 개통되어 시간상으로 볼 때 4일 정

8　吳松弟 主編, 『中国百年経済拼図―港口城市及其腹地与中国現代化』, 山東画報出版社, 2006, 367쪽.

도만 소요되어 물류 운송 시간이 크게 줄어들었다. 즉 하이퐁항을 무역항으로 하여 홍콩에 수출하는 무역 루트는 운남의 대외무역 노선 가운데서 매우 중요한 위치를 차지하였다.

일찍이 등월이 개방되기 이전 미얀마에는 양곤을 기점으로 미얀마 국내 각 지역과 인도의 여러 항구 및 싱가포르, 홍콩 등 지역을 연결하는 현대화한 교통망이 이미 구축되었으며, 양곤은 미얀마의 무역 중심 및 수륙 교통의 중심지 역할을 하였다. 등월이 개방된 이후에는 이라와디강과 철도를 통해 편리하게 양곤에 도착할 수 있게 되었는데, 이로써 등월은 운남 경내에서의 양곤의 무역 네트워크 중 중요한 지점으로 부상하였다.

사모는 원래 외딴 시골 마을이었다. 청나라 때 차 무역의 흥기와 함께 점차 차의 집산지가 되었고 그에 따라 상업도 점차 발전하기 시작했다. 무역의 연계성적 측면에서 보면 사모 역시 등월과 마찬가지로 운남 경내에서의 양곤의 무역 네트워크의 또 다른 지점이었던 것이다.

정리하자면 운남과 그 주변지역에는 실제로 국경 밖의 타국을 중심으로 중국 내지까지 이어지는 항구-배후지 시스템이 작동된다고 볼 수 있다. 그 예로 하나는 베트남의 하이퐁을 기점으로 중국 운남의 몽자 및 기타 배후지를 종점으로 하는, 홍하 또는 운남-베트남 철도를 통해 왕래하는 항구-배후지 시스템을 들 수 있다. 그 밖에 미얀마의 양곤을 기점으로 하고 중국 운남의 등월과 사모 등 두 개 통상구의 배후지를 종점으로 하는, 이라와디강 또는 미얀마의 남북 철도를 통해 왕래하는 항구-배후지 시스템도 또 하나의 예가 된다. 몽자, 등월과 사모 등 세 개의 중국 변경 지역의 통상구를 놓고 볼 때, 비록 그것을 둘러싼 항구-배후지 시스템의 대부분이 국외에 위치하지만 수출입되는 물자들이 대부분 시스템의 기점이 되는 외국의 항구 도시를 통해 유통되기에 해당 시스템은 외국의 항구-배후지 시스템이라고 보는 것이 타당하다. 해당 시스템이 위치한 지역의 정치, 경제 상황은 필연코 다른 지역의 무역과 경제 발전에 영향을 미치게 된다.

이와 같이 동부 연해 지역에 기점을 두고 지역 전체 또는 대부분이 국내에 있는 항구-배후지 시스템과 달리, 전술한 경우는 시스템의 기점은 물론 배후지 대부분도 국외에 있다는 차이점이 있다. 다시 말해서 중국에는 기점이 국내에 있는 항구-배후지 시스템이 있을 뿐만 아니라 기점이 국외에 있는 항구-배후지 시스템도 있다는 것이다. 후자는 주로 변경 지역에 위치해 있다. 시야를 조금만 넓히면 서장, 신강, 몽골 및 동북지역에서 기점이 외국에 있는 항구-배후지 시스템을 더 많이 발견할 수 있다. 다만 그러한 시스템의 기점은 항구일 수도 있고 경우에 따라 다른 형태의 교통 허브일 수도 있으며, 항구와 배후지를 연결하는 교통로는 수로일 수도 있고 철도일 수도 있다는 점에 주목할 필요가 있다.

---

9   무릇 '연해', '변경', '연안' 등 표기를 하지 않은 경우는 모두 기타 지역을 가리킨다. 통상구의 개방 기간은 위의 책의 4쪽을 참고하기 바라며, 그 외의 경우는 吳松弟 편, 『中

<표1> 각 통상구 개방 및 관문 설치 시간표

통상구	통상구 소재지[9]	개항 조약 체결 시간	개항 시간	관문(關門) 설치 시간
광주(廣州)	남부 연해	1842.8.29	1843.7.27	1859.10.24
상해(上海)	동남 연해	1842.8.29	1843.11.17	1854.7.12
영파(寧波)	동남 연해	1842.8.29	1844.1.1	1861.5.22
하문(廈門)	동남 연해	1842.8.29	1843.11.2	1862.3.30
복주(福州)	동남 연해	1842.8.29	1845.5. 말	1861.7.14
조주(潮州)	남부 연해	1858.6.26	1860.1.1	1860.1.1
경주(瓊州)	남부 연해	1858.6.26	1876.4.1	1876.4.1
담수(淡水)	대만 연해	1858.6.26	1861.7.29	1864.5
계롱(鷄籠)	대만 연해	1858.6.26	1863.10.11	1863.10.11
타구(打狗)	대만 연해	1858.6.26	1863.10.26	1863.10.26
대만부(臺灣府)	대만 연해	1858.6.26	1865.1.1	1865.1.1
천진(天津)	화북 연해	1860.10.24	1861.3.23	1861.5.1
등주(登州)	화북 연해	1858.6.26	1861.8.22	1863.3.23
우장(牛莊)	화북 연해	1858.6.26	1861.6.12	1864.5.9
진강(鎭江)	장강 연안	1858.6.26	1861.5.10	1861.5.10
구강(九江)	장강 연안	1858.6.26	1861.6	1862.1
한구(漢口)	장강 연안	1858.6.26	1861.3~5	1862.1.1
강녕(江寧)	장강 연안	1858.6.26	1899.5.1	1899.5.1
이리(伊犁)	신강 변경 지역	1851.8.6	1852.4.4	미설치
탑이파합태 (塔爾巴哈台)	신강 변경 지역	1851.8.6	1852.4.4	미설치
객십갈이 (喀什噶爾)	신강 변경 지역	1860.11.14	1881 이후	미설치
고륜(庫倫)	몽고	1860.11.14	1861.7	미설치
의창(宜昌)	장강 연안	1876.9.13	1877.4.1	1877.4.1
무호(蕪湖)	장강 연안	1876.9.13	1877.4.1	1877.4.1
온주(溫州)	동남 연해	1876.9.13	1877.4.1	1877.4.1
북해(北海)	남부 연해	1876.9.13	1877.4.1	1877.4.1
중경(重慶)	장강 연안	1890.3.31	1891.3.1	1891.3.1
가욕관(嘉峪關)	서북 지역	1881.2.24	1881.4	미설치
토로번(吐魯番)	신강	1881.2.24	1881.4	미설치
과포다(科布多)	몽고	1881.2.24	1881.4	미설치

国近代経済地理』(首卷)의 1장 1절을 참고하기 바람.

통상구	통상구 소재지[9]	개항 조약 체결 시간	개항 시간	관문(關門) 설치 시간
오리아소태 (烏里雅蘇台)	몽고	1881.2.24	1881.4	미설치
합밀(哈密)	신강	1881.2.24	1881.4	미설치
오로목제 (烏魯木齊)	신강	1881.2.24	1881.4	미설치
고성(古城)	신강	1881.2.24	1881.4	미설치
용주(龍州)	남방 변경 지역	1887.6.23	1889.6.1	1889.6.1
몽자(蒙自)	서남 변경 지역	1887.6.23	1889.8.24	1889.8.24
만모(蠻耗)	서남 변경 지역	1887.6.23	1889.8.24	1889.8.24
하구(河口)	서남 변경 지역	1895.5.28	1897.1	1897.1
사모(思茅)	서남 변경 지역	1895.5.28	1897.1	1897.1
등월(騰越)	서남 변경 지역	1894.3	1902.5.8	1902.5.8
아동(亞東)	서장 변경 지역	1893.12.5	1894.5.1	1894.5.1
삼수(三水)	주강 연안	1897.2.4	1897.6	1897.6
오주(梧州)	주강 연안	1897.2.4	1897.6	1897.6
장사(長沙)	장강	1902.9.5	1904.7.1	1904.7.1
만현(萬縣)	장강 연안	1902.9.5	1925.11.26	1925.11.26
강문(江門)	남부 연해	1902.9.5	1904.4.22	1904.4.22
강자(江孜)	서장	1906.4.27	1908.9~10	1908.9~10
갈대극(噶大克)	서장	1906.4.27	1908	1908
소주(蘇州)	동남 연해	1895.4.17	1896.9.26	1896.9.26
항주(杭州)	동남 연해	1895.4.17	1896.9.26	1896.9.26
사시(沙市)	장강 연안	1895.4.17	1896.10.1	1896.10.1
봉천(奉天)	동북	1903.10.8	1908.4.11	1908.4.11
안동(安東)	동북 연해	1903.10.8	1907.3	1907.3
대동구(大東溝)	동북 연해	1903.10.8	1907.3	1907.3
만주리(滿洲里)	동북 변경 지역	1896.9.8	1907.1.14	1907.1.14
수분하(綏芬河)	동북 변경 지역	1896.9.8	1907.1.14	1907.1.14
신민둔(新民屯)	동북	1905.12.22	1906.9.10	1906.9.10
철령(鐵嶺)	동북	1905.12.22	1906.9.10	1906.9.10
통강자(通江子)	동북	1905.12.22	1906.9.10	1906.9.10
법고문(法庫門)	동북	1905.12.22	1906.9.10	1906.9.10
장춘(長春)	동북	1905.12.22	1907.1.14	1907.1.14
길림(吉林)	동북	1905.12.22	1907.1.14	1907.1.14
합이빈(哈爾濱)	동북	1905.12.22	1907.1.14	1907.1.14

통상구	통상구 소재지[9]	개항 조약 체결 시간	개항 시간	관문(關門) 설치 시간
제제합이 (齊齊哈爾)	동북	1905.12.22	1907.3	1907.3
봉황성(鳳凰城)	동북	1905.12.22	1907.6.28	1907.6.28
요양(遼陽)	동북	1905.12.22	1907.6.28	1907.6.28
영고탑(寧古塔)	동북	1905.12.22	1910.1	1910.1
삼성(三姓)	동북	1905.12.22	1909.7.1	1909.7.1
해랍이(海拉爾)	동북 변경 지역	1905.12.22	1910.1	1910.1
애혼(璦琿)	동북 변경 지역	1905.12.22	1907.6.28	1907.6.28
용정촌(龍井村)	동북 변경 지역	1909.9.4	1909.11.2	1909.11.2
국자가(局子街)	동북 변경 지역	1909.9.4	1909.11.2	1909.11.2
두도구(頭道溝)	동북 변경 지역	1909.9.4	1909.11.2	1909.11.2
백초구(百草溝)	동북 변경 지역	1909.9.4	1909.11.2	1909.11.2
혼춘(琿春)	동북 변경 지역	1905.12.22	1919	1919
대련(大連)	동북 연해	1898.3.15	1899.8.1	1907.7.1
교주만(膠州灣) (청도(青島))	산동 연해	1898.3.6	1899.4.17	1899.4.17
위해위(威海衛)	산동 연해	1898.7.1		
광주만(廣州灣)	남부 연해	1898.11.6		
삼도오(三都澳)	동남 연해	자체 개방, 1898.3.24	1899.5.8	1899.5.8
악양(岳陽)	장강 연안	자체 개방, 1898.3.24	1899.11.13	1899.11.13
오송(吳淞)	동남 연해	자체 개방, 1898.4.20	1898.4.20	
진황도(秦皇島)	화북 연해	자체 개방, 1898.3.26	1899.4	1902
고랑서(鼓浪嶼)	동남 연해	자체 개방	1902.5.1	
제남(濟南)	산동	자체 개방, 1904.4.4	1906.1.10	
유현(濰縣)	산동	자체 개방, 1904.4.4	1906.1.10	
주촌(周村)	산동	자체 개방, 1904.4.4	1906.1.10	
상덕(常德)	장강 중류 지역	자체 개방, 1905.7	1906.3.16	
상담(湘潭)	장강 중류 지역	자체 개방, 1905.7	1906	
남녕(南寧)	주강 유역	자체 개방, 1899.1.30	1907.1.1	1907.1.1
곤명(昆明)	서남	자체 개방, 1905.5	1908.5.28	
공익부(公益埠)	남부 연해	자체 개방, 1908	1908	
향주(香洲)	남부 연해	자체 개방, 1909.5.24	1909.5.24	
포구(浦口)	장강 연안	자체 개방	1912.8	
호호도(葫芦島)	동북 연해	자체 개방, 1914	1914.1.8	
조남(洮南)	동북	자체 개방, 1914	1914.1.8	
귀수(歸綏)	동북	자체 개방, 1914	1914.1.8	

통상구	통상구 소재지[9]	개항 조약 체결 시간	개항 시간	관문(關門) 설치 시간
다륜낙이 (多倫諾爾)	내몽고	자체 개방	1914.1.8	
용구(龍口)	북부 연해	자체 개방, 1915.2	1915.11.1	
금현(錦縣)	동북 연해	자체 개방, 1916.2.12	1916.4.8	
장가구(張家口)	화북	자체 개방, 1914.1.8	1916	
적봉(赤峰)	내몽	자체 개방, 1914.1.8	1917.2.27	
해주(海州)	강소 연해	자체 개방, 1905.10.24	1921.2	
제녕(濟寧)	산동	자체 개방	1921.4.22	
포두(包頭)	내몽고	자체 개방	1921	
정주(鄭州)	화북	자체 개방	1922.4.15	
서주(徐州)	강소	자체 개방	1922.8.7	
무석(無錫)	강소	자체 개방	1923	
빈흥주(賓興洲)	남부 연해	자체 개방, 1923		
동고(銅鼓)	장강 연안	자체 개방	1924.8.7	
방부(蚌埠)	안휘	자체 개방	1924.9.1	
중산항(中山港)	남부 연해	자체 개방, 1928	1930.5.10	

근대 하문(廈門)과 경제 배후지

저우쯔펑

1. 머리말

　하문은 중국 복건성 동남부에 위치한 도시로 복건성의 제2대 도시이자 복건성 남부지역의 경제 중심이기도 하다. 명나라 초기 강하후(江下侯) 주덕흥(周德興)은 해안 방어의 필요에 의해 하문성을 수축하라는 명령을 내렸는데 이로써 하문의 역사가 본격적으로 시작되었다. 명나라 중엽 이후 중국 동남지역에서 개인 해상 무역이 번성하자 하문은 점차 군사적 거점에서 무역 거점으로 변화하기 시작했다. 명나라 말기 하문은 정성공(鄭成功)에 의해 장악되어 반청 기지로 사용된 적이 있었고, 그 뒤 청나라가 대만을 복속시킨 후에는 복건과 대만 사이의 무역 연결고

리로 설정되어 이를 계기로 복건과 대만 사이의 특수한 관계가 형성되기 시작했다. 청나라 말기 남경조약의 체결과 더불어 하문은 통상구로 설정되었고 그에 따라 외국인은 하문에서 통상과 선교 활동을 펼칠 수 있게 되었다. 1895년 청일전쟁에서 승리한 일본이 대만을 점령하자 하문은 대만 대외무역의 중개 항구로서의 지위를 상실하게 되었지만, 동남아 식민지들의 경제적 발전에 의한 노동력 수요에 힘입어 점차 인력 수출의 항구 도시 및 복건성 화교들의 집산지로 변모하게 되었다. 이는 하문의 도시 발전을 크게 촉진하는 계기로 작용하였다. 본고에서는 하문과 그 배후지 사이의 경제적 연관성의 변화 과정에 대해 간단히 분석해보고자 한다.

2. 하문의 배후지 범위와 교통 상황

하문은 서쪽으로 구룡강(九龍江) 하류 삼각주와 마주보고 있고 장주(漳州), 천주(泉州) 등 도시와 이웃하고 있으며 복건 남부 지역의 삼부(三府, 천주, 장주, 정주(汀州))와 이주(二州, 영춘(永春), 용암(龍巖))를 그 배후지로 두고 있는 까닭에, 하문은 물자가 풍부하고 유명한 화교들의 집산지로 복건 남부 지역의 경제, 항운, 무역의 거점이라 할 수 있다.[1] 하문과 내륙의

---

[1]   李亦園·吳春熙, 『閩南』, 臺北 : 海外文庫, 1957, 29~33쪽; 林榮向, 「福建省之經濟地理」, 『方志月刊』 6권 9호, 1933, 1쪽.

배후지들 사이의 연계는 주로 하천 운수와 해상 운수를 통해 이루어지는데, 해상 운수의 경우 하문은 해로를 통해 천주와 진강(晉江) 유역의 여러 배후지들과 밀접한 연계를 맺고 있다. 진강 상류 물줄기의 원천인 동계(東溪)는 영춘에서 발원되고 서계(西溪)는 안계(安溪)에서 발원한다. 전체 길이는 756킬로미터로서 연도에 영춘, 안계, 남안(南安), 진강, 천주 등지를 통과하며, 진강의 유역 면적은 총 5,100평방킬로미터에 달한다. 하지만 진강의 상류에는 산지와 구릉 지형이 많아 강바닥이 좁고, 하류 지역의 물줄기는 굽이치는 부분이 많고 모래 함량이 많아 항운에 많은 지장을 초래한다.[2]

하문의 하천 운수는 주로 구룡강을 통해 이루어지는데 구룡강은 복건성의 두 번째로 큰 하천으로 복건성 중부의 산악지대 남쪽 부분에서 발원하여 용암(龍巖), 대전(大田), 영안(永安), 장평(漳平), 화안(華安), 평화(平和), 남정(南靖), 장태(長泰), 장포(漳浦), 장주, 용해(龍海) 등지를 통과한다. 하천 주류와 지류의 길이를 합치면 1,900킬로미터에 이르고, 유역 면적은 총 13,000평방킬로미터에 달한다. 이 지역은 서부의 산악지대를 제외하면 대부분 열대 해양성 무역풍 기후에 속한다. 연평균 기온은 섭씨 20도 이상이고 연평균 강우량은 1,400에서 1,800밀리미터에 달한다. 구룡강 하류 평원은 복건성 내 제일 큰 평원 지대로 그곳에서 생산되는 농산품 종류가 매우 풍부하고 농산품의 생산 집약화 수준 또한 높은 편으로 복건성의 주요한 양식 생산지이다. 뿐만 아니라 이 지역은 또 사탕수수, 바나나, 유자, 노감(蘆柑, 밀감의 일종) 등 아열대 경제 작물의 생산지로 명성

2　陳及霖, 『福建經濟地理』, 福州 : 福建科學技術出版社, 1985, 21쪽.

이 자자하고,[3] 구룡강 상류 지역에 위치한 용암, 장평 등지에는 풍부한 광물 자원이 매장되어 있다. 해당 지역의 석탄과 철 매장량은 물론이고 질량 또한 복건성 내에서 앞자리를 차지한다. 하지만 구룡강 상류 지역의 지형이 험준하고 강물 흐름이 빨라 범선과 기선 모두 하문에서 출발할 경우 강을 거슬러 용해까지밖에 운행할 수 없기 때문에, 수로를 통해서는 이상의 광물 자원을 복건성 남부의 기타 지역으로 운송하지 못한다. 이런 상황은 1957년 응하철로(鷹廈鐵路, 강서성(江西省) 응담(鷹潭)과 복건성 하문 사이를 연결하는 철도―역자 주)가 개통될 때까지 지속되었는데, 그때까지 해당 지역의 물자 교류는 육로 운수를 통할 수밖에 없었고, 이는 객관적으로 하문의 배후지를 협소하게 만든 원인이 되었다.[4]

하문과 그 배후지는 기본적으로 복건의 민남 방언 구역과 중첩된다. 민남 방언의 형성 과정은 중원 지역의 한인들이 대거 복건으로 이주한 것과 밀접한 연관이 있다. 복건의 민남 방언 구역은 크게 네 개로 나뉘는데, 첫째는 하문화(廈門話) 구역으로 하문, 금문(金門) 지역이 포함되고, 둘째는 천주화(泉州話) 구역으로 천주, 진강, 남안, 동안(同安), 혜안(惠安), 안계, 영춘, 덕화(德化) 등 지역이 포함되며, 셋째는 장주화(漳州話) 구역으로 장주, 용해(龍海), 장태(長泰), 화안(華安), 남정(南靖), 평화(平和), 장포(漳浦), 운소(雲霄), 동산(東山), 조안(詔安) 등 지역, 그리고 넷째는 용암화(龍巖話) 구역으로 용암과 장평 등 지역이 포함된다. 이 가운데서 하문과 천주, 장주 지역의 민남 방언은 비록 차이는 있지만 상호간의 교류에

---

3   廈門市地理學會, 『廈門經濟特區地理』, 1쪽; 趙昭炳 편, 『福建省地理』, 福州 : 福建人民出版社, 1993, 74~75 · 261쪽; 陳及霖, 위의 책, 21쪽.

4   趙昭炳 편, 위의 책, 233 · 262쪽.

큰 지장은 없는 편이다. 성운 계통으로 보면 하문화는 천주화와 비교적 근접하고 성조 계통으로 보면 하문화는 장주화와 비교적 흡사하다. 다만 용암 지역은 객가화(客家話)의 영향을 많이 받았기에 앞서 언급한 다른 민남 방언들과는 서로 다른 억양을 구사한다.[5] 이처럼 서로 비슷한 언어적 요인은 하문 및 기타 배후지 사이의 인구, 문화, 경제 자원의 교류에 편리를 제공했을 뿐더러 하문이 민남 지역의 경제적 중심으로 부상할 수 있도록 추진하는 역할을 하였다.

하문은 섬으로 대외 교통은 전적으로 수상 운수에 의지할 수밖에 없다. 해관 보고에 따르면 1880년대 하문에는 주로 5개의 무역 노선이 존재했는데, 이런 노선들이 연결된 도시는 대개 하문과 무역을 진행하는 보다 낮은 등급의 상품 집산지들로서 천주, 동안, 포남(浦南), 장주, 백수영(白水營) 등이 포함되었다. 그 가운데서 천주와 동안은 하문의 동북쪽과 북쪽의 향촌들과 교통로가 이어졌고, 포남, 장주와 백수영은 하문의 서북쪽과 서쪽 및 서남쪽의 향촌들과 교통로로 이어졌다.[6] 현지의 육로 교통은 매우 낙후하여, 동안에서 안계까지의 교통 운수는 주로 가축에 의해 운반되었고 다른 노선에서는 인력으로 운반되던 상황이었다.[7]

하문과 천주 사이의 화물 운수는 주로 수상 운수를 통해 이루어졌는데 보통 하루에서 이틀 정도의 시간이 소요되었고 안해(安海) 혹은 수두(水頭)까지 수로를 통해 운반한 후 다시 육로를 통해 천주로 운반되었다. 하문에서 천주까지의 육상 교통로는 해안선에 닿아있어 동북 방향

5　林寶卿, 『閩南方言與古漢語同源詞典』, 廈門 : 廈門大學出版社, 1999, 412~416쪽.

6　廈門市志編纂委員會·廈門海關志編委會 편, 『近代廈門社會經濟概況』, 209쪽(이하 책명, 인용쪽수만 표기).

7　『近代廈門社會經濟概況』, 211쪽.

으로 혜안, 보전(莆田)을 지나면 복주(福州)까지 갈 수 있었다. 다른 한 갈래 길은 천주에서 나와 서남쪽으로 가면 영춘에 이를 수 있었다. 그곳에서 다시 덕화를 거치면 영복(永福)과 복주에 이를 수 있었는데, 특기할 것은 덕화에서 영복까지는 서너 개의 나루를 거쳐야 하는 까닭에 연도에서 나흘이라는 시간이 소요되었다. 하문에서 동안까지 운반하는 화물은 일반적으로 석심진(石潯鎭)까지 운반한 다음 다시 작은 배로 가느다란 물길 혹은 육로로 동안까지 옮겨졌으며 연도에서 하루의 시간이 소요되었다. 한편 하문에서 포남까지 물건을 운반하는 데는 하루 정도의 시간이 소요되었다. 포남에서 용암의 부분적 지역까지는 통항할 수 없어 화물을 운송할 때에는 반드시 육로로 다홍(茶烘)까지 이동한 후 다시 수로로 장평을 거쳐 영양현(寧洋縣) 또는 용암에 당도해야 했다. 하문에서 장주까지 가는 데는 하루 정도의 시간이 소요되었는데 남정(南靖)에서 작은 배를 타면 정주 혹은 장포현까지 이를 수 있었다. 이밖에 하문에서 남계진(南溪鎭)을 거쳐 장포 및 평화를 지나면 광동성 산두(汕頭)에 이를 수 있었다〈그림 1〉 참고).[8]

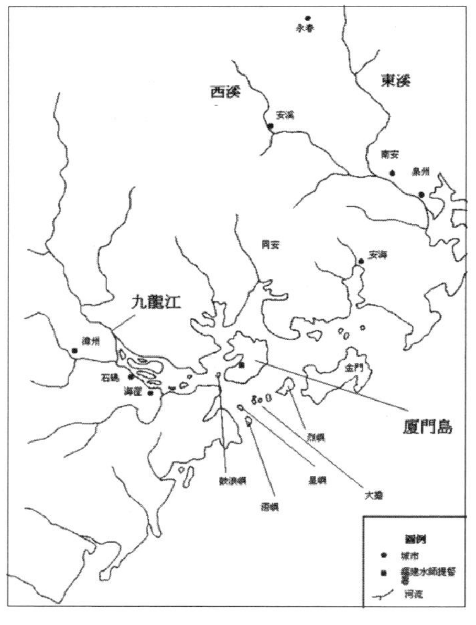

〈그림 1〉 하문 일대 지도

8   위의 책, 209~211쪽.

3. 개항 이전 하문과 배후지 사이의 경제 구조

청나라 때 경제가 활발히 발전함에 따라 점차 하문을 중심으로 하는 무역 네트워크가 형성되어, 하문은 장주, 천주 등의 지역이 대만 및 동남아 지역과 경제무역을 진행하는 접합점으로 작용하였다. 오진강(吳振强)은 이를 가리켜 "하문 네트워크[廈門網絡]"[9]라 하였는데, 해당 네트워크의 형성은 주로 민남 상인들의 개척 정신과 청나라 정부의 시책에 힘입은 바가 컸다. 장주와 천주 상인들은 하문에서 설탕 등 지방 특산품을 반출하여 북방의 항구로 실어 날랐고 북방으로부터 두병(豆餅) 및 기타 지역 특산품을 복건으로 실어다 판매하였다.

한편 대만 역시 천주와 장주 상인들이 활발히 활동했던 지역 중 하나인데 건륭 연간에 만들어진 『중수대만부지(重修臺灣府志)』에는 다음과 같은 기록이 있다.

당시 대만과 대륙 사이를 오고가는 상선들 중 대부분은 장주와 천주 상인들이 소유한 배들로, 장천(漳泉) 상인들은 복건성의 장주, 천주, 홍화, 복주, 건녕 등 지역에서 사선(絲線), 자기, 종이, 우산 등 수공업 제품 및 감유, 청과, 연초와 찻잎 등 농산품을 대만으로 실어다 팔았고, 대만에서 돌아올 때에는 쌀, 보리, 흑백당당(黑白糖餳), 번서(蕃薯), 녹육(鹿肉) 등 물품을 실어다 하문 인근의 여러 항구에서 팔았다.[10]

---

9 Ng Chin-keong, *Trade and Society : The Amoy Network on the China Coast, 1683~1735*, Singapore : University Press, 1983을 참고하기 바람.

이밖에 대만과 하문 사이의 경제적 연계는 대만 지역에서 전문적으로 대륙과의 무역 사업에 종사했던 '행교(行郊)' 조직의 번성을 통해서도 증명할 수 있다. 가경 연간에 녹항(鹿港)에는 이른바 '팔교(八郊)'가 있었는데, 그중 '천교(泉郊)'는 전문적으로 천주와의 무역에 종사했던 조직이고, '하교(廈郊)'는 전문적으로 하문, 금문, 장주 등의 지역과 무역에 종사했던 조직이다. 당시 천교에 소속된 상가는 200여 호에 달했고, 하교에 소속된 상가들은 100여 호에 달했으며, 천교, 하교 외에도 포교(布郊), 당교(糖郊), 염교(染郊) 등 많은 무역 조직이 존재했다.[11]

당시 천주, 장주 상인들은 각자 지방에서 제사를 주재했는가 하면 관부를 도와 민란 등을 평정하기도 했고 지방의 상업 분규를 처리하거나 지방의 사회공익 사업 내지는 자선 사업 등을 처리하기도 했다.[12] 부기할 것은 맹갑(艋舺), 북항(北港), 팽호(澎湖), 대도정(大稻埕) 등의 지역에도 '천교', '하교' 등 조직이 있었고 마조(媽祖) 등 복건 지방의 지방신지들을 모시는 사당들이 있었다.[13]

해외를 놓고 보면 장천 상인들은 주로 일본과 동남아 지역을 대상으로 무역활동을 펼쳤다. 일본은 도쿠가와 막부 시절부터 쇄국정책을 펼치면서 나가사키 항을 유일한 대외 개방 항구로 설정했다. 1688년 당시 매년 일본을 왕래하던 청나라 선박은 총 70척이었는데 그중 5척은 하문 선박이었다.[14]

---

10 范咸 외 편수,『重修臺灣府志』, 下冊, 卷17, 2257~2258쪽.
11 黃秀政,『清代鹿港的移墾與社會發展』, 135~136쪽.
12 위의 책, 147쪽.
13 蔡淵絜,「清代台灣行郊的發展與地方權力結構之變遷」, 臺灣師範大學中等教育輔導委員會 편,
　　『認識臺灣歷史論文集』, 163~165쪽에서 재인용.

동남아의 경우 하문과 통상했던 지역들로는 섬라(暹羅, 지금의 태국-역자 주), 루손, 술루(지금의 필리핀 지역-역자 주), 베트남, 갈라바(바다비아, 지금의 인도네시아 자카르타-역자 주), 싱가포르(1819년 이후) 등 지역이 있었다.[15] 당시의 수출품으로는 장주 지방에서 생산되던 사주(絲綢), 사(紗), 견(絹)과 영춘 지방에서 생산된 자기 및 기타 지역에서 생산된 우산, 목리(木履), 포필(布疋), 지차(紙箚) 등이 있었다.[16] 수입품은 백은, 연와(燕窩), 소목(蘇木), 해삼, 빈랑(檳榔) 등 동남아 지역의 물산들이었다. 이와 같은 무역의 결과 대량의 백은이 하문으로 흘러들어, 이른바 "하문이 번지(蕃地)의 돈을 주름잡는"[17] 국면이 형성되었다.

한편 당시 스페인 사람들도 하문에 와서 장사를 할 수 있었지만 실제로 하문과 필리핀 사이의 무역은 장천 상인들의 수중에 확고히 장악되어 1800년 이후 스페인 사람들은 하문 지역과의 무역 사업을 포기할 수밖에 없었다.[18]

청 정부의 대만에 대한 정책 역시 하문이 민남 지역에서 경제의 중심으로 자리를 잡는데 중요한 역할을 했다. 청 정부 관리들은 대만 지역을 평정하던 중 하문이 복건과 대만 사이의 교통에서 차지하는 중요성에 주목하여 해안 방어 계획을 수립할 때 하문을 대만을 수비하는 중요한 거점으로 인식했다. 청나라 사람인 남정원(藍鼎元)에 따르면,

---

14   木宮泰彦, 陳捷 譯, 『中日交通史』 下冊, 上海：商務印書館, 1931, 336~344쪽.

15   李金明, 『廈門海外交通』, 廈門：鷺江出版社, 1996, 50~65쪽.

16   周凱, 『廈門志』 卷5, 138쪽.

17   周凱, 『廈門志』 卷15, 520쪽.

18   Michael Greenberg, *British Trade and the Opening of China 1800 ~42*, Cambridge：Cambridge University Press, 1951, p.47.

대만을 통제하기 위해서는 하문이 가장 중요한 지점에 위치해 있다. 하문의 위치를 놓고 보면 지휘하기에 매우 편리한바, 멀리 떨어진 곳에서 일을 처리하기보다 신속히 남하해 하문에 자리를 잡은 뒤 군대를 감독하고 양향(糧餉)을 마련한다면 모든 사무를 신속하고 편리하게 처리할 수 있을 것이다.[19]

이에 따라 청 정부는 복건과 대만 사이의 교통을 통제하는데 주력하였다. 1684년 복건 해관을 설립하여 하문 탑자가(塔仔街) 장조보(張厝保)에 해관을 설치하고 관세를 징수하기 시작했고,[20] 복건 해관 산하에 유오점(劉五店), 석마(石碼) 등 2개 전량(錢糧) 구안을 두어 상세를 징수했으며,[21] 1685년에는 하문과 대만의 녹이문(鹿耳門) 사이에서만 통항할 수 있도록 규정했다.[22] 1718년 2월 청나라 정부는 민절총독(閩浙總督) 각라만보(覺羅滿保)의 상주문에 따라 무릇 대만으로 통항하는 선박들은 반드시 먼저 하문에 가서 검사를 받은 후 팽호(澎湖)를 거쳐서 대만에 갈 수 있다고 규정했다.[23] 뿐만 아니라 하문은 청나라 정부에서 대만, 팽호 등 지역을 수비하기 위해 병사들을 실어 나르는 항구로도 기능하여, 무릇 독무(督撫), 장군(將軍) 삼표(三標) 및 육제표(陸提標)가 태군(台郡), 봉산

---

19 藍鼎元, 「上滿制府論台灣寇變書」, 周凱, 『廈門志』卷9, 235쪽에서 재인용.
20 黃國盛, 『鴉片戰爭前的東南四省海關』, 福州 : 福建人民出版社, 2000, 25쪽.
21 위의 책, 126쪽.
22 周凱, 『廈門志』, 卷6, 146쪽. 청나라에서 녹이문을 하문과의 왕래 항구로 지정한 것은 그곳이 전략적 요충지에 위치했기 때문이다. 청나라 사람 황숙경(黃叔璥)은 "녹이문은 전투 시 반드시 장악해야 할 지역으로 녹이문에 들어가면 곧바로 평안함을 찾게 되고 외부 공격을 막아낼 수 있다"고 지적했다. 자세한 내용은 황숙경의 책 『臺海使槎錄』卷1, 5쪽을 참고하기 바람.
23 馬齊, 張廷玉 외 감수, 『聖祖仁皇帝實錄』, 冊6, 卷277, 716쪽.

(鳳山) 등 군영에서 교체될 때에는 모두 하문을 거쳐서 이동했다.[24] 그 뒤 청 정부는 여러 차례 복건성의 선박들은 오직 하문, 민안(閩安) 항구에서만 출입할 수 있다고 금지령을 내려 금지 물품을 운반하거나 백성들이 해외로 밀항하는 것을 금지했다.[25] 이런 조치들은 하문이 복건과 대만 사이의 교통 중심지로서의 지위를 강화시켰다.

왕업건(王業鍵)은 복건을 "이개발구역(已開發區域)"으로 구분하고 대만은 "개발중구역(開發中區域)"으로 구분하여 양 지역의 관계를 흡사 오늘날 선진국과 개발도상국 사이의 관계처럼 설정하고, 전자가 후자를 향해 자본, 공산품 및 기술, 재정 지원을 제공하고 후자가 전자에 원자재와 식량 등을 수출한다고 분석하여, 청나라 시기 중국 경제에 "광범위한 성장"이 이루어졌음을 주장하였다.[26] 그러면서 그는 해당 과정에 하문 상인들이 중요한 역할을 했다고 강조했다.

하문은 민남 지역 특산품의 대외무역 과정에서 중요한 수출항으로서 역할을 다했다. 명청대 민남 지역 수공업은 지속적으로 발전하였다. 천주는 중국의 주요한 비단의 산지가 되어 대량의 제품을 끊임없이 해외로 수출하였다. 상품경제의 발전과 더불어 민남 연해 지역에는

---

24 周凱, 『廈門志』卷3, 71쪽. 대만의 반병제도(班兵制度)에 대해서는 許雪姬, 『淸代臺灣的綠營』, 台北 : 中央研究院近代史研究所, 1987, 259~292쪽을 참고하기 바람.

25 건륭 11년(1746) 3월, 건륭제는 군기대신 등에게 "복건성 연해 일대는 항구들이 많아 모두 바다로 나갈 수 있는바 하문과 민안 두 항구를 통해서만 출입할 수 있는 것이 아니다. 짐이 듣기로 각 항구에서 출입을 감독하는 방책이 시행된 지 오래된다고 하여 느슨함이 없지 않을 것이라 생각되는바, 이에 금지 물품을 밀수하거나 밀항하는 경우를 막지 못할까봐 심히 염려스럽다"고 하면서 복건성 총독 마이태(馬爾泰)에게 "감독, 관리에 유념하여 하나라도 놓치지 말라"고 지시했다. 慶桂 감수, 『高宗純皇帝實錄』·『淸實錄』(影印本), 冊12, 卷263, 北京 : 中華書局, 1985, 409쪽에 실린 내용을 참고하기 바람.

26 王業鍵, 「淸代經濟芻論」, 『食貨月刊』(復刊本) 2卷 11期, 1973.2, 6~8쪽.

직포 혹은 염색 수공업 작업소가 만들어졌는데, 대량의 면포가 대만 지역으로 판매됨에 따라 해당 수공업 작업소의 생산을 크게 촉진시켰다. 주지하다시피 민남 지역에서 생산되는 목화가 극히 적었기 때문에 하문이 개항되기 이전 현지의 직포업에 사용된 목화는 주로 강남 지구에서 수입되었다. 하문 상인들은 장주와 동안 지역에서 생산된 면포 등을 해로를 통해 영파, 사포, 상해, 천진, 금주 및 대만의 녹항(鹿港) 등지에 가져다 판매하는 한편, 영파 등지에서 면포 및 기타 각종 화물을 구입하여 하문에 가져다 판매하였다.[27] 청나라 건륭, 가경 연간에 진강 동석의 해상 채원리(蔡源利)는 원창직포국(源昌織布局)과 염방(染坊)을 창설하였는데, 이는 천주에서 가장 먼저 세워진 개인 염직 기업이었다.[28]

한편 청나라 시기 덕화현은 청화 자기로 국내외에 크게 이름을 떨쳤다. 추산에 따르면 청 건륭 이후 덕화현의 자기업이 가장 융성할 때에 전체 노동자 수는 25,000명에 달했고 크고 작은 가마가 60여 군데 있었다고 한다. 대부분은 가정식 수공업 작업소 또는 여러 명이 공동으로 경영하는 경영 방식을 취했고, 생산량은 작업소 주인의 능력과 시장의 자기 수요에 따라 자체적으로 관리하는 형태를 취했다.[29] 덕화현의 자기 가마들은 유럽인들의 수요에 부응하기 위해 영국, 네덜란드, 독일의 도기와 금속 그릇의 모양을 본 따 주호(酒壺), 수관(水罐), 맥주컵과 그릇 등을 대량으로 생산하여 하문을 통해 유럽 시장에 수출했다.[30] 한 가지 첨

---

27 彭澤益 편,『中國近代手工業史資料(1840~1949)』卷1, 494쪽.

28 泉州市地方志編纂委員會 편,『泉州市志』冊1, 北京 : 中國社會科學出版社, 2000, 600쪽.

29 徐本章・葉文程,『德化瓷史與德化窯』, 香港 : 華星出版社, 1993, 6쪽.

30 王文強,「德化窯興起與發展的原因探析」, 德化陶瓷研究論文集編委會 편,『德化陶瓷研究論文集』, 德化 : 德化縣稅務諮詢服務有限公司, 2002, 40쪽에서 재인용.

언하자면 1999년 5월 호주의 수중 탐색 팀이 남중국해의 벨비데르 암초 (Belvidere Reef) 부근에서 청나라 도광 연간에 하문을 출발하여 인도네시아 자바로 항행하던 중 침몰한 태흥호(泰興號)를 인양하였는데, 배에는 덕화현에서 생산된 대량의 청화자기가 실려 있었다고 한다.[31]

4. 개항 이후 하문과 배후지 사이의 경제 구조 변화

명, 청대 민남 지역의 농민들은 상품 경제의 발전과 지역 간 무역의 발전이라는 큰 배경하에서 점차 차, 사탕수수, 연초, 남전(藍靛), 과일 등 경제 작물의 재배를 늘려갔다. 그에 따라 해당 작물의 생산은 점차 전문화와 사회화의 방향으로 전환되었고, 결과적으로 대량의 소작농(租地農)과 경영 지주를 양산해냈다. 한편 한인들이 대만을 대거 개발함에 따라 현지의 설탕, 건과, 연초 등 경제작물의 수출시장이 크게 확대되었다. 이는 다시 대만 농업의 상품화 경향을 가속화시켰다. 건륭 연간의 『용계현지(龍溪縣志)』에 따르면 "현성(縣城)을 나서 남쪽으로 5리 정도 가면 당북(塘北)이라는 마을이 있는데 주민들은 오곡을 심지 않고 꽃을 심는다. 그 이유는 현지의 땅이 척박하여 곡식이 잘 자라지 않아 꽃을 심는 편이 더 이득이기 때문"이라고 하였다.[32] 또한 동치 연간의 『천주

31　德化縣地方志編纂委員會 편, 『德化陶瓷志』, 北京 : 方志出版社, 2004, 207쪽.
32　戴鞍鋼·黃葦 편, 『中國地方志經濟資料匯編』, 北京 : 漢語大詞典出版社, 1999, 190쪽.

부지(泉州府志)』에 따르면 "(천주) 지역은 벼를 심어 별로 이득이 남지 않고 사탕수수를 심어야 이득이 남는 까닭에, 그리하여 늘 논밭을 고쳐 사탕수수를 심는 경우가 발생하고 쌀도 늘 부족한 편"[33]이라고 했는데, 이러한 자료들은 당시 민남 지역 농민들이 수익을 극대화시키기 위해 여러 조치들을 취하고 있었음을 잘 보여준다.

하문이 개항된 이후 중국 차에 대한 국제시장의 수요가 날로 늘어남에 따라 민남 지역의 차 재배도 크게 증가되었다. 1874년 하문에 있던 미국 영사의 지적에 따르면, 차는 하문의 가장 중요한 상품으로 연 생산량이 7.5만 파운드에 달하였는데 그중 90%가 미국으로 수출되었다고 한다.[34]

하지만 1870년대 이후에 이르러 민남 지역의 차 생산량은 점차 쇠락의 길로 접어들었다. 1876년 당시 24,645담(擔)에 달했던 하문 공부차의 수출량은 1880년에 이르러 9,010담으로 급감하였다. 그중에서 겨우 3분의 1 정도만이 외국 상인들이 미리 구매하여 유럽과 미국 시장으로 수출한 물량이었다.[35] 해관십년보고에서는 민남 지역의 차 생산이 쇠락한 이유에 대해 다음과 같이 분석했다. 첫째, 하문 지역에서 차를 재배하는 농민들의 빈곤한 생활 상태는 차농들이 차나무 품종을 개량하거나 토양을 개량하는 데 지장을 주었을 뿐만 아니라 오히려 농민들의 액외(額外) 노동 부담을 증가시킴으로써 상품성이 좋은 차를 생산할 수 없게 만들었다. 둘째, 차농들의 수입이 해마다 감소했기에 농민

---

33   동치 연간『泉州府志』, 卷19.
34   R. Gardella, *Harvesting Mountains : Fujian and the China Tea Trade, 1757~1937*, University of California Press, 1994, p.193.
35   『近代廈門社會經濟概況』, 228쪽.

들은 어쩔 수 없이 지출을 더 줄일 수밖에 없었고 이는 자연히 찻잎의 가치를 더 한층 떨어지게 만들었다.[36]

한편 대만 학자 진자옥(陳慈玉)은 중국에서 차 재배는 늘 부업으로 간주되어 농민들은 주곡 생산에 지장을 주지 않는 선에서 차를 재배했다고 지적하였다. 차농들에게 있어서 1850년대부터 1860년대에 이르기까지 차 수출의 흥성은 일종의 예상하지 못했던 수확이었을 뿐 그로 인해 차농들이 새로운 차 제조 방법을 연구하거나 시장에 대한 이해를 높이는 계기로는 작용하지 못했으며, 결과적으로 농민들은 생산력이 극도로 고갈된 토지에 작물을 심는 데만 골몰했을 뿐 국제시장의 변화를 직시하지는 못했던 것이다. 1870년대 후반에 이르러 석란(錫蘭, 실론, 지금의 스리랑카-역자 주), 인도, 일본 등 지역에서 생산된 차가 점차 국제시장에서 중국 차의 경쟁 상대로 부상하자 찻값은 하락했고, 그에 따라 민남 지역의 수많은 차장(茶莊)들이 문을 닫게 되었으며,[37] 그 후로 다시 과거의 영광을 되찾지 못했다.

설탕 생산도 찻잎 생산과 매우 흡사한 상황을 겪었다. 아편전쟁 이후 하문 등 5개 개항장이 설치된 뒤 교통 조건이 개선됨에 따라 시장이

---

36 『近代廈門社會經濟槪況』, 260쪽.

37 陳慈玉, 「近代黎明期福建茶之生産與貿易構造(上)」, 『食貨月刊』(복간본) 6卷 9期, 1976. 12, 29~31쪽. 1892년 영국의 상무보고(商務報告)에 따르면 "미국의 차 시장에서 하문의 제일 큰 경쟁 적수는 일본이었다. 일본은 영리한 방법으로 차를 재배하고 있으며 이금(釐金)이 없을 뿐만 아니라 출구세도 중국의 절반 정도밖에 되지 않는다. 때문에 지난 12년 동안 하문과 대만에서 미국으로 수출되는 오룡차(烏龍茶)의 양은 100만 파운드 정도 감소되었다. 차 시장의 경쟁은 날로 치열해진다고 할 수 있는데 해당 기간 동안 일본의 차 수출은 3,500만 파운드에서 4,600만 파운드로 증가했다"고 한다. 자세한 내용은 姚賢鎬 편, 『中國近代對外貿易史資料(1840~1895)』 冊3, 北京 : 中華書局, 1962, 1200쪽을 참고하기 바람.

확대되었고 그와 함께 설탕 생산도 발전하여 설탕은 초기 하문의 가장 중요한 수출품이 되었다.[38] 해마다 천주와 장주에서 50만 담 이상의 설탕이 생산되었는데 1869년 124,549담이었던 하문당의 수출량은 1874년에는 181,200담으로 증가했다.[39]

하지만 이 지역의 낙후한 설탕 제조 기술로 인해 생산 능률이 떨어졌다. 영국상무보고에 따르면 하문의 설탕 제조업은 조악한 제당 기술로 인해 많은 낭비(사탕수수 즙액은 압착 시 30% 정도 손실되고 운반 도중에 다시 18% 정도 손실되었다)를 초래했을 뿐만 아니라, 고액의 출구세로 인해 정상적인 경우 하문당은 자바당과 마닐라당의 적수가 되지 못했다고 한다.[40] 1895년 이후 복건 남부에 수입된 서양산 설탕의 양이 증가하자 현지 설탕의 수출세는 날로 악화되었다. 중국산 설탕은 현대적인 교통수단의 부재로 운반비가 높았을 뿐만 아니라 전술했듯이 관세와 이금의 부담까지 더해져 상품이 판매지에 도착하면 운반비가 상품 가격과 거의 맞먹는 수준이었다. 게다가 대만이 일본의 식민지로 전락한 이후 대만의 수객(水客)들은 대량의 백당을 복건성 연해 지역으로 밀수해 팔았기 때문에 복건 남부 지역의 설탕 제조업은 회생의 기미를 보이지 못했다.

과거 적지 않은 학자들은 중국에 대한 제국주의 국가들의 경제 침략이라는 사관의 영향하에서 서양의 공산품이 중국의 수공업 제품에 치명적인 타격을 입혔다고 주장했지만, 실제로 하문과 그 배후지의 상황

38　H. B. Morse, *The International Relations of the Chinese Empire*, vol.1, London : Longmans, Green, and Co., 1910, p.363.

39　『近代廈門社會經濟槪況』, 189쪽.

40　姚賢鎬 편, 『中國近代對外貿易史資料(1840~1895)』冊3, 北京 : 中華書局, 1962, 1234쪽.

을 살펴보면 해당 주장에는 재론의 여지가 없지 않다.

근대 중국의 전통 수공업을 놓고 볼 때 서양 공산품의 수입이 미친 영향은 마치 양날의 칼과도 같았다. 아편전쟁 후 서양 공산품의 수입은 한편으로 중국 내륙의 전통 수공업 시장에 큰 충격을 주어 기존의 농촌 가정에서 진행되었던 수공업을 점차 쇠퇴하게 만들어 심한 경우 일부 품종은 그 영향으로 자취를 감추기까지 했다. 1870년의 해관 보고에 따르면, 하문이 개항되기 이전 대량의 토포가 하문에서 대만으로 운송되어 판매되었지만, 개항 이후에는 외국 면포와의 경쟁은 물론 상해와 영파 지역의 토포와도 경쟁해야 했기 때문에, 하문 지역 토포의 대만 수출량은 과거의 20%밖에 못 미쳤다.[41] 한편 장주에서 생산된 장융(漳絨)은 가격이 급등하여 외국산 사직품(絲織品)과 경쟁할 수 없었다. 1865년 태평군이 장주를 함락한 이후 청나라 군대가 다시 장주를 수부하면서 전란이 벌어져 "장주 안팎이 초토화되어 거상대고들은 할 수 없이 휴업을 하고"[42] 노동자들도 사방으로 흩어져 장융의 직조 기술은 단절되기에 이르렀다.

하지만 다른 한편으로 하문 등의 지역이 개항된 이후 교통운수 상황이 개선되자 수공업 제품의 수출 시장이 확대되었고 그것은 다시 현지 수공업 생산의 발달을 자극하여 점차 생산의 '시장화'가 추진되었다. 하문이 개항된 이후 서양 상인들은 싱가포르와 인도 봄베이 등 지역으로부터 대량으로 면사를 운반해왔는데, 이는 미국 남북전쟁 후 적체되었던 인도산 목화가 헐값으로 중국 시장에 방매된 결과로 결국에는 복

41　『近代廈門社會經濟槪況』, 75쪽.
42　彭澤益 編, 『中國近代手工業史資料(1840~1949)』 卷1, 597쪽.

건 지역의 목화와 면제품의 수출에 큰 타격을 입혀 현지 방사업의 쇠락을 초래했다.[43] 영춘현의 경우 "근래에 들어 사(紗)를 주로 외국에서 수입하여 토착 제품은 거의 멸절되기에 이르렀다"고 하였다.[44]

염가의 면사가 대량으로 수입되자 방직업 생산은 더욱더 상품화적인 특성을 띠게 되었다. 1866년 하문해관의 보고에 따르면 "현지 시장에서의 하면(廈綿) 수량이 눈에 띠게 증가했는데, 이는 농촌의 번영을 말해준다"고 지적하였다.[45] 동안 마항의 적지 않은 농가들은 자체적으로 전통 방사기나 대목기를 구입하여 유조포(柳條布), 백포(白布) 등 옷감을 생산하여 면포상들에게 넘겨주고 다시 면사를 건네받았다. 면포상들은 그렇게 수매한 면포를 연하(蓮河), 안해, 천주 등지로부터 멀리 대만 등지까지 운반하여 판매했다.[46] 1869년 하문해관의 보고 기록에 따르면 천주는 민남 지역의 가장 큰 토포 무역의 중심이었다. 현지 상인들은 교외에 많은 대형 염방(染坊)을 세웠는데 그중 일부 염방은 18개에서 20개 정도의 화로가 있었고 대량의 노동자를 고용했다고 한다.[47] 광서 연간 재일화교 주기겸(周起謙)은 목직기 10여 대를 구매해 천주 남악(南岳)의 집에 수공업 방직공장을 세우고는 토포 등의 제품을 직조했다. 청나라 때 진사였던 황모열(黃謀烈) 역시 구식직포기 40여 대를 마련하여 천주 상봉항(象峰巷)에 진기직포국(晉記織布局)을 세우고 전문적으로 토포를 직조했으며, 그밖에도 진원포점(晉源布店)과 염방 등을 설치해 직조, 표염, 판매를

43　『近代廈門社會經濟槪況』, 17쪽.
44　鄭翹松 외편, 『永春縣志』(1930, 重印本), 冊1, 卷11, 台北 : 成文出版社, 359쪽.
45　『近代廈門社會經濟槪況』, 8쪽.
46　陳杰, 「馬巷紡織工業簡史」, 『同安文史資料精選本』上冊, 1996, 81쪽.
47　『近代廈門社會經濟槪況』, 34쪽.

겸한 일체화 경영을 진행함으로써,[48] 현지 가내 수공업 형태의 방직업을 점차 수공업 작업소 형태의 방직업으로 탈바꿈시켰다.

이밖에 대외무역의 흥성은 새로운 수공업의 출현을 낳기도 했다. 1907년 해관 보고에 따르면 하문 화변행회(花邊行會)의 화변 생산량이 온건한 증가세를 보였다고 한다. 하문의 화변업은 1885년에 시작되었는데 당시 5명의 노동자로 출발했다가 1907년에 이르러서는 해당 행회에 고용된 노동자가 150명에 이르렀다. 아일랜드산 마사(麻紗)를 이용해 수공으로 조화변(粗花邊)을 만들었다.[49] 나사업(螺絲業)과 사직업(絲織業) 역시 점차 흥성하게 되었다. 해관의 조사에 따르면 1910년대 장주부에는 총 249개의 염사(捻絲)용 수공업 작업소와 250개의 직주기가 있었는데 주로 부성, 근교 및 인근의 향촌에 집중되어 있었고 생산량은 105.45담에 달했다고 한다.[50]

아편전쟁 후 복건인들은 대거 해외로 이주하여 동남아 각지에 화교 사회를 형성했는데 그들로부터의 복건 특산품에 대한 수요가 점차 늘어났다. 적지 않은 해외 화교들은 원 거주지에서의 종교 신앙을 유지했으며, 이는 다른 한편으로 하문 지박(紙箔) 제조업의 흥성을 불러오는 계기로 작용했다. 청나라 말기 하문 시가지에는 지박을 제조하는 가내 수공업 작업소가 매우 많았다. 20세기에 들어 어느 정도 규모를 갖춘 4개의 지박창(紙箔廠, 완순기(阮順記), 장태방(莊太芳), 장연성호(張聯成號), 합흥원(合興沅))이 하문에 있어 각각 수백 명의 노동자를 고용함과 동시에 독자적

48　泉州市地方志編纂委員會 편, 『泉州市志』 冊1, 北京 : 中國社會科學出版社, 2000, 600쪽.

49　彭澤益 編, 『中國近代手工業史資料(1840~1949)』 卷2, 61쪽.

50　위의 책, 94쪽.

인 브랜드를 보유했다. 1935년 하문에서 싱가포르, 말레이시아, 인도네시아 등지로 수출된 지박은 도합 139,348건에 달했는데, 구체적으로 싱가포르에 96,159건, 페낭에 32,640건이 수출되었다.[51]

서양 화물이 물밀 듯이 밀려든 것에 비해 1895년 대만이 일본의 식민지로 전락한 것은 민남 지역의 수공업에 더욱 큰 타격을 입혔다. 일본이 대만을 점령한 후 복건성에서 대만으로 수출되는 상품에 대해 세금을 매겼기 때문에 복건성의 수공업 제품들은 대만 시장을 잃을 수밖에 없었다. 1899년 5월 3일자 『대만일일신문(臺灣日日新聞)』에는 다음과 같은 보도가 실렸다.

> 동안현의 시골 아낙들은 방직업으로 생계를 이어나가는데 인당 매달 2, 3금 씩 벌어 가계를 꾸려간다고 한다. 그들이 만든 포백(布帛)은 주로 대만으로 수출되었지만, 현재 대만에 일본 제품이 밀려들고 정포(井布), 오포(澳布) 등에 대해 세금을 올리게 되자, 점차 해당 제품들은 구경하기 힘들게 되었고, 그에 따라 상인들도 더 이상 해당 제품을 수입하지 않게 되었으며, 이에 동안현 지역의 부녀들은 결국 실업하게 되었다.[52]

18세기 유럽인들이 동남아에 식민지를 개척하자 동남아 지역의 경제는 점차 자본주의 세계경제체제에 편입되었다. 19세기 중엽 이후 자본주의 세계경제체제에는 "전지구적인 분업 시스템(The World Division of Labor)"이라는 새로운 추세가 나타났는데, 해당 시스템의 중심에 위치한

---

51 陳雲鶴, 「廈門紙箔出口話滄桑」, 『廈門工商史事』, 廈門 : 廈門大學出版社, 1997, 67~68쪽.
52 松浦章, 卞鳳奎 역, 『清代台灣海運發展史』, 台北 : 博揚文化, 2002, 53쪽.

선진 산업국가들은 주변부에 위치한 낙후 지역에 자신들이 만든 공산품을 수출함과 동시에 후진국들로 하여금 몇몇 특정 제품에 한정된 수출 지향적 경제에 집중하도록 만들었다. 이런 추세는 열강들의 식민지에서 보다 선명하게 나타났다. 그 원인을 따져보면 대개 종주국들은 식민지로 하여금 자국과만 무역을 진행하게 하고, 기타 가격이 저렴한 지역으로부터 물품을 수입하는 것을 제한함과 동시에 식민지의 수출 무역을 통제하였다.[53] 1830년 네덜란드는 네덜란드령 동인도에서 이른바 종식제도(種植制度, the Culture System)를 실행해 토착 주민들로 하여금 자급자족형 농사 시스템을 포기하고 커피 등 수출용 경제작물을 재배하게 하였다. 1870년대 이후 이러한 수출형 무역은 점차 동남아 각 지역에서 보편화되었다.[54] 이러한 현상은 동남아 지역 노동력 시장의 수요를 크게 확대시켰고, 그에 따라 민남 지역의 대규모 인구 이동 현상을 촉발하였다.

1847년 3월, 400명에서 450명 사이의 중국인 쿨리를 태운 외국 상선 아르길레 공작호(Duke of Argyle)가 하문을 출발해 쿠바 하바나로 향한 것을 기점으로 이후 하문은 중국 쿨리 노동력 송출의 중요한 수출항이 되었다.[55] 당시 민남 지역 민인들의 삶이 곤궁했고 또 이 지역에 만연한 이민 분위기의 추진하에 적지 않은 민남 지역 장정들이 삶의 질을 향상시키기 위해 앞다투어 해외로 나갔다. 하문은 민남 지역 대외 교

53 Thomas R. Shannon, *An Introduction to the World-System Perspective*, Boulder : Westview Press, 1989, pp.66~67.

54 D. R. SarDesai, *Southeast Asia : Past & Present*, Boulder : Westview Press, 1997, 4th ed., pp.95~96; David Joel Steinberg ed., *In Search of Southeast Asia : A Modern History*, Honolulu : University of Hawaii Press, 1987, revised ed., p.225.

55 H. B. Morse, *Ibid.*, p.363.

통 요로에 위치했기 때문에 많은 수의 이민자들은 하문을 통해 외국으로 나갔다. 대일봉(戴一峰)의 추정에 따르면 1890년에서 1930년까지 약 40년의 시간 동안 연 인원으로 136만 명이 해외로 나갔는데, 해마다 순 이주 인구수는 34,000명에 달했다고 한다.[56]

이로 인해 동남아 지역에는 방대한 규모의 민남 지역 화교 사회가 형성되었고 그들 중의 대부분은 정기적으로 고향에 송금하였다. 부를 축적한 화교들도 '낙엽귀근(落葉歸根)'이라는 전통 사상의 영향을 받아 자신이 모은 재산을 고향으로 보내 산업을 꾸리거나 투자를 진행함으로써 자신의 노후 생활을 보장받고자 하였다. 이처럼 하문의 은행, 전장(錢莊), 민신국(民信局)을 통해 입금된 자금은 민남 지역 경제의 발전에 풍부한 자금을 제공했을 뿐만 아니라, 작게는 화교 가족들의 생활에 보탬이 되었고 크게는 지방 건설에도 큰 도움이 되었다. 교통 건설을 예로 들어 보자. 1930년대 민남기차연합회(閩南汽車聯合會)의 추정에 따르면 천주의 자동차 도로 건설 자본 중 70%가 화교들의 자본이었다고 한다. 이는 장주의 경우도 마찬가지였다.[57] 뿐만 아니라 해외 화교사회로부터의 송금은 민남 지역의 장기간의 입초 상태를 평형시키는 역할을 하여, 점차 하문을 중심으로 하고 '인, 재, 물(人, 財, 物)'을 내용으로 하는 경제 네트워크를 형성하기에 이르렀다. 정리하자면 민남 지역은 하문을 통해 대량의 노동력을 해외로 송출하였고, 이 노동력은 대량의 자금을 민남 지역으로 송금했으며, 해당 자금은 민남 지역의 지방 건설과 재정 적자를 메우는데 유용하게 사용되었던 것이다.

---

56   戴一峰, 「閩南海外移民與近代廈門興衰」, 49쪽.
57   林金枝, 『近代華僑投資國內企業史研究』, 85~86쪽.

전술한 대량의 귀국 화교와 그들의 가족은 거대한 소비력으로 작용하여 민남 지역의 소비지향적 산업의 발전을 촉진시켰다. 제1차 세계대전 기간 목화를 수입할 수 있는 시기가 정해지지 않았고 또 그 양도 상대적으로 감소하였기에 동안(同安) 마항진(馬巷鎮)의 상인들은 이른바 '방기(放機)'하는 방식으로 특정 직호(織戶)들에게 분량을 나누어 주어 완성품을 수급하곤 하였다. 당시 현지에는 수많은 염방(染坊)이 출현해 대청(大靑), 반염(半染) 등의 품종을 생산했다.[58] 화교 자본의 유입은 민남 지역 방직업의 발전에 동력을 제공하였다. 용계(龍溪)가 본적인 화교 임병상(林秉祥)은 1918년 고향 호무(滸茂)에 직포창 두 군데를 꾸렸다가 1921년에 하나의 공장으로 합치고 이름을 건상전기직조창(建祥電機織造廠)이라 정했다. 해당 공장은 홍콩에서 기술자를 초빙해 생산을 감독하게 했는데 가장 흥성할 때의 직조 여공 수는 무려 200명에 달했다고 한다.[59] 한편 진강(晉江) 동석(東石)의 직포업도 신속히 발전했다. 현지의 경영자들은 동력직기를 수입해 구식 직기와 함께 생산에 투입했다. 1921년 천주 운금포창(雲錦布廠)의 경우 초기에는 15대의 포기(布機)밖에 없었지만 1930년 공장을 확충하면서 이름을 민성전기염직창(民星電機染織廠)이라 고칠 때에는 이미 동력직기 60대와 목직기 500대를 소유하고 350명의 노동자들이 여격포(女格布)와 유조포(柳條布)를 생산하고 있었는데, 당시 해당 공장의 하루 면포 생산량은 약 100필에 달했다고 한다.[60]

한편 화교 자본이 하문을 통해 복건성 내륙지대로 흘러든 것은 현지

---

58   陳杰,「馬巷紡織工業簡史」,『同安文史資料精選本』上冊, 1996, 81쪽.
59   漳州市地方志編纂委員會 편,『漳州市志』卷14, 北京 : 中國社會科學出版社, 1999, 828쪽.
60   위의 책, 冊1, 600쪽.

의 도시화 과정을 촉진시켰다. 근대 이래 민남 지역의 중소형 도시의 발전은 비교적 빠른 편이었다. 그중 대표적인 예로 천주의 안해(安海)와 석사(石獅)를 꼽을 수 있다. 두 곳 모두 이름난 교향(僑鄕)으로 1957년의 한 불완전한 통계에 따르면 근 100년래 고향이 안해인 화교들은 현지에 137개의 건물을 짓고 67만 원의 자금을 투자했다고 한다.[61] 하문이 개항된 이후 많은 석사 사람들은 해외로 일자리를 찾아 떠났다가 1차 세계 대전 이후 고향으로 돌아와 상업에 투자하거나 부동산에 투자했고, 화교들의 대량 송금으로 인해 현지 화교 가족들의 구매력이 크게 증가하여, 결국에는 도시의 번영에 유리한 조건을 마련하기도 했다.[62] 장위기(莊爲璣)의 연구에 따르면 1949년 이전 화교들의 송금은 석사 지방 수입의 7할을 차지했다고 한다.[63]

5. 하문이 내륙 배후지 경제에 미친 영향

앞에서 살펴보았듯이 근대 이래 하문은 화중, 화남 지역 및 동남아 등지와 밀접한 경제적 연계를 가졌다. 이는 자연스레 다음과 같은 질

61　林金枝, 「安海港的興衰與華僑的關係」, 安海港史研究編輯組 편, 『安海港史研究』, 151쪽에서 재인용.
62　『석사시지(石獅市志)』의 추측에 따르면 석사 구시가지의 10여 개 거리에 위치한 점포 중 80% 이상은 화교들이 투자해 세운 것이라 한다.
63　莊為璣, 『晉江新志』 上冊, 50쪽.

문으로 이어지게 된다. 즉 하문은 과연 내륙의 배후지 경제에 어떤 영향을 미쳤을까? 그에 대해 정리하면 다음과 같다.

첫째, 해외로의 인구 유동은 현지에 남은 화교 가족들의 생활수준을 높여주고 민남 지역의 인구 압력을 완화시켰지만 민남 지역 농업의 부흥에는 별다른 영향을 미치지 못했다. 1935년 진강(晉江)의 생산 연령에 처한 인구 중 약 3분의 1이 해외로 나갔다. 그들이 해마다 고향으로 송금한 금액은 100여 원에 달해 현지에 남은 가족들의 생활수준을 높이는데 일조했다.[64] 뿐만 아니라 대량의 농촌 인구가 하문으로 유입되거나 하문을 거쳐 동남아로 이민함으로써 일정 정도 농촌의 토지 겸병 문제가 해결되었다. 1936년 복건성 정부의 통계에 따르면 복건성 내 자경농이 전체 농가에서 차지하는 비중은 35.6%였고 반자경농은 29%, 전농은 35.4%를 차지했다고 하는데, 민남 지역의 자경농 비중은 복건성의 기타 지역에 비해 일반적으로 높았으며(동안 47.3%, 화산특종구(禾山特種區) 54%, 진강 71.1%, 남안 70%, 금문 93.7%), 영춘(13.7%)과 덕화(12.5%) 두 현만이 전 성의 기준과 비교해 봤을 때 적었을 뿐이다.[65] 주지하다시피

---

64 蔡芳澤, 「晉江社會經濟之考察」, 福建省政府秘書處統計室 편, 『福建經濟研究』 上冊, 永安: 編者印, 1940, 57~58쪽. 정림관(鄭林寬)에 따르면 중일전쟁 초기 복건 지역 농민들의 식품비 지출이 전체 생활비에서 차지하는 비중은 장주 지역 63.76%, 천주, 하문 지역 60.29%, 민동 지역 71.78%였고, 잡비 지출이 전체 생활비에서 차지하는 비중은 민동 지역 7.51%, 천주, 하문 지역 12.77%, 장주 지역 13.98%였다고 한다. 이를 통해 장주, 천주, 하문 일대 농민들의 생활수준이 민동 지역의 농민들에 비해 높다는 것을 알 수 있다. 민동 지역에 비해 민남 지역 농민들이 더 많이 해외로 나갔기 때문에 고향으로 송금한 액수가 더 많아서 그렇게 된 것이라고 추정할 수 있다. 자세한 내용은 정림관, 「福建農民家庭生活費之初步比較研究」, 福建省政府秘書處統計室 편, 『福建經濟研究』 上冊, 237쪽을 참고하기 바람.

65 해당 수치의 출처는 福建省政府秘書處統計室 편, 『福建省統計年鑑·第一回』, 644~645쪽이다.

당시 자경농이 소유한 토지 면적이 상대적으로 작았고 운송과 판매제도 또한 정비되지 않았기 때문에 해외 이민 및 고향으로의 송금 조치는 민남 지역 농업의 부흥에 별다른 기여를 하지 못했다.[66]

쌀농사를 예로 들면 자경농들의 경우 보편적으로 자금 여유가 없이 근근이 호구하는 경우가 많았다. 벼를 수확할 때 대량의 미곡이 시장으로 흘러들어 추수를 마친 농가들은 낮은 가격으로 쌀을 팔 수밖에 없었다.[67] 양상(糧商)의 경우에는 싼 값에 쌀을 사들여 고액의 이윤을 챙길 수 있었다. 1924년 민남 지역의 정세가 혼란에 빠지자 덕화의 부호들은 양곡을 쌓아만 두고 팔지는 않았다. 비록 지사의 권고가 있었지만 이득만을 좇는 부호들은 꿈쩍도 하지 않았다.[68] 이밖에 복건의 쌀 시장의 경우 미곡의 등급에 대한 분류가 극히 소략하여 양상들은 도곡의 질에 상관없이 똑같은 가격으로 양곡을 수매하였기 때문에 결과적으로 부농들의 쌀 품질 개량 시도를 이끌어내지 못했을 뿐더러 부농들의 소득도 늘려주지 못했다. 한마디로 양곡 가격의 결정권이 양상들에게만 있고 농호들에게는 별다른 가격 결정권이 없었기 때문에 결국 농업 발전은 지체될 수밖에 없었던 것이다.[69]

둘째, 민남 지역의 상업화 추세를 촉진시켰다. 당시 민남 지역 주민들

---

66 민남 지역 자경농이 소유한 경작지 면적은 늘 적은 편이었다. 1936년 동안(同安)에서 4.9시무(市畝)의 경작지를 소유한 자경농 비율은 67.1%였고, 5에서 9.9시무의 경작지를 소유한 자경농 비율은 24.9%였다. 한편 화산구(禾山區)에서 4.9시무의 경작지를 소유한 자경농 비율은 50.9%였고, 5에서 9.9시무의 경작지를 소유한 자경농 비율은 28.7%였다. 해당 수치는 민남 지역 소농경제의 특성을 잘 보여준다. 자세한 내용은 위의 책, 649쪽을 참고하기 바람.

67 巫寶三·張之毅, 『福建省食糧之運銷』, 上海 : 商務印書館, 1938, 33쪽.

68 『南鐸日報』, 1924. 4. 15.

69 巫寶三·張之毅, 『福建省食糧之運銷』, 上海 : 商務印書館, 1938, 38~39쪽.

의 생활 방식은 이미 농업을 이탈하여 점차 상업화되는 추세를 보였다. 농업이 부차적인 위치로 물러나게 된 데에는 다음과 같은 이유가 있었다. 첫째, 동남아 지역에서 장사를 했던 수많은 화교들이 고향으로 돌아온 후 계속해서 장사했던 것은 당연한 일이었고 그들의 성공적인 장사 경험은 현지인들의 상업적 열망을 자극하기에 충분했다. 둘째, 교향의 소비력이 높았고 송금 형식으로 유입된 대량의 자금은 화폐 유통을 자극하여 자연스레 상업의 번영을 가져왔다.[70] 중화민국 시기 대개 하문에 근접한 지역일수록(특히 천주 지역) 상업에 종사하는 인구 비례가 높았다. 하문과 인접한 동안, 금문, 화산 등 3개 현의 경우 1937년도 복건성 정부의 통계에 따르면 해당 3개 현의 남성 상업 인구 비율은 각각 31.8%, 39.7%, 31.8%였는데, 이와는 대조적으로 하문과 비교적 멀리 떨어진 석마(石碼), 진강, 혜안의 동 비율은 각각 38%, 20.2%, 21%였고, 민남 경제 배후지의 변두리에 있는 포전현(蒲田縣)의 경우 해당 비율은 13%에 불과했다. 민남 지역 이외 현의 경우 상업에 종사한 남성 인구의 비율은 영정현(永定縣)에서 21.2%에 달한 것을 제외하면 일반적으로 민남 지역의 그것에 비해 낮았다. 예를 들어 민동 지역의 장락(長樂), 연강(連江), 나원(羅源), 민청(閩淸) 4개 현의 해당 비율은 각각 0%, 0%, 3.1%, 9.1%에 그쳤고 민북 지역의 우계(尤溪), 건양(建陽)의 해당 비율은 3.6%와 9.1% 정도밖에 미치지 못했다.[71]

셋째, 민남 지역에 수공업 도시가 흥기할 수 있는 자극제가 되었는데, 그 대표적인 예가 바로 석마의 경우이다. 장주에서 수출되는 미곡

---

70   鄭林寬, 『福建華僑匯款』, 20쪽; "Amoy Trade Report for the Year 1913", p.1092.
71   福建省政府秘書處統計室 편, 『福建省統計年鑑 · 第一回』, 115쪽.

의 대부분은 석마를 거쳐 하문에 운반되었다. 하문은 서양미의 주요 수입항이었다. 서양미는 깨끗이 도정되어 윤기가 돌았다. 상인들은 장주 쌀의 경쟁력을 높이기 위해 1920년대 증기미기(蒸氣米機)와 전력미기(電力米機)를 도입해 도매상이 직접 가공하는 방식을 취했으며 이에 따라 대량의 정미소가 세워졌다. 정미소 한 군데에 투입된 자본은 적게는 수만 원, 많게는 수십 만 원에 달했다. 이를 통해 석마는 민남 지역의 도곡 가공의 중심이 되어 50개에서 60개의 정미소가 세워졌다. 그 가운데서 규모가 비교적 큰 정미소는 7, 8개였으며 고용된 노동자는 4, 5백 명에 달했다.[72] 1932년 장정(張貞)의 추산에 따르면 하문 상인들이 석마에 투자한 자본은 500만 원에서 1,000만 원 사이에 달했다고 한다.[73]

넷째, 민남 지역의 공업 발전을 자극하지는 못했다. 중일전쟁 발발 이전 복건성의 공업은 그다지 발달하지 못했는데, 복주, 하문, 함강(涵江), 용계(龍溪)에 소규모 기계 공업이 존재했던 것 외에 다른 곳은 거의 수공업 수준에 머물러 있었다. 기계로 생산한 제품은 목판, 콩기름, 캔 등이 주를 이루었고, 그밖에 간혹 기계로 정미를 하는 정도였다.[74] 공업 인구의 비례를 놓고 봐도 동안, 금문, 화산 세 개 현의 남성 인구 중에서 공업에 종사한 인구 비율은 각 10.7%, 6.4%, 8.5%에 그쳤으며, 민남 지역의 곡물 가공 중심지였던 석마의 경우 해당 비율은 약간 높아 19.3%에 달했다. 그에 반해 민청, 우계 두 개 현은 하문과 경제적 연계

---

72 巫寶三・張之毅, 『福建省食糧之運銷』, 上海 : 商務印書館, 1938, 41쪽; 柯淵深 편, 『石碼史事(輯要)』, 龍海 : 龍海市文史資料委員會, 1993, 31쪽.
73 "Political Report, Amoy, June 9, 1932," *Confidential U. S. State Department Central Files : China Internal Affairs, 1930~1939*, reel 19, no.973.
74 鐵道部業務司調查科 편, 『京粵線福建段經濟調查報告書』, 3쪽.

가 비교적 적은 지역이었는데, 이 지역의 남성 공업 인구 비율은 상대적으로 높아 17%와 12.3%를 차지했다.[75]

하문 자체의 경우를 놓고 보면 기계 공업이 일정하게 발전했기 때문에 이론적으로 공업 원료에 대한 수요가 발생하여 간접적으로 배후지의 공업 원료 생산을 자극해야 했지만 실제로는 그러한 현상이 발생하지는 않았다.[76] 하문의 기계 공업은 캔 생산의 규모가 비교적 컸다. 도화대동공사(陶化大同公司)의 경우 자본이 80여만 원에 달했는데, 그중 공장 부지 자산이 30만 원, 기계 자산이 10여만 원을 차지했다. 해당 공장은 일간 3만 캔 정도를 생산했고 원료는 주로 외지에서 수입했다. 이를테면 캔의 원자재는 미국에서 수입했고, 식품 원료 중에서 제일 큰 비중을 차지한 채소의 경우 절강성 온주(溫州)에서 수입했으며, 하문 현지에서는 소금만 공급받았을 뿐이다.[77] 1935년 화교 오수삽(吳水捕) 등이 자본금 15만 원을 모아 하문에 공장을 세우고 야자기름과 땅콩기름을 생산했는데, 마른 야자는 해외에서 수입했고 땅콩의 경우 적은 양을 안해(安海)에서 조달한 외에 대부분은 산동성 연태(煙台)에서 들여왔다.[78] 이를 통해 하문의 기계 공업은 기본적으로 민남 지역의 원료 생산 시장에 미친 영향이 극히 적었을 뿐만 아니라, 실제로 배후지의 공업 생산에

---

75 福建省政府秘書處統計室 편,『福建省統計年鑑·第一回』, 115쪽.

76 대일봉(戴一峰)의 고찰에 따르면, 1930년대 하문에서 국민정부의 공장법규 조항에 부합되는 공장은 21곳에 불과했다. 해당 공장들 전체의 자본액은 533.5만 원(元)이었고 노동자는 730명이었으며 생산액은 180만 원이었다고 하는데, 그 가운데서 화교 자본이 차지한 비중이 매우 컸고, 소비 시장 역시 화교들이 주를 이루었다고 한다. 자세한 내용은 戴一峰,『近代廈門城市工業發展述論』, 35~39쪽을 참고하기 바람.

77 鐵道部業務司調查科 편,『京粵線福建段經濟調查報告書』, 22~23쪽.

78 『江聲報』, 1935.6.7.

도 그다지 효과적인 역할을 일으키지 못했음을 알 수 있다.

하문 경제의 발전은 민남 지역 상인들에게 거액의 재부를 가져다 주었다. 근대 서양 공업 국가의 발전 경험에 비추어보면 상인 자본은 마땅히 누적한 자본을 공업 자본으로 전화하여 배후지의 공업 발전을 이끌어내야 했다. 실제로 당시 하문에는 화교들이 보낸 자본이 넘쳐났다. 이는 분명히 민남 지역의 공업화 발전에 계기를 제공했지만 중화민국기 상업 자본이 공업 자본으로 전화하는 현상은 그다지 뚜렷하지 못했다. 이하 그 이유에 대해서 정리해보도록 하자.

첫째, 전란이 민남 지역 경제에 미친 파괴적 역할 때문이다. 1917년에 발발한 호법전쟁(護法戰爭) 이후 민남 지역은 온갖 전란의 피해를 입었다. 1920년대에 들어 민군(民軍)이 도처에서 들고 일어났는가 하면 크고 작은 군벌세력들이 지방에서 할거하여 걸핏하면 민인들의 재산을 수탈했다. 1923년의 해관 보고에는 군벌 혼전이 경제에 미친 파괴적 영향이 다음과 같이 생동하게 묘사되었다.

전쟁의 혼란상을 논할진대 군대는 범선, 기선을 억류시켜 군사적 용도로 사용하고 뱃사람들과 수부들을 핍박하여 노역에 동원하기 때문에 (…중략…) 선박들은 앞다투어 도망가거나 숨기에만 바빴고, 내륙지대의 상황은 곧 하락세를 걷게 되었다. 교통이 완전히 두절되기 전부터 사람들은 왕래하는 데 어려움을 겪었고 운수비용이 치솟고 물가도 폭등했으며 운송 도중에 위험한 요소가 산재했을 뿐만 아니라, 가렴잡세에 군수 비용까지 분담되어 온갖 명목의 세금들이 나타났는바 상업도 그에 따라 쇠락할 수밖에 없었다.[79]

국민정부기 민군은 계속하여 지방에서 행패를 부렸다. 그들은 귀국 화교들에게서 재물을 약탈하는가 하면 지폐를 남발하여 지방 경제에 혼란을 조성하였다. 1932년에는 중국공산당 측 홍군이 장주를 점령하였고 이듬해에는 국민정부군 제19로군이 복건사변을 일으켰다. 이로 인해 1932년에서 1934년 사이 민남 지역 운수업에 투자한 화교들이 입은 손실액은 1,328,318원에 달했다.[80]

계속된 전란은 화교들이 실업에 투자하려는 의지를 꺾어놓았다. 1923년 『중국은행보고(中國銀行報告)』에 따르면 "상가(商家)들은 혼란스러운 시국 때문에 경영면에서 수축적인 경향을 보여, 이에 상업은 발전의 기미를 보이지 못했다"고 한다.[81] 뿐만 아니라 전란이 빚은 금융 위기는 화교 자본을 하문에서 떠나게 만들었다. 1933년 인민정부가 수립된 이후 하문과 고랑서(鼓浪嶼)에서 송출된 은원(銀元)만 국폐(國幣)로 700만 원에 달했다.[82] 당시 민남 각 지역에 주둔한 군벌 부대는 전처럼 가렴잡세를 징수했다. 구룡강(九龍江) 연안에는 세금 징수처가 곳곳에 산재하여 연도 300리에 30여 곳의 징수처가 있었다고 한다.[83]

민서 지역에는 풍부한 광물자원이 있어 만약 철도를 부설하여 민남 지역과 서로 이어지게 한다면 광물 자원을 해외 시장으로 수출할 수 있어 현지의 공업 발전을 촉진할 수 있었을 것이다. 실제로 중화민국 시기 화교 황혁주(黃奕住) 및 이청천(李清泉)은 세 차례나 장주, 하문 간 철

---

79 「中華民國十二年廈門口華洋貿易情形論略」, 13쪽.
80 鄭林寬, 『福建華僑匯款』, 21쪽.
81 中國銀行廈門市分行行史資料匯編編委會 편, 『中國銀行廈門市分行行史資料匯編』, 上冊, 116쪽.
82 陳達, 『南洋華僑與閩粵社會』, 86쪽.
83 『江聲報』, 1933.1.17.

도를 정비해야 한다는 의견을 제기했지만 모두 무위로 그쳤다.[84] 1920년에서 1930년에 이르는 10년간은 화교 자본이 하문으로 유입된 황금기였지만 민남 지역은 발전의 기회를 잡지 못했다. 1934년에서 1937년 사이 진의(陳儀)가 복건성의 행정을 맡아 쇄신책을 펼친 적이 있지만 곧바로 발발한 중일전쟁과 이어진 국공내전으로 민남 지역을 훌륭하게 건설하려는 희망은 물거품이 되었다.

둘째, 민남 지역 상인들이 일반적으로 투기업에 열중하였기 때문이다. 하문 지역 노동자들의 임금 수준은 비교적 높은 편이었고 이는 노동밀집형 산업의 발전에 불리한 요소로 작용했다.[85]

1949년 이전 하문 동영포점(同英布店)의 경영사를 살펴보면 하문 상인들이 신식 생산 기업에 투자하려는 의지가 미흡했음을 알 수 있다. 동영포점의 창시자인 탁장복(卓長福)은 본적이 남안으로, 장주로 이주한 후 남방 지역 잡화를 판매하는 난전상으로부터 시작하여 1903년에 이르러 자본금 1,000원으로 동영포점을 세웠다. 1913년 탁장복의 장남 탁전성이 해당 점포 업무를 이어받았는데, 이듬해 제1차 세계대전이 발발하자 서구에서 수입하는 모직품 등의 제품 가격이 폭등하고 외환 환율이 크게 내려가 1914년 한 해 동안 동영포점은 가격 차액으로 1만여 원의 이윤을 보았다. 한편 중화민국 초기 복건성의 군벌 정권이 빈

---

84 陳達, 『南洋華僑與閩粵社會』, 185쪽. 장하철로(漳廈鐵路)를 부설하기 위한 황혁주(黃奕住)의 후속 노력에 대해서는 趙德馨, 『黃奕住傳』, 168~176쪽의 해당 내용을 참고하기 바람.

85 1930년 하문 공장 노동자 가정의 평균 수입은 438.84원이었는데, 이는 상해보다 101.64원 높았고 광주보다 75.96원 높았으며 복주보다 174.96원 높았다. 자세한 내용은 王子建, 「中國勞工生活程度－十四年來各個研究的一個總述」, 『社會科學雜誌』 2卷 2期, 1931.6, 237~238쪽을 참고하기 바람.

번히 교체되자 군복 생산에 대한 수요가 크게 증가했다. 다양한 상품을 보유한 동영포점은 신속한 납품으로 많은 주문을 받아 업무를 온건히 발전시켰다.[86] 전성기에 진입한 동영포점은 한때 보험업에도 발을 담근 적이 있는데, 그들은 동업조직인 영천하수도보험공사(永泉廈水途保險公司)와 장마하면포도보험공사(漳碼廈棉布途保險公司)와 연합하여 신용을 담보로 고객들에게 보험상품을 팔아 적지 않은 이득을 남겼다.

하지만 동영포점은 영업 이윤을 면포 생산에 투자하려는 시도를 전혀 보이지 않았다. 탁전성은 영업 이윤 중 일부만을 떼어내 재생산에 투자하고 나머지는 전부 부동산에 투자했는데, 이와 유사하게 하문 상인들은 실업 투자에 별다른 흥미를 보이지 않았다.[87]

셋째, 하문 금융 업계의 불건전한 발전 때문이다. 1930년대 하문의 지가가 폭락한 이후 현지 은행들은 대부분 긴축 영업이라는 방침을 세우고 경솔히 대출해 주지 동시에 부동산 담보를 받지 않았다.[88] 1935년 중국통상은행(中國通商銀行), 실업은행(實業銀行), 교통은행(交通銀行), 농민은행(農民銀行) 등이 앞다투어 하문에 지점을 세우고 높은 이율로 예금을 모집하였는데, 이는 현지 전장(錢莊)들의 몰락을 불러왔다.[89] 전장들이 일반적으로 신용에 의한 대출업무를 취급했던 반면, 은행은 저당이나 담보를 근거로 대출업무를 취급했다. 가뜩이나 현지 상공업, 금융업과 관계가 소원하던 은행 업계가 위와 같은 업무 방침을 세움으로써

---

86 卓全成 구술, 陳紋藻 정리, 「同英布店經營史」, 廈門市政協文史資料委員會·廈門總商會 편, 『廈門工商史事』, 廈門 : 廈門大學出版社, 1997, 201~202쪽에서 재인용.

87 위의 책, 203·207·208쪽.

88 『江聲報』, 1937.6.14.

89 『江聲報』, 1935.6.7.

연쇄적으로 상업의 쇠락을 초래하게 되었다.

특히 해미업(海味業), 북교(北郊, 북방 지역과의 무역을 뜻함-역자 주), 연업(煙業) 운영에 필요한 자금은 늘 전장을 통해 조달받았는데, 전장이 폐업하게 되자 해미업 상인들은 대출 길이 막혔고, 이로 인해 1936년 동 업종의 영업액은 전 연도에 비해 반 토막으로 줄었다. 뿐만 아니라 북방 지역과 두병(豆餅) 무역을 진행했던 북교 업무도 크게 줄었고 과거 현금 결제가 많았던 연초업도 자금난을 겪게 되었다.[90]

이러한 상황은 연해 지역 뿐만 아니라 내륙 지역에도 똑같이 나타났다. 1930년대 천주에는 중국은행, 중앙은행, 중남은행(中南銀行), 실업은행, 통상은행(通商銀行) 등 5개 은행이 있었는데, 중국은행을 제외한 나머지 은행들은 예금업무만 취급했다.[91] 한편 중국 전통사회에서 일반인들이 주로 이용했던 금융기관은 전당포였다. 천주 지역의 전당포는 설탕업도 겸해 운영되었다.[92] 진강의 경우 1920년대 이래로 여러 차례 전란을 겪어 1923년에는 현지 전당포가 모두 폐업하게 되었다. 이에 급전이 필요한 상민들은 작은 규모의 환전소를 찾을 수밖에 없었는데, 해당 환전소들의 이율은 대체로 높아 월 이자가 90%에 육박했다. 이런 상황으로 말미암아 민남 내륙 지역에는 자금이 매우 부족하게 되었고 농업과 수공업도 덩달아 쇠락하게 되었다.[93]

---

90 「廈市一年間工商業動態」, 廈門市檔案局·廈門市檔案館 편, 『近代廈門經濟檔案資料』, 廈門 : 廈門大學出版社, 1997, 109~110쪽에서 재인용; 吳承禧, 「廈門的華僑匯款與金融組織」, 230쪽.
91 『江聲報』, 1935.6.13.
92 羅炳綿, 「淸代以來典當業的管制及其衰落(上)」, 『食貨』(復刊) 7권 5호, 1977.8, 10쪽; 養吾, 「泉州典當業略述」, 編委會 편, 『近代中國典當業』, 北京 : 中國文史出版社, 1995, 330~331쪽에서 재인용.
93 『江聲報』, 1935.6.13.

1937년에 들어 은행 업계는 과거의 전례를 타파하기 시작하였다. 중국은행과 국화은행(國華銀行)은 물품 저당을 받기 시작했고, 동년 4월부터 국화은행은 부동산 저당도 받기 시작하여, 민남 지역의 금융 시장에는 숨통이 트이게 되었다.[94] 그러나 이듬해 중일전쟁을 도발한 일본군이 하문을 침공하자 이상의 노력은 재차 실패로 돌아가게 되었다.

넷째, 1930년대 상해 시장이 하문 지역의 화교 송금을 흡수했기 때문이다. 주지하다시피 근대 상해는 중국 최대의 금융, 산업 중심지로 하문에 비해 선천적으로 우수한 입지를 확보하고 있었기 때문에 더욱 많은 화교 자본을 흡수할 수 있었다. 중화민국시기 민남 지역의 정국이 불안하여 화교 자본을 흡수하지 못했으나, 하문에 비해 투자환경이 우월했던 상해 지역은 1930년대 화교 자본의 흐름에 커다란 영향을 미쳤다. 예를 들어 복건 출신 화교 거상 황중함(黃仲涵)이 병으로 죽은 후 건원공사(建源公司)는 상해에 지점을 세웠고, 1933년에는 거금 250만 원을 들여 상해 포동(浦東)에 중국주정창(中國酒精廠)을 세웠다. 투자액수는 하문의 그 어떤 화교 자본 기업보다도 많은 것이었다.[95]

이밖에 은행업의 발전도 하문의 화교 자본이 상해로 흘러드는 데 일조했다. 하문은행은 화교들이 송금한 자본을 대량으로 예치해 한편으로는 국민정부의 공채를 사들였고, 다른 한편으로는 상해에 있는 본점에 이체함으로써 화교 자본을 하문 지역의 금융 체계에서 이탈하게 만들었다. 때문에 1930년대 은행업의 발흥은 하문 금융업에 별다른 기여

---

94   『江聲報』, 1935.6.14.
95   上海社會科學院經濟硏究所・上海市國際貿易學會學術委員會 편, 『上海對外貿易, 1840~
      1949』上冊, 上海 : 上海社會科學院出版社, 1989, 403쪽.

를 하지 못했고, 오히려 민남 지역 경제의 장기간의 불황을 불러왔다고 할 수 있다.[96]

---

96 吳承禧, 「廈門的華僑匯款與金融組織」, 235쪽. 한편 오승희(吳承禧)의 추산에 따르면 1932년 말 중국은행 업계가 보유한 채표(債票) 총액은 418,000,000원에 달해 동년 내 국공채부채여액(內國公債負債餘額)의 48.62%를 차지했다고 한다. 자세한 내용은 吳承禧, 『中國的銀行』, 上海 : 商務印書館, 1935, 71~72쪽의 내용을 참고하기 바람.

인천의 개항과 배후지의 산업 변동

이영호

1. 머리말–개항과 배후지의 범위

1876년 일본과 체결된 수호조규에 따라 남해의 부산과 동해의 원산에 이어 1883년 1월 서해의 인천이 개항됨으로써 조선은 세계자본주의의 무역체제에 연결되었다. 조선의 무역은 미곡과 대두의 수출, 면직물 등 공산품의 수입으로 구조화된 전형적인 '미면교환체제(米綿交換體制)'의 양상을 보였다. 인천항을 통해 수출되는 미곡을 비롯한 곡물류는 서해안에 면한 경기, 충청, 황해, 평안, 전라도에서 매집되었고, 수입품도 같은 지역에 산포되었다.[1] 미곡수출을 핵심으로 하는 무역구조는 일본의 식민지가 된 이후에도 지속되었다. 적어도 1930년대 이전까지 조선은 일본에 값싼 미곡을 제공하는 미곡생산기지의 역할을 하였다. 1930년대 이후에는 공업화도 허용되어 공업지대가 설정되기도 하였지만 중일전쟁 이후 전시체제로 들어가면서 공업의 성격은 군수공업으로 전환되었다. 이처럼 식민지 조선의 산업은 일본제국의 경제정책에 좌우되어 일본제국 경제체제의 일환으로 편성됨으로써 기형적인 모습을 지녔다.

이 글에서는 개항장에서 출발한 도시들이 일제 산업정책의 영향을 어떻게 받았는지, 개항장 배후지의 산업은 어떤 영향을 받았는지 살펴보려고 한다. 개항장에서 출발한 도시로는 부산, 원산, 인천, 외에 목포, 진남포, 군산, 성진이 있는데 그 배후지에 대한 연구는 아주 빈약하다.[2] 이 글은 인천항의 경우 배후지 산업이 어떤 변화를 겪었는지 개항 이후 해방될 때까지의 변동을 검토한 것이다.

먼저 배후지의 개념과 범위에 대한 정리가 필요하다. 중국학계에서는 배후지, 즉 '복지(腹地)'를 "항구를 통해 수입된 상품을 직접 산포하고 수출품을 직접 제공하는, 항구와 연결된 육지부분"으로 규정하고 있다.[3] 필자는 이 문제를 한국적 특수성을 반영하여 '개항'과 '식민'이 도

---

1   오두환, 「개화기 인천의 사회경제」, 『한국학연구』 6・7, 인하대 한국학연구소, 1996 참조. 그는 인천은 농촌공업과 상업이 발전하여 도시로 성장한 것이 아니라 한적한 소어촌(小漁村)에서 개항하여 무역을 통한 항만적 상업도시가 되었다고 하였다.

2   군산항의 경우 일제가 미곡수출을 위해 개항하였고 그 배후지에 광대한 평야지대가 형성되어 있기 때문에 미곡수출이 배후지 산업에 지대한 영향을 미쳤다. 식민지가 되어서는 대거 일본인 대농장이 들어섰기 때문에 항구와 배후지의 산업관계가 직결되는 특징도 지녔다. 군산항 배후지 산업에 대한 연구는 김영정 외, 『근대 항구도시 군산의 형성과 변화―공간, 경제, 문화』(한울아카데미, 2006) 제3장 「배후지 농업과 군산의 성장」 참조. 저자들은 미곡생산이 일본으로의 수출을 목표로 했기 때문에 일제의 이익에 종속되어 배후지의 농민층은 오히려 궁핍화되는 '발전 없는 성장'이 되고 말았다고 평가하였다.

시형성과 산업 변동에 미친 영향을 고려하면서 이해해 보고자 한다.

조선정부는 수도 서울에 가까운 인천 제물포의 개항을 피하고자 했지만, 일본은 오히려 이곳을 개항장으로 지목하였다. 이로써 인천항은 수도 서울의 관문이 되었다. 이러한 정치외교적 측면에서 볼 때 인천 개항장은 수도 서울을 배후지로 상정한 것이라고 볼 수 있다. 인천항의 배후지를 설명할 때 경제적으로만 설명되지 않고 정책적인 측면이 작용하는 것은 서울의 관문으로서 서울과의 정치적 관계가 영향을 크게 미치기 때문일 것이다.

인천항의 배후지를 설정할 때 고려해야 할 것은 인천이 개항도시로 출발하여 식민도시로 전환되었다는 점이다. 먼저 개항도시로서의 배후지 문제를 살펴보자. 인천 개항장에는 조선의 주권이 미치지 않는, 외국의 치외법권 지대로서 일본전관조계, 청국전관조계, 각국공동조계가 설치되었다. 이들 외국 조계의 밖에는 조선인의 거주지가 존재하였다. 외국조계에 인접한 조선인 거주지는 1883년 11월 26일 조인된 조선-영국의 수호통상조약 제4조에 의거하여 '조계 밖 10리 이내'에서 외국인이 토지 및 가옥을 임차 또는 소유하는 것을 허용함에 따라 조선영토의 외국인 '잡거지'가 되었다. 경계 표지석에 새겨져 있는 '조선지계(朝鮮地界)'가 반영하고 있는 공간적 범위는 '조계 밖 10리 이내'라고 해석해도 무방할 것이다.[4]

---

3 復旦大學歷史地理硏究中心 主編, 『港口—腹地和中國現代化進程』, 齊魯書社, 2005, 11쪽
4 박준형, 「청일전쟁 이후 인천 청국조계의 법적 지위와 조계 내 조선인 거주문제」, 『한국학연구』 22, 인하대 한국학연구소, 2010; 이영호, 「제물포 개항장의 공간구조」, 『미추홀 2000년, 인천 정명 600년』, 인천시사편찬위원회, 2013 참조.

외국인의 거주가 조계를 중심으로 10리 이내라고 하여 외국인의 활동범위가 여기에 국한된다는 것은 아니다. 처음 조선-일본의 수호조규 부록(1876년 8월 24일)에 의해 일본인의 자유통행 범위는 조계 밖 10리 이내로 제한되었지만, 조일수호조규 속약(1882년 8월 30일)에 의해 그 범위는 50리로 확대되었고, 조선국간행이정약조(朝鮮國間行里程約條, 1883년 7월 25일) 및 그 부록(1884년 11월 29일)에 의해 인천·원산·부산의 3항구로부터 외국인이 자유로 여행할 수 있는 범위가 100리(40km)로 확대되었다. 인천의 간행이정은 동쪽으로 서울, 남쪽으로 수원·용인·광주·남양, 북쪽으로 강화·파주·교하 등에까지 미쳤다. 서울과 수도권 일대가 인천 제물포 개항장의 배후지 역할을 한다고 볼 수 있다.

개항장과 영향을 주고받는 '배후지'는 일차적으로 간행이정 100리의 범위로 보는 것이 적절하다고 생각한다.[5] 100리 이외의 지역은 조선의 외무부서에서 호조(護照)를 발급받은 뒤 여행할 수 있었다. 개항 초기 외국인의 활동 공간은 개항장에서부터 '외국의 조계-조계 밖 10리 이내의 잡거지-100리의 범위에 설정된 간행이정-조선 내지'라는 동심원 구조로 되어 있었다고 정리할 수 있다.

그렇지만 배후지의 범위는 항구의 추가 개항으로 변화할 수도 있었다. 1897년 진남포와 목포의 개항, 1899년 군산의 개항에 의해 인천 개항장의 배후지 범위는 축소되지 않을 수 없었다. 군산과 목포가 개항

5　중국의 경우 1858년 천진조약(天津條約)에서 간행이정(間行里程) 100리, 기간 5일로 제한하였고, 일본의 경우 1858년 안정조약(安政條約)에서 일본 이수(里數)로 10리(조선리수 100리) 이내로 외국인의 활동을 제한하였다. 중국과 일본의 간행이정 100리는 조선에도 강요되었던 것이다.

함으로써 호남지방의 미곡을 인천항까지 가져올 필요가 없어졌다.

철도의 부설도 배후지의 범위를 크게 동요시켰다. 1899년 경인철도, 1905년 경부선과 경의선이 놓임에 따라 배후지의 범위는 공간적으로 크게 확장되었다. 1914년 호남선과 경원선이 개통됨으로써 전국을 X자로 종관하는 철도망이 형성되었다. 종관 철도망은 지선을 통해 주요 개항장과 연결되었고, 1911년 준공된 압록강 철교를 통해 만철선과도 연락되어 만주와 시베리아로 통하였다. 경인철도가 전국을 종관하는 철도망에 연결됨으로써 그동안 서울과의 관계에서 인천이 누렸던 지위는 상실되었다. 인천의 무역도 큰 위기를 겪었다. 교통의 발달에 따라 경인관계는 가까워지고 편리해졌지만 그만큼 인천의 위상은 위축되었다. 철도 교통망의 형성으로 인하여 인천항 배후지의 범위는 넓을 수도 있고 좁을 수도 있었다.

인천이 식민도시가 되면서 조계 밖 10리 이내나 간행이정의 의미는 퇴색하였다. 인천항은 서울이라는 거대 소비도시를 배후로 삼고 그 영향을 받으면서 일제의 산업정책에 의해 구조화된 무역체계를 작동시키는 항구로 기능하였다. 서울과 인천의 중간에 형성된 경인지대(京仁地帶)는 개항장 인천의 배후지일 뿐 아니라 수도 서울의 배후지이기도 하였다. 인천항의 배후지는 정치권력이 집중된 조선총독부가 소재한 수도 서울과 연계하여 이해하는 것이 보다 절실해졌다. 인천과 서울의 두 큰 식민도시, 소비도시의 중간에서 경인지대가 양자를 연결하고 매개하는 배후지의 핵심지역으로 역할하였던 것이다.

2. 도시 근교 상업적 농업의 성장

개항 이후 인천항 배후지에서의 농업은 두 가지 방향으로 변화하는 모습을 보이기 시작한다. 하나는 인천이 소비도시로 발전하면서 필요한 식자재의 공급을 위한 상업적 농업의 발전이고, 다른 하나는 근대적 농업과 목축을 위한 농장의 개설이다.

도시화가 시작된 인천과 근대적 수도로 변모해가는 서울을 배경으로 경인지대에는 채소농사와 과일재배 등 상업적 농업이 활성화되었다. 인천항의 수요에 충당하기 위한 채소는 조계 밖 10리 이내에 있는 삼리채(三里寨) 잡거지의 청국인이 주로 재배하였다.[6] 일제의 식민지가 된 이후에도 인천 근교의 채소는 청국인의 생산이 많았다.

과수재배는 인천 근교에서부터 부평·소사에 이르기까지 광범한 지역에서 일본인이 적극적으로 투자하여 이루어졌다. 1903년 스에나가(末永)농장이 인천부(仁川府) 내에서 창설된 후 평산(平山)농원, 동산(東山)농원 등 많은 과수재배 농원이 개설되었다.[7] 도쿄에 본부를 둔 이와사키 히사야(岩崎久彌)가 개설한 동산농원은 1915년 당시 수원·전주·영산포 등지에 4,235정보를 소유한 대지주였는데 1908년 인천출장소를 두어 포도·사과·배를 재배하는 20여 정보의 과수원을 열었다.[8] 인천부에 인접한 "부천군 다주면은 인천을 주로 하고 경성을 종으로 하

---

6   銀田鐵彌, 『韓國ニ於ケル果樹蔬菜栽培調査』, 1906, 3쪽.

7   今井猪之助 編, 이동철 외역, 『인천향토자료조사사항』 상(1915), 인천대 인천학연구원, 2007, 97~100쪽.

8   大橋淸三郎, 『朝鮮産業指針』, 開發社, 1915, 1~3쪽.

는 소채 및 과실의 공급지"라고 할 정도였다.[9] 근교를 벗어나 인천과 경성의 중간에 위치하고 경인철도가 통과하는 소사는 인천·서울의 발달에 수반하여 과수원으로서 훨씬 유망한 지위를 지녔다.[10] 이와 같이 하여 경인지대에는 수많은 채소 재배지와 과수원이 들어섰다. 1931년 인천부와 부천군의 과수원업자들이 부인산과조합(富仁産果組合)을 결성하고, 1932년에는 부인소채조합(富仁蔬菜組合)을 결성하여 재배와 판매에 공동협력할 정도로 채소와 과일의 주산지가 되었다.[11]

한편 근대적 농법을 도입한 상업적 농업으로서 잠업과 목축업이 성행하였다.[12] 잠업과 목축업을 하려는 투자자들은 서울과 인천의 중간지대인 부평지역에 주목했다. 1901년 9월 민병석(閔丙奭) 등이 부평군의 토지를 구입하여 농업회사를 세웠다. 그들은 일본에서 농잠기계를 구입하고 농잠법을 교육하기 위해 농상공부에 인가를 요청하기도 했다.[13] 민병석은 민씨 척족으로 평안도관찰사를 역임하고, 대한천일은행·직조단포주식회사(織造緞布株式會社)에도 참여한 인물이다. 1902년 7월에는 농상공부 잠업과 시험장에서 졸업생이 116명 배출되었고, 잠업회사의 뽕나무는 부평군의 경우 1만 7,000주를 생산하였다고 한다.[14]

9　　『仁川府史』, 仁川府, 1933, 1154쪽.

10　　銀田鐵彌, 『韓國ニ於ケル果樹蔬菜栽培調査』, 1906, 1~7쪽.

11　　『仁川府史』, 仁川府, 1933, 1154~1155쪽.

12　　일찍이 조선정부는 1884년 서울 동쪽 망우리 일대에 농무목축시험장(農務牧畜試驗場)을 설치하여 근대적 농업과 목축업을 시험하였다. 미국으로부터 수입한 곡류, 채소와 과일, 그리고 가축까지 그 품종을 개량하여 상업적 농업과 목축업의 발전을 꾀하고자 하였다. 이광린, 「농무목축시험장의 설치에 대하여」, 『한국개화사연구』(개정판), 일조각, 1985 참조.

13　　『황성신문』, 1901.9.21, 잡보.

14　　『황성신문』, 1902.7.5, 잡보.

또 1902년 2월 중국에서 양 900여 마리를 도입했는데, 내장원(內藏院)에서 부평군에 목축하기 위해 수입한 것이라는 소문이 돌았다.[15] 1902년 3월에는 서울에 사는 참판 조영환(曹泳煥)이 부평군 마장면 등지에 목양사(牧養社)를 설립하고 목축업을 확장하고자 하여 농상공부에 인가를 청원하였다는 보도도 있었다.[16]

이와 같이 상업적 농업은 인천항의 배후지인 경인지대에서 활발하게 진행되었는데 가장 적극적으로 이에 투신한 인물로 친일파의 우두머리인 송병준(宋秉畯)을 거론하는 것이 마땅할 것이다. 그는 친일의 대가로 일제로부터 상금을 받아 식산흥업에 투자하였고, 일제는 송병준이 모범적인 농업경영을 했다고 하여 금패산업훈장을 수여하였다.[17] 1915년 시점에서 진행되고 있던 송병준의 농업경영을 정리하면 〈표 1〉과 같다.

송병준의 농업경영은 농업생산의 전반에 미쳤지만 그 가운데 그는 잠업에 가장 관심이 많았고 과수재배에도 적극적이었으며 수리관개와 개간을 통한 농업생산의 확장도 꾀하였다.

과수는 소사의 계(啓)농원과 고양의 난지도에서 재배하였다. 송병준은 일진회 회장이던 1905년 일본인과 합자회사로서 대한계농원(大韓啓農園)을 조직하고 과수재배와 양잠사업을 기획하였다. 1911년 11월에는 3만 원에 회사를 인수하여 독자적인 농장경영을 시작하였다. 일본에 유학하여 농학을 배운 3남 송진헌(宋鎭憲)에게 경영을 맡겼다. 계농원에서는 사과 16정보, 포도 4정보를 재배하였다. 이러한 송병준의 성공적인

---

15   『황성신문』, 1902.2.22, 잡보.
16   『황성신문』, 1902.3.7, 잡보.
17   송병준의 농업경영에 대해서는 大橋淸三郎, 『朝鮮産業指針』, 開發社, 1915, 372~385쪽 참조.

사업명	위치	사업	사업내용
계농원	경기도 부천군 계남면 (소사)	과수재배	사과(苹果) 16정보, 포도 4정보 재배.
		잠업	잠실 설치. 일진회원 자제에게 양잠 전습(傳習). 주민에게 잠업 시범.
		보통농사	초생지 70여 정보 소작제도로 개간. 시비(施肥)방법 교육. 개량종자 배급.
부평농장	경기도 부천군 부내면	임업	수전 180정보, 묘포(苗圃) 및 과수원 15정보, 초생지(草生地) 104정보, 산림 139정보, 합계 486정보.
		보통농사	소사 계농원과 동일.
난지도농장	경기도 고양군 난지도	미간지의 개척	400정보 미간지. 1910년 야마구치현농회(山口縣農會)로부터 2인을 고용하고 1912년 나가노현인(長野縣人) 21명을 이민시켜 개척. 100여 정보 개간.
		농업	경작방법 개량. 밭작물 시험. 채소재배.
		잠업	1912년 이후 양잠 및 잠종 제조. 상수(桑樹) 4정보.
		과수 재배	사과와 배의 수확 부진.
		묘목 양성	소나무, 낙엽송 등 묘목 양성.
추계리농장	경기도 용인군 내사면	잠업	1905년 양잠전습소 개설.
		보통농사	벼 품종 개량. 못자리 개량. 부업장려와 폐풍교정(弊風矯正). 근검저축 장려.
추풍령농장	충청북도 영동군	잠종제조	일본인 기술자를 초빙하여 조선의 기후 풍토에 적합한 잠종 개발.
		보통농사	소작인의 종자개량, 농법개량 장려.
잠사전습소 (蠶絲傳習所)	경성부 독립문 옆 행촌동	잠업	전습생 80명 양성.
		제사(製絲)	일본에 전습생을 파견하고, 공장을 세워 제사업 개업.
		기업(機業)	일본기술자를 초빙하여 직물 제조.
국유미간지개간	경기도 장단군 석곶리 경기도 부천군 서곶면	미간지 개간	석곶리는 미간지 23정보 개간하여 소유권 신청. 서곶면은 방조(防潮)시설 마련하여 개간. 답 70정보, 양어지 20정보 확보.
		농사의 개발	미흡.
수리관개 (水利灌漑)	경기도 수원군 양감면	관개용수 공급	동청강(東淸江) 우안(右岸) 400정보에 1913~14년 2차에 걸쳐 양수기를 설치하여 200정보 관개.
	함경남도 영흥군		용흥강(龍興江) 본지류(本支流) 사이 200정보의 전지(田地)에 1913년 양수기를 설치하여 100정보 성답(成畓).
	충청남도 공주군		동천보(銅川洑)의 경영권을 인수하여 거액을 투자하여 1914년 보축(補築)하여 80정보에 관개하고 개답(開畓) 추진 중.

과수재배로 소사지방은 원예지의 명성을 얻게 되었다고 한다.

송병준이 가장 심혈을 기울인 사업은 잠업이었다. 그는 일본망명 중에 잠업에 종사한 경험을 활용하여 1905년부터 1915년에 이르기까지 농업경영 기간 내내 모든 농장에서 양잠의 경영과 보급에 치중하였다. 처음 농업경영을 시작할 때인 1905년 용인 추계리농장에 양잠전습소(養蠶傳習所)를 연 것으로 보인다. 일본인 교사를 초빙하고 전습생을 모집하여 실습과 이론을 교육하였다. 그 내용은 다음과 같다.

1. 전습기간은 6개월로 하며 매년 4월 15일에 시작하고 추잠(秋蠶) 실습 후에 끝난다.
1. 전습생의 정원은 15명으로 한다. 단 시의에 따라 자비생(自費生) 또는 방청생(傍聽生)을 허가할 수 있다.
1. 전습생의 자격은 품행방정하고 상당한 학력 있는 자. 연령 18세 이상의 남자로 신체 건전한 자. 전습 중 가사에 얽매이지 않는 자.
1. 전습생에는 식비숙사(食費宿舍)를 급여하고 기타 학비는 스스로 마련한다.
1. 전습생은 1기를 수료로 하고 2기를 졸업으로 한다. 시험은 각기의 끝에 행하고 증서를 수여한다.
1. 시험은 학과 및 실습의 둘로 나누어 학과는 강습의 끝에, 실습은 평상의 성적에 따라 고사(考査)한다.

이러한 방법으로 1910년까지 전습생을 양성하고, 1911년에는 전습생을 여자로 바꾸어 모집하였다. 수료생 71인, 졸업생 3인 등은 양잠소의 교사나 기술원으로 활동하여 잠업보급에 기여하였다고 한다. 1913년에는 전습소를 폐쇄하였지만 1914년에 잠종(蠶種)제조사업을 다시 개시하였다. 즉 충청북도 영동군 추풍령농장에서 조선의 기후와 풍토에 적합한 조선산 잠종을 생산하기 위해 잠종제조소를 설립하고 일본으로부터 기술자를 초빙하여 잠종개발에 나섰다.

송병준의 양잠 경영에 대한 관심은 잠사전습소(蠶絲傳習所)의 설치에서 그 정점을 볼 수 있다. 1911년 3월, 폐지된 한성중학교의 건물을 이용하여 잠사전습소를 설치하고 강당을 잠실로 삼았다. 부근의 토지 약 3정보에 뽕나무를 심고 일본인 1명 및 관립용산잠업강습소 졸업생 2명을 교사로 고용하여 1911～1914년까지 전습생 80명을 양성하였다. 학생들에게 일반지식과 일본어를 가르치고 잠업 실습을 행하였다. 그리고 1911년 일본으로부터 기술자를 초빙하여 제사공장을 세우는 한편 실습생 24인을 일본에 파견하여 제사 기술을 습득하도록 하였다. 이 전습소에서 고려직(高麗織) 등을 직조하였다고 한다. 그렇지만 일본의 한국병합 이후 전국에 걸쳐 은사수산업(恩賜授産業)이 확장되어 송병준의 잠업-제사-직조업과 중복되자 조선총독부의 시책에 부응하고자 1915년 5월 제사용 건물과 기계류 일체를 경성은사수산제사장(京城恩賜授産製絲場)에 양도하고, 양잠 및 직조에 관한 물품 및 상원(桑園)을 경성은사수산장(京城恩賜授産場)에 양도하였다.

일진회 회장을 역임한 송병준은 자기를 따르던 회원들의 생계를 보장해주기 위해 특히 잠업을 권유하였다. 1906년 소사의 계농원에 잠실을 설치하고 일진회원의 자제 25명을 모아 양잠전습을 실시하였다. 부평역 부근에 있는 부평농장에서도 1909년 연고 있는 옛 일진회원들에게 상묘(桑苗)를 무상으로 나누어주어 생업의 밑거름으로 삼게 하였다. 1913년 각 지방 옛 일진회원들이 뽕나무 및 과수재배가 유망함을 인식하고 송병준에게 묘목을 배부해줄 것을 요청하자 그는 일본 나고야에서까지 묘목을 구해다 무상배부했다고 한다.

이처럼 송병준은 한말 일제 초기 친일활동의 대가로 얻은 다액의 은사금 등의 자금을 토지, 농업에 투자하여 일제의 식민농정에 호응하였다.[18] 소작제에 의거한 보통농사뿐 아니라 특히 양잠경영에 주목하고, 인천 근교에서는 과수도 적극적으로 재배하였다. 1920년대 수리관개와 수전(水田) 확대를 통한 미곡증산의 농정을 예견하고 있다는 듯이 송병준은 이미 국유미간지의 개간, 수리관개의 확대, 수전의 확대를 꾀하고 있다. 일본인 기술자 초빙, 조선풍토에 맞는 품종개량, 조선총독부 시책의 수용, 국민성의 개조, 일진회 회원의 생계 보장 등은 송병준의 농업경영에서 나타난 특징으로 볼 수 있겠다. 도시 근교인 경인지대에서 이루어진 상업적 농업의 양상은 일본의 산업화 초기에 정책적으로 장려한 식산흥업과 흡사하다. 대한제국기에 식산흥업정책을 꾀하면서 양잠을 장려한 것과도 연결된다. 계몽운동가들의 식산흥업 주장과도 맥락을 같이한다. 1910년대 조선총독부는 미곡, 면화, 양잠을 장려하였는데 면화는 남부지방에서 실험 재배되었고, 인천항의 배후

---

18 송병준이 이토 히로부미와 가쓰라 다로 총리에게 한국을 일본에 팔아넘기는 대가로 1억 5천만 엔을 요구했다는 증언도 나오고 있다(『한겨레』, 2004.8.13). 을사조약 때 자결한 민영환(閔泳煥) 집안에서 운영하던 부평군 산곡리의 목양사(牧養社) 농장을 송병준이 탈취하여 분쟁이 되었지만 일진회가 득세하던 1909년 송병준이 승소하였던 일도 있다(『대한매일신보』, 1908.12.2, 광고; 『대한매일신보』, 1908.12.22; 『황성신문』, 1908.12.11, 광고; 『황성신문』, 1909.4.2).

지에서는 송병준이 주도하여 양잠업이 발달하였던 것이다.

1920년대 산미증식계획이 종료된 이후 1930년대에 이르면 인천항의 배후지인 경기도의 경우 곡물류의 생산비중은 상당히 줄어들고 상품작물인 채소, 과일과 축산의 증가가 현저하게 된다고 한다.[19] 1930년대 "공업화와 도시화의 진전은 미곡이나 두류(斗類)보다는 야채, 면화, 과물(果物), 우육(牛肉) 등 신흥의 상업적 부문에 대한 수요를 증가시켰다."[20] 인천과 서울, 두 대도시의 수요를 겨냥한 경기도에서의 상품작물의 증산은 일찍이 경인지대에서 이루어진 채소, 과수재배의 선구적 경험을 바탕으로 한 것이라고 평가할 수 있다.

3. 식민농정과 미곡증산

개항장의 무역구조는 배후지 산업에 직접 영향을 미칠 수도 있지만 반드시 그렇다고 보기도 어렵다. 미곡 수출을 목표로 개항한 군산항의 배후지에서는 대지주의 농장들이 광범하게 형성되었고, 목포항의 배후지에서는 면화생산이 장려되었다. 군산항에서 쌀을 수출하고 목포항에서 면화를 수출하는 무역구조는 배후지 산업의 성격을 규정지었

---

19   堀和生, 「1930년대 사회적 분업의 재편성－京畿道 京城府의 분석을 통하여」, 安秉直·中村哲 編, 『근대조선의 공업화의 연구－1930~1945년』, 일조각, 1993, 57~58쪽.
20   朴ソプ, 『1930年代朝鮮における農業と農村社會』, 未來社, 1995, 64쪽.

다고 할 수 있다. 그렇지만 수도 서울의 관문의 성격을 지니는 인천항의 경우 무역품이 직접 배후지 산업에 영향을 미친다고 단정하기는 어렵다. 인천항을 통해 수출되는 미곡은 전국에서 매집되었기 때문에 인천항의 배후지에서 특별히 농업생산을 장려할 필요는 없었다. 앞에서 언급한 것처럼 오히려 인천이 대도시로 성장함으로써 대도시의 수요에 부응하는 상업적 농업이 더 발전하는 양상이 나타났다.

1910년대 미곡정책은 생산의 양적 확대 뿐 아니라 품종개량을 통한 질적 향상에도 초점이 놓였다. 그런데 1918년 일본의 쌀폭동을 계기로 조선총독부는 일본 내의 부족한 미곡을 조선에서 조달하려는 정책을 적극 시행하게 되었다. 조선농업을 식민지적 미곡단작형(米穀單作型)으로 재편하여 미곡의 증산에 집중하였다. 그것이 바로 1920년 12월부터 시작된 조선산미증식계획이다. 그 내용은 토지개량을 위한 기본조사, 토지개량사업, 경종법(耕種法) 개선사업 등이었다. 토지개량사업은 답의 관개개선 40만 정보, 전의 답으로의 전환 20만 정보, 개간·간척 20만 정보, 합하여 80만 정보의 토지를 개량하는 것을 목표로 하여 30년에 걸친 장기사업으로 계획되었다.[21]

제1기는 15년 계획으로 황무지의 개간가능성 및 기간지의 수리상황 조사, 42만 7,500정보의 토지 개량, 경종법 개량 및 비료의 증시(增施) 등이었다. 이를 통해 899만 5천 석을 증산하여 그 가운데 800만석을 일

---

[21] 산미증식계획에 대하여는 林炳潤, 「産米增殖計劃―그 추진주체의 성격규정을 중심으로」, 『일제의 한국식민통치』, 정음사, 1981; 河合和男, 『朝鮮における産米增殖計劃』, 未來社, 1986; 松本武祝, 「총독부의 수리조합정책과 시기구분」, 『近代朝鮮水利組合硏究』, 일조각, 1992 참조.

본에 수출할 계획이었다. 1926년에는 제2기 산미증식경신계획을 수립하였다. 제2차 계획의 목표도 조선미곡을 증산함으로써 일본의 외국미곡 수입을 억제하는 데 두어졌다. 제2기 14년간의 토지개량 목표는 35만 정보이며, 벼의 품종개량, 비료의 증시 등 농사개량도 목표로 설정되었다. 조선총독부는 제2기 계획을 시행하기 위해 1926년 자본금 5백만 엔으로 조선토지개량주식회사를 창설하여 토지개량사업의 대행과 청부, 자금의 대부, 토지의 매매와 경영 등의 사업을 수행하도록 하였다. 그렇지만 일본에서 미가 하락으로 경제불안과 농업침체가 빚어져 조선미 수입반대론이 제기됨으로써 산미증식계획은 1934년 중지되었다. 그 뒤 1940년 이후 전시하의 식량수요에 부응하기 위해 다시 증미계획을 수립하여 관개개선사업을 추진하였다.

1920년대 산미증식계획은 관개개선을 통한 토지개량을 핵심사업으로 삼았다. 이를 위해 종래의 수리시설을 정비·확장하는 한편 새로운 수리시설을 설치하였다. 이것은 송병준이 한 것처럼 개인적으로 할 수도 있지만 이때에는 수리조합을 결성하여 집단적으로 시행하는 방식으로 진행되었다. 1908년부터 1945년까지 창설된 수리조합은 639개인데, 인천항의 배후지인 경기도에는 41개(6.4%) 수리조합이 창설되고, 蒙利면적은 전체 328,950정보의 5.6%인 18,327정보로 도 단위로는 중간 정도의 수준을 유지했다. 경기도는 미곡의 주산지가 아니었다.[22]

경인지역의 수리조합으로는 부천군의 부평수리조합(1922), 시흥군의 소래수리조합(1929) 및 흥부수리조합(1942)이 있었다. 부평평야는 경

22　宮嶋博史, 「수리조합의 전체적 개관」, 『근대조선수리조합연구』, 일조각, 1992, 10쪽.

성에 근접하고 면적이 광대하며 사업의 효과가 크다는 이유에서 수리 사업이 필요하다고 인정된 지역으로서 산미증식계획 이전부터 주목되어 1919년 조선총독부에서 직접 실측조사를 실시하기도 하였다. 부평 수리조합은 1923년 4월 인가를 받아 설립되었는데 부평평야의 3,601 정보를 몽리면적으로 하였으며 당시 전국에서 다섯 번째로 큰 규모였다. 부평수리조합에서는 한강 하류의 물을 양수기로 끌어올려 농업용수를 공급하고자 하였다. 한강변에 배수갑문을 설치하고 거기에 300 마력 전동기 3대와 펌프 6대를 설치하여 용수 및 배수를 하였다. 수리 관개사업에 전기를 사용한 것은 이곳이 처음이었다.

부평수리조합 조합원의 민족별 소유규모별 구성을 살펴보면 〈표 2〉 와 같다.

〈표 2〉 부평수리조합 민족별 소유규모별 조합원 구성 (면적단위 : 町步)

민족 소유규모	조합원 수			소유면적 합계		
	일본인	조선인	합계	일본인	조선인	합계
50정보 이상	8명(6.2)	2명(0.2)	10명(0.9)	980.1(59.5)	110.1(5.5)	1,090.2(29.8)
20~50	7(5.4)	14(1.5)	21(2.0)	220.5(13.4)	460.7(22.9)	681.2(18.6)
10~20	12(9.2)	21(2.2)	33(3.1)	163.7(9.9)	300.5(14.9)	464.2(12.7)
1~10	62(47.7)	302(32.1)	364(34.0)	261.9(15.9)	884.0(43.9)	1,145.9(31.3)
0~1	42(32.3)	601(63.9)	643(60.1)	22.0(1.3)	257.7(12.8)	279.7(7.6)
합계	130(100)	940(100)	1,070(100)	1,648.2(100)	2,013.0(100)	3,661.2(100)

• ( )는 비율(%)임.
• 출전 : 장시원, 「부평수리조합의 창설과정」, 『근대조선수리조합연구』, 일조각, 1992, 72쪽.

조합원의 민족별 소유규모별 구성을 보면 조합원의 2.9%에 해당하는 31명의 대지주가 20정보 이상의 토지를 소유하여 전체의 48.4%의 토지를 소유하고 있는 것으로 나타난다. 130명, 12%의 일본인이 전체 토지 3,661.2정보 가운데 45.0%에 해당하는 1,648.2정보를 소유하고 있다. 이를 1인당 소유규모로 환산하여 보면 일본인은 1인당 126.8정보, 조선인은 1인당 21.4정보를 소유하는 것으로 되어 일본인의 토지소유 규모가 압도적으로 크다. 일본인은 경성, 인천의 부재지주가 많고 조선인은 재지지주가 많았다. 부평수리조합은 20정보 이상을 소유한 경성 및 인천의 일본인 대지주가 중심이 되고 재지의 일부 조선인 중소지주가 호응하여 조합을 창설하였던 것으로 파악할 수 있다.

이와 같이 조선 전국에서 산미증식계획을 추진할 때 미곡생산은 일본인 지주가 앞장서고 조선인 지주가 호응하는 형태였다. 미곡생산이 많은 이윤을 남김에 따라 1920년대 이후 지주제가 크게 발달하였다.

30정보 이상 일본인 지주의 모습을 살펴보면 〈표 3〉과 같다.

경인지대가 미곡주산지가 아님에도 불구하고 많은 일본인 부재지주들이 대규모로 토지를 소유하였다. 〈표 3〉에서 보면 일본인의 농장 개설은 1910~20년대에 걸쳐 있다. 1920년대 전반까지는 보통농사 외에 양잠, 과수재배를 병행하지만, 1920년대 후반에는 보통농사로 통일되어 간다. 산미증식계획에 의한 미곡단작화정책의 결과이다. 당연히 답의 비율이 높다. 한다[半田]농장의 주인 한다 요시시로[半田善四郎]는 이 지역 최대의 지주로서 부평수리조합 창설을 주도하여 4, 5, 6대 조합장을 역임한 인물이다.

1937년 현재 30정보 이상 소유한 경기도 지주의 실태를 민족별, 지역별로 종합하면 〈표 4〉와 같다.

조선인 지주의 총면적은 59,339정보로 전체 73,805정보의 80.4%를 차지하여 일본인 지주 14,466정보보다 훨씬 더 많다. 조선인은 개인지

〈표 3〉 경인지대 일본인 지주의 토지소유

조사일	이름	지역	창립일	소유지면적				영농종별	영농방법
				전	답	기타	계		
1925년 말	半田농장	부천군 김포군	1920.3	170.5	538.4	162.9	871.8	보통농사	소작자작
	平田智惠人	부천군 김포군	1917	5.5	75.1	0.3	80.9	보통농사	소작
	水津농장	부천군	1911.4	44.4	146.3	12.4	203.1	양잠 보통농사	소작
	天日농장	부천군	1915.3	3.0	60.0	10.0	73.0	양잠 보통농사	소작
	橋田농장	부천군	1925.5	4.0	166.0	10.0	180.0	양잠 보통농사	소작
	田村농장	부천군	1923.9	25.0	5.0	100.0	130.0	양잠 보통농사	소작
	平山농장	부천군	1907.2	176.6	73.3	4.7	254.6	과수재배	자작소작
	高瀨농장	시흥군 김포군 부천군	1919.8	154.7	113.4	8.3	276.4	보통농사	소작
	長岡척식회사 김포농장	김포군 부천군 고양군	1919.10	287.9	150.9	166.4	605.2	보통농사	소작
1929.7	水津농장	부천군	1928.3	35.7	130.0	146.7	312.4	보통농사	자작소작
	伊藤농장	부천군	1929.4	2.0	34.3	1.4	37.7	보통농사	자작소작
	半田농장	부천군 김포군	1919.11	350.0	600.0	500.0	1450.0	보통농사 조림	자작소작
	平田농장	부천군 김포군	1929.1	6.0	65.0	0	71.1	보통농사	자작소작
	橋田농장	부천군	1825.2	3.1	152.0	2.8	157.9	보통농사	자작소작
	東淸子농장	부천군	1921.4	30.0	3.0	0	33.0	보통농사	소작
	田村농장	부천군	1924.6	30.0	50.0	2.0	82.0	보통농사	소작
	天日농장	부천군	1926.4	3.0	75.0	0	78.0	보통농사	자작소작
	平山농장	부천군	1909.3	116.8	65.7	6.1	188.6	보통농사 과수	자작소작

• 출전 : 『農地改革時 被分配地主 및 日帝下 大地主 名簿』(농지개혁사편찬자료 10), 한국농촌경제연구원, 1985, 215~313쪽.

<표4> 1937년 경기도 지주제의 실태 (단위 : 정보)

국적	면적 지주 소작인	개인지주				특수지주				합계
		경성지주	도내지주	도외지주	계	회사	학교	사원	기타	
조선인	면적	25380 42.8%	29681 50.0%	1014 1.7%	56085 94.5%	1189 2.0%	1093 1.8%	456 0.8%	516 0.9%	59339 100%
	지주	305 42.0%	386 53.1%	12 1.7%	703 96.7%	7 1.0%	6 0.8%	7 1.0%	4 0.6%	727 100%
일본인	면적	1349 9.3%	1738 12.0%	1165 8.1%	4252 29.4%	10214 70.6%	-	-	-	14466 100%
	지주	7 13.5%	19 36.5%	7 13.5%	33 63.5%	19 36.5%	-	-	-	52 100%
계	면적	26729 36.2%	31419 42.6%	2189 3.0%	60337 81.8%	11403 15.5%	1093 1.5%	456 0.6%	516 0.7%	73805 100%
	지주	312 40.1%	405 52.0%	19 2.4%	736 94.5	26 3.3%	6 0.8%	7 0.9%	4 0.5%	779 100%

- 1937년 6월 말 현재, 전답 30정보 이상 지주.
- 출전 : 『農地改革時 被分配地主 및 日帝下 大地主 名簿』, 83쪽.

주가 94.5%를 점하는 데 반해 일본은 회사지주가 70.6%를 차지하여 지주의 성격에 차이가 있다. 조선인 개인지주의 평균 면적은 79.8정보 (56,085정보 / 703인), 일본인은 128.8정보(4,252정보 / 33인), 일본회사는 537.6정보(10,214정보 / 19개회사)를 차지하여 일본회사의 면적이 압도적으로 넓고 일본인의 평균면적이 조선인보다 1.6배나 된다. 그리고 부재지주로서 조선인 개인 지주는 경성에 거주하는 지주가 많았다.

이처럼 경인지대와 경기도 일대가 미곡의 주산지는 아니었음에도 불구하고 지주제가 발달하고 미곡증산이 이루어졌다. 이러한 산미증식계획은 일본산업에 필수적인 값싼 미곡을 제공하는 데는 어느 정도 효과를 거두었으나 수세(水稅), 고율소작료, 비료부담, 조합비 등 조선 농민이 지게 된 부담은 가중되어 농민경제는 파탄지경이 되었다. 미곡은 모두 수출되어 조선의 농촌에는 미곡이 사라지고 농민들은 춘궁으로 고통을 겪었다. 전국적으로 지주의 소작료 수탈에 대하여 농민들은 소작쟁의를 벌였다. 1927년 10월 부평수리조합의 소작인 4천여 명은 농민조합을 창설하여 투쟁을 시작하였다. 부평의 지주회가 소작료를 구답(舊畓) 6할, 신답(新畓) 5할에서 1927년부터 각각 6할5푼, 6할로 인상하기로 한데 대해 농민들이 대항하고자 농민조합을 창설한 것이다.[23]

농촌의 몰락상황을 보면 부천군 소사면 상리의 경우 주민들의 총 부채액이 5,500여 원에 이르렀다. 경찰부장이 지주들과 협의하여 정리하도록 중개할 정도로 사회불안을 야기하였다. 상리 갱생조합을 조직해야 할 상황이었다.[24] 농민들의 열악한 처지는 고율 소작료를 수취하는 지주제에 구조적 원인이 있었다.

4. 공업정책과 경인공업단지

1920년대 산미증식계획의 결과 농민이 몰락함에 따라 1930년대 이후 농촌과잉인구를 흡수할 수 있는 정책으로서 공업화의 가능성이 모색되었다. 1930년대 전반에는 이처럼 조선내부의 요인에 의한 공업화

---

23 『동아일보』, 1927.10.21·30·31; 이영호, 「부평의 수리조합과 지주소작관계」, 『박물관지』 16, 인하대 박물관, 2013 참조.
24 『동아일보』, 1933.1.30.

정책이 추진되었다. 그것은 농공병진정책으로서 농촌진흥운동, 북양남면(北羊南綿), 북선개척(北鮮開拓), 산금장려(産金獎勵) 등의 정책목표가 설정되었다. 조선의 자본력이 미흡하였기 때문에 당시 우가키(宇垣) 총독은 일본자본을 유치하여 공장을 설립하려는 시도도 했다. 이를 위해 1934년 시가지의 확장과 신시가의 창설에 중점을 둔 조선시가지계획령을 발표하였다. 특히 전력정책을 강력히 추진하여 중화학공업의 기초를 마련하고자 하였다. 이렇게 1930년대 전반기 조선의 공업화는 우가키 총독에 의한 농공병진정책과, 일본자본주의의 급격한 중화학 공업화의 시기에 부응하여 그 기초를 닦는 방향으로 전개되었다.

1920년대에는 농업중심 정책으로 인하여 공업화는 적극 추진되지 않았지만 인천항의 배후지인 경기도에서는 공업생산량이 상당한 수준에 달하고 있었다. 1920년대 말에는 공업생산액이 농업생산액을 앞질렀다. 1939년경에는 경기도의 공업생산액은 농업생산액의 3배에 달하였다. 충남의 경우 공업이 농업의 27.7%, 충북이 12.1%인 것과 비교하면 인천항과 경성부의 배후지로서 경기도의 공업화비율은 상당히 높았던 것을 알 수 있다.[25] 미곡의 주산지가 아닌, 수도 서울과 관문 항구를 배경으로 공업생산이 향상되고 있었던 것이다.

1934년 조선시가지계획령에 의한 시가지의 창설 및 확장과 병행하여, 서울과 인천의 중간지역에 998.4만 평에 이르는 광대한 면적의 공업용지가 조성되면서 경인지역의 공업화가 시작되었다. 그 내역은 구로지구 173.6만 평, 시흥지구 19만 평, 소사지구 94.7만 평, 부평지구

---

[25] 堀和生, 앞의 글, 55~56쪽.

272.2만 평, 서곶지구 239.2만 평, 계양지구 94.1만 평, 양천지구 105.6만 평이었다.[26]

일제는 조선 식민지 공업화를 위해 여러 지역에 공업지대를 마련하고자 했지만, 대표적 공업지대로서 확립된 것은 함경남북도의 조선북부공업지대와 경인공업지대이다. 이것은 각각 한반도의 남북을 대표하는 공업지대이고 해방과 분단 이후에도 남북경제에 미친 영향이 컸다.[27] 조선북부공업지대는 전력 및 자원을 입지조건으로 하여 형성 발전되었다. 그래서 전력 및 자원을 대량으로 소비하는 금속공업, 화학공업, 요업 등의 부문이 중심을 점하여 중공업, 화학공업지대로서의 성격을 띠게 되었다.

경인공업지대는 수도권에 위치한 이점을 살려 부문 간의 균형을 살리면서 발전하였다. 경인공업지대가 지니는 이점은 수도권에 위치함으로써 공업제품 특히 소비재의 판매시장이 형성되어 있고 풍부한 노동력이 존재한다는 점, 철도의 기점인 경성과 항로의 기점인 인천항이 위치하여 교통의 요지로서 원료와 제품의 운송에 편리하다는 점, 조선총독부가 위치하여 각종 행정에 유리하다는 점 등을 들 수 있다.[28] 경인공업지대는 "일본 내지의 경빈(京濱, 도쿄-요코하마)지대와 유사한 입지조건을 내포하고 그 장래는 가장 기대할 만한 것이지만 공장배치의 질서와 통제가 결여된 혐의에 비추어 급속히 공업지대로서 완성해야할

---

26 『조선경제연보』, 1940년판. 1940년 1월 19일 총독부고시 경인시가지계획에 의하면 구로지구가 237.8만 평으로 그 면적이 크게 확대되고 나머지는 대체로 비슷하다. 손정목, 『일제강점기 도시계획연구』, 일지사, 1990, 236~241쪽 참조.

27 河合和男・尹明憲, 『植民地期の朝鮮工業』, 未來社, 1991, 48쪽.

28 위의 책, 77~85쪽.

계획적 통제의 필요성이 인정된다"는 평가를 받았다.[29]

거슬러 올라가 보면 경인지역에 공업이 시작된 것은 러일전쟁 이후 일본인의 식료품공업에 대한 투자에서부터 살펴볼 수 있다. 당시 일본인은 권연초(卷煙草), 정미(精米), 인접(籾摺), 청주(淸酒), 장유(醬油), 재제염(再製鹽) 등에 자본을 투자하여 제조업을 시작하였다. 일본인 직공은 기술을 담당하고 조선인은 단순 노역에 종사하는 구조였다. 생산된 제품은 쌀, 술, 간장, 소금, 담배 등 생활필수품으로서 일부 수출되기도 했지만 인천을 비롯한 대도시에서 주로 소비되는 것들이었다.[30] 이러한 산업구조는 산미증식계획을 추진하던 1920년대에도 변함없이 유지되었다. 공업화 정책을 추진하기 직전인 1930년대 초 인천의 산업을 살펴보면 여전히 정미업이 압도적인 수위를 점하고, 이어 소주·청주·간장·된장을 생산하는 양조업, 제염업이 활발하였다. 모두 도시민의 일상생활에 필요한 필수품들이었다.[31]

1930년대 공업화정책을 시행하면서도 경인지역의 정미업은 전국 최고였다. 1936년 조선 전체의 공장생산에서 정미생산액이 1억 3,400만 원을 차지하는데 1937년 경성과 인천의 정미생산액이 9,000만 원에 달할 정도였다. 그것은 인천취인소(仁川取引所)와 거대창고가 존재하고, 인천항을 통하여 일본·중국·만주로 수출이 이루어지고, 또 경인지역 내에서도 상당한 수요가 있었기 때문이다. 그러나 정미업은 주로 가내공업적 중소기업이 대부분이었다. 이외에 경인지대에는 경공업

---

29 川合彰武, 『朝鮮工業の現段階』, 東洋經濟新報社京城支局, 1943, 86~87쪽.

30 權宇·李玉蓮 역, 『인천상공업조사』(조선총독부, 1913), 인천대 인천학연구원, 2012, 30~32쪽.

31 『仁川府史』, 仁川府, 1933, 1090~1139쪽.

으로서 방직업이 발달했는데 경성방적 영등포공장, 동양방적 인천공장 및 영등포공장 등 대규모 공장으로 경영되었다.

전시체제에 접어들면서 일제는 경인지대의 공업을 경공업보다는 중공업의 방향으로 전환해 나가기 시작했다. 1936년 10월 조선산업경제조사회에서는 식민지 조선 산업경제의 방향을 전환하는 결정을 내렸다. 원시산업 중심에서 여러 산업의 전면적 발전으로 전환하였다. 특히 광공업의 비약적 진흥을 꾀하고자 했다.[32] 1937년 7월 중일전쟁이 일어나자 조선총독부는 1938년 5월 공식적으로 조선병참기지화를 선언하였고, 이어 1938년 9월 시국대책조사회에서는 군수공업 확충계획을 다음과 같이 제시하였다.[33]

제14. 군수공업의 확충에 관한 건

확충할 업종 : 경금속, 석유 및 그 대용품, 曹達, 硫安, 폭약, 공작기계, 자동차, 철도차량, 선박, 항공기, 피혁, 기타

실시방법 : 관계법규의 정비, 기업지의 주선(기업지의 선정에 있어서는 공업용수의 조사, 기타 가급적 편의를 공여함과 동시에 필요에 따라 용지의 구입을 주선할 것), 기술자 및 숙련공의 양성기관 확충, 자금융통의 원활, 보조금의 교부, 운수시설의 정비, 동력요금 및 운임의 경감, 원재료의 공급 주선, 하청공업의 확충(하청공업의 확충을 도모하여 업자로 하여금 조합을 결성하게 하고 그에 대하여 조성금의 교부, 저리자금의 융통, 기술상의 지도 및 하청의 주선 등 극력 그 지도조성에 노력할 것)

---

32 『朝鮮産業經濟調査會諮問答申書』, 조선총독부, 1936.10.
33 『朝鮮總督府時局對策調査會諮問答申書』, 조선총독부, 1938.9, 135~146쪽.

일제는 조선에서 기업의 시설, 공장의 증설에 의하여 경금속, 석유 대용품, 폭약, 공작기계, 자동차, 철도차량, 선박, 항공기, 피혁 등 군수공업부문의 구체적 확충계획목표를 수립하였다. 이를 위해 관계법규의 정비, 기업지의 주선, 기술자의 확충, 자금융통 원활화, 보조금 지급, 운수시설 정비, 동력요금 경감, 원자재 공급주선, 하청공업의 확충 등을 추진하였다.

이리하여 경인공업지대는 군수공장의 센터가 되었다. 수도용 강관을 생산하는 경성공작주식회사, 자동차 조립생산을 위한 디젤자동차공업주식회사, 철도차량공장, 광산용기계 생산회사로 인천기계제작소와 히로나카(弘中)상공주식회사 등 비교적 대규모 공장들이 설립 가동되었다. 그 외에 화학공업, 식품공업, 요업 및 기타 공업의 군소생산 업체들도 들어섰다.

인천의 조선기계제작소는 1936년 조선산업경제조사회의 조선산업 시책에 따라 1937년 6월 설립된 회사였다. 일본종합기계회사인 요코야마공업소가 인천역 부근 만석동에 광산용 기계를 생산하는 회사로써 설립한 것이다. 일본의 경제안정을 위해 수립된 산금증산(産金增産) 5개년계획을 염두에 두고 국책상 필요한 회사로서 설립되었다. 이 회사는 조선에서 대단위 기계공장의 선구로 지목된다. 조선기계제작소에서는 금광개발에 필요한 광산용 기계를 제작하였다. 중일전쟁 발발 이후에는 국책의 필요와 군수의 수요 증대로 공장을 크게 확장하였다. 전시통제경제의 구축으로 철강조달의 어려움을 고려하여, 철강을 자체적으로 생산하여 기계를 제작하는 일관생산체제(一貫生産體制)를 구축하였다. 그러나 태평양전쟁의 발발로 산금증산정책이 후퇴하면서 광산용 기계의 수요가 급락하자, 부평의 육군조병창에 포탄강(砲彈鋼)을 납품하고, 육군이 발주한 석유착정기(石油鑿井機)를 납품하고, 해군에 소형 선박엔진을 납품하는 군납회사로 전환하였다. 1943년에는 수송용 잠수함 건조계획을 세운 육군이 잠수함 건조기업 중 하나로 조선기계제작소를 지정함으로써 군수공업회사로 완전 전환하였다. 그렇지만 육군의 약속된 지원이 늦어지면서 잠수함은 16척 정도 건조하는데 그쳤다고 한다.[34]

히로나카상공은 조선의 3대 기계제작회사의 하나로서 1937년 히로나카 료이치[弘中良一]가 설립하였다. 1916년 부산에서 소규모 기계판매상으로 사업을 시작한 그는 히로나카상공을 설립한 뒤 1938년 이후 산금 5개년 계획에 따른 금광개발 붐을 타고 기계류 판매를 목적으로 경성공장을 대규모로 확장하는 한편 1938년 말 부평역 앞에 경성공장보다 더 큰 대규모 기계공장으로서 부평공장을 설립하였다. 부평공장에서는 광산기계류 생산 뿐 아니라 조선철도국의 종용으로 화차(貨車) 생산까지 하게 되었다. 그렇지만 자본능력을 넘어서는 대규모 부평공장 건설의 부담이 회사의 경영위기를 자초하여 자본조달이 어려워지면서 1942년 6월 미쓰비시[三菱]제강주식회사의 인천공장으로 넘어갔다. 부평공장을 포기한 히로나카상공은 경성공장을 확장하여 히로나카중공업주식회사로 개칭하고 조선총독부 중점 공장으로 지정을 받아 철도용 기구와 일반 산업기계 그리고 군부가 발주한 군수품 생산에 집중하였다.[35]

---

34 배석만, 「일제시기 조선기계제작소의 설립과 경영(1937~1945)」, 『인천학연구』 10, 2009 참조. 이 회사는 해방 후 한국기계공업주식회사, 대우중공업을 거쳐 현재 두산 인프라코어주식회사가 되었다.

35 정안기, 「전시기 弘中商工(株)의 성장전략과 경영역량」, 『경제사학』 53, 2012 참조.

1934년 시가지계획령에 의하여 부평지구 272.2만 평이 공업용지로 설정되어 있었지만, 부평지역이 군수공업의 중심지가 된 것은 1937년 중일전쟁이 일어난 뒤였다. 1939년 일본육군조병창(日本陸軍造兵廠)이 설립되면서 부평지역은 군수공장의 센터로 이름을 내게 되었다. 조선총독부는 1940년 4월 1일 부천군 부내면을 인천부에 편입시키고 조병창의 확장공사를 실시하였다. 하청업자는 간토구미[關東組], 다다구미[多田組], 다마보구미[玉操組], 시미즈구미[淸水組], 하자마구미[間組] 등 5개 업체가 맡았다. 조선총독부는 국민총동원령을 내려 근로보국대를 편성하여 이 공사에 투입하였다.[36] 육군조병창에서는 인천지역의 중화학기계공장의 지원으로 주로 소총, 탄약, 소구경화포탄약(小口徑火砲彈藥), 총검, 수류탄, 경차량 등을 제작하였다. 육군조병창의 생산품 및 월간생산능력은 소총 4,000정, 총검 2만 정, 소총탄환 70만 발, 포탄 3만 발, 군도 2,000정, 차량 200량 등이다. 앞서 언급했듯이 조선기계제작소로 하여금 잠수정을 제작하도록 지휘하기도 하였다. 조병창에는 수천을 헤아리는 군인과 군속이 종사하였다. 공장종사자에게는 징용을 면제해주는 특혜가 주어졌다고 한다.[37]

일본육군조병창의 착공을 계기로 인천지역이 대륙병참기지의 핵심지역으로 부상하게 됨에 따라, 1940년대에는 각종 군수공장까지 건설되어 종래 인천항의 공장지대이던 송현동·화수동·만석동을 중심으로 하는 북부인천의 매립지, 학익동·용현동 일대의 동부인천, 그리고

---

36 경인일보 특별취재팀, 『격동 한세기 인천이야기』 하권, 다인아트, 2001, 121쪽; 『富平史』, 인천광역시 부평구, 1997, 155~156쪽.
37 『仁川市史』 상, 1993, 418쪽.

육군조병창을 위시한 부평지구에 공업단지가 조성되었다.

경인공업지대는 초기의 식료품공업에서 시작하여 방적공업의 경공업이 발전하고, 금속·기계공업 등의 중공업은 전시체제하에서 군수공업으로 특화되었다.

5. 맺음말

인천개항 이후 배후지에서 처음에는 수도 서울 및 인천 개항장에 공급하기 위한 상업적 농업이 발전하였다. 한국이 일본의 식민지가 된 이후에는 일본수출을 목적으로 한 미곡 생산이 본격화되었다. 1920년대 산미증식계획에 의해 인천항 배후지의 농업생산이 증대되었다. 1930년대 이후에는 일본의 한국공업화 정책으로 인천항의 배후지에 경인공업단지가 들어섰다. 처음에는 서울·인천의 대도시 소비를 겨냥한 경공업을 중심으로 하였으나, 1937년 중일전쟁 이후에는 전쟁무기와 물자를 생산하는 군수산업이 발전하였다. 인천항 배후지의 공업은 인천항의 무역을 목표로 한 것이 아니라 일본의 대륙침략을 위한 군수물자의 생산을 위한 것이었다.

인천 개항장 배후지에서는 미곡을 생산하던 평야지대가 공업화정책에 의한 공업단지로 변신한 것을 특징으로 한다. 경인지대는 식민지시기 산업정책의 전형성, 선도성을 보여주며 해방 이후 다른 항구도시 배후지의 산업구조에 영향을 미쳤다.

해방 후 일본인이 떠나간 이후 한때 침체를 겪었으나 정부가 수립되고 미국의 원조에 힘입어 경인공업단지는 차츰 안정을 되찾기 시작하였다. 그러나 6·25전쟁은 이 지역의 공업시설을 잿더미로 만들었다. 1953년 휴전 이후 경인공업단지는 다시 부활의 기틀을 잡아 나가기 시작하였다.

1960년대에 들어가 1962년부터 시작된 경제개발 5개년계획은 경인공업단지를 획기적으로 변화시키는 계기가 되었다. 구로지역에 1967년 4월 제1공업단지, 1968년 6월 제2공업단지, 1973년 11월 제3공업단지가 조성되었다. 인천시의 부평에 1969년 10월 제4공업단지가 준공되었고, 1973년 7월 주안의 제5공업단지, 1974년 11월 주안의 제6공업단지가 준공되었다. 1930년대 경인공업단지, 부평공업단지를 배경으로 하여 인천항의 배후지인 경인지대는 20세기 말에 이르기까지 수출을 통한 경제발전 추진전략의 일환으로서 설치된 공업단지의 메카로 되었다. 그리고 인천항은 그 물류기지로서의 역할을 담당하였다.

개항장을 둘러싼 이동과 제도의 상극*

1880년대 부산 일본조계의 중국인 거주문제
이시카와 료타

1. 머리말

　조선왕조는 건국 이래 외국과의 무역 및 인적 교류를 엄격하게 규제해 왔다. 1876년 조일수호조규(朝日修好條規) 체결은 조선이 기존의 체제를 크게 전환하고 국제적인 자유무역에 참여하는 계기가 되었다. 내항하는 외국인의 처우에 관해 조선이 대응한 방법은 중국이나 일본의 경

---

*　이 글은 "The Question of Foreign Residents in Pusan's Japanese Enclave during the 1880s : The Clash between Traditional Diplomatic Institutions and Freedom of Movement within Open Ports"(*Memories of the Research Department of the Toyo Bunko, No.72*, 2015)를 필자 본인이 번역한 것이다.

우와 대체로 유사하였다. 즉 외국인은 영사재판권에 의해 보호되고 있었는데, 원칙적으로 그들이 개항장 이외에서 거주하는 것을 금지했다(1882년 이후는 수도 서울에서의 거주도 인정).[1] 이에 따라 개항장에 외국인 조계가 설정되었다. 이러한 체제는 러일전쟁 후 조선이 일본의 보호국이 되면서 유명무실이 되었지만, 형식적으로는 1910년에 조선이 일본의 식민지가 될 때까지 존속했다(최종적으로 모든 외국인 조계가 철폐 되는 것은 1914년).

이와 같은 개항장과 조계의 제도적 특징은 제2차 세계대전 이전부터 연구가 축적되어 대강 밝혀져 있다.[2] 하지만 대부분의 연구는 조선을 둘러싼 열강의 이권 획득 경쟁이라는 시각에서 개항장과 조계를 검토한 결과, 그것이 동아시아 지역에 공통적으로 도입된 제도이며, 실제로 동아시아의 다각적, 광역적인 인적 이동과 교역의 기반 역할을 했다는 측면은 충분히 의식되어 있지 않다. 이 글에서는 화상(華商)의 광역적 이동과의 관계라는 시각으로부터 조선의 개항장과 조계 제도의 형성 과정을 다시 검토하려고 한다.

---

1   청일전쟁 후 개설된 것도 포함한 개항장·거류지의 일람은 奧平武彦, 「朝鮮の条約港と居留地」, 京城帝國大學法學會 編, 『朝鮮社會法制史硏究』, 東京 : 岩波書店, 1937, 16~18쪽 참조(奧平武彦, 『朝鮮開國交涉始末』, 刀江書院, 1969에 재수록). 더 엄격하게 말하면 외국인의 거류는 1883년 영한조약으로 조계와 조계 주위 10리의 범위로 한정되었다. 이 문제에 관해서는 박준형, 「近代韓國における空間構造の再編と植民地雜居空間の成立」, 早稻田大學 博士論文, 2012가 자세히 검토하였다.

2   대표적인 것만을 열거하면 Noble, Harold J., *The Foreign Settlement in Korea, The American Journal of International Law, vol.23*, 1929; 奧平武彦, 위의 글; 藤村道生, 「朝鮮における日本特別居留地の起源」, 『名古屋大學文學部硏究論集』 XXXV史學12, 1964; 이현종, 『한국 개항장 연구』, 일조각, 1975; 손정목, 『한국 개항기 도시변화과정 연구—개항장·개시장·조계·거류지』, 일지사, 1982; 高秉雲, 『近代朝鮮租界史の硏究』, 東京 : 雄山閣出版, 1987 등이 있다.

개항기 조선에 거주한 외국인 중 가장 많았던 것은 일본인이고 중국인은 그에 버금가는 위치에 있었지만 실제 숫자를 보면 중국인은 일본인보다 훨씬 밑돌았다. 예를 들어 청일전쟁까지 개항된 세 개 항구(부산, 원산, 인천)에서 1893년 말 시점의 거주 인구는 일본인 8,048명, 중국인 920명, 기타 73명이었다.[3] 그러나 개항장 중국인 사회의 핵심을 이룬 무역상은 주로 對중국무역에서 활발하게 활동하고 한때 일본인 무역상에 대항도 하는 기염을 토했다.[4]

청일전쟁 이전의 화상의 활약에 대한 고전적인 연구에서는 종주국으로서 조선에 대한 영향력을 늘리고자 한 청국의 정치적 의도를 반영한 것으로 생각해 왔다.[5] 그러나 최근에는 같은 시기 동아시아에서 널리 화상의 활동이 전개된 것에 주목하고 조선에서의 화상의 활동도 그 일환으로 보는 시각이 제시되고 있다. 예를 들어 후루타 가즈코[古田和子]는 상해(上海)를 비롯한 동아시아의 개항장 간에 화상을 담당자로 하는 물류 네트워크, 즉 "상해 네트워크"가 형성되어 있었다고 하면서 조선의 개항장도 그 말단에 연결되어 있었다고 주장하였다.[6]

---

3 China Imperial Maritime Customs, *Returns of trade and trade reports for 1893*, Appendix II, Corea. 각 항별(港別)로 게재된 인구를 합계한 숫자. 한성 거류민은 포함되지 않았다.

4 조선화교의 통사로 楊昭全·孫玉梅, 『朝鮮華僑史』, 北京 : 中國華僑出版公司, 1991이 있다. 19세기 말 중국인 무역상에 초점을 맞춘 연구로서 Ishikawa, Ryota, "Commercial Activities of Chinese Merchants in the Late Nineteenth Century Korea : with a focus on the documents of Tong Shun Tai archived at Seoul National University, South Korea", *International Journal of Korean History, vol.13*, 2009b; 강진아, 『동순태호-동아시아 화교 자본과 근대 조선』, 경북대 출판부, 2011 등이 있다.

5 대표적으로 彭澤周, 『明治初期日韓淸關係の研究』, 東京 : 塙書房, 1969; 林明德, 『袁世凱與朝鮮』, 台北 : 中央研究院近代史研究所, 1970.

6 古田和子, 『上海ネットワークと近代東アジア』, 東京 : 東京大學出版會, 2000.

이러한 최근 연구는 조선 화교의 역사에 대한 새로운 시각을 제시했을 뿐 아니라 조선의 개항장과 조계가 광역적인 이동과 교역의 인프라로서 기능하고 있었다는 것을 보여주기도 한다.[7] 한편 개별 개항장이 각각의 역사적 배경을 가지고 다른 법적 근거에 의해 열린 점도 간과할 수 없다. 서로 다른 역사적 개성을 가진 개항장이 전체로서 광역적인 화상 네트워크를 뒷받침하는 기반으로서 기능하게 된 과정에 대해 제도와 현실의 상호 영향 관계를 구체적으로 검증으로써 밝혀야 하는 단계에 이르고 있다.

위와 같은 관심을 바탕으로 이 글에서는 1880년대 부산에서 일어난 '덕흥호(德興號) 사건'을 분석한다. 한반도의 동남쪽 끝에 위치한 부산은 늦어도 조선 중기 이후 대일 외교와 무역의 화상으로서 중요한 역할을 해 왔다. 그리고 1876년의 조일 조약에 의해 조선 최초의 개항장으로 지정되어 일본 전관조계가 설치되었다. 사건의 발단은 1883년 말 이 조계 내에 화상이 개설 한 상점 '덕흥호'를 일본영사가 폐점시킨 데 있으며, 이후 일본과 청국, 그리고 조선을 모두 끌어 들인 외교 문제로 발전했다. 이를 계기로 청국은 부산에 영사 역할을 하는 상무위원(商務委員)을 파견하는 동시에 자국의 전관조계를 설치했다. 한편 일본 측도 조계 운영 방법을 재검토하고, 실현되지는 못했지만 일본조계를 포기하고 각국 조계로 전환하는 계획을 추진했다.

---

7   이러한 시각을 명확히 한 것으로 Larsen, K. W., *Tradition, Treaties, and Trade : Qing Imperialism and Chosŏn Korea, 1850~1910*, Cambridge, Mass. : Harvard University Press, 2008이 있다. Larsen은 청국이 조선을 둘러싼 "다각적(多角的) 제국주의"에 열강의 하나로 참가하고 화상이 광역적으로 활동하는 제도적 기반을 마련했다고 한다.

이 사건 자체는 이전부터 알려져 왔지만,[8] 그 분석 시각은 청일 양국의 이권 침탈 경쟁의 '핑계' 또는 '삽화' 정도로 그치고 있을 뿐, 문제가 된 화상 자체에 대해서는 분석이 이루어지지 않았다. 그리고 청일 쌍방이 그 행동의 무엇을 문제라고 파악하였고, 또 그 인식을 어떻게 제도에 반영시킨 지에 대해서도 검토가 없었다. 이 글에서는 쌍방의 외교 문서를 대조시키면서 사건의 전체를 복원하고,[9] 화교의 이동 실태와 제도의 상호 관계를 생각하고자 한다. 아래의 2절에서 이 사건 이전의 일본조계와 그 운용에 대해 개관한 뒤, 3절에서 사건의 경과와 청국 측의 대응을, 그리고 4절에서는 일본 측의 대응에 대해 검토할 것이다.

---

8 譚永盛, 「朝鮮末期의淸國商人에關한硏究」, 단국대 석사논문, 1976, 40쪽; 손정목, 앞의 책, 108쪽; 石川亮太, 「19世紀末の朝鮮をめぐる中國人商業ネットワーク」, 籠谷直人・脇村幸平 編, 『帝國とアジア・ネットワーク―長期の19世紀』京都 : 世界思想社, 2009a, 173~176쪽; 酒井裕美, 「開港期朝鮮における外交體制の形成―統理交涉通商事務衙門とその對淸外交を中心に」, 一橋大學 博士論文, 2009, 71~75쪽; Patterson, Wayne, *In the service of his Korean Majesty : Willian Nelson Lovatt, the Pusan Customs, and Sion-Korean relations, 1876~1888*, Berkeley : Institute of East Asian Studies, University of California, 2012, 48쪽; 박준형, 앞의 글, 80~81쪽 등.

9 주된 사료는 두 가지이다. 駐韓使館檔案, 『華商德興號控日本官』1・2(中央硏究院近代史硏究所檔案館, 請求記號 1-41-12-2, 3, 이하 『華商德興號』1・2로 약칭), 日本外務省記錄, 『朝鮮國釜山元山両港日本人居留地內ニ各國人雜居一件』(アジア歷史資料センター, Ref.B12082508300, 이하 『雜居一件』으로 약칭. 또 이 사료는 같은 센터에서 No.1에서 No.6까지 분할해서 열람자에게 제공되고 있다. 이 글에서도 이 분할에 따라 출소를 제시한다).

2. 부산개항과 일본조계 설치

1) 왜관에서 일본거류지로[10]

조선시대 후기 지방관으로서 대일외교와 방비에 책임을 진 것은 동래부(東萊府)였다. 초량왜관(草梁倭館)은 동래부 남쪽 변두리에 1678년 설치되었다. 약 10만 평의 왜관은 주위가 돌담으로 둘러싸여 있었고, 평상시 출입 가능한 문은 2개밖에 없었다. 일본인은 그 내부에서만 살 수 있었고, 야간에는 밖에 나가지도 못하였다. 또 왜관에서 부산진이나 동래부로 가는 길에도 문과 장벽이 있었고, 일본인은 낮에도 그 밖에 나갈 수 없었다. 왜관의 일본인은 정착하는 것이 허용되지 않았고, 일이 있을 때마다 일시적으로만 체재할 수 있다는 규정이었다(그러나 실제로는 몇 년간 체재하는 이들도 있었다). 이렇듯 왜관은 일본인을 가두기 위한 시설로 운용되었다고 할 수 있다. 이것은 동아시아의 전통적인 외국인 조계에 공통된 특징이라 할 수 있는데(예를 들어 일본의 長崎나 중국의 廣州), 1592년에서 6년 동안 조선을 유린한 도요토미 히데요시[豊臣秀吉]의 침략의 기억도 그 배경에 있었을 것이다.

그런데 근세 일본에서 조선과 교섭, 무역에 책임을 진 것은 쓰시마를 영유한 소[宗] 씨였고, 왜관에 체재한 자도 소 씨에 속한 무사, 상인층이었다. 소 씨는 메이지 유신 이후에도 한동안 조선외교를 전담하고

---

10   이 항목의 서술은 특기가 없는 한 田代和生, 『近世日朝通交貿易史の研究』, 東京 : 創文社, 1981; 藤村道生, 앞의 글에 의거한다.

있었으나, 조선정부에 메이지 정부 수립에 관한 서계를 전달하는 데에 실패했다. 이를 계기로 일본정부는 소 씨로부터 조선 외교의 권한을 회수하기로 하고, 1872년 외무성 관리를 왜관에 파견하여 그 관리하에 두었다. 하지만 그 후에도 조선 측은 메이지 정부를 교섭 상대로 인정하지 않았다. 결국 일본은 1875년 강화도에서 일으킨 교전을 명목으로 1876년 2월 조일수호조규의 체결을 조선정부에 강요하게 되었다.

이 조약에서는 부산 외 2개 항의 개항을 약속하였다. 다만 그 본문에서는 "일본인의 토지 임차와 가옥 조영, 조선인 가옥의 임차"를 인정하였을 뿐(제4조), 조계의 설치를 직접 규정하지는 않았다. 외관의 토지를 지속적으로 일본인에게 제공하도록 규정한 것은 1876년 8월에 맺어진 조일수호조규부록(朝日修好條規附錄)이었고(제3조), 1877년 1월 부산 주재 일본 관리관 곤도 마스키[近藤眞鋤]와 부산부사 홍우창(洪祐昌) 사이에서 체결된 부산항거류지차입약서(釜山港居留地借入約書)를 통해 정식으로 구 왜관이 일본전관거류지가 되었다.

이 차입약서는 일본어 400자 정도의 간략한 것이었다. 약서는 우선 구 왜관의 자리가 "고래로 일본 관민의 거류지"였다는 것을 확인한 뒤에, ① 지조(地租)를 연간 50엔으로 하여 일본정부가 납입하게 하고, ② 기설 가옥 중 일본정부가 소유한 것과 조선정부가 소유한 것을 확정하고, ③ 선착장을 제외한 토지, 도로, 배수로 등의 설비는 모두 일본정부가 관리 보수하도록 규정했다. 이 약서는 왜관의 점유를 일본의 기득권으로 인정하고, 다만 그 차입 주체를 쓰시마에서 일본정부로 전환했음을 표명한 것에 불과했다. 그 당시 조선정부는 서양과의 수호를 거부했으나, 일본과의 조약 체결은 전통적 관계의 복구에 지나지 않는다고 생각하였다. 조선 측은 일본조계의 설치도 이런 방식으로 이해하고 있었고, 일본 측도 그 이해에 굳이 반대하지 않았다.[11]

위의 차입약서를 기초로 일본영사는 재판권, 경찰권을 포함한 행정권 등 거류지의 운영 전반에 관한 강대한 권한을 장악했다. 한편 조선 측은 조계 내에 개입할 여지를 거의 상실했다. 그 상징적인 사례는 거류지 내 토지 이용자에 대해 일본영사가 단독으로 (즉 조선 지방관의 확인 서명 없이) 지권을 발급하고 차지권을 부여한 사실을 들 수 있다.[12] 이것은 차입약서에서 일본정부가 거류지 부지를 조선정부로부터 일괄 차입하게 된 것에 대한 대응이었다. 이 지권 발행 방식을 당시 일본에 소재한 거류지의 제도와 비교하면 부산거류지에서 일본 측이 소유한 권한은 현저히 강대했음을 알 수 있다.[13]

부산에 이어 1880년에는 원산이 개항되었다. 여기에서도 일본정부는 전관거류지를 설치하고, 그 형식과 규모도 부산의 그것을 모방하도록 했다(원산진개항예약(元山津開港豫約), 1879년 8월).

---

11 藤村道生, 위의 글, 68쪽; 연갑수, 『고종대정치변동연구』, 일지사, 2008, 80~81쪽.

12 釜山領事館布達 15號, 「地所貸渡規則」, 1880.6(『外務省警察史』 第3卷(復刻版), 不二出版, 1996, 237쪽).

13 일본에 있던 조계는 모두 각국공동조계로 특정 국가의 전관조계는 없었다. 또한 조계 부지의 대여는 일본 지방관의 명의로 집행되고 외국 영사의 전권으로 집행된 것은 없었다. 행정권은 조계마다 사정이 달랐다. 요코하마와 나가사키에서는 조기에 외국인 측의 조계 자치제는 해체되고, 일본 측으로 권한을 옮겼다. 고베에서는 1899년 조계 제도 철폐까지 경찰권을 포함한 행정권이 외국인 측에 있었지만, 일본 정부는 늦어도 1878년부터 그 탈환을 목표로 운동하고 있었다(大山梓, 『舊条約下における開市開港の研究』, 鳳書房, 1967, 115쪽).

2) 조선의 서구 및 청국에 대한 개항

조선정부는 1876년 대일 조약을 체결한 후에도 서구와의 수교를 거부해 왔지만 청국의 중개를 통해 1882년 5월 미국과 통상조약을 체결했다. 이것을 계기로 서구 각국과의 조약이 잇달아 체결되었다(1882년 6월에 체결된 영국 및 독일과의 조약은 본국에서 비준이 이루어지지 않아 1883년 11월에 다시 체결되었다. 1884년 6월과 7월에 각각 이탈리아와 러시아, 그리고 1886년 6월에 프랑스와 조약 체결이 이루어졌다). 청국과는 1882년 10월에 상민수륙무역장정(商民水陸貿易章程)이 체결되었다. 이 장정은 조선과 청국의 종속관계를 재확인하면서 무역에 관해 개항장에서 자유무역을 허용하는 것이었다.

이미 일본에 대해 개방되어 있던 부산과 원산은 위 조약과 장정으로 각국에 대해서도 개방되었다. 1883년 1월에는 인천 개항도 실시되었다. 또 청국의 외국인세무사제도를 본받은 해관이 설치되고, 무역에 대한 관세가 징수되었다. 먼저 총세무사로 이홍장(李鴻章)의 추천을 받은 묄렌도르프가 1882년 12월에 내한하여 이듬해 5월에 정식으로 임명되었다. 이어 그가 추천한 서양인 세무사 아래에 인천 해관이 1883년 6월, 원산 해관이 10월, 그리고 부산해관이 11월 3일에 업무를 시작하였다.[14] 이를 계기로 각 항은 명실공히 서구에 대해 무역을 개방하게 되었다고 할 수 있다.

이 사실은 두말할 것도 없이 조선 개항장에 일본인이 아닌 외국인도 도항하게 되었음을 의미했다. 1882년 11월 주조선공사(駐朝鮮公使)가 된

---

14   Patterson, Wayne, op.cit., pp.20·42. 조선해관의 설립 경위는 高炳翊, 「穆麟德雇聘背景」, 『震檀學報』 25·26·27合併號, 1964.

다케조에 신이치로(竹添進一郎)는 이 변화가 일본의 조계 정책에도 영향을 끼치게 될 것임을 인식하고 있었다. 그는 부임 직전 외무경(外務卿) 이노우에 가오루(井上馨)에게 의견서를 제출하고, 이듬해 1월에 개항될 인천에서 어떻게 조계를 운영할 것인가 의견을 개진했다.[15] 그 속에서 다케조에는 이미 설정되어 있는 부산, 인천의 일본조계에 관해서는 "일본영사가 행정권을 독점하고 있기 때문에" 타국민의 거주를 인정하기 어렵지만, 새로 설치될 인천 조계에서는 다른 국민도 잡거할 수 있게 해야 한다고 제안했다. 다만 이때 이노우에는 다케조에의 제안을 받아들이지 않았다.

또 다케조에는 1883년 3월, 위 의견서에서는 타국민의 거주를 인정하기 어렵다고 했던 분산, 인천의 조계에 대해서도 외국인의 거주를 인정해야 한다고 이노우에에게 진언했다.[16] 그 이유 중 하나는 정치적인 배려였다. 다케조에는 조선정부가 국제관계에 대한 지식을 갖게 되어 묄렌도르프와 같은 고문관도 얻게 된 것을 감안하면 일본은 더 이상 폭력적인 수단을 쓸 수 없는 상황이라고 했다. 이런 상황에서 일본이 자국 전관조계를 외국인에게 개방함으로써 일본의 공평함을 각국에 알리는 동시에 조선정부의 일본에 대한 신뢰도 강화하여 그중 "반대당(反對黨)"이 청국에 접근하는 것을 막을 수 있다고 주장했다. 그리고 부산의 경우 일본조계 외에 타국 조계가 병립하는 것이 지리적으로 봐

15　奧平武彦, 앞의 글, 78쪽. 인천의 일본거류지장정이 체결된 것은 1883년 9월이었다.

16　「竹添進一郎(駐朝鮮公使) → 井上馨(外務卿), 1883.3.5」, 『雜居一件』 No.2(「발신자명 → 수신자명, 발신날짜」로 표기). 이하 문서 수신·발신자 역직명(役職名)은 처음 나왔을 때에만 제시한다. 일시에 관해서는 본문 중에 나오는 일시는 모두 양력으로 환산했다. 주석에서 사료 출소를 제시할 때는 원사료의 역법에 따랐다.

도 일본에 대해 불리하다고 했다. 일본조계 즉 구 왜관은 동래부 관아 소재지에서 남쪽으로 10km 이상 떨어져 있었다. 일본이 타국민의 일본조계 체재를 인정하지 않는 경우 각국이 일본조계와 동래부 사이에 자국 조계를 신설할 가능성이 크고, 이런 경우 일본조계의 상업에 큰 피해가 있을 거라고 생각되었다.

이 다케조에의 제안에 대해 이노우에도 기본적으로는 동의했다. 다케조에의 제안은 조선에 대한 영향력을 확보하면서 청국과 평화를 유지한다는 당시 일본정부의 방침과 일치하는 것이었다.[17] 다만 일본조계를 타국민에게 개방하는 방식에 대해 다케조에는 상해·천진의 구미 전관조계의 방식에 따라 일본의 전관권은 유지하면서 타국민의 거주를 인정하는 방식으로 해야 한다고 했다. 이에 대해 이노우에는 그런 방식은 오히려 "번거로움을 야기"한다는 이유로 반대하고, 일본조계 중 필요 없는 지역을 일단 조선정부에 반환한 뒤 거기에 각국공동조계를 설치해야 한다고 주장했다.[18] 이 논점은 후일 다시 문제가 되었다.

또한 다케조에는 부산 일본조계에 기타 조약국민뿐만 아니라 조선상인 중 신용이 있고 일본의 조계 규칙에 복종을 맹세한 자에 대해서는 거주를 인정할 것을 이노우에에게 제안했다.[19] 다케조에에 의하면 요코하마, 고베의 외국인 조계에서는 일본인의 거주를 인정하지 않고 있지만, 상해나 천진의 조계에 있어서는 청국인의 거주를 허용하고 있고, 조선에서도 상업의 편의상 조선인 상인을 거주하게 하는 것이 좋을 거라고 생각되었

---

17 1882년 7월 임오군란 후 일본정부의 조선정책에 관해서는 高橋秀直, 『日淸戰爭への道』, 東京 : 東京創元社, 1995, 123~129쪽 참조.
18 「井上馨 → 竹添進一郎, 1883.4.10」, 『雜居一件』 No. 2.
19 「竹添進一郎 → 井上馨, 1883.3.5」, 『雜居一件』 No. 4.

다. 부산의 일본영사관원도 같은 의견을 제출하였다. 이에 대하여 외무성은 조선정부와 협정을 맺은 뒤 인정해도 무방하다고 답하였다.[20] 다만 그 후 실제로 조선정부와 교섭이 되었는지는 확인할 수 없다.[21]

이와 같이 다케조에는 이미 1883년 3월 시점에서 부산의 일본조계를 타국민에게 개방하는 것이 바람직하다고 생각하고 있었다. 그 모델로 상해와 천진의 예를 든 것이 주목된다. 이 시기 청국 각 항구에 있었던 외국인 조계는(상해는 공동조계, 기타는 각국의 전관조계), 각기 다른 방식으로 운영되고 있었다. 전관권을 갖는 나라의 국민에게만 거주를 허용한 예는 없고, 모두 전 외국인과 청국인에게 거주를 허용하고 있었다.[22] 다케조에는 1870년대부터 청국 체재를 경험하고 있었고, 특히 1880년부터 82년까지 천진 영사의 직위에 있던 관계상 청국에서의 조계 운영에 관해서 숙지하고 있었을 것이고, 그것을 조계 운영의 '표준'으로 생각했을 가능성이 크다.

그런데 다케조에가 위 의견을 이노우에에 제출한 직후, 1883년 4월에 영국의 고베 영사 애스턴(W. G. Aston)이 부산에 상륙하고 일본조계 동북쪽에 영국 조계의 예정지를 정한다는 사건이 일어났다.[23] 이 계획이 실현될 경우 영국 조계가 일본조계와 동래부 사이를 막게 될 것으

---

20 「吉田清成(外務大輔) → 竹添進一郎, 1883.6.27」, 『雜居一件』 No.4.
21 일본조계에서의 조선인 거주는 그 후에도 원칙상 인정되지 않았다. 4절 3항 참조.
22 중국의 조계 제도에 관해서는 植田捷雄, 『支那に於ける租界の研究』, 東京 : 巖松堂書店, 1941을 참조했다.
23 애스턴이 부산에 간 것은 주일공사 파크스의 명령으로 서울에 갔다가, 1882년에 조인된 조영조약의 개정에 관해 조선정부와 교섭한 후 돌아가는 길이었다(楠家重敏, 『W. G. アストン―日本と朝鮮を結ぶ學者外交官』, 東京 : 雄松堂出版, 2005, 286~292쪽). 그 후 애스턴은 1884년 3월부터 1886년 5월까지 주조선총령사(駐朝鮮總領事)로 근무했다.

로 예상되었다. 이게 바로 다케조에가 걱정한 사태였고, 그는 다시 외무성에 대해 일본조계에 외국인의 거주를 허용할 것을 요청했다.[24] 이에 대한 외무성의 회답은 남아 있지 않으나 같은 해 6월에서 7월까지 외무성과 다케조에, 부산 영사 사이에서 일본조계 중 어느 지구를 조선정부에게 반환할 것인지에 대한 의견 교환이 있었던 것을 알 수 있다.[25] 일본 당국자 사이에서 조계 일부를 반환하고 그것을 각국공동조계로 전환할 방침이 어느 정도 공유되어 있었던 것 같다.

다만 다케조에는 1883년 11월에 내한한 영국공사 파크스(청국공사 겸임)와 만났을 때, 파크스가 부산 일본조계에 영국인이 거주할 수 있도록 인정해 줄 것을 요청하자, 이를 거부했다. 이 시점에서는 일본조계를 각국 조계로 전환할 준비가 충분하지 않았던 것 같다. 다케조에는 요청에 응하지 못하는 이유를 다음과 같이 파크스에게 설명했다. "부산은 과거 수백 년간 일본이 거주해 온 식민지와 다름없는 장소이고 보통 조계가 아니다. 경찰과 도로 등 행정 전체를 일본이 장악하고 있고, 거기에 외국인이 거주하려면 일본영사의 명령에 복종하고 일본의 법률을 준수해야 한다. 이것은 깊이 생각해 봐야 하는 일이다. 일본정부도 조계의 운영에 대해서 아직 충분히 검토하지 않았다."[26]

여기에서 다케조에는 부산조계의 일본 행정권이 그 역사적인 연유로 극히 강력하다는 면을 강조하고 있다. 이 점은 1883년 11월에 이노우에 외무경에게 제출한 의견서에 나오는 "일본영사가 행정권을 독점"

---

24   「竹添進一郎 → 井上馨, 1883. 4. 27」, 『雜居一件』 No. 2.

25   「前田献吉(駐釜山領事) → 井上馨, 1883. 5. 30」, 『雜居一件』 No. 2 및 그 전후 문서.

26   「竹添進一郎 → 井上馨, 1883. 11. 12」, 『雜居一件』 No. 2.

한다는 표현과 부합한다. 이것은 조계에 타국민의 거주를 허용하지 못하는 것과 어떤 관계가 있었을까? 다케조에가 파크스에게 설명한 내용에서 그가 가장 걱정한 것은 일본영사의 행정권이 타국민에 대해 어느 정도 실효력을 갖는가였던 것으로 추측된다. 행정력이 광범하면 할수록 그것이 타국민의 이해와 충돌할 가능성이 크고, 한편 일본영사의 재판권이 타국민에게 미치지 않는 이상 일본 측은 행정권의 집행을 강제할 수단이 없었다. 이러한 상황은 다케조에를 비롯한 일본 외무성 당국자에게 있어서는 열강의 영사재판권 아래에 있던 일본 본국에서 이미 통절히 경험해 온 문제였을 것이다. 그러기에 다케조에는, 일본의 개항장 밖 지역에서 외국인의 잡거를 허용하지 못하는 것과 똑같이, 부산의 일본조계에서도 타국민의 거주를 쉽게 인정할 수 없다고 생각했을 것이고, 이노우에도 일본 전관조계의 형식을 유지하는 형태로 타국민의 거주를 인정할 수 없다고 판단했다고 생각된다.

3. 덕흥호(德興號) 사건과 부산 청국조계의 성립

1) 사건의 발생 경위

1882년 제정된 상민수륙무역장정(商民水陸貿易章程)을 근거로 청국 총판상무위원(總辦商務委員) 진수당(陳樹棠)이 자국민 보호를 주된 업무로 서울에 착임한 것은 1883년 10월이었다.[27] 같은 해 11월 20일, 화상(華商) 정익지(鄭翼之), 정위생(鄭渭生)이 한 청원서를 진수당(陳樹棠)에게 제출했다.[28]

청원서에 의하면 정익지 일행은 광동성(廣東省) 향산현(香山縣) 출신이고 고베 공흥호(公興號) 상점에서 점원으로 일하고 있다가 조선이 해관을 설치하고 각국과의 통상관계를 개시했다는 소식을 듣고 조선에 갈 것을 결의했다고 한다. 그들은 서양 잡화나 식료품 등의 상품을 가지고 고베에서 일본 기선을 타고 10월 31일 부산에 도착했다. 일본인 가옥을 빌려 점포로 삼고자 했는데 빌려 주는 사람이 없어서 해관에서 일하는 영국인에게 중개를 의뢰하여 간신히 일본 가옥 1채를 빌렸다. 그 후 모든 화물을 통관시키고 상호를 덕흥호라고 하여 11월 6일 영업을 개시했다. 전술한 바와 같이 부산 해관이 업무를 정식 개시한 것은 11월 3일이었고, 정익지 일행은 그 시기를 계산한 듯이 부산에 갔다는 것을 알 수 있다.

하지만 정익지 일행은 개점한 지 열흘도 안 된 11월 9일 일본영사로부터 덕흥호의 폐쇄를 요구받았다. 그 이유는 "부산항은 일본이 사용하고 있는 토지이고, (조선정부와의) 약정에서는 중국인이 여기에서 무역할 것을 허용하고 있지 않다. 조선국왕이 일본정부에 조회를 보내고, 일본 측이 그것을 인정한 후에야 중국인이 여기에서 교역할 수 있다"고 하는 것이었다. 정익지 등이 진수당에게 청원서를 올린 것은 일본

---

27 「李鴻章(北洋大臣) → 總理衙門, 光緒9.9.22」, 『淸季中日韓關係史料』(中央研究院近代史硏究所, 1972), 문서번호 768. 이하 이 사료를 『淸季中日韓』으로 약칭한다.
28 「鄭渭生・鄭翼之 → 陳樹棠(總辦商務委員), 光緒9.10.11」, 『德興號』1. 11월 20일은 陳樹棠이 문서를 받은 날(陰曆 10월 21일).

영사의 부당성을 호소하고 영업을 계속할 수 있도록 중개를 의뢰하기 위해서였다. 그들은 12월 8일 두 번째 청원서를 올렸다. 그 문서에 의하면[29] 정익지 등은 11월 9일 일본영사에게서 폐점을 요구된 후에도 가옥을 중개해 준 영국인의 중재로 잠시 영업을 계속하고 있었다. 그러나 일본영사는 12월 1일 다시 그들을 영사관에 호출해서 폐점을 요구하는 한편, 건달을 시켜 점포 앞에서 소란을 일으키게 하였고, 지주와 가옥 소유자에 대해서는 정익지에게 가옥을 빌려 주지 않도록 요구했다고 한다.

정익지 등의 영업을 금지한 사람은 영사사무대리 직위에 있던 미야모토[宮本羆]였다(마에다[前田献吉] 영사는 귀국 중). 미야모토가 이노우에 외무경에게 제출한 사건 경위는 정익지의 청원서 내용과 거의 일치한다. 미야모토에 의하면 정익지 등은 일본조계 내 혼마치 3초메[本町3丁目]에서 쓰시마 출신인 마쓰모토[松本清太郎]의 가옥을 빌리고 양주 등 잡화류를 판매하기 시작했다. 그것을 알게 된 미야모토는 정익지에 대해 "외무성에서도 조선정부에서도 아무 통지가 없는데 너희들은 누구 허락을 받아 여기서 장사를 하는가"라고 물었더니, 정익지는 "어떤 허가도 받지 않았지만 여기는 개항장이기 때문에 별다른 문제가 없을 것이라고 생각해서 개점했다"고 답하였다. 이에 미야모토는 "여기는 개항장이기는 하지만 일본조계에서 외국인의 거주, 무역을 허용한 약정은 없다"고 응했다. 그리고 "조계는 일본정부가 조선정부에 지조를 지불하고 일본인을 위해 빌린 토지이기 때문에 특별한 약정이 체결되기 전에는 일시 체재하는

29　「鄭渭生・鄭翼之 → 陳樹棠, 光緒9.11.9」, 『德興號』 1.

것은 괜찮지만 개점, 영업을 허용할 수는 없다"고 고했다.[30] 미야모토는
다케조에와 이노우에가 부산 일본조계를 각국 조계로 전환하려고 계획
중인 것을 알고 있었겠지만, 그 계획이 정식 결정되기 전에 독단으로 정
익지 일행의 개점을 인정할 수 없는 입장이었을 것이다.

한편 정익지의 응답을 보면 그가 개항장에서 거주, 영업하는 자유를
당연한 전제로 생각했던 것을 알 수 있다. 미야모토도 그 자체를 부정
하지는 않으나 전관거류지 내에서도 그렇게 말할 수 있는지에 대해서
는 인식 차이가 있었던 것 같다. 미야모토가 작성한 다른 보고서에 의
하면 정익지 등은 상해조계(上海租界)를 예로 들어 부산에서도 수의로 개
점할 수 있다고 주장했다고 한다.[31] 정익지 등이 진수당에게 제출한 청
원서 중에서도 상해의 예가 거론되어 있다. 거기서 정익지는 상해에
조계를 갖고 있는 나라는 영, 미, 불 3개국이지만 어느 나라에서 온 사
람이든지 자유롭게 거주할 수 있다고 설명하고, 부산 일본영사의 행위
는 부산을 일본에 경탄(鯨吞)하려는 것이기 때문에 국제법('公法'으로 표기)
에 위배하는 일이라고 주장했다.[32] 사실 동아시아 각 조계의 운영은 각
기 다르고 국제법에 의해 통일된 것은 아니었다. 그 부분에 관해 말하
면 부산의 조계 운영이 조선, 일본의 양국 간 협정에 따른다는 미야모
토의 주장이 정확한 것 같다. 다만 19세기 말 중국, 일본에 있던 각 조
계에서도 전관권을 갖는 국민 외에 거주, 영업의 자유를 인정하지 않

---

30 「宮本羆(在釜山領事事務代理) → 井上馨, 1883.12.25」, 『雜居一件』 No.5.
31 「宮本羆 → 伊藤博文(外務卿代理), 1884.1.18」, 『雜居一件』 No.5.
32 주 29의 정익지(鄭翼之) 등의 청원서(請願書). 이 시기 상해에 있던 조계는 공동조계와
    프랑스조계 두 개로, 정익지의 이해는 잘못된 것이다. 단 공동조계는 1863년 영국조
    계와 미국조계가 통합되어 성립된 것이었다.

은 사례를 볼 수 없다. 부산에 오기 전 고베에서 개항장 무역에 관여한 정익지 등은 전관권이 어느 나라에 있든지 개항장의 개방에 영향을 미칠 것은 없다고 판단했을 것이다.[33]

정익지 등이 부산에 진출한 배경을 보다 구체적으로 검토해 보자. 고베의 청국영사가 후에 조사한 결과에 의하면,[34] 덕흥호는 정익지 등이 전에 속해 있던 고베 공흥호의 지점으로 설립된 것으로, 정익지 자신과 공흥호의 경영자 황요동(黃曜東) 외에도 몇 명의 고베 화교가 합계 2,000엔을 출자했다. 고베에서는 공흥호 외에도 남만고(藍萬高)가 경영하는 승기호(升記號), 맥소팽(麥少彭)이 경영하는 이화호(怡和號)와 거래할 것이 예정되어 있었다. 고베는 1868년 개항 직후부터 화교가 도항하여 대중국무역에 종사하고 있었는데, 광동 중부 출신의 상인들(광동방(廣東幇))은 가장 유력한 그룹들 중 하나였으며, 황요동, 남만고나 맥소팽은 그 일각을 이루고 있었다.[35] 앞서 언급했듯이 정익지 등도 광동 중부 향산현 출신이며 고향

33 　부언하면 정익지 등의 청원서에서는 그들이 종주국민으로서 우월한 지위나 특권을 기대한 것 같지는 않다. 오히려 그들은 종속관계의 존재 자체를 모르고 있거나 무관심했다고 판단된다. 예건대 최초의 청원서(주 28)에서는 조선국왕을 '국황(國皇)'으로 표현하고 진수당(陳樹棠)을 '흠차대신(欽差大臣)'으로 표현하였다. 이와 같은 표현은 청국의 대등한 조약체결국에 대해서 쓰인 것이고 조공국에 어울리는 것은 아니었다.

34 　「黎汝謙(神戸理事官) → 陳樹棠[抄錄, 日時不明」,『德興號』2.

35 　맥소팽(麥小彭, 광동성 삼수현인(廣東省 三水縣人))은 1863년생, 1879년에 고베에 오고 신판중화회관리사(神阪中華會館理事) · 광업공소이사(廣業公所理事)를 역임했다. 남만고(藍萬高, 광동성 향산현인(廣東省 香山縣人))는 남탁봉(藍卓峰)의 별명(別名)으로 알려져 있다. 1867년 홍콩상해은행(香港上海銀行) 요코하마지점매판(買辦)으로 내일한 후 1870년 고베로 옮겼다. 中華會館,『落地生根－神戸華僑と神阪中華會館の百年』, 東京 : 研文出版, 2000, 66쪽; 可児弘明 외편,『華僑 · 華人事典』, 弘文堂, 2002,「麥小彭」·「藍卓峰」항. 황요동(黃曜東)에 관해서는 町田實一,「日本各開港市場在留淸商開閉年月及營業種類」,『日淸貿易參考表』(1889년序).

출신의 연줄을 더듬어 고베 화교 상점에서 개항장 무역의 훈련을 받고 그 지지를 얻으면서 독립하는 과정을 밟은 것으로 추측된다.

정익지 등이 독립 후 진출 대상으로 부산을 선택한 이유는 당시 조일 무역의 구조에서 짐작할 수 있다. 초기의 조일 무역에서 일본의 최대 수출품은 영국의 제 면직물류이며, 그것들은 상해를 통해 일본에 수입 된 후 다시 수출된 품목이었다. 또한 조선에서 일본으로 수입된 제품 중에서도 해산물 등 중국에 재수출되는 것이 적지 않았다. 초기의 조일 무역은 조선과 중국과의 무역을 중계하는 기능이 있었던 것이다. 이런 조일 무역의 성격은 1882년에 조중(朝中) 간 개항장 무역이 해금된 후에도 양국 간 항로가 불안정했다는 등의 이유로 적어도 1880년대 말까지는 계속되었다.[36] 이러한 배경에서 대중국무역 담당자이었던 일본 화상 중 대조선무역에 진출하려고 하는 사람이 있었다는 것을 충분히 짐작할 수 있다. 정익지 등은 그것을 가장 먼저 행동에 옮긴 화교 중 하나였던 것이다.

이와 같이 정익지 등에 의한 덕흥호 설립은 개항장 화교의 네트워크를 재빨리 조선까지 연장하려고 한 것이라고 할 수 있다. 정익지는 그 전제로서 부산에서 거주 또는 영업의 자유가 일본, 청국의 개항장과 마찬가지로 보장될 거라고 인식하고 있었다. 그런데 부산 유일의 외국인 조계였던 일본 전관조계는 전통적인 조일 관계의 유산으로 일본정

---

36 村上勝彦, 「植民地」, 大石嘉一郎 編, 『日本産業革命の硏究』下, 東京 : 東京大學出版會, 1975, 236~239쪽; 石川亮太, 「19世紀末東アジアにおける國際流通構造と朝鮮—海産物の生産・流通から」, 『史學雜誌』 109編2號, 2000, 6~10쪽; 古田和子, 앞의 책, 第3章・第4章. 또한 조선・중국 간에는 개항장 무역의 개시 이전에도 육로무역이 있었지만 부산 개항 후 급속히 쇠락하였다고 한다.

부에 인계된 것으로서 다른 국민의 도항을 상정한 것은 아니었다. 이와 같은 불일치가 사건을 일으키는 배경이 된 것이다.

2) 청일 간 교섭과 청국조계 설치

(1) 조선에서의 청일 교섭

정익지 등의 청원서를 받은 진수당은 1883년 11월 22일 조선의 통리교섭통상사무아문(이하 통칭에 따라 외아문이라고 한다) 독판(督辦), 즉 외교를 관장하는 관청의 장관인 민영목(閔泳穆)에 대해 일본공사에 사실을 확인하도록 의뢰했다.[37] 민영목은 당장 다케조에[竹添] 일본공사에 전달해서 "부산의 각국 조계에 대한 협정은 아직 작성되지 않아 현실적인 대응 방법을 논의하고 싶다"고 제안했다.[38]

다케조에는 이에 대한 답장에서 사건의 자세한 내용은 불명하다고 하면서도 "부산은 206년 전에 귀국 정부가 일본인에게 대여한 거주지이므로, 부산영사가 청국인의 거류, 영업을 거부한 것은 정당하다"고 주장했다.[39] "206년 전"이라는 것은 초량 왜관이 설치된 1678년을 가리키는 것으로 보인다. 이 논리는 다케조에 자신이 며칠 전 파크스에 대해 일본조계에서의 영국인 거주를 거부했을 때의 그것과 동일하다. 한편 다케조에는 이노우에 외무경에게 이 안건을 보고하는 동시에, 미

---

37 「陳樹棠 → 閔泳穆(外衙門督辦), 高宗20.10.2」, 『舊韓國外交文書』(高麗大學校亜細亜問題研究所, 1973), 清案1, 文書15. 이하 『舊韓國』으로 약칭한다.

38 「閔泳穆 → 竹添進一郎, 高宗20.10.24」, 『舊韓國』, 日案1, 文書193.

39 「竹添進一郎 → 閔泳穆, 高宗20.10.25」, 『舊韓國』, 日案1, 文書194.

국과 독일공사에게도 일본조계에서 거주할 수 있는지 문의가 왔었다는 사실을 전하고, 타국이 부산에 조계를 마련하기 전에 일본조계를 타국에게 개방해야 한다는 지론을 재차 전개했다.[40]

사태는 다케조에가 우려한 방향으로 향했다. 민영목은 12월 13일 조기 해결을 촉구한 진수당에 대해 "화교가 계속해서 일본조계에서 개점을 원한다면 조선정부와 일본정부의 협의를 기다려야 하므로 시일을 요하니", "화상을 위해 별도로 조계를 설정하고 신속하게 개점시키는 것이 좋지 않은가"라고 제안했다.[41] 진수당은 스스로 현지 조사를 수행하고자 하고 조선정부와 협의한 결과, 해관 총세무사이며 외아문 협판(協辦)을 겸임하는 묄렌도르프가 동행하게 되었다.[42]

두 사람은 12월 22일 부산에 도착하여 다음 해 1월 4일까지 머물렀다. 진수당이 서울에 귀임한 후 만든 이홍장(李鴻章)에 대한 보고서를 바탕으로 그들의 부산에서의 행동을 살펴보자.[43] 그들은 먼저 정익지 등을 만나 사건에 대해 청취하고, 또 일본의 미야모토 영사대리도 면회했다. 진수당은 미야모토에 대해, 이전에 조일 정부 간에 일본인 이외의 조계 체류를 불허하는 협약이 있었다고 해도, 그것은 일본인민무역규칙(日本人民貿易規則) 제 42조에 따라 파기되어 각 국민의 자유로운 통상과 거주가 인정된 것이라고 주장했다. 1883년 7월에 체결된 이 규칙은 조선 해관의 설치에 따라 새로운 무역 절차를 정한 것이고, 제42조는

40　「竹添進一郎 → 井上馨, 1883.11.29」,『雜居一件』No.2.

41　「閔泳穆 → 陳樹棠, 高宗20.11.15」,『舊韓國』, 淸案1, 文書23.

42　「陳樹棠 → 閔泳穆, 光緒9.11.17」,『舊韓國』, 淸案1, 文書24;「閔泳穆 → 陳樹棠, 高宗20.11.18」,『舊韓國』, 淸案1, 文書25.

43　「陳樹棠 → 李鴻章, 光緒9.12.10」,『德興號』1.

이 규칙에 저촉되는 기존의 협약은 무효가 된다고 규정하였다. 진수당은 일본조계를 전통적인 기득권이라고 하는 다케조에의 주장에 반박하고 다른 (즉 중국에 있는) 조계의 예에 따를 것을 요구한 것이다. 이에 대해 미야모토는 새로운 무역 규칙의 운용에 대해 자신의 권한만으로 확인할 수는 없으므로, 일본정부의 지시가 있으면 즉시 덕흥호의 영업 재개를 허용하겠다고 언급하는 데에 그쳤다.

또한 진수당은 일본조계를 시찰하고는 그것이 산과 바다에 둘러싸인 협소한 지역에 있기 때문에 주택을 더 이상 건설할 여지가 없고, 미야모토가 덕흥호를 폐점시킨 것도 그런 땅 부족 때문이라고 생각했다. 그리고 청국조계의 용지로서는 일본조계의 동북방면, 동래로 가는 도로상의 평탄지가 적당하다고 했다. 그 장소가 해안에 있어서 선박의 정박에 편리한데다가 동래에 왕래하는 화물과 여행자가 반드시 통과하는 지점이기도 하기 때문에 미래의 번영을 기대할 수 있다는 이유에서였다. 진수당과 묄렌도르프는 그 장소를 답사하여 이미 영국 과 독일이 조계 부지로 확보하고 있는 토지 옆에 표목을 세워 표적으로 삼았다(독일의 경우는 알 수 없지만 영국에 관해서는 앞에서 언급한 듯이 애스턴이 1883년 봄 부산에 왔을 때 조계 용지를 선정하고 있었다). 이 용지는 조계장정(租界章程)이 체결 된 1886년 여름 이후 실제로 청국조계로 운용되었다(다음 절 참조).

그런데 청국조계의 설정은 부산과 거의 동시에 인천에서도 실행되었다. 진수당은 1883년 12월 7일 묄렌도르프와 함께 인천을 답사하여 조계 예정지를 선정했다.[44] 이것이 이홍장 등 본국의 지시에 의한 것인

---

44   「陳樹棠 → 閔泳穆, 光緒10.12.18」, 『舊韓國』, 淸案1, 文書36. 다만 진수당(陳樹棠)의 이
      홍장(李鴻章)에 대한 보고에서는 인천 조사를 12월 5일(양력 환산)이라고 하였다. 다

지는 분명하지 않다. 그러나 진수당은 인천 현지 답사 후 이홍장에 대해 "인천항에는 일본에서 온 화상(華商) 50~60명이 있으며, 신속하게 토지를 구입하여 가옥을 건축해야 하기 때문에" 조선정부와 협의하여 조사를 실시했다고 보고하였다.[45] 정익지 일행의 청원서가 진수당에게 도착한 것이 11월 20일임을 감안할 때, 화교가 급속히 인천에 유입되고 있는 것을 알게 된 진수당이 덕흥호 사건과 비슷한 문제가 발생할 것을 우려하여 조계 설정을 서둘러 구체화했을 가능성이 있다(인천 최초의 조계인 일본조계에 관한 장정이 체결된 것은 같은 해 9월 30일이었다). 진수당이 부산 조계 설정에 대한 민영목의 제안을 받아 들여 현지 조사를 실시한 것도 이홍장의 지시에 의한 것이 아니라 진수당 자신의 판단에 따른 행동이라 볼 수 있다.[46]

주의해야 할 것은 조선의 청에 대한 '개항'에 근거가 된 상민수륙무역장정은 개항장에서의 거주와 영업의 자유를 규정하고 있지만, 조계 설정에 대해서는 아무 것도 언급하지 않았다는 것이다.[47] 1883년 10월 진수당이 부임할 때도 조계 설정에 관한 훈령 등을 받은 흔적이 없다. 조계 설치가 청국정부의 기정 정책이었는지에 대해서는 의심할 여지가 있

음주 참조.

45 「陳樹棠 → 李鴻章, 光緒9.11.9」, 『仁川華商地界』(中央研究院近代史研究所檔案館, 1-41-5-4).

46 진수당은 1883년 12월 13일 민영목의 제안을 받은 후 이튿날의 회신에서 현지 조사를 요망하였고, 20일에 부산을 출발했다(주 41~43). 조청 간에 전신은 아직 설치되지 않았으므로(1885년 개설), 그 간에 진수당이 이홍장에게 청훈(請訓)하여 지시를 받을 가능성은 없다.

47 이것은 같은 시기에 체결된 조선의 대서구 조약에 조계 설정이 규정되어 있는 것과 대조적이다. 예컨대 1882년 대미조약에서는 제6조에서 미국인이 개항장의 '특정한 경계 내에서(within the limits of the concessions)' 거주하는 것을 인정하고 있다. 1883년 대영·대독조약은 더 명확히 외국인 조계(foreign settlement)의 설정권을 인정하였다.

고, 진수당이 현지에서 내린 판단이 그것을 주도했을 가능성이 있다.

이것은 부산 등 각 항구에 청국 상무위원(업무 내용상 영사에 해당함)을 파견하는 과정에서 더 분명하다. 원래 상무위원은 1882년 상민수륙무역장정에 따라 각 개항장에 설치하기로 되어 있었다. 하지만 1883년 7월 청국 측에서 제정된 상무위원의 사무규정(派員辦理朝鮮商務章程)[48]에서는 당분간 서울에 총판상무위원(總辦商務委員) 1명만을 두고 인천위원은 그에게 겸임시키는 것 외에 부산과 원산은 "화교의 도항이 아직 적다"는 이유로 미래의 번영을 기다려 파견하는 것으로 정했다. 이 규정에 의해 총판상무위원으로 임명된 진수당은 서울에 부임한 직후 인천에 전임 상무위원을 파견할 것을 이홍장에게 요청했다. 그 이유는 인천의 상무위원이 서울과 겸임하면 두 지역을 왕래하는 데에 시간이 걸리고, 또한 실제로 인천에 화상이나 중국선이 모이기 시작하고 있다는 것이었다. 이홍장은 이를 인정하고 진수당의 수행원 이내영(李乃榮)을 인천에 주재시키게 했다.[49]

그리고 진수당은 1883년 12월 부산을 조사했을 때 거기에도 이미 20명이 넘는 화교가 머물고 있음을 알게 됐다. 관리자가 없어 새로운 분쟁이 일어날 것을 우려한 진수당은 부산 세관에서 번역원으로 주재하고 있던 당소의(唐紹儀)를 '잠리화인사무(暫理華人事務)'에 임명한 후, 이홍장에 올린 조사 보고서 중에서 부산에 전임 상무위원을 파견할 것을 요청했다.[50] 진수당은 1884년 3월 다시 이홍장에게 진언하여 부산과

---

48   「李鴻章 → 總理衙門, 光緒9.6.25」, 『淸季中日韓』, 文書741.
49   「李鴻章 → 總理衙門, 光緒10.12.20」, 『淸季中日韓』, 文書800.
50   주 44. 청말 민국기의 유력 정치인인 당소의(唐紹儀)는 1860년 광동성(廣東省) 향산현(香山縣)에 태어나 1874년 청국정부 파견 육학생으로 콜롬비아 대학에서 수학했다.

원산에 상무위원을 파견하는 것을 요구했다.[51] 진수당은 그 이유를 다음과 같이 설명했다. "작년 겨울 부산에 갔더니 20명 정도의 화교가 있는 것을 알게 됐다. 또한 원산에는 80명 정도의 화교와 노동자가 있으며 블라디보스토크 방면으로 왕래하고 있다고 들었다. 부산은 천연 물산이 풍부하고 그 가격도 싸다. 원산도 마찬가지이다. 지금까지 그러한 물산은 일본인이 독점하고 홍콩이나 상해에 수출하고 있다. 또한 두 항구에서 판매되는 면포나 잡화류도 매우 많지만, 그 대부분은 일본인이 홍콩, 상해에서 수입한 것을 재수출하는 것으로 일본 상품은 많지 않다. 일본 화상 중에서 이 두 항구에 진출하여 장사하고자 하는 사람이 적지 않다."[52] 앞에서 정익지 등이 부산에 이주한 배경으로 언급한 바와 같이, 위 설명은 그 당시 조일 무역 구조를 반영한 것이었다. 이홍장은 진수당의 요청에 따라 부산 상무위원으로 진위혼(陳爲焜)을, 원산 상무위원으로 유가총(劉家驄)을 임명했다.[53]

이렇듯 진수당은 덕흥호 사건을 계기로 부산을 스스로 답사하고 청국조계의 설치와 상무위원의 파견을 구체화했다. 이 사례에서는 조선에서의 화교 활동에 관한 제도가 반드시 "위에서", 즉 청국정부의 대조선전략에 따라 일방적으로 정해진 것이 아니라 현지에서의 실제 화교의 움직임에 대응하고 그 뒤를 좇는 형태로 구체화되는 경우가 있었음을 알 수 있다.

조선에 파견된 경위는 알 수 없다.

51　「李鴻章 → 總理衙門, 光緒10.3.3」, 『清季中日韓』, 文書834.

52　「李鴻章 → 總理衙門, 光緒10.3.3」, 『清季中日韓』, 文書834. 훗날 원산상무위원이 된 유가총(劉家驄)은 부임하는 도중 들렀던 나가사키에서 적지 않은 화상이 원산에 도항하는 것을 희망한다는 것을 알게 되었다(「李鴻章 → 總理衙門, 光緒10.5.24」, 『清季中日韓』, 文書877). 조선 시장에 대한 기대는 일본 화상 사이에 넓게 공유되고 있던 것 같다.

53　「李鴻章 → 總理衙門, 光緒10.閏5.12」, 『清季中日韓』, 文書862.

(2) 일본에서의 교섭

덕흥호 사건을 둘러싼 청일 간의 협상은 일본에서도 동시에 전개되었다. 덕흥호의 출자자 중 하나이며 정익지 등의 원래 고용주이기도 한 황요동(黃曜東)이 고베의 청국영사에게 호소한 것을 주일청국공사 여서창(黎庶昌)이 인수하여 일본정부에 대해 덕흥호의 영업 재개를 요구한 것이다. 여서창이 이노우에 외무경에게 제출한 1883년 12월 3일 자 문서에서는[54] 황요동의 주장을 인용하는 형태로 부산이 개항장으로서 체약국 국민 모두에게 왕래와 무역의 권리를 인정하고 있음에도 불구하고 조선을 '속방(屬邦)'으로 하는 중국에게는 오히려 그것을 인정하지 않는 것은 부당하다고 지적하고 있다. 정익지이 진수당에게 제출한 청원서에서 볼 수 없었던 종속관계에 대한 언급이 눈길을 끈다. 그러나 여서창은 이것을 자신의 견해로 직접 주장한 것은 아니었으며, 단지 부산이 개항장임에도 불구하고 덕흥호의 영업을 금지한 것은 부당하다는 이유로 부산 일본영사의 처지를 비판했다.

이노우에 또한 이에 대한 답장에서 종속관계의 문제는 언급하지 않았다. 또한 부산이 개항장으로서 타국인의 상업 활동에 개방된 것도 부정하지 않았고, 이것은 조선정부가 '자주의 권'에 의해 결정한 것이므로 일본영사는 간섭할 수 없다고 했다. 한편 이노우에는 만약 사건이 일본조계에서 일어난 것이라면, 그곳은 "조선정부와의 특수한 약정"에 근거한 "고래로 단지 일본인만의 거류를 위한 땅"으로, 일본정부가 지조를 납부 관리하는 외에 수축 전반도 일본인 거류민의 부담으로

---

54 「黎庶昌 → 井上馨, 光緒9.11.4」, 『雜居一件』No.5.

하고 있기 때문에, 영사가 "그 관할 밖에 있는 타국인"의 거주와 영업을 허용하기 어려운 사정이 있다고 했다.[55] 이 시점에서 외무성은 덕흥호 사건에 대해 서울과 부산에서의 보고서를 받지 않았지만, 이노우에의 답변 취지는 다케조에 공사의 민영목에 대한 답, 또 미야모토 영사 대리의 진수당에 대한 답과 대체로 부합한다. "관할 밖에 있는 타국인"이라는 표현은 조계에 거주하는 것을 인정할 지를 판단할 때 일본영사의 행정권의 실효성이 고려되고 있었다는 것을 새삼 엿보게 한다.

그 후 외무성은 즉시 미야모토에게 상세한 보고를 명령하였고,[56] 그 보고가 외무성에 도착한 후 1884년 1월 18일 다시 여서창에게 문서를 보냈다. 그 내용은 사건이 조계에서 일어난 일임을 확인하였다면서 덕흥호에 대한 폐점 조치의 정당성을 주장하고, 그것이 개항장에서 청국 사람의 활동을 방해한 것은 아니었음을 다시 강조하는 것이었다.[57]

그런데 여서창은 이노우에와의 첫 번째 문서 왕복 후 그 경위를 이홍장에게 보고했다.[58] 그 안에서 여서창은 덕흥호 사건을 "중국·조선·일본 삼국의 무역 전체에 밀접하게 관련되는 문제"로 중시하고 있다. 그는 일본영사가 덕흥호를 폐점시킨 이유를 그때까지 일본이 독점

55　「井上馨 → 黎庶昌, 1883.12.6」, 『雜居一件』 No.5.

56　「吉田淸成(外務大輔) → 宮本羆(釜山領事事務代理), 1883.12.3」, 『雜居一件』 No.5; 「井上馨 → 宮本羆, 1883.12.3」, 『雜居一件』 No.5. 후자에 『시사신보(時事新報)』 기사(11월 28일 자)가 첨부되어 있다. 외무성은 여서창(黎庶昌)의 조회 이전에 이 기사로 사건 발생을 알게 되었을 가능성이 있다. 사건에 대해 다케조에 공사의 제일보가 외무성에 도착한 것은 12월 10일이고(「竹添進一郎 → 井上馨, 1883.11.29」, 『雜居一件』 No.2), 미야모토[宮本] 영사대리의 보고가 도착한 것은 이듬해 1884년 1월 7일이었다(「宮本羆 → 井上馨, 1883.12.25」, 『雜居一件』 No.5).

57　「伊藤博文(外務卿代理) → 黎庶昌, 1884.1.18」, 『雜居一件』 No.5.

58　「李鴻章 → 總理衙門, 光緒9.12.1」, 『淸季中日韓』, 文書793.

해 온 무역이 빼앗길 것에 대한 위기감과 더불어 일본이 청국에서 내지통상권을 인정받지 못했던 것에 대한 보복의 의미도 있을 것이라고 했다. 후자의 이유는 당시 청일 간의 현안이었던 류큐(琉球, 오키나와) 문제가 관련되어 있다. 15세기부터 중국의 조공국이었던 류큐 왕국은 1879년에 오키나와현으로 일본에 병합되었다. 이에 항의한 청국에 대해 일본정부는 원래 청일수호조규(淸日修好條規, 1871년 체결)에서 인정되지 않았던 최혜국 대우와 내지통상권을 인정하는 대가로, 류큐 왕국의 일부를 부활시킬 것을 제안했다. 이 제안은 합의 직전까지 이르렀지만, 결국 청국이 조인을 보류했기 때문에 결렬됐다(1881년 1월). 일본 측 사료를 보면 일본정부가 덕흥호 사건을 유구 문제와 관련지은 흔적은 없다. 하지만 여서창은 유구 문제의 협상 담당자 중 한 사람이었으며, 과거 천진 영사였던 다케조에 신이치로와도 이를 토론한 적이 있었기 때문에,[59] 두 문제를 결부시켜 생각했을 것이다. 여서창이 이노우에에 대한 항의에서 황요동의 주장을 인용하는 형태로 종속관계를 언급한 것도 유구 문제를 염두에 두고 있었기 때문이라고 생각된다.

이렇게 문제의 정치적 측면을 의식하고 있던 여서창은 상기 이홍장에 대한 보고에서 "조선이 우리 속방임에도 불구하고 화교가 살 여지가 없다는 것은 있을 수 없는 일이다"라며 조선정부에 '명하여' 부산 등 각 항구에 즉시 청국조계를 설치하게 할 것을 제안했다. 이 제안에서 여서창의 관심의 초점은 청일 세력의 균형에 놓여 있었으며, 진수당에

59　여서창이 조선・유구 문제를 둘러싼 대일 교섭에 깊이 관여하였고, 적어도 1884년 11월 갑신사변까지 대일 강경론의 주창자였던 것은 西里喜行, 「黎庶昌の對日外交論策とその周邊─琉球問題・朝鮮問題をめぐって」, 『東洋史硏究』 53卷3號, 1994 참조.

비해 화교의 이동 실태에 대한 관심은 희박했다. 또한 이때 조선정부
와 진수당 사이에서는 이미 조계 설정의 준비가 진행되고 있어 여서창
의 제안이 그에 직접적인 영향을 준 흔적은 없다. 하지만 위 제안은 여
서창도 역시 조선에서 조계를 설정하는 것을 기정방침으로 생각하지
않았다는 것을 보여주는 점에서 주목된다.

덕흥호 사건에 관하여 여서창이 이노우에게 항의한 직접적인 이
유는 부산이 "개항장임에도 불구하고" 덕흥호의 영업을 금지했다는 점
에 있었다. 그 배후에는 개항장은 모든 국민의 거주와 영업에 개방되
어야 하고, 그 원칙은 특정 국가의 조계인지 아닌지에 관계없다는 인
식이 있었다고 볼 수 있다. 이러한 인식은 위에서 말한 바와 같이 당사
자인 정익지의 인식이기도 있으며 진수당에게도 공유되어 있었다. 진
수당과 여서창은 일본이 전관조계를 자국민만을 위한 것으로 운용하
는 것을 예상하지 않았고 덕흥호 사건에 직면하여 처음으로 자국 조계
의 필요성을 느끼는 데에 이르렀다고 봐도 좋을 것이다.

(3) 사건의 수습

정익지와 정위생은 1883년 11월부터 세 차례에 걸쳐 진수당에게 영
업 재개를 요구했다.[60] 12월 30일에는 네 번째 청원을 제출했으나, 그
내용은 그때까지와 달리 배상 청구를 전면에 세운 것이었다.[61] 그들은
점포의 폐쇄 후 생활비나 인건비 외에도 홍콩과 상해에서 수입 예약을

60　첫 번째, 두 번째는 주28, 29. 세 번째는 「鄭翼之 · 鄭渭生 → 陳樹棠, 일시불명(1883.12.18
　　　 수신)」, 『德興號』 1.

61　「鄭翼之 · 鄭渭生 → 陳樹棠, 光緒9.12.2」, 『德興號』 1.

취소함에 따라 총 3만 원의 손실을 입었다고 주장했다. 그 청원에는 손실 항목이 표시되어 있지 않았기 때문에, 진수당은 그것을 신속히 제출하도록 정익지 등에게 명령하는 한편,[62] 외아문 독판의 민영묵(閔泳默)에게 조회하여 (금액은 추후 통지한다고 하면서) 일본공사에게 배상을 요구하는 취지만을 먼저 전달하도록 요청했다.[63]

손실의 명세를 요구하는 진수당의 명령에 정익지 등이 응한 것은 이듬해 4월이었다.[64] 그 내용은 전년 12월 진수당에 신청한 금액 3만 원 중 상해와 홍콩에 대한 수입 보증금 25,700원은 면제 받은 결과 실질 손실은 4,243원에 그쳤다는 것으로, 손실의 내역은 고베의 이화호와 승기호에 대한 위약금 등 5개 항목이었다. 이에 따라 진수당은 부산과 고베의 일본 당국으로부터 징수할 방침임을 외아문 독판에 통보했다.[65]

동시에 주일공사 여서창도 이노우에 외무경에게 배상을 요구했다.[66] 이노우에는 6월 5일 자 회답서에서 이를 거부하고 덕흥호를 폐점시킨 영사의 조치의 정당성을 재차 주장했다.[67] 이에 따라 여서창은 일본 측과 협상을 계속해도 양보를 얻을 전망이 없기 때문에 조계 설정을 우선으로 해야 한다고 진수당에게 전했다.[68] 거기에서 덕흥호가 제

---

62 「陳樹棠 → 鄭翼之・鄭渭生, 光緒9.12.6」, 『德興號』1.

63 「陳樹棠 → 閔泳穆, 光緒9.12.18」, 『舊韓國』, 淸案1, 文書35.

64 「鄭翼之・鄭渭生 → 陳樹棠, 光緒10.4.12」, 『德興號』2.

65 「陳樹棠 → 金炳始(外衙門督辦), 光緒10.3.24」, 『舊韓國』, 淸案1, 文書106.

66 「黎庶昌 → 井上馨, 光緒10.4.26」, 『雜居一件』No.5.

67 「井上馨 → 黎庶昌, 1884.6.5」, 『雜居一件』No.5. 이 회답에 대해 일본 측에서는 민사소송은 외교교섭에 어울리지 않는다는 이유로 나가사키공소원(長崎控訴院)에 출소하는 것을 권유하려는 의견도 있었다(「井上馨 → 山田顯義(司法卿)」, 1884.5.31, 『雜居一件』 No.5). 이 방침이 방기된 이유는 불명하지만 일본 측이 조계에서 외국인에 행정권・사법권을 행사할 수 있는지 깊이 우려하고 있었던 것을 생각하면 행정소송의 제기에 신중한 태도를 취한 것도 이해할 수 있다.

출한 손실액이 허위라고 한 점은 주목할 만하다. 이에 대해 고베의 청국영사로부터 진수당에 대해 제출한 보고에 의하면,[69] 원래 3만 원의 청구액 자체에 근거가 없고 정익지 등이 다른 사람에게 넘어가 되어 과장된 청구를 한 것이었다. 이것을 알게 된 황요동은 정익지 등을 고베에 불러내서 질책했지만, 전액을 철회하면 의심을 초래한다는 이유로 4천 원 정도로 금액을 감축하여 청구하게 한 것이라고 했다. 이것은 정익지 등이 진수당에게 손실 명세서를 제출하는데 4개월이나 걸린 것과 부합하므로 사실이라고 생각된다. 이런 속사정은 덕흥호 사건에 대한 더 이상 추구를 어렵게 한 것이 틀림없다.

또한 부산의 일본영사가 조계에서 덕흥호의 영업을 묵인하게 된 것도 청국 측이 사건을 다투는 이유를 잃게 했다. 원래 일본영사는 정익지 등에 조계에서 퇴거하는 것까지 요구한 것은 아니었다. 1884년 2월 부산에서 당소의가 진수당에 보고 한 바에 의하면, 정익지 등은 빌린 가옥의 문을 닫아 놓은 상태로 머물고 있었다고 한다.[70] 또한 1884년 6월 부산 상무위원으로 부임한 진위혼은 진수당에 대해 일본 측이 덕흥호의 영업 재개를 묵인하고 있기 때문에 배상 문제를 더 이상 제기하지 않는 편이 유리할 것이라고 진언했다.[71] 이 보고를 전송 받은 이홍장은 "적절하게 처리하라"고 진수당에게 지시하는 동시에 총리아문에도 그 취지를 보고했다.[72] 이로써 외교 분쟁으로서의 덕흥호 사건은 일

---

68   「黎庶昌 → 陳樹棠, 光緒10.5.21」,『德興號』2.
69   「黎汝謙 → 陳樹棠(抄録), 일시불명」,『德興號』2.
70   「唐紹儀 → 陳樹棠(抄録), 일시불명(光緒10.1.17 수신)」,『德興號』2;「陳樹棠 → 金炳始, 光緒10.3.24」,『舊韓國外交文書』, 淸案1, 文書106.
71   「陳為焜 → 陳樹棠, 光緒10.閏5.21」,『德興號』2.

단 막을 내렸다고 할 수 있다. 또한 일본 측이 덕흥호의 영업을 묵인하게 된 의도는 다음 절에서 다시 검토하기로 하자.

아래에서는 사건 후 덕흥호의 활동 상황을 간단히 확인해 두고자 한다. 1884년부터 86년까지 각지의 청국 상무위원이 작성한 화상 명단이 남아 있다.[73] 그 1884년 분에 따르면 부산의 덕흥호에 정위생 외 정서분(鄭瑞芬), 정요(鄭耀), 정명(鄭明) 등 총 4명이 있었다. 모두 광동성 출신이고 친족을 불러 상점으로 운영하고 있던 것으로 추측된다. 다만 정익지는 그해 3월(음력) 인천으로 이동한 모양으로, 부산 외에 활동을 확대하려고 모색하고 있었던 것을 엿볼 수도 있다. 1885년 명단에 따르면 1884년 부산의 덕흥호에 있던 4명 가운데 계속해서 부산에 있던 자는 정서분, 정요, 정명 3명이고 정익지에 이어 정위생도 인천으로 이동하였다. 1886년의 명단에 따르면 부산에는 이제 정서분밖에 없고 정익지와 정위생, 정요가 인천에 있었다. 이런 이동 상황으로 덕흥호가 활동 거점을 점차 인천에 옮기고 있던 모습을 알 수 있다.

정익지 등의 1887년 이후의 움직임은 단편적으로밖에 알 수 없지만, 1888년 7월 경 서울의 중심적인 상업 지역인 종로에서 "기와집 스무 간"의 점포를 구입하고 덕흥호라는 상호로 영업을 시작했다.[74] 1889년에는 방화 사건으로 정요가 목숨을 잃은 참화가 있었지만,[75] 상점은 재건되고

---

72 「李鴻章 → 總理衙門, 光緒10.6.26」, 『淸季中日韓』, 文書878. 이에 의하면 진위혼(陳為焜)이 실제로 부산에 도착한 것은 윤5월 6일이고 일본인의 가옥을 임차하고 7일에 집무를 개시했다.

73 『淸季中日韓』, 文書983 · 1127 · 1208.

74 「鄭翼之 · 鄭乃昌 → 唐紹儀(龍山商務委員), 光緒15.5.28」, 『三和興, 德興號被焚卷』(中央研究院近代史研究所檔案館, 1-41-47-41).

75 위의 글; 「袁世凱(總理交涉通商事宜) → 趙秉稷(外衙門督辦), 光緒15.5.9」, 『舊韓國』, 淸案

청일전쟁 전후에는 일본영사 보고에도 서울에서 "굴지의 잡화상"으로 나온다.[76] 그 후 적어도 식민지화 전후까지는 서울의 유력 화교 중 하나로 꼽히고 있었다는 것을 확인할 수 있다.[77] 조선 화교의 선구자 중 하나였던 덕흥호는 그 본거지를 이동시키면서 오랫동안 활약한 것이다.

그런데 1884년 정익지가 인천으로 옮긴 것은 위 고베 청국영사의 보고에서도 언급되어 있다.[78] 그에 따르면 정익지는 인천 청국조계의 예정지 내에 아직 토지 조성 공사가 끝나기도 전에 건물을 건설했기 때문에 그 철거를 명령 받아 손실을 입었다고 한다. 이미 언급했듯이 인천 청국조계의 부지는 1883년 12월 선정되었지만 공식적으로 조계장정이 체결 된 것은 1884년 4월 2일이며, 또한 조선 측과 비용 부담 조건이 합의 안 되었다는 이유로 토지 조성 작업이 늦어져, 간신히 부지 경매에 이른 것은 1884년 8월 4일이었다.[79]

진수당에 의하면 정익지는 조계장정의 체결 직후부터 건축 자재를 구입하고 건설을 준비하고 있었으며, 정지 작업을 서두르도록 요구하고 있었다.[80] 즉 4월 22일 다른 화교와 함께 인천 상무위원 이내영(李乃榮)을 찾아가 정지 비용을 스스로 해결해도 좋으니 빨리 토지를 불하해 달라고 호소했다.[81] 이내영은 그 요구를 거절했지만 정익지는 다음날

2, 文書942.

76 「廿八年四月中京城商況(1895.5.16在京城領事館報告)」, 『通商彙纂』19號, 1895.

77 「華商舖名資本等項表(1910년경?)」, 『各口商務情形－商務報告(二)』(中央研究院近代史研究所, 2-35-56-18(2)).

78 주 70과 같음.

79 孫禎睦, 1982, 147～148쪽.

80 「陳樹棠 → 閔泳穆, 光緒10.3.16」, 『仁川華商地界』(中央研究院近代史研究所檔案館, 1-41-005-04).

81 「李乃榮 → 陳樹棠, 光緒10.3.27」, 『仁川華商地界』.

에도 이내영을 찾아 입항 예정의 기선에 화물을 싣고 있기 때문에 곧 건물이 필요하다고 주장했다. 리내영은 만약 마음대로 건물을 건설하여도 나중에 철거해야 할 것이라고 설득했지만 억누를 수 없는 기세였다고 한다.[82] 위의 고베 영사 보고와 합쳐서 보면 정익지는 아마 실제로 이내영의 제지를 무시하고 점포를 건설하고 그 철거와 재건을 강요받았던 것 같다.

조약 체결 전부터 왜관으로 정비되어 있던 부산과 달리 인천(제물포)은 개항까지 거의 거주자도 없는 한촌이었다. 해관 설치 직후의 부산에 진출해 일본영사와 충돌하고, 그 다음은 조계의 정비공사도 끝나지 않은 인천에 가서 자국 관리의 제지도 무시하고 점포를 설치하려고 한 정익지 등의 행동은 개항장이라는 인프라의 설치를 전제로 하면서도, 국가의 지원과 개입에 직접적으로 의지하지 않아 국경을 초월한 네트워크를 구축해 간 화교의 적극성을 상징적으로 보여주고 있다.

82　「李乃榮 → 陳樹棠, 光緒10.3.28」, 『仁川華商地界』.

4. 일본 측의 대응—각국 조계안을 중심으로

1) 재조일본관민의 위기감

본 절에서는 관점을 다시 일본 측으로 옮겨 덕흥호 사건을 계기로
한 조계 제도의 재검토를 분석한다. 이미 언급한 바와 같이, 덕흥호 사
건 발생 직후 다케조에 공사는 조선의 외아문에 대해 부산영사의 정당
성을 주장하는 한편, 자국 정부에 대해서는 부산 조계의 외국인 거주
를 즉시 인정하도록 진언했다. 1883년 12월 진수당이 묄렌도르프와 함
께 부산을 답사하자 조선에 있는 일본 관민으로부터 다케조에에 동조
하는 의견이 아래와 같이 표명되었다.

부산 미야모토 영사대리는 덕흥호에 폐쇄를 명령한 당사자이지만,
이노우에 외무경에게 진수당 등의 부산답사를 보고하는 가운데, 청국
조계를 일본조계와 별도로 설치하는 것보다는 일본조계에서 외국인의
잡거를 인정하는 것이 좋다고 진언했다.[83] 또한 미야모토는 진수당 등
이 조사 과정에서 마산에 들른 것에도 주목했다. 미야모토는 영국인 애
스턴이 1883년 4월 부산을 방문했을 때 마산을 시찰한 것을 봐도 마산
개항의 계획이 있는 것은 아닐까 의심하고, 만약 청국 사람이 먼저 마
산에 진출하면 일본 측의 타격이 된다고 진언했다.[84] 진수당이 마산에
간 이유는 미야모토가 의심한 대로 영국이 마산 개항을 계획하고 있다

---

83 「宮本羆 → 井上馨, 1883.12.26」, 『雜居一件』 No.2.
84 「宮本羆 → 伊藤博文, 1884.1.10」, 『雜居一件』 No.2.

는 정보를 얻었기 때문이었다. 그러나 진수당 자신은 이홍장에게 마산은 양항이지만 개항에는 준비 시간이 걸릴 것으로 보고하였다.[85]

미야모토에 의하면 부산 조계에 있는 일본 민간인도 타국민의 수용에 긍정적이었다.[86] 미야모토가 이노우에에 제출한 보고서에 첨부된 시라이시(白石直道, 거류지회의 의장)와 다카스(高洲器一, 상법회의소 회두)의 의견서에 따르면, 그들은 타국의 조계가 부산에 설정될 가능성이 있다는 것을 이미 다케조에 공사로부터 듣고 있었고, 진수당과 묄렌도르프의 답사로 그게 드디어 절박해 있다고 인식하고 있었다. 그리고 타국 조계의 설치는 일본조계의 성쇠를 좌우하는 큰 문제라고 하고 그것을 피하기 위해서라면 일본조계 중 이용되지 않은 지구를 타국민에 개방하는 것을 마다하지 않을 것이며, 만약에 그게 적당하지 않을 경우 조계에 전면적으로 타국인의 잡거를 인정하는 것도 어쩔 수 없다고 했다. 상법회의소에 의하면 간사인 나카라이[半井泉太郎]를 의견 진언을 위해 도쿄에 파견할 계획이라고 하며,[87] 이 문제에 대해 심각한 위기감을 갖고 있었다는 것을 알 수 있다.

또한 일시 귀국중인 다케조에 공사를 대신하여 서울에 주재하고 있던 시마무라[島村久]는 직접 묄렌도르프를 만나 부산에서 조사한 내용을 물었다. 시마무라에 따르면 묄렌도르프는 만약 일본조계에서 타국인

---

85 「陳樹棠 → 李鴻章, 光緒09.12.10」, 『德興號』 1. 1883년 조영조약에 의해 영국은 부산 대신에 그 근방의 한 항구를 개항장으로 선정하는 권리를 얻었다. 이에 대한 영국 측 정책은 앞으로 검토해야 할 문제이다.
86 「宮本羆 → 伊藤博文, 1884.1.10」, 『雜居一件』 No.2.
87 「宮本羆 → 竹添進一郎, 1884.1.10」, 『雜居一件』 No.2. 파견이 실현된 것인지 확인할 수 없다.

의 거주가 인정되지 않을 경우 마산을 대신 개항하고 해관도 마산으로 이전할 수밖에 없고, 이렇게 되면 일본 상인이 입을 타격은 클 것이라고 말했다고 한다. 시마무라는 외무성에 앞으로 어떻게 처리해야 할 것인지 훈령을 요구했다.[88] 상술한 바와 같이, 진수당(陳樹棠) 자신은 마산 개항에 그다지 적극적이지 않았기 때문에 묄렌도르프의 발언이 무엇을 근거로 한 것인지는 분명하지 않다. 그러나 시마무라는 전년 애스턴이 마산을 방문한 것을 알고 있었을 터이니 묄렌도르프의 발언도 신빙성이 있다고 생각했을 것이다.

2) 각국 거류지안(居留地案)과 그 좌절

묄렌도르프와의 면담에 관한 시마무라의 청훈(請訓, 1884년 1월 14일)이 온 것을 계기로, 일본정부는 부산 조계 제도에 대해 다시 검토를 시작했다. 외무경 대리 이토 히로부미[伊藤博文]는 2월 6일 산조 사네토미[三條實美] 태정대신(太政大臣)에 대한 제안에서 대략 다음과 같이 이르렀다.[89] "조선정부도 미국과 영국 등의 공사도 부산 일본조계에서 외국인을 거주시킬 것을 희망하고 있다. 부산 조계는 일본이 수백 년 동안 점유 해 온 곳이지만, 만약 앞으로도 외국인 거주를 인정하지 않는다면, 다른 조계가 일본조계와 외부를 연결하는 도로를 막는 형태로 설치될 것은 확실하다. 따라서 지금 상태로는 외국인의 거주를 허락하는 것이 상업

---

88 「島村久 → 伊藤博文, 1884.1.14」, 『雜居一件』 No. 2.
89 「伊藤博文 → 三條実美, 1884.2.6」, 『雜居一件』 No. 2.

적으로는 물론 외교 정략 상으로도 바람직하다.”

이토에 따르면 부산 일본조계를 외국인에게 개방하는 방식에는 두 가지가 있었다. 하나는 일본전관조계의 형태를 유지하면서 타국인의 거주를 허락하는 것이며, 다른 하나는 일본이 전관 국가의 입장을 포기하고 조계를 각국공동으로 운영하는 형태로 재편하는 것이었다. 이토가 보기에 전자의 방식은 “주권(主權)의 허명(虛名)”을 유지하는 것에 불과하여 후일 “복잡하고 견디기 어려운” 문제가 발생할 우려가 있고, 일본이 점유해 온 실태를 포기하더라도 후자의 형태를 취하는 것이 바람직하다고 했다. 이것은 덕흥호 사건 이전에 이노우에가 제시한 견해와 일치한다.

이와 거의 동시에 작성된 시마무라에 대한 훈령에서는[90] 위의 두 방법에 대해 자세히 설명하고 있다. 그 요지는 “일본조계의 형식을 유지하는 경우, 지조의 징수는 물론 경찰 규칙 및 토지 관리에 소요되는 일체의 사항은 일본영사의 전관이 되는 반면, 각국 조계로 할 경우 조계의 모든 사업은 관계국 간의 협의에 의해 진행된다. 전자는 번거로움을 추후에 남긴다는 우려가 있는 반면, 후자는 수백 년간 점유해 온 실제를 버리는 것 같지만, 지금 시세에 부합하고 실익을 잃지 않는다. 그래서 귀관은 일본정부의 희망이 각국 조계화에 있다는 것을 염두에 두고 조선정부 및 각국과 교섭하기를 바란다”는 것이었다. 또한 이 훈령

---

90 「島村代理公使에 대한 訓令案, 1884.2.7」, 『雜居一件』 No.2. 이 문서에는 본문에서 본 두 가지 안에 대한 조계장정의 초안도 첨부되어 있다. 그 초안 중 일본의 전관권을 유지하는 안에만 1883년 12월 22일 기안이라는 주기가 있어 진수당(陳樹棠)이 부산을 조사하기 전에 이미 작성되어 있던 것을 알 수 있다. 역으로 조계를 전면적으로 반환하는 안은 진수당의 부산 답사에 대응하기 위해 부상했을 가능성이 있다.

은 원산의 일본조계에 대해서도 마찬가지로 각국 조계화를 도모하도록 명령 내용을 담고 있었다.

1884년 2월 14일에는 외무경으로부터 부산 조계의 개방 방침이 내정된 사실이 시마무라 대리공사에게 전보로 통보되었다.[91] 공식적으로는 2월 19일, 산조 태정대신 이하 참의들이 연서하여 「부산항 우리 조계를 외국인 잡거 지역으로 하는 것」이라는 문서가 메이지 천황에 상주되어 재가를 받았다.[92] 형식적이든 천황의 의지로 결정된 것은 이 사안이 정부에서 상당한 무게를 두고 생각되고 있었다는 것을 보여준다. 이에 따라 산조는 2월 21일, 앞의 이토의 제안에 "제안대로 처리하라"고 쓰고 돌려 줬다.[93] 사료에서 더 이상 확인할 수 없지만, 외무성은 즉시 시마무라에게 훈령을 보낸 것으로 보인다.

이처럼 일본정부는 일본조계에서의 거주와 영업을 자국민에게만 인정하는 방침을 포기하기로 했다. 그 필요성 자체는 덕흥호 사건 이전부터 다케조에 공사가 지적하고 이노우에 외무경도 인정했던 것이지만, 덕흥호 사건을 계기로 부산에서 타국 조계의 설치가 (심지어 인접한 마산 개항도) 구체화되었다는 것이 일본정부의 결정을 뒷받침했다고 할 수 있다. 그때 '수백 년간의' 기득권인 전관권 반환이 (게다가 사건 전에 이노우에가 제시한 일부 반환안보다 근본적인 전면 반환안의 형태로) 전관조계에 다른 국민을 살게 하는 것에 따른 '복잡함', '귀찮음'을 피한다는 이유로 선택된 것은, 일본정부가 조계에서 다른 국민의 거주를 기피해 온 이

---

91 「島村臨時代理公使에 대한 電文案, 1884.2.14」, 『雜居一件』 No. 2.

92 「朝鮮國釜山港我居留地を外國人雜居地となすの件, 1884.2.19」, 國立公文書館 『公文別錄』(アジア歷史資料センター, Ref. A03023614500).

93 주 90과 같음.

유가 다른 국민의 법적 관할권에 관한 분쟁을 최대한 피하려는 데에 있었다는 것을 보여준다.[94]

그런데 시마무라 대리공사는 4월 25일 외아문 독판 김병시(金炳始)에게 부산 일본조계를 각국 조계로 전환한다는 일본정부의 의지를 전달하고, 이를 각국 공사에게 전달하도록 요청했다.[95] 조선정부는 적어도 미국과 영국공사 및 진수당에 이를 전달하고 의견을 구했다. 이에 미국 공사 푸트는 찬반을 언급하지 않고 공사 회의의 개최를 기다린다고만 답변했다.[96] 한편 영국공사 파크스는 일본의 제안에 명확하게 반대했다. 그는 일본조계의 부지는 협소 인데다 이미 많은 일본인이 거주하고 있으며 사용 가능한 여지가 적다고 했다. 그리고 앞서 애스턴이 설정한 영국 조계의 후보지를 각국 조계로 개방해도 무방하며 부산 근

94　이노우에[井上] 외무경(外務卿)은 1884년 3월 11일 추가 훈령(訓令)을 시마무라[島村]에게 발신하고, 각국 조계안이 성립되었다 해도 각국 영사가 실제로 착임하기 전까지는 어느 국민도 일본영사의 재판권하에 두는 것을 각국 공사에 승낙하게 하는 것을 명했다(「井上馨 → 島村久, 1884.3.11」, 『雜居一件』 No.2). 이것도 외국인의 법적 관할권을 둘러싼 분쟁을 회피하고 싶다는 의식에 의한 것이다.

95　「島村久 → 金炳始, 1884.4.25」, 『舊韓國』 淸案1, 文書233. 앞서 말한 바와 같이 일본 측에는 일본 전관 조계를 유지하면서 그 안에 타국인의 거주를 허용하는 방식과 일본조계를 조선정부에 일단 반환한 뒤 각국공동조계로 하는 방식의 두 가지 안이 있었다. 서울대학교 규장각 한국학연구원에는 위 두 가지 방식의 조계 장정 초안이 소장되어 있고 시마무라가 양쪽을 조선 측에 제시한 것을 확인할 수 있다(『朝鮮國釜山日本租界內各國人羈住規則』(請求番號 : 奎23060), 『朝鮮國釜山口各國人雜居租界約條』(請求番號 : 奎23032)). 또 다음날 4월 26일 시마무라는 새로운 조계장정은 각국 영사의 착임 후에 발효할 것을 김병시(金炳始)에게 전했다(『舊韓國』 淸案1, 文書234). 3월 11일의 이노우에의 훈령에 대응한 조치일 것이다(주 94 참조). 또한 본건의 교섭 개시가 일본정부의 방침 결정 후 2개월이나 된 후가 된 이유는 진수당(陳樹棠)을 공사와 동격으로 다룰 수 있는지 일본 측에 의의(疑義)가 있었기 때문이고, 결국 시마무라는 각국 공사와 진수당과 직접 교섭하는 것을 회피하고 조선정부를 통해서 협의하게 했다(「島村 → 井上, 1884.3.20」, 『雜居一件』 No.2; 「島村 → 井上, 1884.4.7」, 『雜居一件』 No.2).

96　「福德(Foote, 米國公使) → 金炳始, 1884.5.2」, 『舊韓國』, 美案1, 文書67.

처에 별도로 개항장을 열어도 좋다고 역으로 제안했다.[97] 진수당의 답변은 현존하지 않지만, 미국 공사와 마찬가지로 회의의 개최를 제안하는 데 그쳤다고 보인다.[98] 이러한 의견은 5월 12일에 김병시로부터 시마무라에게 회부되었다.[99]

이에 따라 시마무라는 반대를 표명한 파크스와 직접 면담했지만, 파크스는 위와 같은 견해를 반복했다.[100] 또한 미국 공사는 외아문에 대한 답장에서 찬반을 언급하지 않았지만, 진수당이 영·미 양국 공사를 면회하고 물었을 때 양자 모두 부정적인 반응이었다고 한다.[101] 진수당 자신도 일본의 제안은 수용하기 곤란하고, 이전에 자신이 설정한 후보지에 예정대로 청국조계를 설치하는 것이 적절하다고 생각했다. 이에 대해 이홍장 역시 진수당이 설정한 조계 후보지가 일본조계의 화물 출입구를 막는 위치에 있어 앞으로 발전을 기대할 수 있다고 해서 진수당의 의견을 지지했다.[102]

이러한 미국·청국의 반응이 일본정부에 전달되었는지는 분명하지 않지만, 예전에 일본조계에 영국인 거주를 요청했던 파크스 본인이 반대한 것만으로도 일본정부에게는 큰 장해로 느껴졌을 것이다. 이노우에 외무경은 7월 10일 서울 시마무라 공사와 부산의 마에다 영사에 각각 훈령하고 만약 영국이 자국 전관조계를 설치하고 그 안에 다른 국

---

97 「巴夏礼(Parks, 英國公使) → 金炳始, 1884.5.7」, 『舊韓國』, 英案1, 文書42.
98 「島村久 → 井上馨, 1884.5.16」, 『雜居一件』 No.2.
99 「金炳始 → 島村久, 高宗21.4.18」, 『舊韓國』, 日案1, 文書238.
100 주 99와 같음.
101 「李鴻章 → 總理衙門, 光緒10.5.13」, 『淸季中日韓』, 文書852. 이 의견이 공식적으로 조선 정부에 전달되었는지는 확인할 수 없다.
102 위의 글.

민의 거주를 허용하는 방식을 취할 방침이라면 일본도 비슷한 방법을 취하지 않을 수 없기 때문에 일본조계의 반환은 할 수 없다고 했다.[103] 그 후 시마무라는 다시 조선정부를 통해 영국 측의 견해를 물었지만 대답은 얻을 수 없었다.[104] 이후 경위는 불분명하지만, 부산 일본조계 의 각국 조계화 계획은 일본 이외 적극적인 찬성을 나타내는 국가가 없는 가운데 소멸된 것으로 보인다.

3) 그 후의 일본조계 운영방식

앞서 언급한 바와 같이 덕흥호는 늦어도 1884년 6월경까지 일본조 계 내에서의 영업 재개가 묵인되었고, 이것이 계기가 되어 폐점 사건 에 대한 청일 간의 분쟁이 수렴으로 향했다. 이때는 마침 일본정부가 전관조계를 각국공동조계로 전환하는 것을 꾀하고 있던 시기였다. 청 국 상무위원으로 부산에 부임한 진위혼(陳爲焜)은 일본이 덕흥호의 영업 을 묵인한 것은 일본조계에 외국인을 받아들일 계획이었기 때문이라 고 진수당에 보고했다.[105]

일본영사는 각국 조계화의 계획이 좌절 된 후에도 일본조계에서 청 국인이 거주·영업하는 것을 묵인했다. 부산의 청국조계 장정이 체결 된 것은 용지 설정에서 2년 반이 지난 1886년 8월이었다고 추측이 되

---

103 「井上馨 → 前田献吉, 1884.7.10」, 『雜居一件』 No.3; 「井上馨 → 島村久, 1884.7.10」, 『雜 居一件』 No.3.

104 「島村久 → 井上馨, 1884.7.30」, 『雜居一件』 No.3.

105 「陳爲焜 → 陳樹棠, 일시불명(光緖10.閏5.21 수신)」, 『德興號』 2.

는데,[106] 이에 따라 청국 상무위원은 일본조계에서 일본인으로부터 주택을 임차하고 있는 화교를 자국 조계 내로 이동시킬 예정이라고 일본 영사관에 통보했다. 미야모토 영사 대리에 따르면 이 시점에 10여 명의 화교가 일본조계에 있었다고 한다.[107]

이 미야모토의 보고서에 외무성 통상국장 아사다(淺田德則)가 붙인 의견은 흥미롭다.[108] 그것은 대략 다음과 같은 것이었다. "청국조계는 육로 상업의 요충지에 위치하고 있어 그 개설은 일본조계에 불리하다. 일본 측으로서는 청국조계 내에도 일본인을 거주시키고 싶지만 일본조계에서 다른 국민의 거주를 거부하는 것이 자유로운 것과 마찬가지로 청국 측도 그 조계에 일본인을 받아들이는 의무는 없다. 그래서 당분간 일본조계에서 청국인의 거주를 묵인해 두고 시기를 보고 청국조계에 일본인이 거주할 수 있도록 협상해야 한다." 이 의견이 정책에 어떻게 반영되었는지는 분명하지 않지만, 각국 조계화가 좌절된 후 일본조계에 외국인 거주·영업을 묵인한 이유의 일단을 짐작할 수 있다.

그 후 부산에서는 1889년부터 1892년까지 서구 각국 측과 일본 측 쌍방에서 각국공동조계의 설치가 간헐적으로 제기되었다.[109] 하지만 그 계획은 모두 실현되지 않았으며, 또 영국 등 열국이 전관조계를 설

---

106 용지 선정에서 장정 체결까지 2년 이상의 시간을 요한 이유는 불명하다. 「馬廷亮(淸國總領事) → 鶴原定吉(統監府總務長官), 光緖33.4.11」, 外務省記録, 『在仁川釜山元山淸國專管居留地ニ關スル日淸交渉一件』(アジア歷史資料センター, Ref. B12082572400).

107 「宮本羆 → 靑木周蔵(外務次官), 1886.8.4」, 『雜居一件』No.5.

108 아사다의 의견은 위의 주 미야모토(宮本)의 공신(公信)에 첨부되어 있다. 작성일은 알 수 없다.

109 그 과정은 外務省記録, 「朝鮮釜山港ニ於ケル各國居留地關係雜纂」(アジア歷史資料センター, Ref. B12082514700) 문서에서 알 수 있다. 이에 관해서는 별도로 발표하고 싶다.

치하는 일도 없었다. 결국 부산에는 일본조계와 청국조계가 병립하는 상황이 식민지화 시점까지 계속되었다. 서구 열강이 부산에 조계를 설치하지 않았던 이유는 1880년대 말부터 상해·인천 간 정기 항로가 안정적으로 운항되게 되어 조선의 대서구 무역의 대부분이 이를 이용하여 이루어지게 되었기 때문에, 부산의 상업 지리적인 중요성이 감퇴된 것을 들 수 있다.[110] 또한 1883년 조영조약에 의해 조계로부터 10 조선리 내에서 외국인이 토지를 취득하는 것이 공인된 것도[111] 조계를 설치하는 필요를 작게 한 것으로 생각된다.

그러나 일본조계에 거주·영업을 희망하는 외국인은 여전히 존재하였고, 일본영사는 그 취급을 계속 고민하였다. 그것은 러일전쟁 직전인 1903년 10월 시데하라[幣原喜重郎] 부산영사가 외무대신에게 보낸 문서를 통해 알 수 있다.[112] 시데하라에 의하면, 조선인이나 다른 외국인을 일본조계에 거주시킬 때 가장 문제가 되는 것은 행정권·경찰권의 집행이 충분히 가능한가라는 점이었다. 예를 들어 외국인이 사는 집을 공용을 위해 징발하는 경우 그 외국인이 비록 소유자가 아니어도 점유자로서의 권리를 내세워 이의를 제기할 수 있었다. 그렇게 될 경우 일본 측이 조계 행정권에 의거해서 외국인에게 명령을 할 수는 있다 해도 그 집행을 뒷받침하는 재판권이 없으므로 사태가 복잡해 질 수 있었다.

---

110 상해·인천 간 항로의 개설과 그에 의한 물류의 변화에 관해서는 小風秀雅, 『帝國主義下の日本海運－國際競争と對外自立』, 山川出版社, 1995, 229~238쪽.

111 奧平, 앞의 글, 1937, 75~76쪽; 박준형, 앞의 글, 163~167쪽.

112 「幣原喜重郎(駐釜山領事) → 小村壽太郎(外相), 1903.10.16」, 外務省記録, 『韓國各港居留地關係雜件』第1卷(アジア歴史資料センター, Ref. B12082515000).

그러나 실제로 일본조계에 거주를 희망하는 외국인은 많았기 때문에 시데하라는 다음과 같은 원칙에 따라 대응하고 있었다고 한다. ① 조선인·외국인이 독립된 건물을 소유·점유하는 것은 일본영사의 행정권, 경찰권과 충돌할 가능성이 있기 때문에 금지한다. ② 일본인이 소유·점유하는 가택에 임시 거주하는 경우 일본영사의 행정권은 소유·점유자인 일본인에 대해 행사될 뿐 일시 체류자인 외국인과 권리·의무 관계가 발생하지 없기 때문에 인정된다. 실제로 외국인이 일가를 두고 거주·영업하는 경우에도 형식상 일본인이 소유·점유하는 주택에 체재하는 형태를 취하게 하면 문제없다. 시데하라에 의하면 실제로 이러한 편법에 의해 일본조계 내에 조선인 15호를 거주시키고 있으며 러시아인에게도 동청철도기선회사(東淸鐵道汽船會社) 대리점의 영업을 허가한 적이 있었다고 한다.

여기에서 러일전쟁 직전의 단계에 이르러서도 부산 일본영사가 조계에 자국민 이외에 거주·영업하게 하는 것에 신중한 태도를 계속 유지하고 있던 것을 확인할 수 있다. 그 이유는 재판권의 뒷받침 없는 행정권이 자국민 이외에 확실하게 미치는 것을 확신할 수 없었기 때문이었다. 즉 1880년대에 덕흥호 사건을 일으킨 것과 같은 조건이 여전히 일본조계의 운영에 영향을 주고 있었던 것이다.

5. 맺음말

　본고에서 검토한 정익지와 정위생은 고베의 광동화교의 지원을 받아 부산에 덕흥호를 설립하고 인천에서 서울로 활동 거점을 이동하면서 조선을 대표하는 광동화교로 오랫동안 활동했다. 개항장 사이에 형성된 화교 네트워크가 조선에 연장되는 과정에서 그 선구자로서의 역할을 했다고 할 수 있다. 그들이 1883년 말 부산 일본조계에 상륙한 직후 일본영사에 의해 영업이 금지된 사건은, 그들의 상업 활동에 영향을 끼친 것은 물론이지만, 일본·청국의 재외 사절과 본국 정부에도 대응을 강요하여 (부산의 각국 조계화 등 실현되지 못한 것도 있었지만) 제도적인 변화를 가져온 것이 주목된다. 이 사례는 화교의 광역적인 활동이 개항장 / 조계 제도의 보급을 전제로 했을 뿐만 아니라, 원래 각각 다른 역사적인 배경 아래서 태어난 개항장 / 조계를 공통된 성격을 띠는 공공재(公共財)로 기능하도록 변화를 촉구하는 현실적인 힘이기도 했음을 보여주고 있다.

　덕흥호 사건의 검토에서 알 수 있는 것 중의 하나는 조계 제도에 대한 각 당사자의 인식의 차이이다. 우선 화상 정익지, 정위생은 조계가 국적을 불문하고 모든 사람의 거주·영업에 개방되는 것을 당연한 일로 인식하고 있었다. 그들에게 대한 모델은 우선 상해의 각 조계이며, 또한 그들이 조선 도항 전에 일하고 있던 고베 조계이기도 했었을 것이다. 그들이 일본인 이외에 개방된 직후의 부산에 자국 공관이 개설되기도 전에 진출한 것은 그러한 관행이 부산의 일본조계에도 당연히 적용될 거라고 믿었기 때문이라고 생각된다.

또한 청국 측의 대표자, 즉 서울의 진수당과 도쿄의 여서창은 사건의 소식을 듣고 각각의 이유로 부산에 청국조계 설치의 필요성을 느꼈다. 진수당은 조선정부와 협력하여 그것을 실행에 옮겼다. 그들은 그 이전에는 청국조계의 설치를 반드시 결정된 방침으로 생각하지 않았던 것 같다. 아마 그들도 정익지, 정위생과 마찬가지로 조계의 개방성을 당연한 일로 생각하고 있었다가 일본이 그 전관조계에 타국인의 거주·영업을 허용하지 않는다는 것을 알게 된 후 비로소 자국도 독립된 조계의 필요성을 느끼게 된 것이 아닌가 싶다.

한편 일본 측에게 있어서 부산 조계는 전통적인 조일 관계하에서 획득한 기득권을 계승한 것이며, 일본과 청국 등에 있는 조계와 같은 것은 아니었다. 조선이 일본 이외의 국가와도 서구적인 외교·통상 관계를 맺기에 이르러 그런 부산 조계의 특성이 다른 나라와 마찰을 일으킬 수 있는 것은 일본 측도 인식하고는 있었지만, 대응책을 준비하기 전에 덕흥호 사건이 일어나게 되었다. 일본 측이 그 조계를 타국민에게 개방하는 것을 주저하게 만든 것은 의외로 일본의 기득권 중 하나라고 할 수 있는 조계 내부의 강력하고 광범위한 행정권이었다. 그것은 일본의 관할권 아래에 있지 않은 타국민에 행사 될 때 마찰을 더 크게 할 수 있었고, 원래 실효성이 있는지도 의심스러웠다. 결국 일본정부는 그 전관조계를 각국 조계로 전환 하는 것, 즉 전관권을 포기한다는 극단적인 형태로밖에 문제를 해결하는 방법을 찾을 수 없었다. 그리고 그것이 좌절된 후에는 일본조계에서의 타국인 거주를 원칙적으로 계속 금지하는 것으로 마찰을 막으려고 했다.

청일전쟁 이전에 개항된 세 항구, 즉 인천·부산·원산에서 일본과 청국은 각기 전관조계를 설치했다(인천에는 별도로 각국 조계도 설치되었다). 이것은 종전 조선을 둘러싼 청일 간의 패권 다툼의 결과라는 관점에서 논의되어 왔다. 그러나 본고에서 다룬 부산의 사례는 개항장을 둘러싼 제도의 형성 과정은 반드시 국가 간 관계의 수준에서만 논의될 수 있는 것이 아니라는 것을 보여주고 있다. 확대해 가는 물류(物流)와 인류(人流)의 현실이 제도 형성을 아래로부터 촉구하는 힘이 되었다는 측면이 있었다는 관점에서 다시 검토할 필요가 있다.

개항기 평양의 개시과정과 개시장의 공간적 성격[*]

박준형

1. 머리말

평양은 한국의 개항사에서 독특한 위치를 차지한다. 우선 평양은 부산, 원산, 인천, 목포, 진남포, 군산, 마산, 성진 등의 '개항장'과 달리 한성 등과 더불어 '개시장'으로 분류된다. 일본의 경우를 보면 '개항'과 '개시'는 조약상 엄밀한 구분이 있었다. 예컨대 1858년 7월에 체결된 미일수호통상조약 제3조에서는 개항장으로 하코다테, 시모다, 가나가와, 나가사키, 니가타, 효고를 지정하고, 개시장으로 에도, 오사카를 지정

---

[*] 이 글은 같은 제목으로 서울대 규장각한국학연구원, 『한국문화』 64, 2013에 수록된 것을 일부 수정한 것이다.

하였다. 전자의 경우 미국인의 무역을 위해 시가 및 항구를 개방한 데
반해, 후자의 경우에는 무역이 아닌 상거래를 위해, 그리고 항구가 아
닌 시가만을 개방하였다. 또한 개항장의 미국인은 토지를 임차하거나
건물을 구입하고 또 주택이나 창고를 세울 수 있는 권리가 모두 인정되
었으나, 개시장에서는 단순히 건물을 임차할 권리만이 인정되었다. 따
라서 원칙적으로 개시장에서는 외국상선의 출입이 금지되었고, 외국
인은 다른 개항장을 통해 상품의 무역을 행할 수밖에 없었다.[1]

그러나 한국의 경우 조약상에 '개항'과 '개시'의 구분은 애초에 존재
하지 않았다. 후술하는 바와 같이 1883년 11월에 체결된 조영수호통상
조약 제4관에서는 인천, 원산, 부산의 항구와 한성 및 양화진의 도시를
모두 별다른 구분 없이 '통상지처(通商之處)'로 지정하였다. 그럼에도 불
구하고 평양을 인천, 부산 등과 달리 '개시장'으로 구분하는 것은 그것
이 해안이 아니라 내륙의 강안에 위치한 도시이기 때문일 것이다. 그
리고 실제에 있어서도 평양은 다른 '개항장'과 달리 외국인의 거류 및
무역을 위한 조계가 설정되어 있지 않았다. 다시 말해서 '개시장'이란
어디까지나 편의상의 명칭일 뿐 조약상의 근거를 갖지 못했지만, '개항
장'과는 분명 다른 공간으로 취급되었던 것이다. 그렇다면 우리는 여
기에서 한 가지 물음을 던질 수 있다. '개항장'과 구분되는 '개시장'의
특이성은 어디에서 비롯되었고, '개시장'이란 공간 내 질서는 무엇을
근거로 하고 있던 것일까.

평양의 개시과정을 다룬 연구는 매우 드물다. 해방 후 1970년대와

---

1   大山梓, 『舊條約下に於ける開市開港の研究』, 鳳書房, 1967, 3~4쪽.

80년대에 걸쳐 개항장 전반을 다룬 연구업적들이 생산되었으나, 이들 연구에서는 조계가 설정된 개항장을 주된 대상으로 삼았던 까닭에 잡거지인 개시장은 아예 취급하지 않거나 매우 소략하게 다루었다.[2] 또한 평양의 개시과정을 다룬 연구라 하더라도 개항과 다른 개시의 특이성보다는 청일전쟁 이후 칙령에 의한 조선정부의 '자개(自開)' 방식에 초점을 맞추고 있다. 예컨대 일찍이 일본학자인 오쿠다이라 다케히코[奧平武彦]는 청일전쟁 이후 조선정부의 '자개' 방식에 의한 개항·개시를 통상의 이익을 깨달은 긍정적 조치로 평가하면서, 목포, 진남포, 군산 등의 개항과 함께 평양개시 과정을 다루었다. 다만 조선정부가 다른 개항장과 달리 평양개시를 되도록 회피하고자 한 이유에 대해서는 한국상인의 반대를 의식했기 때문이라고 설명하였다.[3] 그러나 손정목은 중국과의 비교를 통해 조선정부의 '자개' 방식이 갖는 한계성을 지적하는 한편, 결국 외국사신단의 일방적 선언을 통해 이루어진 평양개시의 불법성과 그를 추인한 조선정부의 나약성 및 무지를 함께 비판하였다.[4] 최근에 김대호는 경제적 관점이 아니라 조선의 국권수호라는 외교적 관점에서 조선의 '자개' 노력을 재평가하고자 하였는데,[5] 이상의 논의들에서는 조선정부의 '자개' 방식을 어떻게 평가하든 간에 결국 조선정부의 주체성 문제로 논점이 수렴된다고 할 수 있다.

---

2 李鉉淙, 『韓國開港場研究』, 一潮閣, 1975; 金容旭, 『韓國開港史』, 瑞文堂, 1976; 高秉雲, 『近代朝鮮租界史の研究』, 雄山閣出版, 1987 등.

3 奧平武彦, 「朝鮮の條約港と居留地」, 『京城帝大法學會論集(9)－朝鮮社會法制史研究』, 岩波書店, 1937의 제4장 및 제5장.

4 孫禎睦, 『韓國開港期 都市變化過程研究』, 一志社, 1982의 제2장 및 제9장.

5 金大豪, 「淸日戰爭 後 朝鮮의 平安道 通商開放과 外勢의 干涉」, 서울대 교육학 석사논문, 2011.

본고에서는 조선정부의 주체성이 아니라 평양의 공간성에 주목할 것이다. 전술한 바와 같이 개시는 조약상의 근거를 갖지 못하였기 때문에, 평양의 개시과정에서는 선례가 중요한 위치를 차지하였다. 그리고 선례가 존재하여 그에 따른다고 하더라도, 개시장이라는 잡거공간에서의 내외국인 간 분쟁을 막고 안정성을 확보하기 위해서는 새로운 조약이나 협약을 통해 그 공간의 성격을 규정해야 한다는 과제가 남아 있었다. 본고에서는 이러한 문제에 주목함으로써 평양개시를 식민지적 공간의 기원과 전파라는 관점으로부터 일제의 한반도 공간 재편이라는 한국의 식민지화 과정 속에 자리매김하고자 한다.

2. 조약체제하 공간구조의 성격과 평양개시론(平壤開市論)의 기원

외국인의 거주 혹은 무역이나 여행을 위한 활동 영역으로서 한반도 전체가 외국과의 통상조약에 의해 규정되기 시작한 것은 1882년 10월 조청상민수륙무역장정 체결 때부터의 일이다. 조선정부는 이미 1876년 2월과 8월에 일본과 수호조규 및 동 조규의 부록을, 그리고 1882년 5월에는 미국과 수호통상조약을 체결했으나, 이 조약들에서는 외국인의 거주 및 무역이 허용된 공간으로서 개항장과 그 부근에 대해서만 규정하고 있을 뿐이었다.

즉 조일수호조규 제4관에서는 종래 왜관이 존재하던 부산 초량항과 동 조규 제5관에서 개항을 예고한 두 개 항구에서의 일본인의 거주 및 무역을 허락하였고,[6] 수호조규부록 제4관에서는 부산항에서 일본인이 통행 및 무역을 행할 수 있는 범위(間行里程)를 부두로부터 동서남북 각 직경 10리까지로 제한하였다. 이후 간행리정은 1882년 8월에 체결된 조일수호조규속약 제1관에 의해 50리로 확대되었고, 2년 후에는 다시 100리까지 확대하도록 명시하였다. 조미수호통상조약 제6관에서도 조선정부가 이미 개방한 항구에서 미국인이 거주하고 무역할 수 있도록 허락하였다. 다만 동 조관에서는 개항장 외에 '내지(內地, interior)'라는 공간에 대해 처음 언급하고 있음이 주목된다. 그러나 이 또한 미국인이 화물의 판매와 구매를 위해 내지에 들어갈 수 없음을 명시한 것으로, 엄밀히 말하자면 활동 영역이 아니라 활동이 금지된 영역을 규정한 것에 지나지 않았다.

조청무역장정 제4조에서도 조선에서 이미 개방된 항구에서의 청국인의 거주 및 무역을 허락하고, 한성과 양화진 외에는 조미조약과 마찬가지로 내지에 들어가 각종 화물을 판매할 수 없도록 규정하고 있었다. 그러나 동 조항에서는 통행증에 해당하는 집조를 발급 받으면 내지에서도 토산물을 구입할 수 있는 권리를 새롭게 인정하였다. 이후 1883년 11월에 체결된 조영수호통상조약 제4관 제6항에서는 호조의 소지를 전제로 영국인이 내지에서 토산물을 구입할 수 있는 권리는 물론, 각종 화물을 판매할 수 있는 권리까지 인정하였다. 이로써 내지는 더 이상 외국인의 활동이 금지된 공간으로 남아 있지 않게 되었다.

6　최덕수 외, 『조약으로 본 한국근대사』, 열린책들, 2010, 34~35쪽.

그런데 조영조약에서는 기왕의 조약들에 존재하지 않던 새로운 공간에 대한 규정이 등장하였다. 동 조약 제4관 제2항에서는 개항장에 조계를 설정하도록 명시했는데, 동관 제4항에서는 조선의 지방세과장정에 따른다는 조건하에 조계로부터 10리에 한하여 조계 밖에서의 영국인의 거주를 허락하였다. 다시 말해서 외국인의 거주 및 무역을 위해 개방된 '개항장'과 그 안의 '조계', 그리고 호조 없이도 외국인의 여행 및 통상이 자유로운 '간행리정'과 호조의 소지를 전제로 한 '내지' 이외에, 이제 조선인과 외국인의 잡거가 허용된 '조계 밖 10리 이내'라는 공간이 창출된 것이다. 이 공간은 일찍이 청국과 일본에 차례로 주재하면서 개항장의 경계를 둘러싼 문제들을 체험한 바 있는 조영조약의 체약자 파크스(Harry Parkes, 巴夏禮) 영국공사가 조선에서는 조계와 내지 사이에 일종의 완충지대를 설정함으로써 그와 같은 문제를 미연에 방지하고자 강구해 낸 것이었다.[7]

이상의 공간들을 하나의 구조로 도식화하면 〈그림 1〉과 같다. 조영조약의 단계에서 하나의 완성된 형태를 보게 된 '조약체제하 공간구조'는 이후 조선이 각국과 체결한 수호통상조약들의 모델이 되어 그 내용에 큰 변화 없이 거의 그대로 답습되어 갔다.

그런데 육지의 공간을 분할하고 있는 위와 같은 구조 속에서 '바다'라는 공간을 상

〈그림 1〉 조약체제하 공간구조

---

7   孫禎睦, 앞의 책, 64~65쪽.

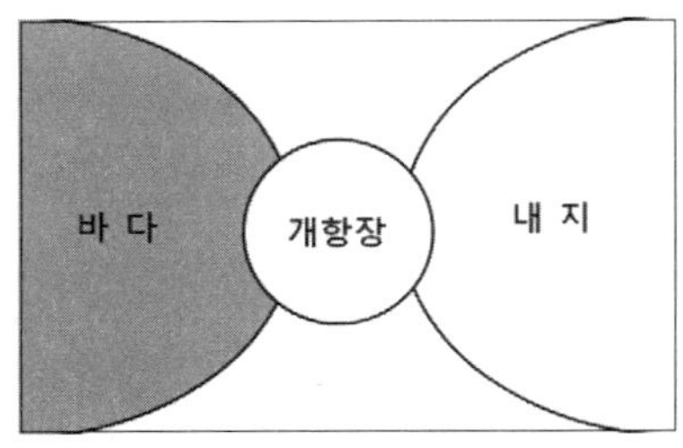

〈그림 2〉 조약체제하 공간구조와 바다 I

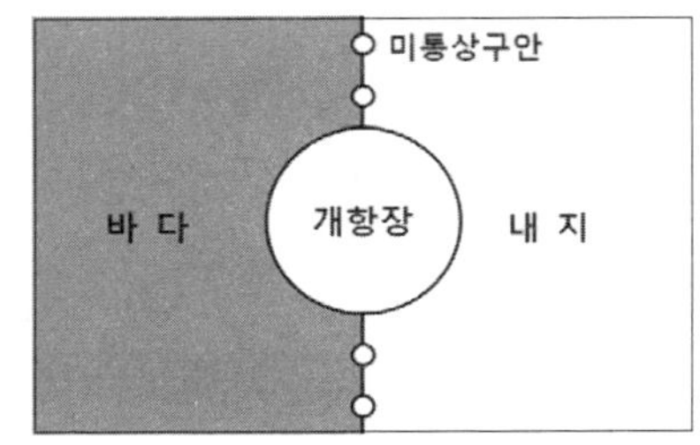

〈그림 3〉 조약체제하 공간구조와 바다 II

상하기는 어렵다. 그러나 바다로부터 제기된 문제에 의해 조약체제하 공간구조에는 균열이 발생하고 있었다. 본래 조선이 각국과 체결한 제 조약에 따르면 바다와 내지를 매개해 주는 공간은 개항장이 유일했지만(〈그림 2〉 참고), 후술하는 바와 같이 '미통상구안(未通商口岸, 개항장이 아닌 항구 혹은 포구)'에서 이루어지는 밀무역을 매개로 바다와 내지는 직접 연결되기에 이른다(〈그림 3〉 참고). 이로부터 밀무역의 대처를 둘러싼 각국 간의 외교적 분쟁이 발생하였고, 다음 장에서 다루고자 하는 평양개시론, 곧 평양과 그 부근 혹은 대동강 연안의 특정 지점을 통상의 장으로 새롭게 개방하자는 논의는 바로 그 지점으로부터 비롯되었다.

3. 청일전쟁 이전 평양개시론의 전개

1) 일본의 논리─무법지대의 확장, '균점(均霑)'

평양개시론이 누구에 의해 처음 제기되었는가는 알 수 없다. 그러나 늦어도 1886년에는 이미 청상의 밀무역으로 인해 평양개시가 검토되고 있었음을 사료를 통해 확인할 수 있다. 외무경 이노우에 가오루[井上馨] 앞으로 보낸 1885년 2월 4일 자 기밀문서에서 재조선임시대리공사 곤도 마스키[近藤眞鋤]는 평양을 개성과 함께 조선에서 가장 번화한 곳으로 꼽았다. 특히 평양은 대청무역의 요로로서 청국의 화물이 모이는 곳임에도 불구하고 지금까지 제대로 조사가 이루어지지 못했음을 지적하면서, 개성 및 평양의 상황을 미리 조사해 둘 계획이라고 밝혔다.[8] 이노우에는 2월 20일 자 회답에서 변란 후 조선의 인심이 불온하니 때를 기다리도록 지시했는데,[9] 여기에서 변란이란 전년 12월에 있었던 갑신정변을 말한다. 그러나 이로부터 1년 반이 지난 1886년 9월 4일에는 재차 훈령을 내려, 평안도 평양 및 전라도 목포에서의 청국인 밀무역이 일본인의 무역에도 적지 않은 영향을 끼치고 있으니, 일단 위의 두 곳에 대한 탐정을 신중히 수행하여 상세히 보고하도록 지시했던 것이다.[10] 그리고 10월 25일 외무차관 아오키 슈조[靑木周藏]는 별도로 스즈키 미쓰요시[鈴木充美]

---

8 「韓國各地開港關係雜件二(平壤附近)」(이하 「雜件二」)(日本外務省外交史料館 所藏, 3門1類 1項15號), 1885년 2월 4일 機密 제12호.
9 「雜件二」, 1885년 2월 20일 機密 제10호.
10 「雜件二」, 1886년 9월 4일 送 제518호.

재인천영사에게 평양에 대한 시찰을 명하였다.[11]

스즈키 영사는 11월 9일에 인천을 출발하여 평양에 대한 시찰을 마치고 12월 5일에 귀임한 후[12] 그 결과를 아오키 외무차관에게 보고하였다.[13] 보고서는 평양의 실정을 지리, 금광, 석탄광, 물산, 호구생계의 다섯 부분에 걸쳐 간략하게 서술하였다. 스즈키 영사는 이 보고서 외에도 「평양기행」이라는 제목의 유람기[14]와 「평양개시에 대한 의견서」를 제출하였다.[15] 「평양기행」은 그 첫머리에서 "평안도(平安道) 평양부(平壤府)를 유람했을 때 여행 중 실견(實見)한 가장 눈에 띄는 제 점을 약술하였다"고 밝힌 바와 같이 여행 중의 개인적 감상과 일화가 주를 이룬다. 한편 「평양개시에 대한 의견서」는 평양을 직접 시찰한 후 최초로 개시 문제를 논한 의견서라는 점에서 중요하다. 의견서의 주요 내용을 정리하면 다음과 같다. 즉 평양개시의 이점은 적지 않다. 왜냐하면 첫째 풍부한 물산을 외국 무역의 자산으로 삼을 수 있고, 둘째 그를 통한 토민의 이익 증가는 생산의 장려로 이어질 것이며, 셋째 운반비의 감소로 외국산 물품의 수요가 증가할 것이고, 넷째 청상이 독점하던 의주무역이 평양무역으로 귀결될 것이기 때문이다. 다만 원산과 인천, 특히 원산에 미치는 영향이 커서 얼마간의 쇠퇴는 피할 수 없겠지만, 그것은 평양개시로 얻게 될 이익을 고려하면 걱정할 바가 아니다. 결론적으로 평양개시는 필요하다는 것이었다.

---

11   「雜件二」, 1886년 10월 25일 送 제694호.
12   「雜件二」, 1886년 12월 6일 公信 제220호.
13   「雜件二」, 1886년 12월 15일 公信 제228호.
14   「雜件二」, 1886년 12월 15일 公信 제228호.
15   「雜件二」, 1886년 12월 14일 機密 제42호.

　그러나 주한일본공사 및 영사들의 의견이 모두 위의 의견서와 일치했던 것은 아니다. 일찍이 1886년 9월에 다카히라[高平] 공사는 한성에서 평양개시의 풍설이 돌자 그에 대한 영사들의 의견을 물은 적이 있었다.[16] 재원산영사 와타나베 오사무[渡邊修]는 평양개시에 반대의 의견을 제출했다. 스즈키 영사의 위 의견서에서는 원산의 쇠퇴를 예상하면서도 그 피해는 평양의 이익으로 상쇄될 것이라고 보았으나, 당사자인 와타나베 영사는 원산항의 상거래가 대부분 평안도 상인과 이루어지고 있는 상황에서 평양이 개방되면 그들 대부분은 평양으로 돌아갈 것이기 때문에 원산은 큰 영향을 받을 수밖에 없으며, 나아가 비슷한 조건의 인천과 부산 또한 어느 정도 쇠퇴를 면할 수 없을 것이라고 주장하였다.[17] 스기무라 후카시[杉村濬] 임시대리공사 또한 인천에서의 청상의 활약상을 들어 지리적으로나 기후적으로 청국인에게 유리한 평양에서 자금력에서도 뒤지는 일본인이 청국인과 경쟁해서는 이길 수 없다는 비관적 전망을 내놓았다.[18] 결국 이노우에는 일본정부가 나서서 평양개시를 권고하지는 않되, 조선정부가 개시의 의향을 보일 때에는 그를 재촉하여 실시케 하라는 지침을 내렸다.[19]

　그런데 1887년에 들어 조선정부 내에서 평양개시를 위한 구체적인 움직임이 나타나기 시작했다. 조선정부의 자발적인 평양개시 계획은 청국 측의 이의 제기로 결국 중단되고 말았으나, 일본 측은 평양개시는 필연적으로 이루어진다고 보고 거류지 선정을 준비하였다.[20] 게다

16　「雜件二」, 1886년 10월 2일 機密 제20호의 別紙 甲.
17　「雜件二」, 1886년 10월 2일 機密 제20호의 別紙 乙.
18　「雜件二」, 1887년 1월 7일 機密 제4호.
19　「雜件二」, 1887년 5월 2일 送 제383호.

가 1889년에는 다시 평안·황해도에서의 청국인 밀무역 문제가 불거지면서 그를 빌미로 평양개시를 재차 도모하였다. 일본 측은 밀무역의 실상 파악에 나섰다. 한성의 공사관과 인천의 영사관은 각기 시찰원 파견을 준비하였다.[21] 또한 인천상법회의소에서도 임시회의를 개최하여 시찰원 파견을 결정하고, 에나미 데쓰외江南哲치와 히라야마 후사키치[平山房吉] 두 사람을 평양으로 파견하였다.[22] 인천상법회의소가 제출한 「제1호 경기황해평안도상황시찰보고서(京畿黃海平安道商況視察報告書)」 및 「제2호 헌의(獻議)」를 첨부하여 하야시 부영사가 아오키 외무차관에게 자신의 의견을 개진한 것은 8월 5일의 일이다.[23] 상법회의소의 보고서는 청국인 밀무역의 풍설을 실지조사를 통해 사실로서 확인해 주는 역할을 하였고, 헌의는 그 사실을 바탕으로 해결책은 평양개시 뿐이라는 결론을 이끌어 냈다.

한편 이보다 하루 앞선 8월 4일, 곤도 공사는 외무대신 오쿠마 시게노부[大畏重信] 앞으로 보낸 기밀문서에서 마찬가지로 인천상법회의소의 보고를 근거로, 조선의 지방관은 밀무역에 종사하는 청국인에 대해 포세를 거두고, 또 평양에 있는 청의 전신분국에서는 지방 궁민의 구제를 명분으로 일정의 세금을 거두고 있음을 볼 때, "평양·황해 양도 연

---

20 「雜件二」, 1887년 12월 機密 제51호; 1888년 1월 17일 送 제32호.

21 「雜件二」, 1889년 4월 10일 機密 제9호; 「雜件二」, 1889년 5월 23일 機密 제32호. 공사관(公使館)의 시찰원 파견 계획은 공사관부육군보병대위(公使館附陸軍步兵大尉) 시바야마 나오노리[柴山尚則]의 보고서를 통해 그 결과를 확인할 수 있지만(「雜件二」, 1889년 7월 11일 機密 제20호), 인천영사관의 시찰원 파견 계획은 여러 사정으로 도중에 중단된 것으로 보인다.

22 「雜件二」, 1889년 7월 6일 機密 제18호; 1889년 7월 11일 機密 제20호.

23 「雜件二」, 1889년 8월 5일 機密 제21호.

해지방에서의 지나인 무역은 밀상(密商)이라기보다 공상(公商)이라고 하는 것이 지당하다"고 지적하였다.[24] 그리고 이와 같은 취지로 8월 7일자 조회를 통해 조선정부에 '균점론(均霑論)'을 정식 제기하였다.[25]

곤도 공사가 제기한 '균점론'의 논리는 간단하다. 즉 인천에서 합법적으로 무역을 행하는 일본인들이 청국인의 불법 행위로 인해 피해를 받고 있다. 그런데 청국인의 밀무역은 이미 '잠상(潛商)'이라고 부를 수 없는 상태이다. 왜냐하면 수백의 상민들이 수십 척의 배를 타고 공공연하게 왕래하고 있고, 조선의 지방관은 내지세를 부과하여 무역을 허락하고 있기 때문이다. 이를 볼 때 조선정부가 청국인에게 무역의 편의를 제공한 사실은 명백하며, 따라서 최혜국대우에 관한 조일통상장정(1883년 7월 27일 체결) 제42관에 따라 조선정부가 청국인에게 베푼 바를 일본인 또한 일체 균점해야 한다는 주장이었다.

이와 같이 곤도가 청국인의 밀무역을 '잠상(潛商)'이 아닌 '공상(公商)'으로 재규정하여 인식의 수면 위로 끄집어 낸 것은 그를 균점 가능한 대상으로 만들기 위해서였다. 법망의 사이에서 이루어지는 불법 행위는 단속의 대상이지 균점의 대상은 아니었다. '잠상'에 의해 형성된 무법지대는 조약체제의 외부에 있었고, 때문에 조약체제는 무법지대를 다시 체제 내부로 끌어들이기 위한 공간의 재편성을 꾀하게 된다. 평양개시가 조선과 일본 양측에서 모두 제기될 수 있던 것은 바로 이러한 이유에서일 것이다. 그러나 공간의 재편을 시도하는 목적까지 같았던 것은 아니다. 현상의 공유를 주장하는 곤도의 '균점론'은 실상 무법

---

24   「雜件二」, 1889년 8월 4일 機密 제47호.
25   『舊韓國外交文書』(이하 『구한국』)(日案 1), 1453번.

지대의 확대를 요구하는 것에 지나지 않았다. 그렇다면 조선 측의 구상은 무엇이었을까? 이에 대해서는 다음 항에서 살펴보기로 한다.

2) 조선의 논리-'바다'와 '내지'의 경계 구축

전술한 바와 같이 이미 1886년부터 한성에서는 평양이 개방될 것이라는 풍설이 돌고 있었다. 그리고 실제로 이듬해 6월 21일에는 총세무사 메릴(Henry F. Merrill, 墨賢理)이 평양개시에 관한 건백서를 통리교섭통상사무아문에 제출하였다.[26] 건백서는 해관총리문안 헌트(Johnathon H. Hunt, 何文德)가 1887년 4월 13일부터 5월 7일까지 대동강의 철도(鐵島) 및 평양성 부근을 시찰하고 제출한 보고서에 근거하고 있었다. 헌트의 평양시찰은 위의 지역들 중 어느 곳에 개항장을 설치해야 이익이 될 것인가를 탐사하기 위함이었는데, 메릴 총세무사가 건백서에서 제출한 의견은 대동강에 개항장을 개설하되 그 위치는 평양성에서 가까울수록 좋다는 것이었다.

이에 따라 조선정부는 개항장의 위치 선정을 위해 9월 16일에 시찰단을 조선정부 소유의 기선인 해룡호(海龍號)에 태워 파견하였다. 시찰단의 멤버는 전술한 헌트와 세관항장대리 모센, 그리고 외무주사 김학우 등 3명이었다. 이들이 임무를 마치고 인천으로 돌아온 것은 10월 1일의 일이었는데, 이들은 개항장의 예정지구로 대동강 연안의 석호정(石湖亭)을 선

26　「雜件二」, 1887년 7월 4일 機密 제78호. 메릴의 건백서는 別紙로 첨부되어 있다.

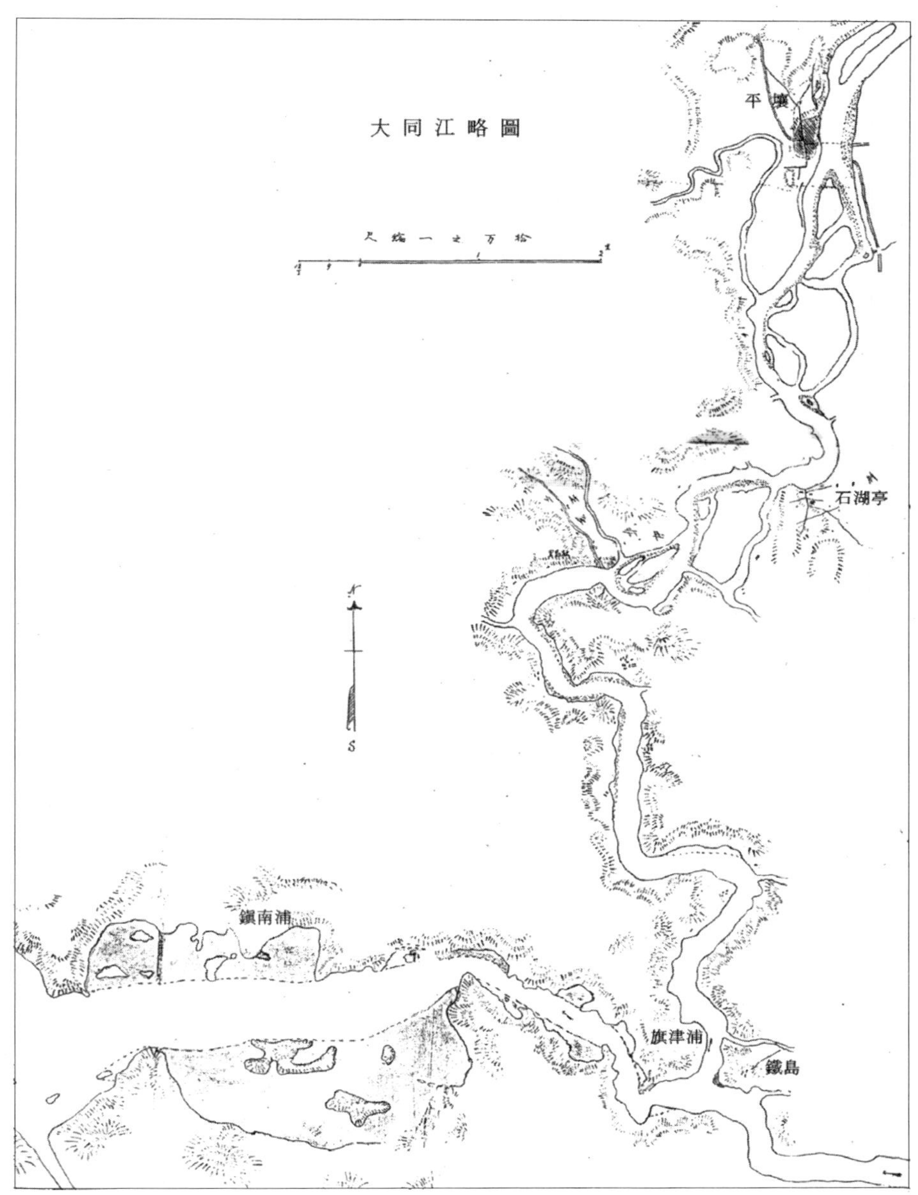

〈그림 4〉 대동강약도(「韓國各地開港關係雜件二(平壤附近)」, 1889년 9월 3일 機密 제55호의 別紙 附屬地圖를 일부 수정).

정하고(〈그림 4〉 참고), 해룡호에는 평양의 석탄 9만 섬을 적재하여 왔다.[27]

한편 메릴의 건백서에는 조선정부의 외국인 고문인 데니(Owen. N. Denny, 德尼)가 광물자원의 조사를 위해 평양으로 떠난 사실도 언급되어 있었다. 그런데 데니의 저작인 『청한론(淸韓論)』(1888)을 보면 그가 평양에서 돌아온 이후 조선정부에 진언한 내용을 확인할 수 있다. 즉 평양은 농산물과 광산물이 풍부한 이 지역 중심지이기 때문에, 평양 부근을 개항하면 관세수입이 증가하고 대동강 내외의 밀무역을 단속할 수 있다는 것이다. 그러나 위의 시찰단이 파견되어 있는 동안 위안스카이(袁世凱)가 리훙장(李鴻章)의 명의를 빌려 조선정부의 개항 시도를 중지시켰고, 그에 따라 메릴은 시찰단의 회귀를 명하지 않을 수 없었다고 한다.[28]

조선정부에게 중요한 것은 조선의 국제적 위상과 이익이었으며 그를 위한 최소한의 자주권 확보였다. 이 점에서 조선정부는 평양개시를 실행하는 데 있어서 두 가지 과제를 안고 있었다.

첫째 평양개시는 다른 개항장과는 절차와 내용을 달리 해야 했다. 조약체제하 공간구조에서 '조계'는 외국인의 행정관리를 받으며 사실상 '나라 안의 나라(國中之國)'를 이루고 있었으므로, 평양을 기왕의 개항장과 같이 개방한다는 것은 그러한 치외법권 지역이 또 하나 증가됨을 의미할 뿐이었다. 둘째 평양개시는 미통상구안의 공간적 성격을 밝혀야 했다. 전술한 바와 같이 평양개시론은 미통상구안에서의 밀무역에 기원하고 있는 만큼, 평양개시는 밀무역으로 인한 무법지대를 어떻게

27　「雜件二」, 1887년 10월 4일 公信 제165호.
28　O. N. Denny, 岡本隆司 校訂·譯註, 『東北アジア文獻研究叢刊 4—淸韓論』, 成文社, 2010, 65~66쪽.

체제 내로 다시 흡수할 것인가에 대한 선례가 될 수 있었다. 그런데 이는 개시장 이외의 미통상구안에서는 밀무역이 이루어져서는 안 된다는 것을 전제로 하였다. 말하자면 평양개시에는 미통상구안의 개방과 미개방 양자 모두에 대한 적절한 규정이 요구되고 있었다.

일단 두 번째 과제와 관련하여 조선정부의 방향성을 보여주는 사건이 있다. 1887년 4월 23일에 다카히라 임시대리공사는 김윤식 독판에게 원산감리가 일본영사의 호조 청구에 응하지 않은 사실에 항의하였다.[29] 김윤식은 그 이유에 대해 북어를 팔아 생계를 유지하고 있던 홍원의 백성들이 최근 일본상인들에게 그 이익을 빼앗겨 장차 실업하기에 이르렀다는 호소가 있었기 때문이라고 밝혔다.[30] 그러나 이듬해 5월 25일 독판 조병식은 호조발급을 거부한 이유를 다시 설명하였다. 즉 이 안건은 본래부터 일본상인이 조선의 배를 고용하여 홍원 지방에서 통상하려 한 일로서, 감리의 호조발급 거부는 기본적으로 조약위반이 아니며, 다만 내지에 대한 호조 발급은 거부할 이유가 없다고 말하였다.[31]

조병식의 해명은 한 마디로 외국인이 내지통상을 위한 호조를 가지고는 뱃길을 이용할 수 없다는 것이었다. 이때부터 이 안건의 쟁점은 호조발급 여부가 아니라 '바다'와 '내지' 사이의 경계에 대한 성격규정 문제로 발전한다. 일본 측은 조영조약 제4관을 들어 위의 해명에 반박했는데, 동관 제6항에서는 수레, 인부 등과 더불어 배를 고용해 화물을 운반할 수 있다고 규정하고 있었다.[32] 그러나 조병식은 위 조항은 개항

29　『구한국』(日案 1), 869번.

30　『구한국』(日案 1), 874번.

31　『구한국』(日案 1), 1150번.

32　『구한국』(日案 1), 1151번.

장에서부터 배를 고용하여 바다를 따라 미통상구안에 들어갈 수 있음을 의미하는 것은 아니라고 주장했다. 동 조항에서 영국인이 호조를 소지하면 조선의 각처에 가서 유력통상(遊歷通商)할 수 있다고 했을 때의 '각처'란 '내지'를 말하는 것이고, 또 일체의 토화를 구매할 수 있다고 했을 때의 '토화'란 '육산'을 의미한다고 지적했다. 따라서 동 조항에서 배를 고용할 수 있다는 것은 어디까지나 바다가 아니라 내륙의 강하를 만났을 때를 말한다는 것이다. 게다가 바다로 미통상구안에 들어가 통상하는 것을 허락한다면, 미통상구안에서의 밀무역을 금지한 조일통상장정 제33관은 무슨 의미가 있냐고 따져 물었다.[33]

이에 대해 곤도 공사는 다음과 같이 반박하였다. 첫째 조영조약 제4관 제6항에서 말하는 수레나 배의 필요가 토화를 구매할 때에 한정되는 것이 아니다. 둘째 화물을 운반해 나갈 때 육로로는 수레나 배를 이용할 수 없는 경우도 있는데, 이때 바다와 내지 중 어느 길을 선택할 것인가는 행상하는 자가 결정할 일이며, 조선정부는 어느 쪽이든 그 편의를 봐 주어야 한다. 셋째 동 조항에서는 해로의 이용을 금지한 부분을 찾아볼 수 없다. 넷째 '토화'란 '육산'이 아니라 '국산'을 지칭한다. 다섯째 조일통상장정 제33관은 상선이 관세를 피해 미통상구안에서 밀무역하는 것을 금한 것으로, 이번 안건은 호조를 발급 받아 내지에서 행상하려는 것이지 밀무역이 아니다, 라고 주장하였다.[34]

이상의 논쟁은 조선정부가 일본 측 주장을 수용함으로써 마무리된 것으로 보인다.[35] 여기에서 본고의 주제와 관련하여 주목할 것은 양측이

33　『구한국』(日案 1), 1151번.
34　『구한국』(日案 1), 1154번.

설정하고 있는 바다와 내지의 관계이다. 조선 측은 바다와 내지가 직접 통할 수는 없으며, 오직 개항장을 통해서만 교통할 수 있다는 입장이었다. 이는 앞서 살펴 본 〈그림 2〉와 같은 공간인식에 기반을 둔다. 이에 반해 일본 측은 개항장을 경유하면 바다와 내지 사이의 교통은 가능하다는 입장이었다. 이를 도식화하여 비교하면 〈그림 5〉와 같다.

조선 측 : 바다 → 개항장 → 내지 / 내지 → 개항장 → 바다 일본 측 : 바다 → 개항장 → 바다 → 내지 / 내지 → 바다 → 개항장 → 바다

〈그림5〉 '바다'와 '내지' 사이의 교통 경로

요컨대 위 사건들은 조선 측이 조약을 근거로 바다와 내지 사이에 횡단 불가능한 경계를 설정하고 있었음을 보여 준다. 이는 조약상의 공간 규정을 넘어 공간의 재편을 시도하는 여러 압박들에 대한 조선정부의 기본 입장이었다고 할 수 있다. 내지는 영역적 지배로부터 자유로웠던 바다와는 엄격하게 구분되어야만 했다.

3) 청국의 논리 – 상국(上國)으로서의 '체통(體統)'

위안스카이가 평양개시 논의에 재차 간여하기 시작한 것은 1890년 3월 30일에 전운국위원 우경선과 일상 우에하라 요시유키[上原嘉之] 사이에 「일본에고치마루고임합동(日本越後丸雇賃合同)」(이하 「합동」)이 체결되

35 『구한국』(日案 1), 1216번.

면서부터이다. 「합동」에서는 조선 소유의 해룡호와 일본에서 빌린 에치고마루를 일시적으로 일상 우에하라에게 빌려주어, 황해도 철도에서 곡물 및 화물을 실어 인천항까지 운반해 올 것을 허락하였다.[36] 위안스카이는 「합동」이 체결된 배경에는 인천세무사로 있다가 메릴의 휴가로 총세무사서리가 된 독일인 쉐니케(J. F. Schönicke, 史納機)의 음모가 있다고 보았다. 쉐니케는 정식 총세무사로 임명되고자 조선정부에 영합하여 갖가지 일을 꾸미고 있는데, 일본상선의 내지 왕래를 허락함으로써 평양개시의 단서를 마련하고자 했다는 것이다. 게다가 「합동」의 내용은 승객의 뱃삯을 정해두는 등 일시적 운행이라 볼 수 없고, 또 철도까지 운행한다고 하지만 실제로는 평양에 가는 것을 허락한 것과 다름없다고 지적하였다.[37]

앞서 살펴본 바와 같이 조선정부는 조선인 배를 고용한 외국인의 화물운송은 내지의 강하에서만 가능하다는 입장이었으나, 일본 측의 반발로 내지 뿐만 아니라 바다에서도 그를 용인하게 되었다. 그런데 위의 「합동」은 결과적으로 조약체제하 공간구조에 또 하나의 예외를 만들었다. 임시적 조치이고 또 조선의 깃발을 게양한다는 조건이기는 했지만, 일본기선을 이용한 개항장과 미통상구안 사이의 왕래를 조선정부가 인정한 셈이었다. 조선정부는 4월 6일에 황해도 감영 및 철도에 「합동」이 체결된 사실을 알리고, 「합동」의 제4관에 따라, 에치고마루의 철도 정박을 특별히 허락하고 곡물 및 화물의 운송에 협조하도록 지시하였다.[38]

---

36 『구한국』(日案 2), 1645번.
37 『淸季中日韓關係史料』(이하 『關係史料』) 제5권, 1530번.

이 과정에서 위안스카이가 특히 문제로 삼았던 것은 위와 같은 일들이 '중동체제(中東體制)', 곧 한청 간 '종번체제(宗藩體制)'를 무시하고 청국의 허락 없이 진행되고 있다는 사실이었다. 이와 같은 상황에서 위안스카이가 강구한 대처방안이란 첫째 평양시찰을 위해 위원을 파견할 것과 둘째 청상들의 요구를 수용하는 형태로 리홍장이 고종에게 평양개시를 촉구하는 자문을 보낸다는 것이었다. 고종이 만약 위의 자문에 따라 평양개시를 실시한다면 각국은 고종이 리홍장의 지시에 따라 평양을 개방한 것으로 간주할 것이고, 혹 '자주체면' 때문에 타인의 간섭을 허락하지 않더라도 결과적으로는 평양개시를 저지한 것이 되니 손해될 바 없다는 계책이었다.[39] 리홍장의 허락을 받은 위안스카이는 원산좌탐위원 우쭝시엔[吳仲賢]을 평양으로 파견하였다. 우쭝시엔은 음력 8월에 탐사를 끝내고 보고서를 작성했는데, 석호정보다는 철도를 개방하는 것이 낫다는 의견을 제출하였다.[40] 한편 위안스카이의 두 번째 방안에 따라 옌타이 출신의 청상들은 연명으로 된 품을 올려 일본인이 철도에서 일본윤선 혹은 조선윤선으로 화물을 운반하고 있음을 고발하는 동시에, 청상들은 그 이익에서 오래도록 소외되어 왔으니 철도에 개항장을 설치해 달라고 요청하였다. 이를 위안스카이는 동해관도와 연명으로 리홍장에게 보고하였고, 리홍장은 이에 근거하여 자문(咨文)으로써 고종에게 철도의 개항을 요청하게 된다.[41]

---

38 「平安道關草」(서울대 규장각 한국학연구원 소장, 奎18072) 제2책, 1890년 윤2월 17일 關文.

39 『關係史料』 제5권, 1530번.

40 『關係史料』 제5권, 1586번.

41 『구한국』(淸案 2), 1326번.

한편 조선 측 인사들과 접촉하며 평양개시를 도모하던 곤도 공사는 5월 29일 자 외무대신 아오키 슈조 앞으로 보낸 기밀문서에서 조선정부와 담판할 때의 방침을 제시하고 그에 대한 의견을 물었다. 하나는 청국인 밀상에 대한 처벌의 실효가 없을 때에는 조선정부의 청상 우대를 균점할 것, 또 하나는 개항 시기를 예정하고 그때까지는 일본기선이 왕래할 수 있도록 특별히 허락을 받을 것이었다.[42] 그리고 곤도 공사는 위안스카이와 평양개시를 위한 협의에 들어가 아래와 같은 「예약안」을 제시하였다.[43]

1. 철도개구(鐵島開口)의 위치는 모름지기 일청(日淸) 양국 위원이 회의하여 결정한다.
2. 일청 양국이 선정할 조계지구는 각국보다 우선하며, 조계장정은 응당 인천규례에 비추어 따르도록 한다.
3. 철도해관(鐵島海關)은 필수적으로 일청 양국인을 빙용하여 통역하도록 한다.

평양개시를 위해 청일 양국은 교섭 석상에 마주 앉았으나, 그에 임하는 자세는 서로 달랐다. 곤도가 청과의 협상에서 가장 주력한 것은 위의 「예약안」이 말해주듯이 청국과 대등한 세력을 유지하고 '선창(先唱)의 권리(權利)'를 잃지 않도록 하는 데 있었다. 그는 위안스카이를 설득시키는 등 평양개시 논의를 주도하는 입장에 있다고 생각했으나, 위

안스카이의 생각은 달랐다. 위안스카이는 리훙장에게 올린 품에서 곤도의 평양개시 운동은 귀임을 앞두고 공을 세우기 위한 것이라면서, 그의 주장에는 완곡하게 거절하며 조급해 하지 말 것을 당부했다고 밝혔다.[44] 그리고 「예약안」에 대해서도 곤도가 '창의(創議)의 공(功)'을 차지하고 '선견(先見)의 지(智)'를 자랑하려 하지만, 리훙장이 고종에게 자문을 보내면 협의를 이룰 수 있다는 사실은 알지 못한다고 말했다.[45] 위안스카이에게 중요한 것은 전술한 바와 같이 청국의 권익이 타국에 뒤지지 않도록 하고, 또 그를 위해서라도 조청 간 종번체제를 지키는 것뿐이었다. 1891년 1월 24일에 위안스카이는 앞서 언급한 리훙장의 자문이 만족할 만한 내용으로 도착했음을 곤도에게 알렸다. 곤도는 위안스카이와 만나 조선정부가 평양개시를 의결하기까지는 각기 조선정부에게 「예약안」의 확정을 독촉할 것을 제의했다. 그리고 두 사람은 조계선정을 위한 위원의 선정 및 개항일 결정 후의 조치에 대해서도 미리 의견을 나누었다.[46]

조선정부의 딜레마는 평양개시에 임하는 청일 양국의 상이한 자세로부터 비롯되는 것이기도 했다. 조청일 삼국 모두 자국의 이익을 앞세우는 데에는 차이가 없었고, 자국의 이익이 충족되는 한에는 평양개시에도 이의가 없었다. 그러나 조선정부가 만약 리훙장의 자문에 따라 개항한다면 조선의 '자주체면'에는 해가 될 것이고, 또 만약 일본에게 '선창의 권리'를 부여한다면 청국의 반발을 사게 될 터였다.

---

44   『關係史料』 제5권, 1586번.
45   『關係史料』 제5권, 1588번.
46   「雜件二」, 1891년 2월 1일 機密 제8호;『日本外交文書』 제24권, 事項6. 朝鮮國各地開港ニ 關スル件 중 104번.

　　조선정부는 위의 딜레마를 피해 평양개시를 실현하는 방안으로 '자개(自開)'를 선택하였다. '자개'라는 형식은 타국의 요구가 아니라 스스로의 결정에 따르는 것인 만큼 '자주체면'에 손상될 바가 없을 뿐만 아니라, 일본에게도 '선창의 권리'를 인정해 줄 필요가 없는 방안으로써 유효하였다. 이와 관련하여 변리공사 가지야마 데이스케[梶山鼎介]가 외무대신 에노모토 다케아키[榎元武揚]에게 보낸 1892년 1월 7일 자 기밀문서에는 주목할 만한 사실이 기술되어 있다. 가지야마는 영국총영사 힐리어(Water C. Hillier, 禧在明)와 면담한 자리에서 우연히 평양개시의 건을 논하게 되었는데, 이 자리에서 힐리어는 총세무사 쉬니케의 평양개시 구상에 대해 언급하였다. 쉬니케의 구상이란 선착장 건설비용이 요구되는 평양개시 논의는 잠시 중단하고, 그 대신 각 미통상구안에 선박을 항행하도록 하는 '특준규칙(特准規則)'을 제정하자는 것이었다. 이는 사실상 전술한 조일 간의 「합동」을 시간적·지역적 제한 없이 확대 시행하자는 주장과 다름없었으며, 가지야마 공사가 지적한 것처럼 일찍이 곤도가 평양개시 전까지 잠정적으로 추진하고자 했던 기선회항 계획과 유사하였다. 따라서 가지야마 공사는 이 방안을 적극 추진할 계획을 밝히면서 그를 통해 영사관을 새로 설치하고 관리를 파견하는 등의 비용도 절감할 수 있다고 본국정부에 보고하였다.[47] 그리고 리훙장에 대한 고종의 회자 내에서 청국도 조일 간 「합동」의 권익을 획득할 수 있다고 한 점을 볼 때, 조선정부 또한 위 구상안의 실현가능성을 열어두고 있었다고 할 수 있다.

---

[47]　「雜件二」, 1892년 1월 7일 機密 제1호.

이상에서 살펴본 바와 같이 평양개시론은 미통상구안에서의 청국인 밀무역에 대한 대처방안으로 처음 제기되었다. 밀무역은 바다와 내지의 경계 지점에 무법지대를 형성했는데, 무법지대는 조선정부는 물론 그 밖의 체약국들에게 있어서도 조약 혹은 법의 영역 내로 다시 편입되어야 할 대상이었다. 그런데 일본은 청상의 '불법' 행위에 대한 균점을 요구하였고, 청국은 일상의 '합법'화된 특권에 이의를 제기하였다. 한편 조선의 지방관청에서는 청상의 '불법' 행위를 세금 부여를 통한 종래의 관습 속으로 흡수해 갔고, 중앙정부는 자주권 회복을 위해 기왕의 개항장과 달리 칙령에 의한 '자개'를 시도하였다. 이와 같이 평양개시를 둘러싸고 '불법'과 '합법'의 영역이 교차하는 속에서 미통상구안은 해관이 설치된 '개항장'도 외국선박의 왕래가 금지된 '내지'도 아닌, '내지 속 바다'와 같은 예외적 공간으로 점차 변모해 갔다.

4. 청일전쟁 이후 평양의 개시과정과 개시장의 성격규정 문제

1) 평양개시론의 재등장

청일전쟁 이후 목포 및 진남포의 개항 논의와 함께 다시 제기된 평양개시론은 평양에 이르는 대동강 연안의 개항이 아니라 평양의 중심인 평양성 내외의 개방을 목적으로 했다는 점에서 청일전쟁 이전의 논

의와 차이를 보인다. 1890년에 조선정부는 일본의 대동강 연안의 개항
요구에 대해 대동강은 '내지'에 속하므로 개항을 논할 대상이 아니라고
못을 박았고, 곤도 공사 또한 자신이 대동강이라 한 것은 바다와 가까
운 물줄기를 말한 것이지 평양 앞을 흐르는 강을 가리킨 것은 아니었
다고 해명한 바 있다. 이는 일본 측이 평양성 개항에는 뜻이 없음을 명
백하게 밝힌 것으로, 곤도 공사가 개항장 후보로 선정해 둔 철도를 한
강 연안의 한성이 아닌 서해의 제물포에 비유하고 있던 사실로부터도
확인할 수 있다.[48]

그러나 청일전쟁 이후 일본 측은 상업의 중심지인 평양의 개방 없이
는 대동강 연안의 한 곳을 개방한다 하더라도 무역의 번성을 기대하기
어렵다는 입장으로 선회하였다.[49] 본래 평양개시론은 전술한 바와 같
이 평안·황해도 일대 미통상구안에서의 청국인 밀무역에 기원하는
것으로, 바다와 내지 사이의 무법지대를 어떻게 체제 내의 공간으로
재편할 것인가라는 문제와 연관되어 있었다. 바다와 내지 사이의 경계
가 무너져 미통상구안이 더 이상 '내지'가 아니라 '내지 속 바다'와 같이
변해버린 상황에서, 인천의 각국 조계를 모델로 한 진남포의 개항은
위 문제에 대한 유일한 해결책이라기보다 개항의 또 다른 모델을 제공
할 뿐이었다. 청일전쟁 이후 평양성을 대상으로 한 평양개시론은 이제
바다와 내지의 경계가 아닌 내지의 일처에 대한 개방을 논하고 있었고,
그에 따라 개시장이 된 평양이라는 잡거공간을 조약체제하 공간구조

48　『關係史料』제5권, 1588번의 附件 一.
49　『日本外交文書』제30권, 事項23. 朝鮮國關係雜纂 2. 木浦鎭南浦開港ノ件 중 621번의 附記
　　一.

속에 어떻게 자리매김할 것인가가 새로운 과제로 떠올랐다.

일본은 1895년 말에 재차 신개항을 위한 조선정부와의 협의에 착수하였다. 일본이 제시한 조약 초안에는 목포(木浦) 및 기진포(旗津浦)의 개항 위에 평양개시(平壤開市)가 새로 추가되어 있었다.[50] 당시 외부대신이던 김윤식은 위의 초안에 대한 보다 상세한 의견을 담은 「신개통상양항조약초안 의의(新開通商兩港條約草案 擬議)」에서 말하길, 평양개시는 외국인으로 하여금 조선의 땅에서 이익을 다투게 하는 것과 같으며, 한성의 예와 같이 토민들이 실업하고 피폐해져서 결국 외국의 화물도 팔리지 않게 될 것이라고 경고하였다.[51] 다시 말해서 김윤식의 주장은 통상의 장소를 '내지'가 아닌 '개항장'에 한정시킴으로써 조선인의 이익을 보전해 줘야 한다는 것으로, 이는 '바다'와 '내지' 사이의 경계를 엄수하고자 했던 조선정부의 일관된 입장이기도 하였다.

여기에서 한 가지 주목할 것은 반면교사가 되는 선례로서 한성이 거론되고 있다는 사실이다. 조선의 도성인 한성은 1882년에 체결된 조청상민수륙무역장정에서 청상에게만 '한성개잔권(漢城開棧權)'을 부여함으로써 처음으로 외국인의 성내 거주 및 무역이 허용되었는데, 동 장정은 조청 간 종번체제를 전제로 했음에도 불구하고, 이후 영국을 비롯한 각국이 조선과 조약을 체결하며 위 권익을 균점해 감에 따라 결국 모든 체약국 외국인이 한성 내에서 조선인과 잡거할 수 있게 되었다.

---

50 『日本外交文書』제30권, 事項 23. 朝鮮國關係雜纂 2. 木浦鎭南浦開港ノ件 중 621번의 附記 一 附屬.

51 『駐韓日本公使館記錄』(이하 『公使館記錄』) 11권, 三. 木浦甑浦大同江開港一件 (2)木浦旗津浦開港案 중 難問題에 대한 건 通告.

이러한 경위로 인해 한성의 공간적 성격을 조약상의 조관만을 가지고 규정하기에는 어려움이 따랐다. 다른 개항장과 달리 한성에는 '조계'가 설치되지 않았고, 그런 이유로 같은 잡거지라 하더라도 '조계 밖 10리 이내'의 잡거공간과는 구별되었으며, 또한 외국인의 거주가 금지된 '내지'로 간주할 수도 없었다. 조선정부는 청상을 비롯한 외국상인의 퇴거를 위해 힘써 왔으나 성과를 거두지 못한 경험이 있었기 때문에, 그 일의 당사자이기도 했던 김윤식은 내륙의 평양을 개방한다면 한성에서의 폐해가 재현될 것이라고 전망했던 것이다.[52]

그러나 한국정부는 이듬해 5월에 함경북도 성진, 전라북도 군산, 경상남도 마산에 개항장을, 그리고 평안남도 평양부에는 개시장을 개설할 것임을 각국에 성명하였다.[53] 이 성명의 배경에 대해 주한일본공사 가토 마스오[加藤增雄]는 조선정부가 이미 개항·개시의 논의가 있던 성진과 평양 이외에도 군산과 마산까지 자진해서 개항한 것은 기본적으로 무역의 이익을 깨달은 탓이기도 하지만, 러시아, 독일, 프랑스, 영국 등이 청국의 주요 항만을 점령해 가던 당시 현실에 자극 받은 것으로 파악하였다.[54]

그런데 위의 3항 1시의 개항·개시 성명으로부터 한국정부가 약속한 개항예정일인 1899년 5월 사이에 한국정부의 정책은 큰 변화를 보이고 있었다. 그 변화는 여론으로부터 추동된 것이었다. 1898년 10월 18일 독립협회와 황국중앙총상회의 대표들은 박제순 외무대신 앞으

---

52 한성이 잡거지로 개방된 연원과 경위에 대해서는 朴俊炯, 「개항기 漢城의 開市와 잡거 문제－漢城開棧 및 撤棧 교섭을 중심으로」, 『향토서울』 제82호, 2012 참고.

53 『구한국』(日案 4), 4689번;『구한국』(英案 1), 1368번 등.

54 『公使館記錄』 12권, 十. 機密本省往信 (24)新開三港一市ニ關スル件.

로 한 통의 서간을 보냈다. 서간에서는 한성에서의 잡거문제 해결을 위해 조약개정을 요구하는 동시에, 외국인의 내지잡거에 대해서는 조약준수론을 전개하였다. 특히 "서양 모든 나라에 개명한 인민은 통상교섭에 피차 거리낌이 없으나 열리지 못한 인민으로 방안을 세우지 아니하면 (…중략…) 본토 인종이 소삭(消索)할 지니 이는 세계상에 자연한 이세(理勢)라"고 말한 뒤, 조약으로 내지잡거를 금하는 의의는 개방되지 않은 본토의 인민을 보호하는 데 있음을 강조하였다.[55]

박제순은 위의 서간을 접수한 다음날 각도의 관찰사 및 각항의 감리에게 훈령을 내렸다.[56] 동 훈령에서는 내지잡거가 조약으로 금지되어 있음에도 불구하고 제대로 지켜지지 않는 책임은 조약에 어두운 관리와 이익에 미혹하는 인민에게 있다고 하였다. 그리고 다음과 같은 조치를 지시하였다. 첫째 각국인 소유의 토지 및 가옥을 원래 소유자에게 반환하든지 타인에게 전매할 것, 둘째 장시나 도회에 있는 각국인의 점포를 철폐할 것, 셋째 만약 위의 조치에 따르지 않는 자가 있다면 그 국적과 성명을 보고하여 해당 공사로 하여금 처리토록 할 것, 넷째 훈령을 받고 2개월 이내에 시행하되 그 결과를 속히 보고할 것 등이다.

10월 29일에 평양군수는 위의 외부훈령을 고시하였다.[57] 1898년 당시 평양에는 이미 일본인을 비롯하여 불법적으로 거주하는 외국인들

---

55 논설「양회 편지」,『독립신문』, 1898.10.19.

56 「慶尙南北道來去案」(서울대 규장각 한국학연구원 소장, 奎17980), 제1책 제2호, 광무 2년 10월 19일 訓令 제1호 및 제2호;「仁川港案」(奎17863-2) 제5책, 광무 2년 10월 19일 訓令 제78호 및 그 외 各道來去案 참조.

57 「韓國地所家屋關係雜件」(日本外務省外交史料館 所藏, 3門12類1項97號), 韓國平壤郡守ヨリ 同地居住ノ外國人ニ退去ヲ命スル告示發布ノ件(1898년 11월)(이하「關係雜件」), 1898년 10월 31일 鎭公 제85호의 別紙.

이 다수 존재했다. 일본인의 경우 청일전쟁 때 일본군을 따라 들어온 상인들이 점포를 개설하여 실제 영업을 행하고 있는 자가 33호에나 이르렀다. 게다가 그들 대부분이 평양상권의 중심지인 대동문로(大同門路)와 주작문로(朱雀門路)에 개점하고 있어 상권을 점차 장악해 가고 있는 실정이었다. 청국인의 경우 개점하고 있는 호수는 2호에 지나지 않았으며, 그 밖에 선교활동을 하는 미국인 7호, 영국인 5호, 프랑스인 1호가 있었다.[58] 이와 같은 상황에서 내지잡거를 금하는 외부훈령이 고시되었고 일본 주도로 각국은 대응책을 강구하였다. 이를 계기로 교착상태에 있던 평양개시 교섭이 다시 거론되기 시작했다.

재진남포영사관사무대리 오키 야스노스케[大木安之助]는 1898년 10월 31일 자 임시대리공사 히오키 에키[日置益] 앞으로 보낸 보고서에서 이미 개시까지 확정되어 있는 상황에서 한국정부가 돌연 퇴거를 주장하는 것은 부조리하다고 말하였다. 또 그 대책으로서 우선 한국 외부에 대해 훈령을 거두도록 조처하고, 만약 그것이 불가능하다면 내년 봄의 해빙 후 2개월 혹은 수개월을 기하여 퇴거해야 할 것이라고 건의했다.[59]

이에 따라 히오키 공사가 취한 대책은 평양개시를 조속히 실현시키자는 것이었다. 그는 11월 4일에 오키 영사대리에게 전보를 보내, 본건은 일반 외국인에 관련된 일로서 언젠가 각국 사신과의 협의도 이루어질 것이기 때문에, 별도의 지시가 있을 때까지는 평양 내 일본인들이

---

58 「韓國馬山群山城津開港平壤開市ニ付外國人居留地及領事館敷地選定一件」(日本外務省外交史料館 所藏, 3門12類2項40號)(이하 「選定一件」), 平壤 分割一, 1898년 10월 26일 機密 제13호.
59 「關係雜件」, 1898년 10월 31일 鎭公 제85호의 別紙.

종전과 같이 거주할 수 있도록 조처하라고 명하였다.[60] 그리고 동월 10일에 개최된 사신회의에서 평양개시를 위해 한국정부에 압력을 행사하는 일에 각국의 동의를 얻자, 재차 오키 영사대리에게 한국 지방관의 처치에 강하게 항의하도록 지시하는 동시에,[61] 각 항시의 영사에게도 "당국 정부로부터 퇴거를 명하는 일이 있다면 끝까지 항거할 것"이라는 각국의 합의된 방침에 따르도록 훈령하였다.[62]

그렇다면 히오키 공사는 개시장이 될 평양이라는 공간의 성격 규정과 관련하여 어떠한 구상을 가지고 있던 것일까. 다음은 히오키 공사가 아오키 외무대신 앞으로 보낸 11월 18일 자 기밀문서이다.

기밀 제12호로써 송부하신 취조서(取調書) 내의 동지(同地) 개시에 관한 의견에 대해 각국 사신의 의향을 알아본 바, 거류지 밖 10리 이내 소유권에 관한 각 조약의 규정을 당연히 적용해야 한다면, 성밖 중성(中城)의 하안(河岸, 취조서(取調書) 부속 을도(乙圖) 청선(靑線)을 그은 부분) 혹은 대동문(大同門)의 서남쪽으로 접한 하변(河邊)에 거류지를 구획하더라도 각별히 지장이 없을 것으로 보이지만, 그러나 본관도 말씀하신 의견대로 평양도 경성과 마찬가지로 따로 거류지구역을 설정하지 않는 쪽이 편리할 것이라고 생각합니다.[63]

60　「關係雜件」, 1898년 11월 18일 機密 제49호의 別紙 甲號.
61　「關係雜件」, 1898년 11월 18일 機密 제49호의 別紙 丙號.
62　「關係雜件」, 1898년 11월 18일 機密 제49호의 別紙 戊號.
63　「關係雜件」, 1898년 11월 18일 機密 제49호의 別紙 丁號. 『公使館記錄』 12권, 十. 機密本省往信 (41)平壤在留日人에 대한 한국정부의 퇴거명령발포 건도 같은 문서이지만 발신일이 10월 18일로 되어 있다. 원본 이미지 및 別紙의 내용으로 볼 때 이는 11월 18일의 오기이다.

앞서 한국정부도 평양개시를 반대하는 논의 속에서 한성을 거론한 바 있다. 그런데 평양개시를 시도하는 위의 인용문에서도 한성이 등장하고 있음을 볼 수 있다. 즉 평양개시를 반대하거나 찬성하는 입장에서 모두 한성을 주목한 것이다. 이것이 가능했던 이유는 양자가 처한 상황이 서로 유사했기 때문일 것이다. 평양과 한성 모두 다른 개항장과 달리 해안이 아니라 강안에 위치한 도시들이었고, 관련협약의 체결 이전에 이미 내외국인 사이에 잡거가 이루어지고 있었다. 그러나 전자에 있어서 한성이란 전철을 밟지 말아야 할 반면교사였고, 후자에 있어서는 앞으로 실현해야 할 모델이었다.

2) 개시장 평양의 공간적 성격

오키 영사대리는 평양 출장 후 1898년 10월 26일에 외무대신 오쿠마 시게노부 앞으로 「개시장으로서의 평양」이라는 제목의 보고서를 제출하였다. 이 보고서에서 그는 "신개시장 유일의 요점"으로 조영조약 제4관 제4항에 규정되어 있는 '조계 밖 10리 이내'에 관한 규정의 적용여부를 들었다. 평양성의 중심시가에 이미 일본인들이 점포를 내고 있는 상황에서 개시장구역을 평양성 내외의 외진 곳에 설정하고 그 밖에서의 거주를 금하는 경우에는 지금의 현상을 유지하는 것만 못하게 되지만, 만약 '조계 밖 10리 이내'에 관한 규정을 적용할 수 있다면 개시장구역으로부터 10리 이내에서는 외국인 또한 토지가옥의 매입이 가능해져 개시장을 어디에 설정할 것인가는 그다지 문제가 되지 않는다는 것이다. 그는 구체적으로 개시장구역을 되도록 축소시키고 또 구역 내에 상업상의 요지가 포함되지 않도록 선정할 것을 제의했다. 목포 및 진 남포와 같은 신개항장의 예를 보더라도, 일단 거류구역이 설정되면 외 국인은 구역 내 지구를 경매를 통해 매입하고, 또 매입할 때 고가의 원 가와 막대한 지조를 지불해야 하는데, 이는 일본인의 대부분을 차지하 는 소자본가에게는 큰 부담이기 때문에 '조계 밖 10리 이내'에서 자유 롭게 토지가옥을 매매하도록 하는 것이 오히려 낫다. 그러므로 개시장 구역은 "단순히 1리(= 조선리수로는 10리 – 필자) 내외를 산출하는 기점을 표시"하는 것을 목적으로 해야 한다고 주장했다.[64]

이에 대해 아오키 외무대신은 12월 23일 자 회답을 통해 위 의견에 반대의 뜻을 표하였다. 첫째 평양은 항구가 아니기 때문에 부두나 방 파제 설치 등 한국정부가 부담해야 할 비용이 거의 들지 않아 지가가 그리 높게 책정되지 않을 것이며, 둘째 개시장구역 밖이라 해도 한국 의 지방규칙에 따라야 한다는 이유에서였다. 그리고 평양 전체를 내외 국인이 잡거하는 잡거지로 개방할 수 있다면 더할 나위가 없겠지만, 개시장구역을 설정해야 한다면 다른 지역의 선례에 따라 협소하지 않 도록 주문했다.[65] 계속해서 2월 22일에는 개시장구역 내의 부담이 크 다고 하여 상업상의 요지를 동 구역 밖에 두고 외국인도 구역 밖에서 거주 및 영업을 행하도록 하는 취지라면, 개시장의 개설은 단순히 명 분에 그치고 그 발전 또한 꾀할 수 없을 것이라고 하였다. 따라서 한국 정부의 성명과 같이 평양 내에 개시장구역을 선정한다고 할 때 상업상

64　「撰定一件」, 平壤 分割一, 1898년 10월 26일 機密 제13호.
65　『公使館記錄』 12권, 十一. 機密本省來信 (30)平壤開市에 관한 건의 別紙 乙號.

의 요지를 극히 협소하게 설정하도록 권유하는 것은 타당하지 않다. 다만 한성과 같이 잡거지로 개방할 수 있다면 개시장구역을 따로 선정할 필요도 없을 것이라고 정부의 방침을 강조해 두었다.[66]

한편 비슷한 시기 미국 측은 사안 자체는 다르지만 평양의 공간적 성격과 관련하여 한국정부와 논쟁을 벌이고 있었다. 동년 2월 14일 미국공사 알렌(H. N. Allen, 安連)은 외부대신 박제순에게 평양 및 진남포에 거주하는 미국인들이 자신들의 수요를 위해 기와를 제조하도록 허가해 줄 것을 요청하였다.[67] 이에 대해 박제순은 진남포의 미국인에게는 특별히 자가용 기와의 제조를 허락해 주겠지만, 평양은 아직 개시가 이루어지지 않았기 때문에 가옥 건축 자체를 허락하지 않는다고 답하였다.[68] 평양은 전술한 바와 같이 한국정부에 의해 1898년 5월 성진, 군산, 마산의 개항과 더불어 개시가 선언되었다. 그러나 평양에는 아직 개시장구역도 선정되지 않았고 개시장규칙도 존재하지 않았다. 한국정부는 이를 개시 전이라고 간주했으나 미국공사는 이미 개시된 것으로 취급하려 했다.

위와 같은 인식의 차이를 기반으로 알렌 공사는 2월 22일 박제순 외부대신의 견해에 반박하였다. 알렌은 부산과 원산, 그리고 한성을 예로 들어, 이곳들은 인천이나 목포, 진남포와 같이 각국 조계의 경계를 획정하거나 장정을 체결하지 못했음에도 불구하고 외국인들이 거주하고 있다고 지적했다. 또한 평양에서 미국인이 거주할 수 있는 조약상의 근

---

66   「撰定一件」, 平壤 分割一, 明治32년 2월 22일 機密送 제1호.
67   『구한국』(美案 2), 1906번.
68   『구한국』(美案 2), 1917번.

거로 조영조약 제4관 제4항의 '조계 밖 10리 이내'에 관한 규정을 들었는데, 다만 현재 미국인들의 거주 위치가 평양성 밖이기는 하지만 평양성 내 어디에 조계가 설치되더라도 10리 이내가 될 것이라며 조계가 설정되지 않은 평양에서도 하등 문제될 것이 없다고 주장하였다.[69]

한국정부는 결국 각국 사신에 대해 3월 20일 자로 3항 1시를 5월 1일부터 개항·개시할 것이라고 통지하였다.[70] 그러나 변함없이 한국정부의 입장은 개항·개시장정의 체결까지 3항 1시는 '내지'에 속한다는 것이었으며, 나아가 정형의 차이를 이유로 3항과 1시를 각기 구분하여 취급하고자 했다. 이에 한국정부는 각국 사신에게 3항의 각국 조계장정에 대한 검토를 요청하는 한편,[71] 평양개시와 관련해서는 평양부 내 대동강 연안의 석호정(石湖亭)을 개시장으로 정했다고 통고하였다.[72] 그런데 후자는 청일전쟁 이전의 평양개시론 단계로 회귀하는 것이었던 까닭에, 청일전쟁 이후 이미 평양부의 중심지인 평양성을 대상으로 논의를 진행시켜 온 각국은 크게 반발하였다.[73] 한국정부는 인천부의 제물포가 인천부의 땅인 것과 마찬가지로 석호정 또한 평양부의 땅이라고 주장했다.[74] 그러나 결국에는 각국의 반발에 굴복하여 평양성에 좀

69　『구한국』(美案 2), 1922번.
70　『구한국』(美案 2), 1953번;『구한국』(英案 2), 1542번;『구한국』(日案4四), 5035번;『구한국』(俄案 2), 1347번 등.
71　『구한국』(美案 2), 1995번;『구한국』(英案 2), 1555번;『구한국』(日案 4), 5084번;『구한국』(俄案 2), 1366번 등.
72　『구한국』(美案 2), 1993번;『구한국』(英案 2), 1556번;『구한국』(日案 4), 5079번;『구한국』(俄案 2), 1367번 등.
73　『구한국』(美案 2), 2000번;『구한국』(英案 2), 1568번;『구한국』(日案 4), 5102번;『구한국』(俄案 2), 1390번 등.
74　『구한국』(美案 2), 2004번;『구한국』(英案 2), 1570번;『구한국』(日案 4), 5106번;『구한국』(俄案 2), 1391번 등.

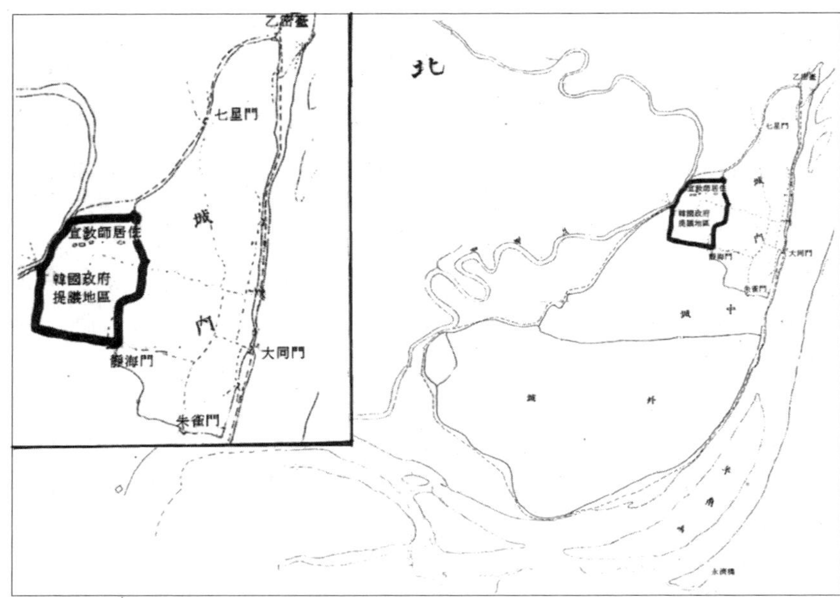

〈그림6〉 한국정부가 제시한 平壤城 내 개시장구역 설정안. 왼쪽 위는 개시장구역 일대를 확대시켜 놓은 것이다. 굵은 선 안이 개시장구역이다(「韓國馬山群山城津開港平壤開市ニ付外國人居留地及領事館敷地選定一件」, 平壤 分割一, 明治32년 8월 20일 機密 제1호의 附屬地圖를 일부 수정).

더 가까운 영제교(永濟橋)를,[75] 이후에는 평양개시의 개념을 수정하면서 까지 평양성의 정해문(靜海門)과 우양관(又陽關) 사이의 길 북쪽 일대를 개시장으로 설정하여 통지하였다(〈그림 6〉 참고). 이때 한국정부는 개항과 개시의 차이를 재차 강조하면서 평양에는 개시장구역 밖에 '조계 밖 10리 이내'에 관한 규정을 적용할 수 없다고 선을 긋는 한편, 개시장구역 내에는 '조계 밖 10리 이내'와 마찬가지로 거주 및 납세 등의 일은 한국의 지방규칙에 따라야 한다고 밝혔다.[76]

75　『구한국』(美案 2), 2023번; 『구한국』(英案 2), 1595번; 『구한국』(日案 4), 5177번; 『구한국』(俄案 2), 1414번 등.

76　『구한국』(美案 2), 2029번; 『구한국』(英案 2), 1606번; 『구한국』(日案 4), 5227번; 『구한국』(俄案 2), 1425번 등.

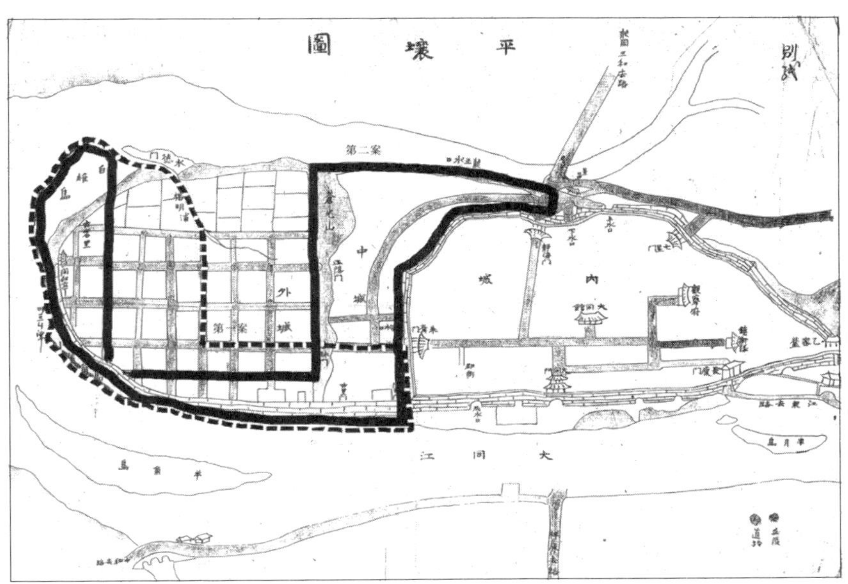

〈그림7〉 각국이 제시한 평양성 내 개시장구역 설정안(「韓國馬山群山城津開港平壤開市ニ付外國人居留地及領事館敷地選定一件」, 平壤 分割二, 1899년 11월 8일 機密 제106호의 附屬地圖를 일부 수정).

그러나 각국은 위의 제안 또한 거부하였다. 그리고 역으로 개시장구역을 평양성의 내성 및 중성 내로 정하여 자유롭게 거주 및 무역을 행할 수 있도록 허락한다면, '조계 밖 10리 이내'에 관한 규정의 적용을 방기하고 한국정부의 조건 대부분을 수용하겠다고 제안하였다.[77] 한국정부와 각국 사이의 의견이 대립하며 더 이상 좁혀지지 않는 상황 속에서, 11월 4일 하야시 일본공사를 비롯한 각국 사신들은 외부에서 박제순 외부대신을 면담하고는 다음의 두 가지 대안을 한국정부에 제시하였다. 첫 번째 안은 평양성 내에서 내성, 중성의 서부, 외성의 정전 일부분을 제외한 지역(〈그림 7〉의 점선 안쪽 부분)을, 두 번째 안은 내성, 외

77　『구한국』(英案 2), 1610번; 『구한국』(日案 4), 5248번; 『구한국』(俄案 2), 1428번 등.

성의 정전 대부분을 제외한 지역(〈그림 7〉의 굵은 선 안쪽 부분)을 개시장구
역으로 삼자는 것이었는데, 어느 쪽이든 해당 구역으로부터 10리 이내
에는 개항장과 마찬가지로 '조계 밖 10리 이내'에 관한 규정을 적용한
다는 조건이 붙어 있었다. 그리고 만약 이 안을 받아들이지 않는다면
평양성 전체를 잡거지로 개방하겠다는 뜻으로 간주하여 그 실행을 선
언할 수밖에 없을 것이라고 경고했는데,[78] 이후 한국정부의 응답이 없
다는 이유로 11월 13일 그를 실행에 옮겼다.[79]

한국정부는 12월 23일에 결국 내성 내 일구역을 개시장으로 선정하
겠다는 뜻을 전하였다.[80] 야마자 엔지로[山座圓次郞] 임시대리공사는 동월
28일의 사신회의 석상에서 각국 사신과 본 건에 관해 협의했는데, 영국
과 미국 등은 일단 본국정부의 훈령을 청한 후 회답하겠다고는 하나 일
본과 달리 이해관계가 적기 때문에 한국정부의 제안을 받아들일 것이라
고 추측하였다. 따라서 그는 1월 8일 박제순 외부대신 앞으로 서한을 보
내 위의 선언은 곧바로 본국정부에 보고되었고 본국정부 또한 이를 유
효한 것으로 인정하고 있기 때문에 재고의 여지가 없다고 못을 박았
다.[81] 이후에도 한국정부는 개시장구역을 설정하려는 시도가 있던 것으
로 보이지만, 야마자 공사는 재차 신조 재평양분관주임외무서기생에게
별도의 훈시가 있기까지는 평양성 전체를 잡거지로 간주하여 만사를 처
리하라고 지시하였다.[82] 평양은 결과적으로 제2의 한성이 되었다.

---

78 「撰定一件」, 平壤 分割二, 1899년 11월 8일 機密 제106호.
79 『구한국』(日案 4), 5420번.
80 『구한국』(日案 4), 5460번.
81 「撰定一件」, 平壤 分割二, 1900년 1월 11일 機密 제1호의 別紙 丙號.
82 「撰定一件」, 平壤 分割二, 1900년 12월 26일 機密 제124호.

5. 맺음말

평양개시론은 1882년에 체결된 조청상민수륙무역장정 제3관에서 평안·황해도 연안에서 청국인의 어채활동을 인정한 후 '어호(漁戶)'가 '잠상(潛商)'으로 변모하여 미통상구안에 무법지대를 형성해 간 상황의 대처방안으로 처음 제기되었다. 조약상의 '내지'는 말 그대로 개항장의 경계 저편에 있는 내륙의 땅으로서 '바다'와 직접 통할 수 없었다. 그러나 미통상구안에서의 밀무역은 '바다'와 '내지'를 매개하는 고리와 같은 역할을 하였고, 그에 따라 '바다'와 '내지'의 경계를 어떻게 설정할 것인가를 고려하지 않을 수 없게 만들었다. 청일전쟁 이전 평양개시를 위한 그 어떤 시도도 모두 실패로 돌아가고 말았다. 이는 대동강 연안의 미통상구안을 개방하는데 실패한 것인 동시에, 그 외의 미통상구안을 단속하는 데에도 실패했음을 의미했다. 그 결과 미통상구안은 '내지'이면서도 외국선박의 왕래가 자유로워진 '내지 속의 바다'와 같은 공간으로 점차 바뀌어 갔다.

이러한 상황에서 이제 문제가 된 것은 '바다'와 '내지' 사이의 경계가 아닌 '내지' 자체였다. 청일전쟁 이후 특히 1898년 말부터 일본 주도로 각국이 제기한 평양개시론은 한국정부의 내지잡거 철폐 정책과 밀접한 연관 속에 전개되었다. 한국정부는 개시 이전의 평양은 '내지'와 다름없다면서 이미 거주하고 있는 외국인들의 퇴거를 요구했다. 각국은 이미 잡거가 진행된 평양의 현상 유지를 위해 '조계'를 설정하고 또 '조계 밖 10리 이내'에 관한 규정을 적용시키고자 하였다. 그러나 어디까지나 최상의 모델은 조계를 설정하지 않은 채 성내 전체가 잡거지로 개방된 한성이었다. 그들은 '조계' 내에서의 의무들조차 부담스러워했던 것이다.

각국 사신의 일방적인 선언을 통해 평양은 제2의 한성이 되었다. 이때 잡거지에 '조계 밖 10리 이내'에 관한 규정을 적용하겠다는 발상은 한성이나 평양뿐만 아니라 한반도의 어느 지역이라도 잡거의 현상만 존재한다면 동 규정을 통해 그를 추인할 수 있게 하였다는 점에서 중요한 의미를 지닌다. 왜냐하면 '내지'는 이미 잡거지화가 진행되고 있었기 때문이다.

필자는 일찍이 별도의 논문을 통해 '조계'를 침략의 거점으로 상정하여 식민지화를 그것의 확장으로 보는 기존 시각에 의문을 제기한 바 있다.[83] 토지가옥증명규칙을 공포하여 외국인의 내지잡거를 공인한 통감부가 결국에는 '조계 밖 10리 이내'에 관한 조항을 '내지'로까지 확대 적용함으로써 조약체제하 공간구조와의 모순을 해결하고자 했음을 고려한다면, 식민지적 법제는 질서 있는 '조계'가 아니라 이미 무법화된 '내지'에 근거하여 만들어지고 있었던 것이 아닌가, 다시 말해서 '내지'의 '조계 밖 10리 이내'화를 통해 이루어지고 있던 게 아니냐는 물음이다. 그렇다면 한국의 식민지화 과정은 '문명'의 전도가 아니라 '야만'의 제도화라고 할 수 있으며, 그 과정에서 마지막 과제로 남아 있던 것은 최후의 문명의 공간인 '조계'의 철폐였다고 생각한다. 평양개시는 이러한 공간 재편의 과정 속에 식민지화의 연쇄적 고리로 자리매김할 수 있을 것이다.

---

83 박준형, 「'잡거'의 역사, 한국화교와 이웃하기」, 『東方學志』 161, 연세대 국학연구원, 2013, 제3장 참고.

'식민자 사회' 만들기[*]

식민지기 흥남의 사택촌과 일본인 노동자 가족

양지혜

1. 머리말

이 사람은 때의 소리에 한마대 하고자 하옵내다. 우리 전주에는 우편국인지 무어인지 엇지 그런지 몰나요. 저금이나 돈을 붓치거나 돈을 찾거나 간에 안이꼬와 못보겟서요. 요번에도 저금을 차지러 갓더니 "오마에가 못

*　이 글은 「'식민자 사회'의 형성―식민지기 하층 출신 일본인 이주자의 도시 경험과 자기규제」(『도시 연구―역사 · 사회 · 문화』 7, 도시사학회, 2012)를 수정한 것이다. 오카모토 다쓰아키[岡本達明] 씨는 이 글의 구상과 서술 과정에서 유익한 조언을 해주었으며, 미나마타 현지 방문을 주선해 주었다. 미나마타 현지에서는 야마시타 요시히로[山下善寬], 이토 기미요[伊藤紀美代], 타니 유위[谷由布] 씨의 도움으로 몇몇 생존자와 인터뷰할 수 있었다. 감사의 말씀을 드린다.

데기다” “이구라” “오마에가 혼진가” 긋따위 말버르장이를 하니 우편국 사
무원들은 세상 형편을 열심으로 살피여 그따위 버르장이를 곳치엇스면.
아이고 분해라. 이런 일노 보와도 일선인(日鮮人) 무엇이라는 그것은 꿈에
도 틀넛지. (아니꼬아 生)[1]

『동아일보』는 1921년 7월부터 ‘때의 소리’라는 코너를 만들어 독자
의 투고를 연재했다. 위의 인용문처럼, 이 코너를 통해 독자들은 일상
에서 일본인을 마주하며 경험한 사적인 차별을 토로했다. 제국의 지식
인과 통치자는 식민지 조선의 통치 정책으로 ‘동화(同化)’를 선전했지만[2]
조선인이 왕왕 경험한 일상은 “네가 일본인이냐” 혹은 “네가 일본인인
줄 아느냐”는 말이 흔연히 오가는 차별의 세계였다. 이 글은 식민지기
흥남(興南)의 사례를 통해 식민지의 일상에서 일본인이 자신들만의 분
리된 세계를 만들어간 과정을 살펴본다.

　흥남은 조선질소비료주식회사(이하, 조선질소)를 중심으로 한 ‘기업도
시’였다.[3] 1927년 조선질소는 함경남도 함흥군 운전면(雲田面) 일대에 공
장 건설을 시작했다. 어업과 농업을 중심으로 했던 마을은 식민지 본국
에서 건너온 대기업의 공장 배후지로 급격하게 변화했다. 2,000여 명을

1　「때의 소리」, 『동아일보』, 1921. 9. 26.
2　호소카와 유우지, 『일본제국주의의 민족동화정책 분석－朝鮮과 滿洲, 臺灣을 中心으
　　로』, J&C, 2002; 권태억, 「1910년대 일제의 조선 동화론과 동화정책」, 『한국문화』
　　Vol. 44, 2008; 권태억, 「1920, 30년대 일제의 동화정책」, 『한국사론』 Vol. 53, 2007.
3　일반적으로 ‘기업도시’란 ‘민간 기업이 주도적으로 개발하는 도시’를 뜻한다. 이 글에
　　서 의미하는 ‘기업도시’는 일본식 기업도시인 ‘기업 죠카마치(企業城下町)’의 의미에
　　더욱 가깝다. 특정한 1개 기업이 중심 기업이 되어 지역의 제반 사회 · 경제를 장악한
　　형태로, 중심 기업이 마치 영주(領主)에 비견될 만큼 지역에 큰 영향력을 발휘했다는
　　의미를 포함한다.

헤아리던 인구는 공장군의 건설이 일단 완료되는 1931년에는 2만 5,000여 명으로 늘어나, 해방 직후인 1944년에는 약 18만 명에 달했다.[4]

타 지역에 비해 흥남은 인구 중 일본인이 차지하는 비율이 높았다. 1937년 구역 확장 이전까지 일본인은 흥남 전체 인구의 35% 이상을 차지했다.[5] 같은 시기(1937년) 조선 전국 인구 중 일본인의 비율은 2.32%에 불과했으며, 수도인 경성의 경우에도 그 비율은 18%에 그쳤다.[6] 흥남의 일본인의 다수는 조선질소 공장에서 근무하는 노동자와 그 가족이었다. 주요 출신지는 조선질소의 모기업인 일본질소의 공장이 위치한 구마모토현[熊本縣] 미나마타[水俣]와 미야자키현[宮崎縣] 노베오카[延岡]였다. 이들의 이주는 흥남이 문자 그대로의 '식민(植民)'을 통해 형성된 도시였음을 보여준다.

기존 연구에서 흥남은 조선질소 기업사(企業史)의 역사적 배경으로 다루어졌을 뿐, 도시 자체의 특성은 그리 주목을 받지 못했다.[7] 흥남의 사회상을 분석한 연구가 있지만, 조선질소와 조선인 노동자의 갈등을 언급하는 데 그쳤다.[8] 기업도시이자 식민도시로서 보다 구체적인 접

---

4   『조선총독부관보』, 1944.11.18(제5338호).

5   흥남의 인구는 1945년 8월 약 20만 명에 가까웠던 것으로 추정된다. 조선총독부에서 공개한 1930년부터 1942년까지 흥남의 인구통계는 본문의 〈표 2〉 흥남 연도별 인구통계에 제시했다.

6   송규진 외, 『통계로 본 한국 근현대사』, 아연출판부, 2004, 91쪽 참고.

7   小林英夫, 「1930年代日本窒素肥料株式會社の朝鮮への進出について」, 山田秀雄 編, 『植民地經濟史の諸問題』, アワ經濟研究所, 1973; 小林英夫, 「1930년대 조선 공업화정책의 전개과정」, 『한국근대경제사연구』, 사계절, 1983; 姜在彦 編, 『朝鮮における日窒コンチエルン』, 不二出版, 1985.10; 堀和生, 『朝鮮工業化の史的分析 日本資本主義と植民地経済, 有斐閣』, 1995; 安秉直, 「日本窒素における朝鮮人労働者階級の成長に関する研究」, 『朝鮮史研究会論文集』第25集, 157~201쪽, 1998.3; 辻原万規彦, 「朝鮮窒素肥料の興南地区社宅街についてー野口研究所所蔵史料を用いて」, 『日本建築学会計画系論文集』(779671), 2012.1, 135~142쪽.

8   곽건홍, 「1930년대 초반 조선질소비료공장 노동자조직운동」, 『역사연구』4호, 1995;

근이 필요하다.

식민지기 도시 공간에 대한 분석은 크게 두 가지 측면에서 이루어져 왔다. ① 공간 편제를 다루는 구조적 접근과 ② 식민자와 피식민자의 대면 관계를 살펴보는 경험적 접근이다. 먼저 구조적 접근은 도시의 공간 편제를 분석해 식민 도시 내 조선인과 일본인의 거주지역 구성을 부감하는 방식으로, 기존 연구의 주된 접근법이었다.[9] 이에 따라 거주 지역의 민족별 분리(分居論)와 학교·병원·상하수도와 같은 시설의 차별적 배치가 강조되었다. 최근 구조적 접근의 논의는 확대되는 추세이다. 특히 김종근은 민족별 분리 거주는 실재하는 공간 편제였기보다는 담론적으로 구성된 역사상이었다고 주장했다. 그는 경성과 인천의 인구 데이터를 분석해볼 때 오히려 민족 간 잡거(雜居)가 우세했다고 분석했다.[10] 이 글에서는 이러한 구조적 접근법을 활용해 흥남의 공간 편제

손정목, 「세계최대 화학공업도시 흥남의 형성·발전과 종말」, 『일제강점기 도시화과정 연구』, 일지사, 1996; 김경일, 『한국 근대 노동사와 노동 운동』, 문학과지성사, 2004; 이상의, 『일제하 조선의 노동정책 연구』, 혜안, 2006; 주 7에 소개한 姜在彦의 책(1985) 제6장 「조선민중과 마찰·저항」도 이러한 관점의 연구 성과라고 볼 수 있다.

9 기술한 바대로 이러한 접근은 식민지 조선의 도시 연구를 대표하는 경향이다. 최근 에는 농촌의 사례에서도 구조적 접근을 따라 농촌 내 일본인과 조선인의 거주지역 분리를 확인한 연구성과도 발표되었다. 도시에 대해서는 이혜은, 「경성부의 민족별 거주지 분리에 관한 연구」, 『지리학』 29, 1984; 손정목, 「일본인의 도심부 점거와 남촌·북촌 현상」, 『일제강점기 도시화과정 연구』, 일지사, 1996; 고석규, 「나주의 근대도시 발달과 공간의 이중성」, 『광주학생독립운동과 나주』, 나주시·전남대 호남문화연구소, 1999; 전우용, 「鍾路와 本町―식민도시 경성의 두 얼굴」, 『역사와 현실』 40, 2001; 김일수, 「일제강점 전후 대구의 도시화과정과 그 성격」, 『역사문제연구』 10, 2003.6; 하시야 히로시[橋谷弘], 김제정 역, 『일본 제국주의, 식민지 도시를 건설하다』, 모티브, 2004 참고. 농촌에 대해서는 MATSUMOTO Takenori and CHUNG Seung-jin, "On the Hosokawa Farm and the History of Daejangchon, a Japanese-Style Village in Colonial Korea; Dilemmas in Rural Development", *Korea Journal*, Vol.49 No.3, Autumn 2009, pp.121~149 참고.

10 김종근, 「식민도시 京城의 이중도시론에 대한 비판적 고찰」, 『서울학연구』 38, 2010;

구조를 확인하고자 한다. 이를 토대로 도시 내 일본인의 집단적 분리의 상징인 일본인만의 타운(지역, 공간), 일본인만의 커뮤니티(집단)의 성격을 보다 명확히 규정하겠다. 이를 통해 '일본인만의 사회(공간, 집단)'란 실재의 공간 편제와 반드시 일치하는 것은 아니지만, 하나의 지향으로서 일본인 개인에게 강한 영향력을 발휘했음을 분석하고자 한다.

다음으로 경험적 접근은 조선인과 일본인의 대면 관계의 맥락을 주목하는 방식이다. 대표적으로 권숙인과 우치다 준의 연구를 들 수 있다.[11] 권숙인은 경성, 평양, 대구, 경주, 마산, 익산 등지에 거주했던 일본인 교사와 교사 자녀, 중소 자영업자, 총독부 중하급 관리, 의사 자녀 등 중산층 일본인이 남긴 회고와 소설을 분석했다.[12] 이를 통해 이들 일본인이 현지와 분리된 세계를 형성하고, 조선인을 인종화된 편견 속에서 바라보았다는 점을 밝혔다. 다만, 그들이 왜 그러한 폐쇄적인 입장을 선택했는가라는 문제는 밝히지 못했다.

우치다 준은 개항 이래 1945년까지 식민지 조선의 일본인의 활동을 정치적 시기 구분을 따라 분류하고, 이들을 '제국의 브로커'라고 일컬었

　　김종근, 「식민도시 인천의 거주지 분리 담론과 실제」, 『인천학연구』 14, 2011.

11　식민지 조선에 거주한 일본인의 생활에 대한 출판물 중 가장 대중적으로 알려진 저작은 다카사키 소지[高崎宗司]의 『식민지 조선의 일본인들』(이규수 역, 역사비평사, 2006(『植民地朝鮮の日本人』, 岩波書店, 2002))이다. 이 책은 식민지기부터 해방 이후까지 조선에 거주했던 일본인이 남긴 자료를 에피소드 형식으로 분류한 것으로 식민지 조선의 일본인에 관한 경험에 대한 상징적인 저작이나 본격적인 연구서로 보기는 어렵다. 이외에 본문에서 분석한 두 편의 논문을 비롯해 최근 역사학, 인류학, 국문학, 일문학 등 다양한 분야에서 식민지 조선의 일본인에 대한 활발한 연구가 진행되고 있다. 그러나 본문에서는 최근까지 발간된 연구 성과 중 가장 다양한 부문의 사례를 분석한 연구 성과라 할 수 있는 위의 두 연구만을 분석하는데 그쳤다.

12　권숙인, 「식민지 조선의 일본인－피식민 조선인과의 만남과 식민의식의 형성」, 『사회와 역사』 제80집, 2008, 109~139쪽.

다.[13] 이를 통해 각 시기별로 조선인과 일본인의 관계가 점차 변화했다는 점을 강조했다. 1920년대부터 1930년대까지는 산업 개발비 요청이나 만주 개발과 같은 이권 일치 때문에 양자가 협력했으나, 1940년대에는 총독부의 내선일체(內鮮一體) 정책으로 인한 조선인의 표면적 권리 신장과 만주 개발, 전시 특수(戰時 特需)에 따른 경제적 성장을 이유로 일본인이 조선인과 반목했다는 견해이다. 의미 있는 지적이지만, 1920년대와 1930년대에 대한 분석은 주로 공식 문헌을, 1940년대에 대한 분석은 직접 수집한 인터뷰 자료 등을 다루어 자료의 편차가 크다. 역으로, 일본인의 입장이 시기별로 급변하기보다는 장기적으로 지속되어 온 것으로 해석할 여지 역시 남아있다. 이 글에서는 감정·욕망 등의 요소를 주목해 식민지기 일본인의 위치를 분석하고자 한다.[14]

이 글은 1990년 일본에서 출간된 『구술록－미나마타민중사(聞書)水俁民衆史』 5권(이하 '『민중사』'로 약칭)이라는 한 권의 구술집을 주요 분석 대상으로 한다. 이 구술집은 오카모토 다쓰아키[岡本達明]와 마쓰자키 지오[松崎次夫]라는 미나마타 칫소((주)チッソ, 일본질소의 후신)에 근무한 두 노동

---

[13] Jun Uchida, *Brokers of Empire : Japanese Settler Colonialism in Korea, 1896~1945*, Harvard University Asia Center, 2011. 이 연구는 2005년 발표된 저자의 박사논문을 수정 출간한 것으로, 이미 국내에도 수록 논문 중 일부가 번역된 바 있다(「총력전 시기 '내선일체' 정책에 대한 재조선 일본인의 협력」, 『근대성의 역설』(헨리 임·곽준혁 편), 후마니타스, 2009).

[14] 이 연구는 개인이 논리를 이용해 세계를 지적으로 '이해'한다는 방식의 접근에 거리를 두고자 한다. 여기에서는 개인이 지적 구조를 형성하거나 이해하기 이전에 세계를 즉각적으로 경험하고 느낀다는 점에 초점을 두고 어떻게 느끼고, 바라고, 행동했는지와 같은 감정, 욕망, 성향의 파악을 중시하고자 한다. 개인의 경험과 감정에 대한 파악을 제안하는 역사 연구 방법에 대해서는 다음의 연구를 참고할 수 있다. Daniel Wickberg, "What Is the History of Sensibilities?", *AMERICAN HISTORICAL REVIEW*, 112 no.3, JUNE 2007, pp.661~684.

자가 1970년부터 1980년까지 직장 동료 가운데 해방 후 흥남에서 귀환한 78명을 대상으로 채록한 인터뷰를 활자로 옮겨놓은 책이다.[15] 이 책은 조선 출신 귀환 일본인에 대한 기록으로는 흔치 않게 '구술'이라는 비문자의 접근을 이용해 중산층 이하 하층민과 그 가족의 목소리를 기록했다. 구술 대상의 수만큼 다양한 내용이 담겨 있지만, 이 글에서는 특히 아래의 4명의 회고를 중심으로 논의를 전개하고자 한다. 간략한 이력은 다음과 같다.

〈표1〉 주요 분석 대상자 이력

이름	성별	출생	출신지	흥남 이주	미나마타에서의 생활
오가타 키쿠노 [緖方キク丿]	여	1902	이즈미[出水] 출생,[16] 미나마타[水俣]로 이사	1935	남편이 미나마타 일용인부, 자신은 농업
오니즈카 지사쿠 [鬼塚次作]	남	1908	미나마타 출생	1932	반농반어(半農半漁)
후쿠야마 헤이이치 [福山兵市]	남	1914	미나마타 출생	1930	학생
미우라 마코토 [三浦誠]	남	1924	미나마타 출생	1939	소작농 겸 건설공사 일용인부의 손자(할머니와 이주)

위 4명은 모두 출생 시기나 흥남으로의 이주 시점은 다르다. 그러나 이주 이전까지 출신지에서 하층민으로 생활했으며, 조선으로 건너오기

---

15   부연하면 『민중사』의 출간은 1960년대 극심한 노사갈등과 1970년대 '미나마타병' 재판으로 인해 칫소의 기업성을 비롯한 미나마타 지역의 문화 전체를 재검토하려는 흐름이 형성된 것과 관계되어 있었다. 다만, 이 글에서는 구술 자체의 내용에 주목했고 1945년 이후 흥남 출신 간부와 노동자의 칫소(주) 재취업 문제와 『민중사』 5권의 발간까지의 과정에 대해서는 다음의 글을 통해 간략히 소개한 바 있다. 양지혜, 「戰後의 얼굴, 식민지의 몸—미나마타의 개발과 식민지 기억」, 한양대 비교역사문화연구소 WCU워크숍 발표문, 2012.
16   이즈미는 가고시마현[鹿児島縣]에 속해 있지만, 지리적으로는 구마모토현 미나마타와 인접해 있다.

이전의 경험과 식민지 체험을 연결해서 이야기한 공통점이 있다.[17] 이 글에서는 먼저 흥남의 도시 구조를 분석한 후, 이들 4명의 구술을 토대로 하층 출신 일본인이 경험한 식민지 도시 경험을 살펴보고자 한다.[18]

2. '식민자 사회'의 말단에서

1) 흥남의 '식민자 사회' −실재와 은유

　흥남은 조선에서도 특수한 환경이었다. 일본인은 전부 사택에 들어가 버리거나 상점가에 살아서 주위 조선인 마을과는 멀리 떨어져 있었다. 조선인과의 접촉은 물건을 팔러 오는 어머니를 통하거나 조선인 시장에 물

17　1945년 이전까지 미나마타는 지주제를 비롯한 반농반어촌의 생활방식이 광범위하게 남아 있었다. 미나마타에는 1907년에 이미 흥남의 조선질소의 모기업인 일본질소의 주 공장이 건설되어 있었지만 상대적으로 흥남에 비해 규모가 작아 주민 다수가 2차 산업보다는 1차 산업에 종사하고 있었기 때문이다(水俣市史編纂委員会 編,『水俣市史』, 水俣市役所, 1966, 549쪽; 水俣市史編委員会 編,『新水俣市史』下卷, 水俣市, 1991, 204∼210쪽).
당시 흥남과 미나마타 두 지역의 형세를 비교하면, 1942년 흥남의 세대수는 30,081세대로 미나마타의 5,935세대에 비해 4배 이상 많았다. 같은 해 인구 역시 흥남은 163,403명이, 미나마타는 29,825명이 집계되었다. 두 도시의 인구차는 133,578명으로 흥남의 인구는 같은 시기 미나마타 인구수의 4배가 넘었다(『조선총독부 통계연보』(1943년판); 水俣市史編纂委員会 編, 水俣市史, 水俣市役所, 1966, 293쪽).
18　『민중사』5권은 구술자의 회고가 생애사적으로 배치되어 있지 않고 주제별로 나누어 배치되어 있다. 같은 날 같은 인물의 회고라 해도 주제별로 나누어 배치되어 있는 것이다. 이 글에서는 위 4명의 구술을 다시 조합하는 방식을 채용했다.

건을 사러가는 정도였다. 일본인은 수도 많았고 일본인만의 사회를 형성하고 있었다. 나는 홍남소학교 교사로 있었지만 아이들 교육에 조선인이라는 걸 의식한 적은 없었다. 일본 본토의 학교에 있는 것과 거의 똑같은 느낌이었다. 일본인 소학교는 홍남, 용성, 서호진 세 곳이 있었다. 조선인 보통학교는 아마 한 곳뿐인 것 같았는데 어디 있는지도 알지 못했다.[19]

구술자 히라오 요시토[平尾義人]는 1940년 일본에서 건너와 홍남소학교에서 교편을 잡았다. 그는 홍남에서의 경험을 일본인만 사는 지역에서 일본인 학교의 일본인 학생을 가르치며 조선인을 의식하지 않은 채 지냈던 것으로 기억했다. 장소(town)이든 집단(community)이든 식민자만의 사회가 있었고, 피식민지인과의 대면 관계가 없었으며, 이로 인해 식민자라는 자기 정체성을 인식하지 못했다는 입장이다. 앞서 설명한 것처럼 이러한 태도는 식민지 조선의 여타 도시에 거주한 일본인의 회고는 물론,[20] 넓게는 아프리카와 동남아시아 식민지에서 거주했던 유럽인의 기록에서도 전형적으로 나타났다.[21] 이러한 기록에 대해 크게 세 가지 질문을 제기할 수 있다. 첫째, '식민자만의 사회'(이하, '식민자 사회'로 통칭)란 실재인가 은유인가. 즉, 공간을 바탕으로 구현되어 있던 것인가, 아니면 믿음이나 희망인가. 둘째, '식민자 사회'라는 실재 혹은 관념을 유지시키는 힘은 무엇인가. 공간에 구현된 구조인가, 아니면 소속원의 의지인가. 셋째, '식민자 사회'의 소속원 모두에게 소속의 권

---

19   『민중사』 5권, 181~182쪽.
20   권숙인, 앞의 글, 114~118쪽.
21   Lorenzo Veracini, *Settler Colonialism*, Palgrave Macmillan, 2010, p.79.

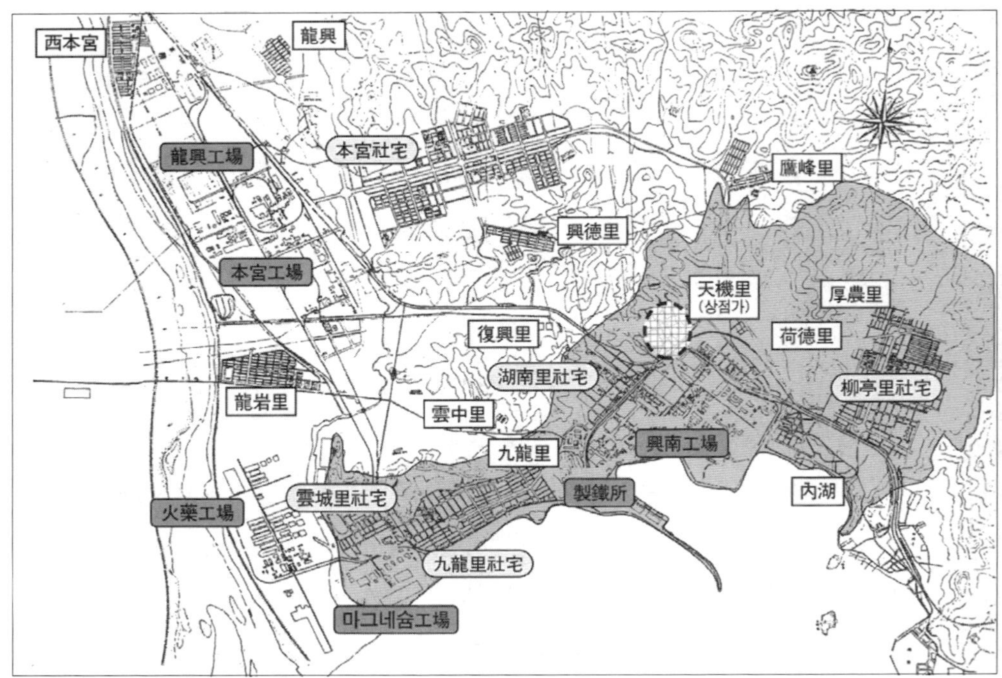

〈그림 1〉 1945년 당시 흥남지역 공장, 일본인 사택, 마을 배치도

가마다 쇼지〔鎌田正二〕가 수록한 〈종전후흥남요도(終戰後興南要圖)〉를 기본으로, 필자가 범례의 내용을 표기해 수정했다 (출전 : 조선총독부, 『흥남읍 시구개정공사계획 개요 및 설명서』, 1932(문서번호: CJA0013886); 鎌田正二, 『北鮮の日本人苦難記－日窒興南工場の最後』, 時事通信社, 1970, 78~79쪽).

리는 안정적으로 주어졌는가, 아니면 소속원 내부에도 권리의 차등이 있었고 소속원 중 불안정한 위치에 처해진 집단이 존재했는가, 라는 질문이다. 여기서는 먼저 흥남의 공간 편제에 대한 분석을 통해 이러한 질문의 답을 구하고자 한다.

〈그림 1〉은 1945년 현재 흥남의 공장과 일본인 사택, 마을의 배치도이다. 1945년 현재 흥남의 총 면적은 130㎢로 1937년 이후 진행된 구

역 확장의 영향으로 1927년 설립 당시 소속 구역(〈그림 1〉의 '1932년 당시 흥남읍' 표시 구역) 북쪽의 산간지역과 서쪽의 넓은 평지를 포함했다. 동서 간 거리 약 20km, 남북 간 거리 약 16km로 지역 내 거리가 멀었을 뿐만 아니라 산이 많은 지형으로 인해 지역민은 도보보다는 전차를 이용해 이동하기 쉬웠다.[22] 지역 중심부에는 흥남의 제1공장인 흥남질소비료공장(興南工場, 1928년 설립)과 제련소(1932년 설립)가, 서쪽과 북쪽에는 마그네슘공장(1934년 설립), 화약공장, 본궁공장(本宮工場, 1936년 설립), 용흥공장(龍興工場, 1941년 설립)이 설립되어 있었다. 거주민의 절대 다수가 일본인이었던 사택촌은 각 공장에 인접해 있었다. 반면 마을의 경우는 운중리(雲中里), 홍덕리(興德里)와 같이 산간 지역에 점점이 흩어져 있고, 평지에 있더라도 내호(內湖)와 서본궁(西本宮)처럼 사택촌과는 지리적으로 분리되어 있다.[23] 사택촌과 마을이 잇닿아 있는 구룡리(九龍里)를 제외한다면 일본인이 거주하는 사택촌과 마을은 공간적으로 서로 분리되어 있었다.

다음의 〈그림 2〉는 1930년대 초반 구룡리의 사택촌과 마을의 배치와 전경을 보여준다. 사택단지는 벽돌 건물로 정연하게 조성된 반면

---

22 시마다 마사루[島田優], 2012.7.24 인터뷰;『흥남시지(興南市誌)』(개정판, 2007)와 조선어 신문인『동아일보』에도 조선인이 통근, 통학을 위해 전차를 이용하면서 생긴 에피소드를 자주 볼 수 있다.

23 마을은 크게 자연촌과 조성촌으로 구분되었다. 자연촌은 1928년 흥남공장 건설 이전부터 있었던 구룡리와 내호를 비롯해, 토목공사와 공장 취업을 위해 모여든 최하층 노동자들이 모여 만든 운중리, 홍덕리와 같은 산간 마을이었다. 조성촌은 전시체제로 인해 노동자 수요가 급증하면서 공장 측이 세우거나 기존의 자연촌을 새롭게 개편한 마을로, 서본궁, 용흥, 용암리가 해당했다. 이들 지역에는 1944년 토막굴이나 광산 노동자를 수용하기 위한 간이 수용시설인 한배[飯場] 수준의 조선인사택이 설립되었고, 지도에서도 그 배치를 확인할 수 있다(손정목,『일제강점기 도시화과정 연구』, 일지사, 1996, 650~651쪽).

〈그림 2〉 1930년대 초반 구룡리 일본인 사택과 자연촌의 배치와 전경
(출전 : (위) 조선총독부, 「흥남읍 시구개정공사계획 개요 및 설명서」, 1932(문서번호: CJA0013886);
(아래) 日本窒素肥料株式會社 編, 「日本窒素肥料事業大觀」, 1937, 225쪽)

마을은 지붕이 지붕을 잇는 꼴로 난립했음을 알 수 있다. 시야를 더 낮추어 보면 상·하수도 시설과 같은 도시의 기반 시설 역시 마을의 미로 같은 골목을 비집고는 갖추어 질 수 없었음을 알 수 있다.[24]

요컨대 흥남에서 사택촌과 마을은 공간 편제상 구조적으로 구분되어 있었다. 그러나 이를 근거로 일본인만의 안정된 공간·사회가 실재했다고 보기에는 아직 충분하지 않다. 사택에는 누가 거주할 수 있는지, 사택에 거주할 수 없는 자는 어디에서 생활했는지, 이들 나머지가 경험한 일상의 공간은 어떠했는가를 더불어 질문할 필요가 있다. 아래에서는 흥남의 일본인 구성을 살펴보며 이를 살펴보고자 한다.

---

[24] 일본인 사택의 우수한 시설과 구룡리 마을을 비롯한 흥남의 여러 마을의 미로같은 골목과 전염병, 악취를 대조하는 경향은 식민지기 노동문학과 『동아일보』를 비롯한 조선어 신문에서도 자주 나타났다(이북명, 「병든 사나이」(『조선문학』, 1934.1)·「공장가」(『중앙』, 1935.4), 안승현 편, 『일제강점기 한국 노동소설 전집』 3, 보고사, 1995, 79·144쪽); 「交通事故頻發」, 『동아일보』, 1931.12.27; 「興南空家激增 주민들이류리」, 『동아일보』, 1933.2.24).

2) 하층 출신 일본인의 위치

오가타 기쿠노[緒方キク기는 규슈 남단 가고시마현[鹿児島縣] 이즈미[出水]
에서 태어났다. 산 속에서 농사를 짓다 결혼해 아이까지 낳았지만, 아
이들 교육 문제로 27살 되던 1929년 인근의 미나마타로 이주했다. 남
편은 일본질소 카바이트 공장 일용직으로 일했고, 오가타는 감자 농사
를 지었다. 이사한지 7년째 되던 1935년 남편의 상사가 '미나마타에 있
으면 직공도 되기 어렵지만 조선에 가면 바로 직공이 되고 충분한 돈
도 벌 수 있다'고 해서 흥남으로 건너왔다. 처음에는 6년 전에 건너온
남편 사촌의 사택에 일곱 식구가 모여 살다 남편이 두 달 만에 직공으
로 취직해 사택에 들어가게 되었다.[25]

오가타의 사례는 흥남의 일본인 인구가 가장 크게 증가한 1935년에
서 1936년경 일본 본토의 하층민 가족이 흥남으로 이주하기까지의 과
정을 보여준다. 흥남 지역에 일본인들이 집단적으로 이주하기 시작한
것은 1927년 조선질소의 공장이 건설되면서 부터였다.[26] 초기 이주자는
일본질소 공장의 간부와 직공 출신의 전근자였다. 이후 이들 초기 전근
자의 인맥을 통해 미나마타와 노베오카 지역민이 흥남으로 이주했다.[27]

---

25 『민중사』 5권, 193쪽.
26 1927년 이전에도 흥남 부근에 거주한 일본인들이 있었다. 이들은 서호진(西湖津) 지
역에서 발동선을 이용한 명태어업과 창고업에 종사했다. 다만, 서호진은 1944년 구
역확장 이전까지는 흥남의 행정 구역이 아니었기에 흥남 구역 내에 존재했던 구세대
일본인에 대해서는 아직까지 명확하게 파악하기 어렵다. 서호진에 대해서는 『흥남시
지』(1988, 56~70·107~108쪽)에 자세하다.
27 이들 외에는 함경도 소재의 군대를 제대한 군인 출신이 많았다. 특히 흥남 인근의 함
흥연대에는 도호쿠[東北] 지방 출신자가 주로 배치를 받았기 때문에 흥남 공장에도
이들 도호쿠 지방 출신자가 다수를 이루었다. 나남에서 군복무를 마치고 일자리를

다수의 이주자들은 일본 본토의 불경기를 피해 흥남으로 이주했다. 1930년 이래 흥남의 인구 통계는 이러한 이주의 추세를 보여준다.

조선총독부에서 흥남의 연도별 인구를 수록한 것은 1930년부터 1942년까지로, 일본인과 조선인, 외국인의 인구 증감을 보여주고 있다. 이때 외국인은 주로 건설업 종사를 위해 계절노동자로 이주한 중국인 일용인부(苦力)였다.[28] 일본인 이주의 특징은 이들 중국인 인구의 증감과 비교하면 뚜렷하게 드러난다.[29] 일본인의 경우 자연 증감을 감안한다고 해도 특히 1931년과 1936년 시점에서 큰 폭의 사회·경제적 인구 증가가 있었다. 반면, 중국인의 경우 1930년과 1935년 크게 유입되었던 인구가 다음해에 들어 대폭 축소하는 경향을 보였다. 조선인의 경우도

구할 생각에 흥남공장에 일용직 인부로 취업한 이소가야 스에지의 사례가 대표적이다(『민중사』 5권, 202쪽). 이소가야에 대한 상세한 소개는 양지혜, 「'식민자 사상범'과 조선―이소가야 스에지 다시 읽기」, 『역사비평』 110, 2015 참고.

28   이 글에서는 중국인 일용인부에 대해서는 구체적으로 언급하지 않고자 한다. 1945년 이전 흥남의 인구 자료를 토대도 봐도 중국인 인구는 계절에 따른 이동성이 강했기에 도시 내 장기적으로 미친 영향력을 추적하기 어렵다. 일본어 신문인 『京城日報』의 경우, 흥남의 중국인에 대해서는 전혀 언급하고 있지 않으며, 조선어 신문인 『동아일보』의 경우 자선모금 참여와 같은 선행이나 범죄 연루와 같은 악행을 단편적으로 보도하고 있을 뿐이다(「野會軍逮捕 일망에四명」, 『동아일보』, 1932.2.6; 「血汗흘린勞賃에서釀出 中國僑民同情」, 『동아일보』, 1934.8.26; 「前後九回나 轉賣된少女」, 『동아일보』, 1935.3.30). 여기에서는 중국인 일용인부의 생활상을 참고할 수 있는 다음의 연구성과를 소개하는 것에 그친다. 松田利彦, 「近代朝鮮における山東出身華僑―植民地期における朝鮮總督府の對華僑政策と朝鮮人の華僑への反應を中心に」, 『東アジアと『半島空間』―山東半島と遼東半島』, 思文閣出版, 2003; 王恩美, 「第四節 一九四五年以前における華僑社會の特徴と'中國人'意識」, 『東アジア現代史のなかの韓國華僑―冷戰體制と'祖國'意識』, 三元社, 2008; 孫承會, 「1931년 植民地朝鮮의 排華暴動과 華僑」, 『中國近現代史硏究』 제41집, 2009; 노태정, 「1920년대 在조선 중국인노동자의 실상」, 성균관대 사학과 석사논문, 2010.

29   조선인의 경우 상대적으로 인구 증가율이 커서 자연 증감과 사회·경제적 증감 사이의 차이를 살피기 어려울 뿐만 아니라, 흥남의 잦은 구역확장(1937년 이후)으로 인해 유입 인구 파악이 더욱 어렵다(조선총독부, 『흥남읍회 회의록』, 1937(문서번호 : CJA0003234)).

〈표2〉 흥남 연도별 인구통계 (단위 : 명)

	1930	1931	1932	1933	1934	1935	1936	1937	1938	1939	1940	1941	1942
일본인	7,364	9,417	9,608	9,760	11,216	13,336	17,043	18,139	20,054	23,308	25,684	28,456	29,214
조선인	15,360	13,585	15,450	14,409	18,263	24,653	26,477	39,297	46,701	68,013	85,458	122,064	133,101
외국인	2,277	497	402	410	496	1,103	776	641	711	732	841	964	1,088
합계	25,001	23,499	25,460	24,579	29,975	39,092	44,296	58,077	67,466	92,053	125,417	151,484	163,403

• 출전 : 『조선총독부 통계연보』(각년판); 음영은 필자가 표기.

1930년과 1935년의 경우는 일본인보다는 중국인과 유사한 인구 증감을 보이고 있었음을 알 수 있다. 즉, 중국인·조선인이 공장 증설이나 도시 내 토목 사업을 목표로 유입되었다가 공사가 끝나면 유출되거나 체류하는 반면, 일본인의 경우는 공장 증설이 완성된 시점을 노려 공장 취업을 위해 이주하고 있었다고 할 수 있다.

이주한 일본인들은 본토에 비해 상대적으로 여유로운 생활을 누릴 수 있었다. '일본인 우선 채용'이라는 식민지의 민족 차별을 바탕으로 상대적으로 채용에 유리했고, 승진 역시 이전에 비해 빨랐다. 흥남에서는 모기업 공장에서의 경력을 인정해 일용인부였던 자는 직공으로, 직공이었던 자는 조장(組長)으로, 조장이었던 자는 계원(係員)으로 채용될 수 있었다.[30] 일단 채용된 이후에는 본급 이외에도 재선수당(在鮮手當), 가족수당, 식사수당, 장시간수당과 같은 여러 항목의 수당을 지급받기도 했다.[31] 다만, 이러한 혜택이 일본인 내부에서도 계층에 따라

---

30   『민중사』 5권(76~80쪽)의 '싼 물가, 많은 수입' 항목 참고.

31   공장은 일본인에 대한 여러 수당 지급 조치를 해방 이전은 물론, 이후까지도 유지하고자 했다. 『민중사』 5권에 수록된 이시무레[石牟禮休左衛門]라는 사원의 일기(240쪽)에는 1945년 8월 16일 조선인 급료를 인상한다는 회보가 발표되었음을 기록하고 있다. 내용에 따르면 일본인의 경우는 변화가 없고, 대신 조선인의 경우만 최소 25%에

차등적으로 주어졌다는 점은 유의할 필요가 있다. 계층별 차이가 가장 분명하게 드러난 곳은 주거 환경이었다.

사택은 흥남의 모든 일본인에게 주어지 않았다. 직공 이상인 기혼자에게만 제공되었다. 구성은 직급별로 차등적이어서 공장장 사택은 모든 부대시설이 완비된 28평 단독 주택이었지만, 일반 평직공 사택은 부대시설이 제한된 4평의 아파트형 구조였다. 또한 같은 단지 내에 있더라도 공장장의 사택과 직공의 사택은 각종 건축물과 가로(街路)로 구분되어 있었다.[32]

〈표3〉 호남리, 구룡리 사택단지 내 구별(區別) 시설 비교

	1구	2구	3구	4구	5구
위치	호남리	호남리	호남리	구룡리	구룡리
직급	사원 (공장장~평사원)	준사원	조장	일반직공	일반직공
방 개수	7개~3개(급별)	3개	2개	2개	2개
크기	28평~9평	9평~6평	6평~4.5평	6평~4평	6평~4평
구조	주택식	주택식	주택식	아파트식	아파트식
부대시설	넓은 취사장	넓은 취사장	좁은 취사장	좁은 취사장	좁은 취사장
실내화장실	남녀별도	남녀별도	남녀공용	남녀공용	남녀공용
목욕탕	실내·개별	실내·개별	옥외·공동	옥외·공동	옥외·공동
정원	있음·나무○	있음·나무○	있음·나무✕	없음	없음

• 출전 : 『민중사』 5권, 津下ヒデ子(흥남공장 사택과 전표 업무) 구술, 171~172쪽; 辻原万規彦, 「朝鮮窒素肥料の興南地区社宅街について―野口研究所所蔵史料を用いて」, 『日本建築学会計画系論文集』, 2012.1, 135~142쪽.

서 최대 50%까지 급여 인상을 실시하기로 결정했음을 알 수 있다.

32 같은 호남리 사택 단지 내에도 직급별로 구(區)가 나뉘어 있어 각 직급별 거주지는 도로와 건물(체육관, 사원클럽)로 구분되었다(辻原万規彦, 「朝鮮窒素肥料の興南地区社宅街について―野口研究所所蔵史料を用いて」, 『日本建築学会計画系論文集』(779671), 2012.1, 138쪽).

사택 단지 내의 이러한 구분은 '일본인'이라는 민족(식민자 / 피식민자) 혹은 인종(일본인 / 조선인 / 중국인)을 기준으로 하층민과 한데 묶인 사원층이 하층 출신의 노동자와 자신을 구별하는 방식이기도 했다. 호남리 1구와 같은 흥남의 사원 사택 거주민들은 도쿄제국대학(東京帝國大學)을 정점으로 하는 학연으로 맺어져 있었다.[33] 5구 사택에 거주하는 일본인 직공이 흥남 사택 단지에서 공장장을 마주칠 가능성은 지극히 낮았다.[34]

일용인부처럼 직급이 낮거나 결혼하지 않은 자들은 사택이 아닌 별도의 주거에서 생활해야 했다. 이들 노동자와 그 가족은 동향 사람의 사택이나 인접 마을에서 하숙을 하거나 노동자 합숙소에서 생활했다.[35]

본토에서 하층의 생활을 하던 농민과 일용직 인부들은 흥남에 건너와 식민자 집단의 말단에 편입되었다. 이들은 일자리를 얻을 수 있었고 전에 비해 더 많은 임금을 받았다. 승진할 경우 일본인 사택에도 거주할 수 있었다. 그러나 한편으로는 공장장·일본인 간부>일본인 직공>일본인 일용직>조선인 직공>조선인 일용직>중국인 일용직으로 구성된 직급별·인종별 차등 구조 역시 존재했다. 하층 출신 일본인은 일본

---

33 1945년 이후 회사 간부의 증언에 따르면 일본질소 그룹은 도쿄제국대학 응용화학부 출신이 정점에 있는 학맥으로 연결될 집단이었다고 한다(NHK取材班, 『NHKスペシャル 戦後50年その時日本は―第3巻 チッソ・水俣工場技術者たちの告白』, 日本放送出版協会, 1995, 35~39쪽).

34 5구 사택에 거주했던 한 부인의 기억은 상징적이다. 부인은 1구부터 3구까지의 사택을 "양반샤타쿠(양반사택, ヤンバン舍宅)"라 불렀지만 그 내부의 시설은 전혀 알지 못했다(니시 미스[西ミス], 현 94세, 2012.7.22 인터뷰).

35 하숙업은 흥남의 조선인과 일본인 모두에게 주요한 생계 수단이었다고 볼 수 있다. 일본인 사택에서는 적게는 2명, 많게는 5~6명까지 하숙생을 두는 가정이 있었다. 사택이 아닌 마을에서는 하숙업이 직업적으로 성행했다. 하숙생들은 경제적인 상황을 비롯한 이유로 마을의 조선인·일본인 주택에 살았다. 일본인을 대상으로 한 하숙업에 대해서는 『민중사』 5권의 小形キク의 구술(179쪽) 외에도 이소가야 스에지[磯谷季次]의 회고(김계일 역, 『우리 청춘의 조선』, 사계절, 1988, 66쪽)를 참고할 수 있다.

인의 말단으로서 일본인과 조선인의 사이에 긴 경계인이었다. 이들 일본인은 마을의 조선인 가옥에 하숙하던 중 조선인과 함께 노동운동에 참여해 불온한 대상이 되거나,[36] 일본인 사택의 불륜과 이혼을 일으키는 가정불화사건의 주범으로 인식되었다.[37] 조선인과 한 마을에 살거나 일본인 사택에서 더부살이하던 이들 하층 출신 일본인들에게 '일본인만의 안정된 공간'이란 실재하지 않았다고 볼 수 있다.

3. '일본인 되기'라는 역설

미우라 마코토(三浦誠)는 14세가 되던 1939년 할머니와 함께 조선으로 이주했다. 초기에는 흥남에 있는 숙모네 사택에서 살았다. 그는 할머니 때문에 부끄러움을 느낀 적이 많았다. 어느 날 구룡리에 있는 영화관에 가던 길이었다. 앞서 가던 부부가 "어이, 봐봐. 조선까지 와서 농민처럼 똥통이나 짊어지고 밭이나 갈고." "요보(ㅋ ㅊ : 조선인을 비하하는 호칭 - 인용자)라고 생각했는데 내지인(內地人)이네"라고 말하는 것을 들었다. 부부가 가리키는 방향을 보니 미우라의 할머니가 밭을 갈고 있었

---

36   이소가야 스에지의 경우가 대표적이다(이소가야 스에지, 위의 책). 이외에도 노동운동 관련 신문기사에서도 종종 일본인이 속해 있었음을 알 수 있다(「朝窒日職工 廿餘名 檢擧」, 『동아일보』, 1931.6.2; 「興南窒素職工 百餘名을 檢擧 警察은 血眼活動繼續 某重大事件綻露?」, 『동아일보』, 1932.5.2).

37   『민중사』 5권, 177~181쪽.

다. 구룡리 사택의 수세식 화장실에서 나온 오물을 길어 거름으로 쓰려고 할머니가 밭을 일군 것이었다.[38] 또 어떤 날은 할머니를 병원에 모시고 갔다가 망신을 당했다. 의사는 할머니를 보자마자 "통역 필요한 할머니 왔다" 하며 간호사를 불렀다. 할머니의 사투리를 알아듣지 못하겠다는 얘기였다. 미우라는 이런 상황들을 거치면서 "흥남은 미나마타에 비하면 큰 물이어서 일본 전국에서 모여든 사람들이 있었다. 시골 출신이나 갓 도시에 나온 티를 내는 시골뜨기들은 바보 취급을 당했다. 미나마타 사투리는 말씨가 사납지 않나. 나는 가능한 표준어를 사용하려고 했다. 나이든 사람들이란 거기까지 와서 사투리를 쓰고……"라고 기억했다.[39]

미우라의 이야기는 일본 본토의 시골 하층에서 생활하던 일본인이 흥남에 오면서 '흥남의 일본인'에게 걸맞은 '일본인다움'의 기준을 만들어간 과정을 보여준다. 그에게는 사투리와 농사일로 상징되는 시골스러운 것, 농촌적인 것은 도태되고 낡은 것일 뿐만 아니라 '조선인다운 것'이고 '일본인답지 못한 것'이었다. 이러한 농촌적인 것에 대한 거부는 하층 출신 여성들 사이에도 중요한 변화를 낳았다. 흥남으로 이주 후 일본인 가족은 남성들(남편, 아들)이 공장 노동자로 취업하면서 상대적으로 생활에 여유가 생겼다. 이러한 상황에서 앞서 살펴본 부부의 대화에 나타난 것처럼 일본인 여성들(어머니 · 부인 · 딸)에게 농사는 어울리지 않는 일이고 천한 일로 인식되기 시작했다. "일본인이면 아무리 이상한 사람이라도 사모님이 되는" 조선은 "사배[娑婆] 극락이다. 여자의 극

---

38   『민중사』 5권, 200쪽.

39   『민중사』 5권, 202쪽.

락"이라는 생각이 자리를 잡았다.[40] 그러나 한편에서는 농사라는 습관
을 내려놓지 못하면서 새로운 '일본인 여성상'에 갈등하는 사람들도 나
타났다. 앞서 살펴본 오가타의 사례를 다시 들어보자.

> 나는 가자마자 일찍부터 3평 반 정도 되는 밭을 빌렸다. 도착한 게 5월 초였
> 으니까 그때부터 호박이랑 야채를 심었다. 2, 3년 정도 지나서는 밭을 더 늘릴
> 수 있었다. (…중략…) 남들은 "오가타 씨는 조선에 와서 까지 뭐 하러 그런 농
> 민이나 하는 일을 하는 거냐"고 자주 말했다. 나는 조선에 놀러온 게 아니라고
> 대답했다. '사택 사모님들'입네 하는 여자들은 긴 기모노를 입고 머리부터 발
> 끝까지 잔뜩 멋을 부리고 돌아다녔다. 얼굴은 새까만 주제에 화장 같은 것도
> 전혀 하지 않으니 나를 보고 물건이나 파는 여자라고 생각했겠지.[41]

인용문에서 오가타는 흥남에 건너온 후에도 일본 본토에서와 다름
없이 농사일을 했고, 그 일로 인해 흥남의 다른 일본인들에게 여러 번
빈축을 산 경험을 이야기했다. 남들에게는 '나는 조선에 놀러온 게 아
니다'라고 이야기했지만 인용문 말미에서 '물건이나 파는 여자로 보았
겠지'라는 말에서도 드러나듯 오가타 스스로도 다른 일본인들의 시선
을 의식할 수밖에 없었다. 대부분의 하층 출신 여성의 경우는 흥남 이
주 후 농민의 생활과는 거리를 멀리했다. "흥남에서는 그럴 필요가 없
었지"[42]라며 농사일과 거리를 두었지만 문제는 남았다. 농사일에 그을

---

40   『민중사』 5권, 74쪽.
41   『민중사』 5권, 195쪽.
42   이시무레 사토시[石牟禮智], 현 79세, 2012.7.24 인터뷰.

〈그림3〉 하층민 출신 여성의 기념사진

사진 맨 왼쪽의 여성은 손 위에 하얀색 손수건을 둘렀다. "농사일을 했어서 손가락 마디가 굵은 게 보이기 흉하다"는게 이유였다. (출전 : 『민중사』 5권, 201쪽)

린 얼굴이나 굵어진 손마디는 부끄러운 흔적으로 남아 있었기 때문이다(〈그림 3〉 참조). 하층 출신 여성들은 화장을 하고 손수건을 둘러 그을린 피부나 손마디를 가리며 흥남의 다른 일본인들의 시선을 의식하고, 한편으로 조선인 여성과는 차이를 두고자 했다.

한편, 하층 출신 남성은 직장 내에서 자신과 유사한 직급의 조선인과 중국인을 어떻게 다룰 것인가를 두고 고민했다. 주로 남성의 공간이었던 공장 내부에서는 일본인과 조선인, 중국인이 일상적으로 대면했다. 공장 내부의 남성들도 공장 바깥의 여성들처럼 '조선인의 일'과 '일본인의 일'을 구분하는 방식으로 경계를 세웠다. 이들 사이에는 "뭐야, 넌 일용직이야? 조선인 같은 일이네"[43]라는 말투가 퍼져 있었고 이런 분위기는 일본인의 말단으로 편입한 하층 출신자를 곤혹스럽게 만들었다. 후쿠야마 헤이이치[福山兵市]의 사례는 하층 출신 일본 남성 노동자가 흥남 공장에 취업하며 경험한 감정 변화를 보여준다.

> 조선에 건너올 때에도 거기에 가면 좀 뻔뻔해 져야지 생각했다. 연공계(鉛工係)에는 조선인 직공이 20명 정도 있었다. 경력이 짧은 일용직에게 직공은 신과 같았다. 절대였다. 그런데도 일본인 일용직에게 조선인 직공은 굽실굽실 댔다. 일본인의 경력은 일본인 직공에게만 해당했다. 도리어 일본인 일용직은 조선인 직공을 '너희들은 요보다, 요보'라며 바보 취급을 했다. '조선인 인부를 써서 일을 시켜라. 업무 내용은 이러이러하다'라는 명령이 오면 일을 시키는 것이 내 직분이었으니까. 그게 내 일의 책임이었던 거다. (…중략…) 나보다 아래가 생겼다고 생각하지 않으면 조선인을 쓸 수 없다. 그리고 조선인을 쓰지 않으면 조선에서 생활할 수 없었다.[44]

17세가 되던 1930년에 흥남으로 건너온 후쿠야마는 공장 최하층의 일용직으로 채용되었다. 그는 취업 후 조선인 직공을 비하해 직급을 역전시키는 것으로 자신의 위치를 세웠다고 기억했다. 타인이 말하는 '조선인 같은 일'을 맡게 된 현실 속에서 조선인에 대한 바보 취급은 자연스러운 감정의 발로라기보다는 이처럼 의식적인 필요에 따라 선택한 일이었다고 할 수 있다. 다른 하층 출신 일본 남성의 구술에서 조선인 노동자의 무지와 부도덕함에 대한 비난이 반복적으로 드러나고 있는 점도 이와 연관되어 있다고 볼 수 있다.

---

43 『민중사』 5권, 83쪽.
44 『민중사』 5권, 163쪽.

“책임감이란 게 없는 자들인 거다.”

“조선인은 의리도 인정도 몰랐다. 은혜도 몰랐다.”

“조선인은 향상심이란 것도 없다.”

“사건은 특히 조선인이 많았다. 조선인은 교활하기 때문이다.”[45]

조선인 노동자에 대한 비난과 비하는 이들 하층의 일본인 남성 노동자의 구술에서 광범위하게 나타났다. 다시 미우라의 이야기로 돌아가 이러한 조선인에 대한 부정적인 정형화와 ‘일본인다움’이라는 자의식의 관계를 정리해볼 필요가 있다.

미나마타 생활은 참담하고, 그냥 참담했다. 걸식하는 것 외에는 살 방법이 없었다. 그런 괴로움에서 도망쳐 나왔다는 기분이 앞섰다. 소나 말이나 먹을 것 같은 음식물, 소나 말이 맛있어 하며 먹을 것 같은 음식에서 해방되었으니까. 게다가 거지같은 옷에서 해방되기도 했고. 6할(割), 4할까지 빼앗기던 소작인의 둘째, 셋째 아들의 슬픔은 이제 질렸고 두 번 다시는 농민 같은 건 안 될 거라는 마음이 있기도 했다. “조선까지 와서 더럽게!” “농민이었다는 걸 기억하고 싶지 않다”는 것은 모두 그런 마음의 반향(反響)이었다. 조선이란 곳은 한 껍질 벗기면 일본 전국에서 생계를 잃은 자가 모여든 곳이었다. (…중략…) 모두 내지에서 비참한 생활을 질릴 만큼 하고 조선으로 건너와서 사치스러운 생활을 했던 것이다. 막 도망쳐 온 빈핍(貧乏)한 생활을 비웃고 싶었던 것이다.[46]

---

45 『민중사』 5권, 119~120 · 140쪽.
46 『민중사』 5권, 203쪽.

미우라의 이야기는 궁핍했던 일본 본토의 생활에 대한 반발을 극단적으로 보여준다. 구걸과 걸식, 소작농의 자식으로 겪었던 가난의 기억은 강하게 남아 식민지에서의 생활에 영향을 미쳤다. 흥남에 건너와 새로운 사회에서 마주한 계급 사다리에 갓 첫발을 내딛은 이들 하층 출신 일본인은 과거 자신의 모습을 조선인에 붙박으면서 사다리의 아래로 더욱 밀어냈다.

흥남으로 이주한 하층 출신 여성과 남성은 조선인이나 중국인과 유사한 자신의 과거, 혹은 조선인이나 중국인과 뚜렷하게 구분되지 않는 현재 자신의 위치에 의식적으로 거리를 두며 '일본인다운 것'을 구하고 그 기준에 부합하고자 노력했다. 이 절에서 살펴본 회고에 나타난 표준어, 화장, 손수건, 폭언은 조선인·중국인과 다른 '일본인다움'이라는 경계 안에 머물기 위한 노력인 동시에, 역설적으로 모호한 위치에서 자기규제를 통해 스스로 보수화해간 모습을 보여준다.

4. 외면과 교제

흥남에서 조선인과 일본인의 마주침은 일상적이었다. 사택을 사이에 두고 대각선으로 엇갈려 있는 조선인 학교와 일본인 학교의 학생들은 등굣길마다 조선인 아이들을 마주쳤다.[47] 성인 노동자 역시 크게 다르지 않았다. 통학이나 통근을 위해 오른 전차에서도,[48] 근무가 끝난 후 몰려간 천기리(天機里) 술집에서도[49] 어디에나 조선인은 있었다. 그러나 대개는 보고도 못 본척하기를 선택했다. 한 구술자는 해방 이후에도 소련 아이들과는 놀았지만 조선 아이들과는 절대 놀지 않았다고 기억했다. 그것은 당시의 "분위기"였다.[50] 그러나 몇몇의 경우는 조선인과 친분 관계를 갖기도 했다. 아래에서는 두 가지 사례를 살펴보고자 한다.

오가타는 밭에서 일하면서 조선인 여성들(원문은 '어머니[オモニ]')과도 낯을 트고 이야기를 나누게 되었다. 오가타는 기억나는 대화 내용을 다음과 같이 구술하고 있다.

〈표4〉 오가타의 조선 여성과의 대화 회고

구술 원문	소리	의미
"オクサン、オデミ"	오쿠상, 오데미	사모님, 어디?
"オデミ、オッチェ(オデミてなあにい)"	오데미, 옷째?	오데미라니 무슨 뜻?
"オクサン、ドコスンデル"	오쿠상, 도코 순데루	사모님, 어디 살아?
"五区ョ。タンシン、オリマッソ(あんたはどこ)"	오쿠요. 당신, 오리맛소	5구요. 당신, 어디서 왔소.
"タンシン、チョッコンチョッコン(すぐそこ)"	당신, 초콤, 초콤	당신 조금 조금(바로 거기)

활자로 옮긴 대화는 일본어와 함경도 방언이 원칙 없이 뒤섞여 있어 명확한 의미를 번역할 수는 없다. 그럼에도 불구하고 대개 불완전하나마 단편적인 단어나 행동을 통해 서로의 의사를 전달하고 있음을 확인할 수 있다. 오가타는 밭에서 자주 만난 조선인 여성의 집이 있는 마을에 가 밥을 먹기도 했고, 역으로 조선인 여성이 도움을 구할 때는 자신

---

47   이시무레 사토시, 앞의 인터뷰.
48   시마다 마사루, 앞의 인터뷰.
49   『민중사』 5권, 153쪽.
50   이시무레 사토시, 앞의 인터뷰.

의 사택으로 부르기도 했다. 그러나 양쪽의 교류가 원만했다고 보기는
어렵다. 이어지는 내용을 보자.

"저기[チョウケ(あそこ)] 사모님은 쌀을 두면 몰래 훔쳐가고, 계란도 훔치
고 해. 여기 사모님은 마음씨가 좋아서[胸チョンゴシだから] 그런 일이 한 번
도 없어"라고 신용을 받았다. 오마니에게 예쁨을 받은 거다. 그래도 말을
하는 것과 신용하는 것은 또 별개이다. 조선인 마음은 알 수가 없었다. 믿
을 수가 없었다. 마음은 터놓지 않았다. 모든 것을 터놓고 보여주거나 듣
거나 말하거나 하면 안 됐다. 마음을 터놓고 얘기한다는 것은 내 얘기를
전부 터놓는다는 얘기고 내 지혜도 전부 터놓는다는 게 아닌가.[51]

오가타는 조선인 여성이 자신을 신뢰했다고 믿었다. 그럼에도 불구
하고 곧바로 조선인은 믿을 수 없는 존재였다고 단정한다. 말과 신용
을 분리하는 것을 볼 때 오가타가 둘 사이의 문제를 불완전한 의사소
통 때문이라고 보는 것은 아니었다는 점을 알 수 있다. 오히려 감정의
변화의 원인은 '조선인은 신용할 수 없다' '내 얘기를 전부 터놓을 수 없
다'는 오가타 자신의 머뭇거림에서 비롯했다. 오가타의 회고는 하층의
조선인과 하층의 일본인 사이의 교류가 양자가 지닌 신뢰나 편견, 혹
은 앞 장에서 살펴본 '일본인다움'에 대비되는 조선인·중국인에 대한
시선의 문제와 관련되어 있었다는 점을 보여준다.

반면 미나마타의 산골 출신으로 1932년 홍남에 건너온 오니즈카 지

사쿠[鬼塚次作]는 조선인 동료와 깊은 친분을 유지했다고 회고했다. 오니즈카는 하역계(荷役係) 직공으로 근무하면서 조선인 동료들과 친분을 맺었다. 그도 처음 2년간은 조선인 동료와 외면하며 어색하게 지냈다. 2년쯤 지난 후 조선인 쪽이 먼저 다가와 친분을 맺기 시작한 이후에는 작업이 끝나면 술을 마시고, 밥을 먹고, 고민을 나누었다. 부부 동반으로 마을과 사택을 오가며 모임을 갖고, 오니즈카가 조선어를 익혀 서툴게 쪽지를 보내기도 했다. 그가 조선인과 상대적으로 긍정적인 관계를 맺었던 이유는 무엇일까. 그는 조선인의 모습을 이렇게 회고했다. "나는 간신히 심상소학교를 나와서 글자도 별로 모르고 셈도 할 줄 몰랐다. 그런 자가 선생으로, 경찰로 근무했던 자들과 함께 일한다니! 내게 조선인은 대단해 보였다."[52]

두 사례는 하층 출신 일본인이 조선인과 가졌던 관계 맺기의 단편을 보여준다. 그러나 오가타의 경우는 "조선인은 얼굴도 마음도 일본인과는 비슷하지가 않다. 닮은 구석이 없다는 이야기다"[53]고 결론을 지으면서 다수의 일본인들이 세웠던 경계 안쪽으로 돌아갔다. 반면, 오니즈카의 경우 "얼마나 가까운 친구가 될 수 있었는지 그건 모른다. 하지만 마음이 이어져 있었다고 생각한다. 그렇지 않으면 종전(해방－인용자) 후에 부르고 하지는 않았을 거다"라고 기억할 만큼 감정적인 유대를 간직했다. 결국 경계 밖의 만남은 통역과 소통의 문제이기보다는 시선과 심리의 문제였다고 할 수 있다. 외면하는 '분위기' 속에서도 간혹 만남은 이루어졌지만 교제 이후에도 '일본인다움'이라는 시선 밖을 택하기보다는

---

52   『민중사』 5권, 146～150쪽.
53   『민중사』 5권, 317쪽.

시선 안으로의 회귀가 자연스러웠다. 대다수의 하층 출신 일본인들은 스스로 세운 홍남의 '일본인다움'이라는 기준에 속하기 위해 평범한 개인에서 '식민지'라는 체제를 지탱하는 견고한 보수층으로 변화했다.

5. 맺음말

이 글은 식민지기 조선의 홍남(興南)에 거주한 하층 출신 일본인들의 구술 분석을 통해 식민지의 일상에서 일본인이 왜 그리고 어떻게 평범한 개인에서 '식민자'로 변화하는지의 과정을 분석했다. 주요 자료는 1990년 출간된 『구술록－미나마타 민중사』 5권에 수록된 구술을 다루었다. 이를 통해 평범한 개인들이 식민지라는 체제를 지탱한 보수층을 형성한 과정을 알아보고자 했다.

홍남은 조선질소가 중심이 된 기업도시였다. 그 인구 중 약 4분의 1은 모기업의 배후지 등에서 이주한 일본인이었다. 이들 다수는 일본 본토에서 건설 일용직이나 소작농으로 종사하던 하층민 출신으로, 이주 후에는 지역 내 일본인 집단의 말단에 속했다. 상류층에게 안정적으로 주어진 일본인용 주거 공간이나 부대시설 이용 권한은 이들에게 상대적으로 제한되었다. 이로 인해 적지 않은 하층 출신 일본인이 이주 후에도 일정 기간을 조선인과 공유하며 생활했다. 일본인용 주거나 부대시설 이용 권한을 얻은 후에도 직장이나 전차, 마을 길목에서 조선인은 언제나 있었다. 이들 하층 출신 일본인들에게 '일본인만의 공간'이란 실재하지 않았다. 오히려 이들의 이주 후의 경험을 살펴보면 '일본인 사회'란 실재하지는 않지만 이들의 생활을 팽팽하게 얽어맨 구심력으로 작용하고 있었다.

이에 따라 '일본인다움'이라는 기준이 생겨났다. 하층 출신 일본인들은 이주 후 농촌에 익숙한 생활 습관이나 외모, 업무 방식을 의식적으로 바꾸려고 노력했다. 표준어를 사용하려고 노력하고, 화장으로 그을린 피부를 가리는 노력은 일본인은 도시민다워야 하고, 이를 통해 조선인과 자신의 영역을 구분하고자 한 것에 해당했다. 한편으로 이들은 직장에서 함께 일한 조선인들을 부도덕하고 나태하다는 이미지로 정형화하며 자신들과 구분하고자 했다. 이러한 의식적 행위들은 노력하면 할수록 이미 일본인인 자신을 더욱 '일본인답게' 행동하도록 규제하는 역설을 낳았다. 또한 조선인과의 대면 관계에서도 의식적으로 조선인을 외면하는 태도를 취했다. 극히 일부가 조선인과 장기적인 관계를 맺기도 했지만 조선인과의 관계 맺기의 과정에서도 '일본인다움'이라는 경계 안으로 돌아가기 쉬웠다. 결국 하층 출신 일본인들은 스스로 세운 홍남의 '일본인다움'이라는 기준에 속하기 위해 평범한 개인에서 '식민지'라는 체제를 지탱하는 견고한 보수층으로 변화했다.

「척소빈통(尺素頻通)」

청말 영파(寧波) 대리 무역상과 천주(泉州), 대만(臺灣) 각 항구 사이의 무역
린위루

1. 머리말

1972년 5월, 방호(方豪)는 『국립 정치대학 학보』 제24호에 「광서 갑오 연간 장륜국 편지에서 보이는 대만(臺灣)의 행교(行郊)」라는 글을 실어[1] 1958년에서 1959년 사이 그가 타이베이 서점에서 구매한 「척소빈통」 이라는 편지 원고를 최초로 공개했다. 이 글에서 방호는 '郊(교)'의 의미 와 종류 및 교의 조직에 대해 자세히 설명하면서 「척소빈통」이 갖고 있는 자료적 가치를 강조했다. 그 후 그는 1972년 3월부터 8월 사이에

---

[1]　方豪, 「光緒甲午等年仕輪局信稿所見之臺灣行郊」, 『政治大學學報』 24, 1972.5, 21~51쪽.

대량의 비석, 지방지, 당안 자료 등을 동원해서 대만 각지의 교의 기원, 조직, 기능 및 몰락의 과정을 연구함으로써[2] 전후 교에 대한 연구의 흐름을 이끌었으며 그 기여한 바가 크다고 평가할 수 있다.[3]

교는 민남(閩南, 복건성 남부) 방언 혹은 조주(潮州) 방언을 쓰는 수출입 상인과 동업 상인들로 구성된 상인 단체에서 유래되었다. 교는 대만에서 처음 나타나 그 후 복건(福建), 조산(潮汕) 등지로 점차 전파되어 19세기에는 그 활동 범위가 남쪽으로는 섬라(暹羅, 지금의 태국―역자 주), 동남아 지역에서 북쪽으로는 동북아시아의 일본에까지 이르렀다.[4] 「척소빈통」은 방호가 1970년대 초 대만의 교에 대해 연구를 시작하면서 자신의 개인 소장품을 점검하는 과정에서 발견한 자료로, 그 결과 부분적이나마 빛을 볼 수 있게 되었던 것이다. 방호는 「척소빈통」을 구하게 된 과정을 대략적으로 설명하고, 「척소빈통」의 형식 및 내용을 설명함과 동시에 30여 편의 발췌한 서신 내용을 간략히 서술하였다. 말미에 방호는 보론의 형식으로 「척소빈통」의 저자 김죽여(金竹如)와 그의 저서가 어떤 과정을 거쳐 대만에 전래되었는지를 논술하였고, 녹항(鹿港)과 영파(寧波) 양지의 무역 연혁에 대해서도 서술하였다.

비록 방호가 「척소빈통」에 대해 기본적인 내부 고증과 해독을 마쳤지만, 그의 목적이 「척소빈통」을 통해 교의 존재를 드러내는 것이었기 때문에 교에 대한 상관 기록에만 주목하여 편지의 일부만을 발췌하였을 뿐

---

2   方豪, 『六十至六十四自選待定稿』, 臺北 : 저자 발행, 1974.4.
3   林玉茹, 『淸代竹塹地區的在地商人及其活動』, 臺北 : 聯經, 2000, 17~22쪽.
4   Lin Yuju, "Trade, Local Affair and the Formation of Jiao in the 18th Century", Madeline Zelinand LinYuju eds., *Merchant Communities in Asia, 1600~1980*, AshgatePubCo, 2014.

전체 원고는 간행하지 않았다. 따라서 이러한 발췌 과정에 탈맥락화하는 현상이 발생했고, 편지 내용도 온전히 드러나지 않았으며, 결과적으로 해당 편지 원고가 많은 사람들의 주목과 이용을 받지 못하게 만들었다.

2011년에 필자는 운이 좋게도 정치대학 도서관에서 「척소빈통」이라는 편지 원고를 발견하게 되었는데, 수신자와 발신자에 따라 편지 원고를 재정리한 결과 총 74건의 문서가 들어있음을 확인하였다. 방호가 선별한 「교함삼십건(郊函三十件)」에는 29건의 편지가 들어 있는데,[5] 매 건의 편지 원고가 분량이 상당함에도 불구하고 방호는 3건만 원문 수록했을 뿐,[6] 나머지는 원문의 10분의 1 정도씩만 수록하였고 어떤 편지는 두세 줄만 수록했다. 하지만 이렇게 생략된 부분에 오히려 영파를 중심으로 한 남북 무역에 관한 중요 사료가 들어 있다고 할 수 있으며, 방호가 발굴한 「척소빈통」의 교와 관련된 기록도 소홀한 부분이 없지 않다.[7] 게다가 1970년대에는 교는 물론이고 상업무역 방식도 제대로 이해하지 못했기 때문에, 방호가 진행한 편지 원고의 정리와 해독 작업에 있어 적지 않은 수정이 필요한 상황이다. 예를 들어 방호는 소주마(蘇州碼)로 표기된 적지 않은 날짜와 상품 금액을 잘못 해독하였고, 그가 해석한 일부 표점과 문구도 조정을 요할 뿐만 아니라,[8] 그는

---

5 실제로 29건의 편지만 들어있는데 방호는 세 번째 편지를 교함(郊函)의 제2, 3절에 나누어 실었다.

6 제26~28건의 편지는 모두 녹항(鹿港)의 선두항(船頭港)들이 빚을 독촉하는 편지들인데, 방호는 대만의 대외무역과 교행(郊行)의 실제 모습에 대한 독자들의 이해를 돕기 위해 생략하지 않고 원문을 그대로 실었다. 方豪, 「光緒甲午等年仗輪局信稿所見之臺灣行郊」, 『政治大學學報』 24, 1972.5, 46쪽.

7 예를 들어 제10건의 편지가 교함의 8절에 수록되었지만 방호는 "초기 목화 가격은 19.6원이었는데 각 교행은 가격이 너무 높다고 여겼다"는 부분을 생략하고 수록하지 않았다.

부분적으로 내용도 잘못 이해하였다.[9]

한 마디로 1970년대에 방호가 발표한 논문은 교를 중심으로 하는 「척소빈통」의 편지 원고를 부분적으로 발췌한 것으로, 당시 여러 가지 조건의 제한을 받았기 때문에 이 편지 원고들에 대해 재차 소개할 필요가 있다고 생각된다. 아래에는 「척소빈통」의 자료적 특색과 중요성에 대해 자세히 설명하도록 하겠다.

2. 천주, 대만의 위탁 무역 경영을 주로 하는 영파 무역 대리상

「척소빈통」은 주로 청나라 말기 영파, 담수(淡水)에 있던 천주 지역 상인들이 장륜국(仗輪局)을 통해 주고 받은 편지 원고들이다.[10] 하지만 「척소빈통」에 실린 모든 편지들의 내력과 수신자, 발신자의 관계를 일일이 고증해 낸다는 것은 매우 어렵고 힘든 일이다. 또한 「척소빈통」

---

8   예를 들어 교함의 7절에 수록된 제18건의 편지의 경우 1월 21일이라고 해야 하지 9월 13일이 아니며, 교함의 13절에 수록된 제17건의 편지의 경우에도 10월 26일이라고 해야 하지 1월 26일이 아니다.

9   예를 들어 교함의 28절에 수록된 제31건의 편지의 경우 김죽여는 담수로 가려 했지 녹항으로 가려 한 것이 아니다. 그리고 해당 편지들은 대부분 영파에서 천주로 보낸 것이지 녹항으로 보낸 것이 아니다. 자세한 내용은 林玉茹 편,『尺素頻通－晚淸寧波與泉州, 臺灣之間的貿易文書』(臺北 : 政大出版社, 2013, 이하『尺素頻通』)의 附錄一 解讀索引表, 291쪽을 참고하기 바람.

10   장륜국은 일명 장국(仗局) 혹은 윤국(輪局)이라고도 하는데 방호는 고증을 통해 그것이 '윤선신국(輪船信局; 증기선우체국－역자 주)'임을 밝혀냈다. 方豪,「光緖甲午等年仗輪局信稿所見之臺灣行郊」,『政治大學學報』24, 1972.5, 28~30쪽을 참고하기 바람.

에 실린 편지들이 원본이 아닌 베껴 쓴 필사본이기 때문에 필사자 역시 수신자, 발신자 및 날짜를 명확하게 밝히지 않았을 뿐만 아니라 일부 편지들에서는 인명과 상호명 내지는 화물명을 생략하기도 했다. 게다가 해당 편지들이 새로 정리되면서 전후 관계가 헝클어졌고 일부는 타인을 도와 대필한 편지들도 들어 있어 해독의 어려움을 배가시킨다. 이와 같이 어려운 상황 속에서 필자는 고증을 통해 가능한 한 편지들의 원래 모습과 상호 관계를 정리해 보고자 시도했으나 정확 여부에 대해서는 전문가들의 질정을 바란다.

이 편지 원고들은 과연 누가 쓴 것일까? 필적을 살펴보면 「척소빈통」의 48번부터 53번째 편지는 다른 사람이 필사한 것 같고 나머지는 모두 한 사람이 필사한 것으로 보인다. 61번째 편지를 놓고 보면 해당 편지의 필사자는 김죽여라고 여겨진다. 김죽여는 천주 사람으로 1874년경에 태어나 10여 세 때 영파에 가서 외삼촌에게서 장사를 배웠다.[11] 그사이 김죽여는 일시적으로 천주에 돌아가 혼례를 마쳤는데 부인이 친정에서의 생활을 너무 그리워 해 혼인 생활은 그다지 원만한 편이 못 되었던 것 같다. 김죽여의 가족으로는 이미 출가한 누나 한 명과 1895년경에 사망한 모친 및 아편에 중독된 부친이 있었고, 그밖에 노름을 좋아하고 글공부는 싫어하며 별다른 직업이 없었던 동생 김송(金送), 그리고 함께 거주하던 첨백(添伯)이라는 '외성(外姓)'이 있었다. 생각건대 김송은 1895년 이전에 이미 영파에 가서 외삼촌에게서 장사를 배웠던 것 같다.[12]

---

11   林玉茹 편, 『尺素頻通』, 제55・61건, 233~236・249~252쪽.
12   林玉茹 편, 『尺素頻通』, 제54~57・64・66건, 231~242・257~258・261~262쪽.

1895년 봄 김죽여의 외삼촌은 모친의 병환으로 인해 천주로 돌아왔고 영파의 장사는 상행 점원과 질손 김죽여에게 맡겼으나, 김죽여가 "나이가 어리고 식견이 짧았을 뿐만 아니라 일처리를 제대로 하지 못해" 점원들과 늘 모순이 발생했고 서로가 조화를 이루지 못해 상행의 신용도를 추락시켰다. 따라서 1895년 음력 9월,[13] 김죽여의 외삼촌이 영파에 돌아간 후 할 수 없이 "전체적으로 장사를 정리할 수밖에 없었다."[14] 김죽여도 이미 상점 점원들과의 불편한 관계로 인해 "만약 이듬해 다른 곳에 괜찮은 일자리가 있으면 자리를 옮겨 보려던 차였기 때문에" 1896년 봄 영파의 일자리를 그만 두고 천주로 돌아갔다. 김죽여가 외삼촌에게 보낸 편지에 따르면 "조카(김죽여-역자 주)의 자질이 아둔하여 외삼촌의 기대에 미치지 못한 까닭에 이에 너무 송구스러워 고향(천주(泉州)-역자 주)에 돌아왔고 곧 하문(厦門)으로 가볼까 하나이다."[15]

영파에서 근 10년을 보낸 후 김죽여는 1896년 봄 조카 김연매(金聯梅)와 같이 하문 남두(南頭)로 가서 잡화점과 면점(麵店)에서 20여 일 동안 쌀장사를 했으나 몸이 편치 않아 포기하고 다시 천주로 돌아왔다. 1896년 10월 김죽여는 상해(上海)에 일자리가 있다는 소문을 듣고 고향 친구에게서 노잣돈을 받아 상해 팔선교(八仙橋)에 있는 정씨 성의 고향 친구가 차린 가게 복신창호(福申昌號)에 가서 일했다. 당시 그가 상해에서 받은 임금은 겨우 3, 4원에 불과했다. 이에 그는 1897년 설날을 전후해서 상해에서 장사하는 부인(傅仁)이라는 사람에게 북두(北頭)에 새

---

13   해당 편지들의 날짜가 완전하지 않아 정확히 기원력(紀元曆)으로 환산하기 어렵기 때문에 본고에서 언급한 날짜들은 모두 음력이다.

14   林玉茹 편, 『尺素頻通』, 제15・66건, 107~110・261~262쪽.

15   林玉茹 편, 『尺素頻通』, 제64건, 257~258쪽.

로 생긴 양행에서 일할 수 있게 힘써 달라고 부탁했다.[16] 같은 해 천주 장춘경(長春境) 태생으로 상해에서 상점을 하던 임서호(林西湖)가 담수에서 상해로 귀환했다. 그때 마침 임서호의 동생이 담수에서 장동흥륭호(張東興隆號)라는 가게를 차리며 집사(掌櫃)를 찾고 있던 차라, 임서호는 김죽여에게 상해에 있기보다는 담수에 가서 자신의 동생 가게에서 일하라고 권유했다. 이에 김죽여는 임서호의 조언에 따라 담수에 가기로 결정하고 진해(鎮海)에서 담수로 가는 직항선을 이용하기 위해 임서호에게 부탁해 상해 일본영사관에 가서 본인의 여권을 대리 신청하도록 하였다.[17] 그러나 담수로 간 후의 김죽여의 행적을 살펴보면 그는 줄곧 임서호의 동생 가게에서 일한 것이 아니라 나중에는 스스로 창업을 했던 것 같은데, 그는 한두 지기의 도움을 받아 수천 금을 창업 자본으로 삼아 구팔행(九八行)의 선상(船商) 장사를 시작했다. 그밖에 김죽여는 담수에서 다른 상호를 도와 대필하는 일도 했다. 1904년 전후 그는 친구에게 연통하여 담수의 어느 선호(船戶)에게 삼목(杉木), 잡화를 운반해 달라고 부탁하기도 했다.[18] 그러나 담수에서의 김죽여의 일도 그다지 순조롭지는 못 했다고 보인다. 그 자신의 표현을 빌리자면 "여러 해 동안 자리를 지켰으나 별다른 진척이 없었다"[19]고 하였다.

이상은 「척소빈통」의 필사자인 김죽여의 대략적인 인생 경력이다. 그렇다면 「척소빈통」은 어떻게, 왜 만들어졌을까? 해당 편지 원고에서는 이에 대한 아무런 설명도 없다. 그러나 편지 속의 내용을 비교 분석

---

16 林玉茹 편, 『尺素頻通』, 제58·59·64·73건, 243~246·257~258·277~278쪽.
17 林玉茹 편, 『尺素頻通』, 제29~30·60~61건, 171~174·247~252쪽.
18 林玉茹 편, 『尺素頻通』, 제34건, 183~184쪽.
19 林玉茹 편, 『尺素頻通』, 제40건, 197~198쪽.

해 보면 희미한 흔적이나마 발견할 수 있다. 우선 「척소빈통」의 겉표지와 2건의 표제에는 "光緒二十年甲午元月仗輪局"이라는 글자와 "光緒二十年甲午元月十四日仗輪局信稿"라는 글자가 선명하게 찍혀 있다. 그러나 첫 번째 편지인 연하장에는 "大淸光緒丙申新正恭賀新禧"라는 글이 적혀 있다. 한편 편지들 중 가장 늦게 작성된 것은 53번째 편지로 을사년(乙巳年, 1905) 1월 23일이라는 날짜가 적혀 있다. 해당 편지에는 당시 일본 식민지하의 대만 선박 무역의 모습이 자세히 드러나 있다. 이를 볼 때 필사자인 김죽여는 음력 1896년 전후 영파를 떠나기 전에 편지를 베껴 쓰기 시작했을 가능성이 크다. 그는 당시로부터 3년 전인 1894년 1월부터의 편지를 다시 필사했던 것이다. 나중에 김죽여는 대북(臺北)에 정착하였고 이로 인해 방호는 대북의 고서점에서 김죽여가 필사한 편지들을 찾을 수 있었던 것이다. 다음으로 두 번째부터 스물여덟 번째 편지는 전부 영파에서 주로 장사하던 상인들이 주고받은 편지인데, 그중에서 15번째 편지에 발신인이 1895년 봄에 천주로 돌아왔다가 모친상을 당했고, 그사이 영파의 장사는 질손과 상점 점원에게 맡겼다는 기록으로 미루어 보아,[20] 해당 편지의 발신인은 영파에서 장사하던 김죽여의 외삼촌이었을 가능성이 크다.

이를 통해 필자가 추측하건대 「척소빈통」의 필사 과정은 적어도 세 개 단계로 나뉘어 진행되었다. 첫 번째 단계는 1896년 김죽여가 이미 영파를 떠날 결심을 내리고 1894년 1월 14일 이후 영파의 외삼촌 가게에서 필사해 놓았던 편지 원고를 다시 옮겨 적음으로써 추후 독립 경

---

20   林玉茹 편, 『尺素頻通』, 제11~12 · 15건, 81~94 · 107~110쪽.

영 시 참고자료로 삼으려 했던 것으로 보인다. 따라서 「척소빈통」의 첫 번째부터 다섯 번째 편지까지의 글씨는 매우 정연하고 또 실제 사용을 목적으로 옮겨 적은 것이기에 '토장(討帳, 외상값 받아내기—역자 주)', '천래탁(泉來託, 천주에서 온 부탁—역자 주)' 등 메모도 발견된다.[21] 그러나 김죽여가 해당 편지들을 다시 옮겨 적은 것이기 때문에 뒤로 가면 갈수록 글씨가 난삽해질 뿐만 아니라, 상업 무역적 목적에서 필사한 것이기에 부분적인 인명, 선명, 화물명은 생략하기도 했다. 두 번째 단계는 1897년에 김죽여가 담수로 온 이후 편지를 옮겨 적거나 다른 상점을 도와 편지를 대필한 것이며, 1904년을 전후해서는 옛 벗에게 안부를 묻는 편지를 쓰기도 했다. 한편 김죽여가 담수에서 구팔행 무역을 경영할 때 금전적으로 도운 사람이 있었기 때문에 그는 해마다 연하장을 보내 고마움을 표했다. 아마도 중복을 피하기 위한 것이라고 보이는데, 12개 연하장 원고에는 가끔 "칠행용(七行用)" 혹은 "팔행용(八行用)" 내지는 답신하기 위한 "복하년신(覆賀年信)" 등의 메모가 적혀 있다.[22] 이밖에도 김죽여는 무역 경영 시 주의하기 위해 다른 사람에게 부탁해 「도주공리재요도(陶朱公理財要圖)」, 「십이회게(十二悔偈)」, 「조모군축문(弔某君軸文)」 등의 자료들을 베끼기도 했다. 「척소빈통」의 53번째 편지에는 1905년 고순마루(恒春丸)로 운반한 화물에 관한 내용이 들어있다. 그 뒤의 편지들은 1897년 이전 김죽여가 영파 및 상해에 있을 당시 가족들이나 친지들에게 보낸 편지들이다. 이는 다시 말해서 마지막의 일부 편지 원고들은 1905년 이후에 필사된 것이라고 볼 수 있다. 이런 의미

21　林玉茹 편, 『尺素頻通』, 제5・7건, 55~56・59~64쪽.
22　林玉茹 편, 『尺素頻通』, 제38・41건, 193~194・199~200쪽.

에서 「척소빈통」은 과거 김죽여가 영파에 있을 당시 주고받았던 편지
들의 합집이라고도 할 수 있다. 종합해 보면, 「척소빈통」을 필사한 첫
번째 단계, 즉 김죽여가 담수로 가기 전의 편지들은 주로 상업적 내용
이 많고 시간적으로 연속적이며 내용에 있어서도 비교적 일치하는 등
실용적 가치가 두드러진다고 볼 수 있다. 그러나 두 번째 단계인 김죽
여가 담수로 간 이후에는 상대적으로 편지들의 기념적인 의미가 크다
고 볼 수 있다. 따라서 인명이나 선명, 상호명들은 그대로 보존되어 점
차 개인의 서신 모음이 되었다고 볼 수 있다. 편지 겉봉의 한가운데에
예서체로 "寶□山樵"라는 글씨가 적혀 있다.

이상의 몇몇 편지 원고를 통해 복원해 낸 김죽여의 경력 및 발신자
중에 김죽여의 외삼촌이 포함되었을 것이라는 추정은 그것의 정확성
여부를 떠나 적어도 편지의 필사자는 천주와 영파 사이에서 이른바
"사탕을 싣고 갔다가 목화를 싣고 오는[糖去棉花返]", 남북 지역의 특산물
무역을 중개한 대리상이었다는 것을 말해 준다.[23] 이는 「척소빈통」의
수신지와 발신지를 통해 확인된다. 자세히 분석해 본 결과, 51통의 발
신지를 확인할 수 있는 편지 원고 중에서 39건(77%)에 달하는 편지가
영파에서 발송되었고, 나머지 편지들은 각각 상해에서 5통, 담수에서
4통, 진해에서 2통, 그리고 하문에서 1통이 발송되었다. 수신지를 확
인할 수 있는 편지 52통 중 36통(69%)이 천주로 발송되었고 상해로 5통,
대만으로 5통(그 가운데 2통은 녹항(鹿港)으로), 하문으로 2통, 영파, 진해 및
복주로 각각 1통이 발송되었다. 이로 볼 때 이상의 편지들은 주로 영파

---

23 「近代泉州南北批發商史略」, 『泉州文史資料』 14집 · 「泉州九八行槪述」, 『泉州鯉城文史資
     料』 3집, 泉州文史資料全文數據庫에서 2013년 7월 5일 검색.

와 천주 사이에서 오고 간 편지들이지 방호가 언급한 것처럼 영파와 녹항 사이에서 오고 간 편지들이 아니다.[24]

이들 편지에서 활동 양상을 보인 사람들은 주로 영파, 상해, 천주 및 대만을 왕래하며 무역활동을 벌인 해상들이다. 그들은 대개 대만 혹은 천주로부터 영파에 이르기까지 남북 물산 사업을 경영하였다. 발신자는 아마 영파에 구팔행을 열어 천주와 대만에서 주로 생산되는 설탕, 복원(福員, 용안(龍眼)) 등의 남방 물산을 가지로 북방의 우장(牛莊), 교주(膠州)에서 운반해 온 두병(豆餅), 생기름 및 화중(華中) 지역에서 운반해 온 목화, 쌀 등 북방 물산을 교환하는 장사를 했을 것이다. 때문에 편지들을 살펴보면 늘 영파에서의 설탕 시장을 주요한 화제 거리로 삼았음을 알 수 있고, 그밖에도 여러 가지 남북방 물산의 가격 시세 변동을 언급하고 있음을 알 수 있다. 또한 편지 내용 중에 남북방 물산의 가격을 비교한 부분도 매우 흥미로운데, 그에 따르면 "북방 물산의 가격은 하나도 빠짐없이 앙등하였고 남방 물산의 가격은 죄다 하락하였다"[25]고 하면서 신세 한탄을 했다.

이들 영파에서 장사를 했던 해상들은 늘 '郊', '通郊', '我郊', '郊中', '郊友', '郊運不振' 등의 표현을 사용했는데,[26] 그들은 거의 모두 천주부 출신이라는 공통점을 배경으로 지연, 혈연 관계로 서로 얽혀 있었다. 천주에서는 그런 그들을 가리켜 '영파교(寧波郊)'라고 불렀다.[27] 영파교는

24　方豪, 「光緖甲午等年仕輪局信稿所見之臺灣行郊」, 『政治大學學報』 24, 1972.5, 24쪽.
25　林玉茹 편, 『尺素頻通』, 제13건, 95~100쪽.
26　林玉茹 편, 『尺素頻通』, 제3·4·11·13건, 43~54·81~86·95~100쪽.
27　제3건의 편지에는 "영교(寧郊)의 무역이 쇠락한지 여러 해가 되었다"고 기록되어 있다. 林玉茹 편, 『尺素頻通』, 제3건, 43쪽.

천주와 영파를 오가며 장사를 했던 상인들로 구성된 집단을 가리킨다.[28] 그들은 늘 천주에 본점을 두고 영파에 대리점을 두었는데, 수습생의 선발로부터 대리상의 위임을 받기까지 반드시 친척이나 친구의 소개 내지는 추천을 받아야 고용 관계를 맺거나 상호간에 위탁 대리의 합작관계를 성립시킬 수 있었다. 자세히 살펴보면, 천주 상인들의 가게 경영은 대부분 친척들의 도움을 받았다. 수습생 단계부터 시작하는 경우가 많았는데 김죽여 및 그의 동생인 김송의 경우 바로 그들의 외삼촌의 가게에서 장사를 배웠다. 뿐만 아니라 김죽여의 외사촌 동생인 김자희(金子僖)가 상해에서 가서 일자리를 구할 때 김죽여의 도움을 받았는가 하면, 김죽여가 나중에 담수로 가서 새로운 일자리를 찾을 때도 동향(同鄕)인 임서호(林西湖)의 소개를 받았던 것이다.

김죽여의 외삼촌은 천주 출신으로 영파에 천주상행(泉州商行)을 차려 남북방 물품의 대리 무역사업을 진행하였다. 「척소빈통」의 편지들 중에서 3통의 편지는 천주에 있는 가게 주인이 김죽여의 외삼촌에게 '격려'의 의미를 담아서 보낸 연하장들이다.[29] 김죽여의 외삼촌이 일하던 가게 주인은 천주에 있던 신죽기(新竹記)로, 그는 늦어도 1880년대부터 천발호(泉發號)와 첩발호(捷發號) 두 척의 범선을 가진 선두행(船頭行)을 운영하였고 천주에서 따로 승발상행(承發商行)을 소유하였다.[30] 신죽기는

---

28 李政, 「解放前寧波市商業槪況」, 『寧波文史資料』 2집, 절강 : 中國人民政治協商會議寧波市委員會文史資料硏究委員會, 1984, 41~42쪽.

29 林玉茹 편, 『尺素頻通』, 제2·22~23건, 33~42·143~152쪽.

30 제7건에 따르면 "천주에서 여전히 승발을 통해 지급하기 바란다"고 적혀 있다. 따라서 천주의 승발호 역시 김죽여의 외삼촌이 경영하는 가게 주인이 소유한 상행이라는 것을 알 수 있다. 林玉茹 편, 『尺素頻通』, 제7건, 59쪽.

천발호를 이용해 설탕과 복원을 영파로 운송하여 판매하는 이른바 '소
북(小北)' 무역을 경영했지만 이미 여러 해 동안 영교(寧郊)의 무역세가
하향세였기 때문에 1892년부터는 천발호를 이용해 천주와 대만 사이
의 무역 사업을 진행했고, 1894년부터는 영파 이북 지역을 타깃으로
하는 이른바 '대북' 무역까지 시도하였다.[31] 첩발호는 비교적 작은 선
박으로 천주와 진강(晉江) 사이에서 화물을 운반하던 배였다.[32] 이처럼
그들은 자신의 선박을 이용하여 화물을 운반하는 외에도 간혹 다른 상
행의 배를 이용하여 화물을 운송하기도 했다.[33] 1894년 1월 신죽기의
주인이 편지를 보내 "장사를 시작한 후 10여 년간 여러 차례 좌절을 맛
보았고 설탕 가격까지 뛰어" 천주와 대만 사이의 무역을 중단하려는
뜻을 전하자, 영파에서 천주상호(泉州商號)의 대리상으로 있던 김죽여의
외삼촌은 천주와 대만 사이의 무역을 계속해야 한다고 역설하면서 향
후 1, 2년간 상황을 더 지켜보아야 한다고 주장했다.[34] 이에 가게 주인
은 김죽여 외삼촌의 의견을 받아들여 대만, 천주, 영파 사이의 삼각 무
역을 진행했다.

　김죽여의 외삼촌은 신죽기의 대리상으로 남북 물품의 교역 사업을
진행했는데, 대만, 천주에서 설탕과 복원을 영파에 싣고 가 팔고[35] 각

31　복건, 대만 지역과 화북 지역 사이의 무역을 대북(大北)이라 하고 화중 지역과의 무역
　　을 소북(小北)이라 하였다. 『묘율현지(苗栗縣志)』에 따르면 "천진(天津), 금주(錦州),
　　개주(蓋州)로 향하는 배를 대북이라 불렀고 상해, 영파로 가는 배를 소북이라 불렀다"
　　고 한다. 沈茂蔭, 『苗栗縣志』 卷7(風俗考・風俗, 文叢 제159종), 臺北 : 臺灣銀行 經濟研究
　　室, 1959, 115쪽.
32　林玉茹 편, 『尺素頻通』, 제2・3・7건, 33~50・59~64쪽.
33　제11건에 따르면 설탕과 복원을 금우순호(金祐順號)에 실어 운반했다고 한다. 林玉茹
　　편, 『尺素頻通』, 제11건, 81~86쪽.
34　林玉茹 편, 『尺素頻通』, 제3건, 43~50쪽.

상방(商幇)들이 화북, 화중 지역에서 싣고 온 목화나 두병, 생기름 및 쌀을 팔았다. 김죽여의 외삼촌은 여러 차례 천주의 상행들을 대신해 생기름과 쌀 및 두병을 사들였다.[36] 때문에 김죽여의 외삼촌이 천주로 보낸 편지들에는 항상 영파의 설탕 시장 가격을 중점적으로 언급했고 다른 상품의 시세도 때때로 언급했다. 하지만 1896년에는 설탕 가격이 폭락하고 시장 정세가 혼란스러워 천주에서 영파로 운반해온 물품에는 복원만 있고 설탕은 빠졌다.[37]

김죽여의 외삼촌은 천주의 상행을 도와 남북 물품의 중개무역을 진행했을 뿐만 아니라 다른 지역의 상호들, 예컨대 천주의 모 행동(行東), 천주의 모 인형(仁兄), 복주의 모 인형, 대남과 녹항의 선두행 등의 대리무역 업무도 도맡아 했다. 김죽여의 외삼촌은 천주의 모 인형의 상행을 도와 천주에서 배편으로 설탕을 영파로 싣고 가 판매해 주었다.[38] 뿐만 아니라 김죽여의 외삼촌은 때때로 가게 주인에게 다른 상행을 소개해 위탁 대리 업무 분량을 늘려가기도 했다. 이를테면 1895년 봄 김죽여의 외삼촌은 천주로 잠깐 돌아왔다가 일본의 대만 침략을 피해 천주로 온 합익호(合益號)의 주인 홍등운(洪騰雲)을 만나 후자가 천주에서 대북(對北) 무역을 할 의향을 피력하자 홍등운이 신죽기의 가게 주인과 막역한 사

---

35 제9건에 따르면 "김 모 씨의 설탕, 복원 등 화물이 도착하면 창고에 넣어두었다가 가격 시세를 살펴보고 판매하라"고 적혀있고, 제11건에 따르면 "덕분에 혜택을 입어 고마움을 금치 못하고 있는바 금우순호(金祐順號)에 설탕, 복원 등 화물을 실어 보내니 살펴본 후 요구한 화물을 배에 실어 돌려보내달라"고 적혀있다. 林玉茹 편, 『尺素頻通』, 제9・11건, 69~74・81~86쪽.

36 林玉茹 편, 『尺素頻通』, 제15・17・22・24건, 107~110・115~120・147~152・153~156쪽.

37 林玉茹 편, 『尺素頻通』, 제16건・18~19건, 111~114・121~130쪽.

38 林玉茹 편, 『尺素頻通』, 제7건, 59~64쪽.

이임을 잘 알고 있는 김죽여의 외삼촌은 직접 천주에 편지를 써서 해당 계획을 가게 주인에게 천거했다.[39] 즉 김죽여의 외삼촌은 천주의 상행에서 영파로 파견한 대리상으로 하여금 본 상호의 대리 무역을 진행하고, 또한 다른 상호의 대리 무역도 도맡아 진행했던 것이다.

다른 한편 영파의 대리상은 대만의 녹항, 대남 및 분항(笨港) 등지와도 밀접한 상호 위탁 대리 무역 관계를 맺고 있었으며 늘 서로 시장 소식을 주고받았다.[40] 「척소빈통」에는 적어도 2통의 편지가 위탁 대리 무역 관계가 존재한 영파의 대리상과 녹항의 선두행 사이의 금전적인 분규를 다룬 것이다. 자세히 살펴보면, 녹항의 선두행은 더 이상 북방 무역을 진행할 의사가 없었고 또 이미 가게가 분할된 상태였기 때문에 몇 년 동안 영파 대리상에게 진 빚을 갚지 않았다. 한 예로 김죽여의 외삼촌은 김겸흥(金謙興) 출해(出海, 현재의 선장(船長)) 황병작(黃炳灼)에게 400 원어치의 물품을 녹항으로 운송해 당지 상행에서 대리 판매한 후 대만 지역의 상품을 싣고 영파로 돌아오도록 부탁했지만, 녹항의 상행에서 대금 갚기를 거부해 결국 녹항에서 영파로 돌아올 때 아무런 물품도 구해오지 못했다.[41]

요컨대 「척소빈통」에 들어있는 편지들의 작성 연대는 대략 1894년에서 1905년 사이로 방호가 말한 1894년부터 1896년에 작성된 것이 아

39　林玉茹 편, 『尺素頻通』, 제12건, 87~94쪽.
40　林玉茹 편, 『尺素頻通』, 제27건, 165~168쪽. 녹항 상행과 천주 상호 사이의 위탁 대리 무역관계 즉 상품의 대리 판매와 대리 구매에 대해서는 林玉茹, 「商業網絡與貿易制度的 形成—十九世紀末泉郊商人與中國內地的帆船貿易」, 『新史學』 18권 2호, 2007.6, 61~103 쪽을 참고하기 바람.
41　林玉茹 편, 『尺素頻通』, 제26・27건, 161~168쪽.

니다.[42] 필사자는 1897년 대만 담수의 구팔행에 가서 장사를 한 김죽여이다. 천주 사람이던 김죽여는 늦어도 1894년부터 1896년 사이에 영파에 있던 외삼촌의 가게에서 일하다가 1896년부터 1897년 사이에 영파, 하문, 상해 등지를 떠돌다가, 담수로 오기 전에 앞으로 언젠가 그 자신이 혼자 무역 경영을 하는데 필요하다는 생각에 그의 외삼촌이 1894년에서 1897년 사이 영파를 중심으로 천주, 복주, 녹항 및 대남의 무역을 대리하는 과정에서 남긴 편지를 베껴 썼던 것으로 추정된다. 이밖에 김죽여는 1904년에서 1905년 사이 담수로 옮겨 온 이후에 작성한 편지와 1897년 이전에 주고 받은 집안의 편지들과 기타 편지들을 다시 한 번 베껴 썼다. 이처럼 「척소빈통」은 주로 김죽여의 외삼촌이 영파에서 대리 무역 사업을 진행하던 시기와 1890년대부터 1905년 사이 김죽여의 경력과 가정 상황을 다룬 편지들로 이루어졌다. 이상의 재구성된 역사 사실은 자료의 결핍으로 인해 정확성 여부를 판단하기 힘들지만, 그것이 1894년에서 1905년 사이 영파와 담수에서 구팔행 무역을 진행한 상인이 남긴 문서임은 틀림없다.

---

[42]　方豪, 「光緒甲午等年仕輪局信稿所見之臺灣行郊」, 『政治大學學報』 24, 1972.5, 28쪽.

3. 「척소빈통」의 내용과 가치

「척소빈통」 원본은 길이가 22센티미터이고 넓이가 22.8센티미터인[43] 상하 구분된 공백 장부에 선박을 통해 전달된 편지들을 필사한 자료이다. 당시 선박에 설치된 우체국들로는 전성국(全盛局), 복동태국(福同泰局), 진화륭국(振和隆局), 화태국(和泰局), 무덕(茂德) 및 경상(慶祥) 등이 있었다.[44]

내용상 「척소빈통」의 편지 원고들은 크게 상업 편지, 연하장, 화물 편지. 빚 독촉 편지, 가서(家書), 일반 편지 및 잡초(雜抄) 등 7가지 종류로 구분할 수 있다. 그 가운데 적어도 4건 정도는 대필한 편지들이며, 그 중 발신인 이름이 적힌 3통의 편지를 살펴보면 발신자가 각각 정중자(丁仲子), 오준경(吳俊卿) 및 예성철(倪聲哲) 등으로 적혀 있다. 다마도 해당 편지들은 김죽여가 담수에서 장사를 할 때 대필해 준 것으로 보이는데, 흥미롭게도 그중 한 통은 한 여인을 대신해 써 준 연애편지이다.

「척소빈통」에서 언급된 지명은 적어도 38곳에 달한다.[45] 인도 뭄바이로부터 루손, 홍콩, 삼양(三陽, 광동(廣東) 조주(潮州)의 해양(海陽), 조양(潮陽) 및 게양(揭陽)을 통틀어 이르는 말), 하문, 천주로부터 교주, 우장: 일본 및 대만의 대남, 담수, 녹항, 분항 등이 포함된다. 이를 통해 영파 현지의 남

---

43   해당 편지 원고들의 자세한 형식, 크기에 대해서는 위의 글, 27쪽을 참고하기 바람.

44   林玉茹 편, 『尺素頻通』, 제29 · 60 · 67 · 68 · 69 · 71건, 171~172 · 247~248 · 263~ 268 · 273~274쪽.

45   해당 지명은 다음과 같다. 寧波, 上海, 三陽(潮陽 · 海陽 · 揭陽), 乍浦, 廈門, 泉州, 臺南, 淡水, 鹿港, 笨港, 汕頭, 鎭江, 蘭谿, 靑島, 홍콩, 紹興, 인도 봄베이, 日本, 交州(交島), 福州, 興化, 惠安, 詔安, 吉林, 漳州, 潮汕, 深滬科任, 루쏜, 象山石浦, 牛莊, 靑島, 靑口, 泉州內坑, 餘姚, 鎭海, 泉州峰尾, 衢州.

북 물산의 무역 네트워크와 영파를 중심으로 한 천주, 대만 무역 대리상들의 활동 네트워크를 자세히 드러낼 수 있으므로, 해양사와 상업사적인 차원에서 보면 해당 사료의 가치는 매우 크다고 할 수 있다. 아래에 「척소빈통」의 내용적 특징에 대해 자세히 설명하도록 하겠다.

1) 위탁 대리 무역의 운영

「척소빈통」 중에서 대부분은 영파, 담수를 거점으로 하는 대리상들이 발송한 편지들이다. 이 사료를 통해 영파와 천주, 녹항, 대남 등지의 상행들 간의 상호적인 위탁 대리 무역의 실제 운영 과정을 알 수 있다. 이러한 자료들은 『대만사법부록참고서(臺灣私法附錄參考書)』 제3권에 단편적으로 수록되어 있으며,[46] 「장기태익호문서(長崎泰益號文書)」와 필자와 류서풍(劉序楓)이 함께 편집 출간한 『녹항교상허지호가여대륙적무역문서(鹿港郊商許志湖家與大陸的貿易文書) 1895~1897』(이하『녹항허가문서』로 약칭)에 유사한 문건들이 일부 들어 있다. 그중 「장기태익호문서」에 들어있는 자료 수량이 가장 방대하고 무역 네트워크도 가장 넓지만, 나가사키를 무역 거점으로 정리돼 있고 시간대로 놓고 보면 1901년 이후의 자료들이 다수이다.[47] 한편 『녹항허가문서』의 경우는 녹항을 무역 거점으로 녹항과 천주, 영녕(永寧) 두 곳의 무역을 다룬 문서들로서, 작성된 시간

---

46 臨時臺灣舊慣調査會, 『臺灣私法附錄調査書』 3권 상, 도쿄 : 臨時臺灣舊慣調査會, 1911.
47 朱德蘭, 「明治時期長崎華商泰昌號和泰益號國際貿易網路之展開」, 『人文及社會集刊』 7집 2호, 1995.9, 61~62쪽.

대가 「척소빈통」과 흡사하여 상호 비교 분석할 수 있다. 특히 대만이 일본에 할양되던 시기의 기록과 풍문들이 흥미로운 부분이다. 하지만 「척소빈통」의 경우는 영파를 무역 거점으로 정리된 자료이기 때문에, 그것을 통해 영파를 중심으로 활동한 대리상들의 무역 운영 과정을 자세히 엿볼 수 있다.

우선 편지 원고를 통해 영파 무역 대리인의 역할과 임무를 살펴볼 수 있다. 앞에서 서술했듯이 김죽여 혹은 그의 외삼촌은 천주에서 영파로 가서 무역 대리상이 된 경우로, 그들을 고용한 가게 주인은 천주에 살았다. 한편 김죽여의 외삼촌 역시 천주, 녹항, 대남의 선박 및 교행(郊行)의 상인들과 매우 밀접한 관계를 맺고 있었다. 서로 상품을 대신 구매해 주기도 하고 위탁 판매해 주기도 했다. 이 경우 일반적으로 대리인이 2%의 수수료를 챙겼기 때문에 '구팔행(九八行)'이라 불렸던 것인데,[48] 김죽여는 담수에 있으면서 삼나무를 대리 매매할 때 기준보다 약간 높은 3%의 수수료를 챙기기도 했다.[49] 무역 대리인은 가게 주인을 도와 배편을 마련해 화물을 운반함과 동시에 해당 화물의 판매도 책임져야 했고, 가게 주인을 대신해 각종 수금 업무를 도맡아 해야 했는가 하면, 영파 시장에서의 각종 상품의 시세를 가게 주인에게 상세하게 보고해야 했다. 심지어는 가게 주인이 북방 지역과의 무역 관계를 중단하고 기타 상품의 무역 업무를 시작하려고 하면 대리상은 자세히 그 이해득실을 따져 가게 주인에게 조언을 해주기도 했다. 「척소빈통」에서 비교적 특별한 경우를 짚어보면, 위탁 대리 무역의 과정에서

48　林玉茹, 「商業網絡與委託貿易制度的形成─十九世紀末鹿港泉郊商人與中國內地的帆船貿易」, 81쪽.
49　林玉茹 편, 『尺素頻通』, 제31건, 175~178쪽.

발생한 '장식중소(莊息重塑, 본금과 이자를 다시 계산하는 것)', '대첩(代貼, 대신 지불)', 그리고 연체금의 이자 문제가 여러 차례 언급되었다는 점이다. 이는 위탁 무역 과정에서 상품을 보관하는 창고 주인이 물건 주인을 대신해 일부 상품 대금을 선납하였기 때문에 매달 발생하는 이자와 연관이 있었다.[50] 뿐만 아니라 무역 대리상도 늘 위탁 판매해야 할 물품을 받은 후 시세를 고려해 곧바로 물건을 팔지 않고 창고에 일단 보관해 두었다가 가격이 오르면 다시 시장에 내다 팔기도 했다.[51] 이와 같이 비록 「척소빈통」에 실려 있는 문서 수는 많지 않지만 그것을 통해 당시 대만, 천주 및 영파 사이의 양변(兩邊) 무역 또는 삼각 무역 그룹의 운영 실태를 매우 자세하게 파악할 수 있다.

이처럼 해상들이 주로 영파, 천주, 대만 등 세 개 지역에 걸친 장거리 및 대륙과 해양을 넘나드는 해양 무역을 경영했기 때문에, 장부를 어떻게 처리했는가가 매우 중요한 문제로 떠오른다. 해상들이 어떻게 영파의 천익호(泉益號)와 하문의 협영호(協盈號)를 통해 돈을 송금하고 입금하였는지, 또는 증기선으로 현금을 운반해 와서 다각 무역 과정에 발생하는 장부 문제들을 해결했는지를 위 문서들을 통해 자세히 살펴볼 수 있다. 상행 및 개인 사이의 장부 청산의 경우 기타 상행을 통해 전달하거나 또는 물품으로 직접 갚는 경우도 있었다.[52] 이 과정에 사용된 화폐는 외국 은화가 주를 이뤘고 때로는 기장용(記帳用)으로 실제 은이 아닌 '하규원(厦規元)'을 사용하여 교역하기도 했다.[53] 송금 액수는 500원부터

---

50   大藏省理財局, 『臺灣經濟視察復命書』, 도쿄 : 忠愛社, 1901, 41쪽.
51   林玉茹 편, 『尺素頻通』, 제3·32건, 43~50·179~180쪽.
52   林玉茹 편, 『尺素頻通』, 제2·61건, 33~42·249~252쪽.
53   林玉茹 편, 『尺素頻通』, 제2건. 규원(規元)이란 곧 1은원(銀元)을 의미하는데 "두규원

2,000원에 이르기까지 고액의 경우가 많았고 배편으로 현금을 보낼 때
는 액수가 적어 1, 2원에서 4, 5원 정도인 경우가 많았다.[54] 한편 해상들
은 연말에 가서 일 년치 무역 대금을 결산하여 전체 장부 목록(總單)을 발
송하는 경우가 많았지만,[55] 연말은 은화에 대한 수요가 증가하는 시기
였기 때문에 대목을 피해 춘절 이후에 송금하기도 했다.[56]

　「척소빈통」에는 또 상행들 간에 역으로 빚을 지거나 빚을 받아내는
방식에 대해서도 적지 않은 기록이 남아 있다. 그들이 꾸려가는 대리

<hr>

(豆規元)"(콩을 거래할 때 사용되던 은원)이라고 불렸다. 실제로 규원은 유통된 적이
없고 기장용으로만 사용되었다. 규원의 유래에 대해서는 다음과 같은 세 가지 설이
있다. 첫째, 과거 상해 시장에서 통용되던 화폐인 문은(紋銀)은 시간이 지남에 따라
점점 질이 떨어져 1 : 0.98의 비율을 문은의 환율로 규정하기에 이르렀다. 상해가 개
항된 이후 질이 떨어지는 화폐는 점차 사라졌지만 종전의 환율은 계속해서 사용되었
다. 둘째, 과거 문은이 통용될 때 시장에 유통되던 화폐량이 부족해 회표(匯票)를 대
용하기도 했는데 회표로 문은을 태환하려면 2%의 수수료를 납부해야 했다. 상해가
개항된 이후 이러한 관습은 회표의 지속적인 사용과 함께 이어져왔다. 셋째, 개항 전
상해에서 가장 중요한 무역 상품은 화북 지역의 두류 제품(대두, 두유, 두병 등)이었
는데 해마다 세밑에 이르면 유통되는 화폐량이 줄어들어 상해 상인들이 화북 상인들
에게 물건 값을 치르지 못해 소동이 벌어지곤 했다. 이런 문제를 해결하기 위해 상해
의 전업(錢業, 금융) 상인들이 나서 3자 간에 수수료 2%를 공제하고 회표로 대금을 지
급하는 방식의 해결책이 마련되었는데 이것이 곧 구팔규원(九八規元)의 원형이었다.
비록 이상의 내용이 상해 지역의 규원에 관한 자료이긴 하지만 이를 통해 하규원(廈
規元)의 형성 및 용도에 대해서도 유추해볼 수 있는바 그것인즉 시장에서 유통되던
통화량이 부족해 기장 용도의 환산 방식으로 사용되었던 것이라 볼 수 있다. 東亞同文
會調查編纂部, 『支那開港場誌』 卷1(中部支那), 도쿄 : 東亞同文會調査編纂部, 1924, 457~
459쪽; 宮田道昭, 「十九世紀中葉, 上海における豆規銀本位制の成立について―中國在來の
地域的通貨金融機構の一考察」, 『中國の開港と沿海市場―中國近代經濟史に關する一視点』,
　도쿄 : 東方書店, 2006, 138~173쪽.
54　林玉茹 편, 『尺素頻通』, 제2・4・68・69건, 33~42・51~54・265~268쪽.
55　林玉茹 편, 『尺素頻通』, 제6・15건, 57~58・107~110쪽; 劉序楓, 「許志湖家貿易文書導
　讀」, 65~67쪽.
56　제2건 편지에 따르면 "항원호(恒遠號)로부터 칠삼은(七三銀) 500원을 받았는데 연말
　이라 여러 가지 번거로운 부분이 있어 신정(新正) 이후에 보내겠다"고 했다. 林玉茹
　편, 『尺素頻通』, 제2건, 33~34쪽.

무역이 장거리 무역이기 때문에 여정이 요원하여 대부분 서신을 통해 빚을 독촉하는 경우가 많았다. 영파의 대리상은 늘 오가는 선박과 출해를 통해 부채가 있는 상행의 사정을 전달받았고 해당 선박을 통해 빚 독촉 소식을 부채 상행에 전하기도 했으며, 때로는 중개인을 찾아 협상을 하기도 하고 동향인인 출해에게 부탁해 대신 빚을 받아 오게도 했다. 심지어 상행의 주인이 천주에 사는 경우에는 영파의 대리인이 귀향길에 직접 그를 찾아가 빚을 받아가기도 했다.[57] 이밖에 「척소빈통」에는 증기선이 현금을 운반하는 방식 및 그 과정에 나타난 문제점과 분규에 대해서도 자세히 언급되어 있다.

2) 선박 무역과 경쟁

『녹항허가문서』에 따르면 당시 해상에서 이루어진 위탁 대리 무역은 기본적으로 중국 전통의 범선을 이용해 이루어졌다고 한다.[58] 이에 비해 「척소빈통」에서는 중국 전통 범선 외에도 상당한 수량의 증기선이 화물 운반에 이용되었다는 기록이 있다. 실제로 19세기 중엽 증기선의 사용이 크게 증가한 이후 가장 주목 받는 문제는 증기선과 범선의 경쟁 관계였는데 , 수많은 연구들이 증기선을 이용한 운수가 중국식 범선을 이용한 운수에 어떠한 충격을 주었고 그것이 또 어떻게 범선

57　林玉茹 편, 『尺素頻通』, 제26〜28건, 161〜170쪽.
58　林玉茹, 「商業網絡與委託貿易制度的形成 : 十九世紀末鹿港泉郊商人與中國內地的帆船貿易」, 63쪽.

무역의 몰락을 초래했는지에 대해 강조했다.[59] 장기적인 추세에서 증기선은 확실히 범선을 대체해 갔지만 「척소빈통」의 편지들을 통해 영파에서의 남북 물산 무역에 중국식 상선과 어선(討海船)이 어떻게 적극 이용되었는지와 범선과 어선을 통한 무역 대리상들의 "속전속결", "작은 것으로 큰 것과 싸우는(以小博大)"의 경영 책략을 엿볼 수 있다.

「척소빈통」의 편지들에는 적어도 20척의 중국식 범선 이름이 등장한다. 이들 선박은 주로 천주, 대만 및 영파 사이의 삼각 무역을 진행한 해상 집단에 소속되어, 천주에서 영파, 천주에서 대만, 혹은 대만에서 영파로 운행하는 항로에 투입되었는데, 일부 범선은 대만, 천주 및 영파 사이를 부정기적으로 오가기도 했다. 비교적 특수한 것은 해상 집단에 소속된 선박을 제외하고도 흥화(興化), 천주의 혜안(惠安), 봉미(峰尾) 및 사격(沙格), 과임(科任) 지역의 어선들이 항상 현지 또는 대만의 특산물을 영파로 실어다 팔고 다시 북방 지역의 상품을 사서 돌아가곤 했다는 점이다. 이를테면 1894년 봉미의 한 어선은 분항에서 수백 건의 청당(靑糖)을 싣고 영파에 가서 팔았다고 한다.[60] 이 외에도 설탕을 싣고 북방의 교주로 가는 배, 진해에서 곧바로 담수로 가는 배도 있었다. 이들 상선, 어선들의 활동 양상과 피차 어떻게 경쟁했는가 하는 문제들은 모두 「척소빈통」의 편지 원고를 통해 해답을 얻을 수 있다.

해당 편지 원고들에서 언급된 증기선은 대개 상해, 하문, 산두(汕頭), 홍콩, 일본 및 대만의 배들인데, 특히 53번째 편지에는 일본 선박인 고

---

59   자세한 내용은 林玉茹, 「商業網絡與委託貿易制度的形成 : 十九世紀末鹿港泉郊商人與中國內地的帆船貿易」, 90~93쪽의 내용을 참고하기 바람.
60   林玉茹 편, 『尺素頻通』, 제3건, 43~50쪽.

순마루도 언급된다. 이런 증기선들은 비단 상품 운반뿐만 아니라 기타 편지, 현금 및 여객을 실어 나르는 기능도 함께 갖고 있었다. 증기선이 상품을 운반해 올 때마다 영파 시장의 가격 시세에 매우 큰 영향을 미쳐 항상 상품 가격상의 거대한 파동이 조성되기도 했다. 즉「척소빈통」을 통해 증기선과 범선의 경쟁 관계는 물론 그러한 관계가 상품 시장에 미친 영향까지 재구성해 볼 수 있다.

이밖에도 17번째 편지를 통해 처음으로 청나라 말기 선공(船工)들의 파업 사건의 전모가 드러났다. 해당 편지에는 선주와 출해, 선공 사이의 상호 작용 및 상호간의 각축 관계는 물론 그사이에서 영파 대리상이 어떻게 조정 역할을 하여 순조롭게 사건을 해결했는지에 대해서도 자세히 적혀 있다. 다시 말해서 지금까지 아무런 목소리도 내지 못했던 선공들은 실제로는 선박의 상황이나 위험도, 자신의 이익으로부터 출발하여 출해, 선주와 대결 구도를 보였던 것이다.

더욱 중요한 것은 과거 해저 구조가 상이하다는 인식으로부터 복건 지역의 조선(鳥船)은 남방 항선에서만 운행하고 북방 항선은 강절(江浙) 지역의 사선(沙船)이 담당했다고 간주하였다. 이에 따라 많은 이들은 복건성의 상인들은 상해로 물건을 운반한 다음 사선을 고용해 물건을 화북지역으로 운반했다고 이해해 왔다.[61] 하지만 이상의 사례를 통해 복건의 상선은 사선으로 갈아탈 필요 없이 곧바로 화북까지 운항했음을 알 수 있으며, 이는 다시 말해서 과거처럼 사선과 조선을 절대적으로 이원화하던 관점을 고칠 필요가 있음을 말해 준다.

---

[61] 范金民,「淸代前期福建商人的沿海北艚貿易」,『閩南文化硏究』 2호, 2013, 10쪽.

3) 대만과 영파, 천주 사이의 무역

네덜란드 식민지기 이래로 지리적으로 근접한 대만과 복건의 여러 항구 사이에는 활발한 무역 왕래가 이루어졌으며 그러한 양상은 19세기 말까지 이어졌다. 과거 이를 다룬 연구와 논의는 비교적 많았지만 대만과 영파 또는 대만과 천주 및 영파 사이의 삼각 무역과 관련된 연구는 크게 주목 받지 못했다.

영파의 옛 지명은 명주(明州)로 남송대(南宋代) 이후 점차적으로 중국 대외무역의 중요한 항구로 자리 잡았다. 뿐만 아니라 중국에서 일본으로 향하는 주요한 무역항이 되었는데, 오랜 시기 동안 화중 지역의 제일 큰 항구도시였다. 1842년 중국이 아편전쟁에서 패하면서 정식으로 문호를 개방했을 때 영파는 5개 개항장 중 하나였다.[62] 19세기 중엽 이후 영파항은 상해와 항주의 도전을 받았지만 19세기 말에 이르기까지 영파의 무역은 크게 쇠락되지 않고 여전히 화중 지역의 중요한 항구도시로서 역할을 하여, 이곳에는 남과 북의 증기선과 범선들이 끊임없이 오고 갔다.[63] 이에 대해 시바시 요시노부(斯波義信)도 청나라 말기에 이르기까지 영파 지역의 중국 전통 범선 무역에는 별다른 변화가 없었다고 지적하였다.[64]

대만과 영파 사이의 무역 관계를 살펴보면, 일찍이 1651년에 네덜란

62　斯波義信,『中國都市史』, 도쿄 : 東京大學出版會, 2002, 193~209쪽; 王列輝,『駛向樞紐港
　　　－上海・寧波兩港空間關係研究(1843~1941)』, 杭州 : 浙江大學出版社, 2009.

63　「寧波商務」,『昌言報』, 1898.8.17, 1면.

64　Yoshinobu Shiba, "Ninpo and Its Hinterland", G. William Skinner ed., *The City in late
　　　Imperial China*, California : Stanford University Press, 1977, p.391.

드의 동인도회사는 양 지역 사이의 무역을 개척하고자 시도한 적이 있고,[65] 1684년에는 청나라가 정씨 가문을 평정한 후 해금을 풀고 영파에는 절강 해관을, 하문에는 복건 해관을 설치한 바 있다. 청나라 정부의 규정에 따라 대만은 반드시 녹이문(鹿耳門)과 하문(廈門)을 거쳐 대륙과 도항 무역을 진행해야 했지만, 대만 남부에서 생산되는 설탕의 대부분이 화중 지역으로 수출되었기 때문에, 선박들은 대부분 하문에서 북상해 영파와 소주로 설탕을 운반했다. 1843년, 청나라 선종(宣宗, 도광제(道光帝))은 과세 수요로 인해 정식으로 영파, 사보(乍甫) 및 대만 각 항구의 무역을 개방함으로써 장장 150년 동안 지속된 대만과 복건 지역의 쌍방 무역 체제는 타파되기에 이르렀다.[66] 다시 말해서 1840년대 말부터 대만의 상선들은 이미 영파 지역과 직접 무역 왕래를 진행했던 것이다.

청나라 시기 영파는 시종 대만 지역과 매우 밀접한 무역관계를 유지했다. 앞에서 언급했듯이 영파는 남북방 물품의 무역 중심지로서 천주와 영파 사이의 빈번한 교역에 기반을 두어 천주 상인들은 영파에 이른바 '영파교'를 형성했다. 「척소빈통」의 편지들을 통해 1890년대 말에 이르기까지 대만과 천주, 영파 사이에서 장사를 했던 민남(閩南) 상인과 그들의 무역 과정을 살펴볼 수 있었다. 특기할 것은 영파와 천주에 있는 상인은 대만과의 무역에 종사하는 것을 "주대생리(做臺生理)"라

---

65 1651년 9월, 중국 범선주들의 건의하에 네덜란드 동인도회사는 영파에 있는 청나라 관원들에게 편지를 보내 대만과 영파 간의 무역을 허가해 달라고 요구하였다. 천주와 대만 사이의 무역은 지리적 관계로 인해 매우 긴밀했다. 江樹生 역, 『熱蘭遮城日誌』 제3책, 臺南 : 臺南市政府, 2004, 258~259쪽.

66 林玉茹, 「從屬與分立－十九世紀中葉臺灣港口城市的雙重貿易機制」, 『臺灣史研究』 17권 2기, 臺北 : 中央研究院臺灣史研究所, 2010, 1~38쪽.

고 하였고, 대만과 천주의 상인들은 영파와의 무역에 참여하는 것을 "주북생리(做北生理)" 또는 "영교생리(寧郊生理)"라고 하였다는 점이다. 1894년에서 1897년 사이의 "주대생리"와 "주북생리"의 경영 모델, 그리고 상인들이 마주했던 여러 곤란들은 「척소빈통」의 편지들을 통해 자세히 살필 수 있다.

다음으로, 19세기 말에 이르기까지 화중 지역은 여전히 대만 설탕의 주요한 수출시장이었는데,[67] 그중에서도 영파 지역으로의 수출이 가장 많았다.[68] 「척소빈통」의 편지들을 통해 녹항, 분항, 대만부성(臺灣府城)에서 증기선과 범선을 이용해 대량의 청당, 백당, 복원 등을 싣고 영파로 간 사실과 해당 물품의 수량 및 가격의 변동 상황까지 확인할 수 있다. 뿐만 아니라 1894년부터 1896년까지 대만이 청일전쟁의 풍파를 겪고 결국 일본에 할양되는 운명을 맞이하게 되면서 '대만 함락'의 풍문이 영파 시장에 어떤 영향을 미쳤고 상인들은 어떻게 그런 상황에 대응해 갔는지도 자세히 기록되어 있다. 이는 『녹항허가문서』와 서로 참조해 살펴볼 수 있다.

대만, 천주 및 영파 지역의 무역을 경영했던 상인들은 늘 천주 지역의 향우 관계를 이용해 상호간의 관계를 결속해 나갔다. 그들은 늘 필요에 따라 영파, 천주 및 대만의 각 항구 도시 사이를 오갔는데, 어떤 사람은 동시에 대만 및 천주에 가게를 갖고 있었다. 「척소빈통」을 통해서 알 수 있듯이, 실제로 대만 상인과 천주 상인 사이에는 매우 밀접

---

67 林滿紅, 『茶, 糖, 樟腦業與臺灣之社會經濟變遷, 1860~1895』, 臺北 : 聯經出版, 1997, 26~28쪽.
68 『臺灣日日新報』, 1901.7.6, 3면.

한 관계가 형성되어 있었는데, 그러한 관계는 가히 '막역세교(莫逆世交)'
라고 일컬을 수 있었다.[69]

4) 남북 물산 시장에서의 경쟁과 정보

청나라 말기 영파 지역은 남북방 물산의 집결지로서, 천주와 대만
상행의 대리상들은 반드시 가게 주인에게 시장의 가격 시세를 보고해
야 했다. 「척소빈통」의 편지를 통해 당시 민남 상인들이 주로 매매했
거나 주목했던 남북 지역 상품이 어떤 것이었는지 알 수 있다. 남방의
물산은 주로 설탕과 복원이었고, 북방의 물산은 우장(牛莊), 청도, 교주
및 영파 내지에서 운반해 온 면화, 두병, 청분(淸粉, 번서분(蕃薯粉)), 조미
(糙米), 생기름, 소맥, 녹두, 오조(烏棗), 연자(蓮子), 호도(胡桃) 등이었다. 물
론 당시 신문들이나 해관 보고 중에도 영파에서 교역되었던 남북 지역
물산의 이름이 언급되었으나, 「척소빈통」을 통해 같은 상품이라도 종
류와 등급이 얼마나 복잡한가를 알 수 있다. 이는 일반 문헌 자료를 통
해서는 쉽게 얻을 수 없는 정보로 당시 영파 시장에서의 무역 상황을
자세히 전달해주는 역할을 한다.

가령 설탕으로 말하자면 적어도 청당, 백당, 수당, 백면 등 여러 가지
종류로 나눌 수 있다. 그중 백당만 하더라도 산지, 색깔, 상표, 등급, 크
기 및 신구 등의 차이에 따라 천백(泉白), 대백(臺白), 녹항총백(鹿港總白),

---

69   林玉茹 편, 『尺素頻通』, 제11건, 81~86쪽.

소대백(小臺白), 신성백(新城白), 춘장고이당대백(春莊高二檔臺白), 녹공백(鹿貢白), 화차백정첨(火車白頂尖), 정고백(頂高白), 간길(揀吉), 고이당소백(高二檔小白), 신소백(新小白) 등으로 구분할 수 있는가 하면, 또 이당(二檔), 삼당(三檔) 등의 등급 구분이 있어 그야말로 다종다양하다고 할 수 있다. 복원도 마찬가지였는데, 우선 산지에 따라 광원(廣員), 천원(泉員) 및 대원(臺員)으로 나눌 수 있고, 그 다음 신구의 차이, 크기, 형태, 등급, 배화(焙火) 차이 및 포장 방식에 따라 품명이 나뉜다. 이를테면 포원(砲員), 천원(天員), 삼통(三通), 신오원(新五員), 대원(袋員) 등으로 나눌 수 있다. 보다 세분화해서 보면 포원은 다시 등급에 따라 정대(頂大), 정대복포(頂大福砲), 정대문시포(頂大門市砲), 대포(大砲), 대립상포(大粒上砲), 상포(上砲), 중차(中次), 중포(中砲), 태출소포(苔出小砲)로 나눌 수 있고, 심지어는 1.4호공포(號貢砲)라는 복원 이름도 발견되었다.

이처럼 품명, 종류가 다종다양하기에 같은 상품이더라도 가격 차이가 크게 났다. 복원의 경우 11.6원에서부터 7.2원에 이르기까지 다양한 가격대의 상품이 있었다. 한편 서로 다른 상품, 특히 남방의 물산 가격이 때때로 상호간에 연동 관계를 보일 때가 있었다. 예를 들어 1896년에 작성된 편지들에서는 여러 차례 "설탕 시장이 불경기에 빠진 지 오래 되었다"고 적고 있는가 하면 "현재 시세가 더욱더 하락했다"고 지적했다. 그런 상황이 복원의 가격에도 영향을 미쳐 "설탕과 함께 헐값에 팔리는 경우가 많다"고 하였다.[70] 더욱 중요한 것은 「척소빈통」에서 서로 다른 지방에서 운송된 여러 상품들을 자세히 언급했을 뿐만

70　林玉茹 편, 『尺素頻通』, 제12~13건, 87~100쪽.

아니라, 그것들 사이의 경쟁관계에 대해서도 보도했다는 사실이다. 백당을 예로 들면, 적어도 10년 여간 대만백당(전술한 臺白을 가리킴)이 어떻게 천주백당(泉州白糖)과 경쟁해 왔는지, 홍콩에서 운반해온 화차백당(火車白糖, 화차백)[71]이 어떻게 대만과 천주의 백당 시장에 충격을 주었고 소흥(紹興) 등지의 소비자로부터 어느 정도의 환영을 받았는지에 대해서 알 수 있다. 또한 이런 상황에서 복건 남부 상인들이 천주백당과 화차백당을 섞어 이득을 도모하려 했던 사실과 화차백당 자체도 품질 개량에 끝없이 도전해 화중 지역의 설탕 시장을 독점하려 했던 사실도 엿볼 수 있다. 하지만 1897년 화차백당은 점차 가격이 폭등하여 오히려 천주백과 대백 품종에 기사회생의 기회를 주었다.

이와 같이 동일한 상품이 품종 또는 산지에 따라 서로 경쟁했을 뿐만 아니라, 다른 한편으로는 남북 물산들 사이에도 상호 가격 비교와 경쟁 관계가 존재했다. 그런 관계를 통해 시장 가격의 변동에 영향을 미치는 여러 가지 요소들을 알 수 있다. 영파에서 남북 물산의 무역을 했던 복건 남부와 대만 지역 상인들로 말하자면 남방 지역 물산의 시장 가격이 오르면 오를수록 그들이 도로 구매할 수 있는 북방 지역의

---

71 화차백당(火車白糖) : 일명 차탕(車糖)이라고도 하는데 현대화한 설탕공장에서 만들어진 설탕을 가리킨다. 『척소빈통』에서 언급된 차탕은 주로 홍콩의 영국 상행인 태고차탕유한공사(古車糖有限公司, Takikoo Sugar Refinery Co., Ltd)와 이화양행(怡和洋行) 산하의 중화화차당국(中華火車糖局, China Sugar Refining Company)에서 생산한 것이다. 중화화차당국은 1878년에 세워졌고 태고차탕유한공사는 1881년에 세워졌다. 이 두 설탕회사는 조주, 산두, 필리핀, 자바 등지로부터 원재료를 수입해 설탕을 제조했는데 복건이나 대만에서 전통적인 방식으로 설탕을 제조하는 것보다 원자재 값이 훨씬 저렴했고 제품의 질은 훨씬 뛰어났다. 따라서 19세기 말 화중 시장에서 화차백당은 복건, 대만에서 생산된 설탕에 대해 큰 위협이 되었다. Sucheta Mazumdar, 葉籬 역, 『中國─糖與社會 ─ 農民, 技術和世界市場』, 廣州 : 廣東人民出版社, 2009, 465, 468~469쪽; 林玉茹 편, 『尺素頻通』, 제10·11·12건, 75~94쪽.

물산이 더 많아질 것이고, 그 가운데서 얻게 되는 이윤 역시 더욱 많아질 것이었다. 때문에 영파 지역의 어떤 한 대리상은 수시로 남북 물산의 가격 파동 상황을 주목하면서 "북방 물산은 하나도 값이 오르지 않은 것이 없고 남방 물산은 하나도 값이 떨어지지 않은 것이 없구나北貨無一不漲, 南貨無一不跌"라고 탄식하기도 했다.

남북 물산의 이윤 가격차와 각종 상품 간의 경쟁이 격렬해짐에 따라 일단 모종의 상품이 과도하게 영파 시장으로 유입되면 그것의 시장 가격은 곧바로 하락했고 교상(郊商)들도 별다른 이득을 얻을 수 없었다. 때문에 각지 상품의 생산 상황과 가격 상황을 제대로 파악하는 것은 이들 해상들 사이의 통신에 있어서 가장 중요한 부분이 되었고, 그 결과 화중, 화남 및 대만 사이의 남북 물산 무역의 정보 네트워크가 형성되었다. 「척소빈통」에서 볼 수 있듯이 무역 대리상들은 매번 편지를 보낼 때마다 언제 상대방의 편지 혹은 화물, 금전을 받았는지, 만약 화물이나 금전을 배편으로 운송했다면 그 내역을 자세히 기록하여 수신자가 유념하도록 부탁했고, 영파 시장에서의 여러 가지 상품의 가격 시세와 여러 모로 수집한 정보를 제공했다. 이렇게 선편을 통해 전달한 편지는 발송에서 수신까지 대략 11일에서 20일, 평균 2주 정도의 시간이 걸렸다. 김죽여와 그의 외삼촌은 아마도 상해, 대남, 천주, 산두, 삼양 및 홍콩 등지의 상행들로부터 전해온 정보를 접했을 것이다. 특히 대남으로부터 전해온 정보의 횟수는 상해 다음으로 많았는데, 이를 통해 청나라 말기 영파와 대남 사이의 무역이 상당히 흥성하였고 교상(郊商)들의 왕래와 협력 관계가 매우 긴밀했음을 알 수 있다.

영파와 대남 사이의 설탕무역이 보여주듯 대만 설탕의 주요한 시장은 여전히 화중 지역이었다. 하지만 1894년에서 1896년에 이르기까지 갑오전쟁(甲午戰爭, 청일전쟁-역자 주), 을미항쟁(乙未抗爭)은 물론, 일본이 점차 대만 각지를 점령하여 식민통치를 실시하기에 이르자, 이른바 '대만 함락', 일본의 살육 및 약탈 등 각종 풍문과 유언비어가 끊이지 않았고, 그에 대한 대만인들의 대응과 천주로 이주했다는 등의 기록도 적지 않게 발견되었다. 주의해야 할 것은 이런 소문이 영파의 남방 물산 시장 정세에 크게 영향을 미쳤다는 점이다. 「척소빈통」을 통해 1895년 대만이 일본에 할양되는 전후 상황과 그에 대한 대만 상인들의 대응, 그리고 그런 정세가 영파 시장에 미친 영향까지 자세히 살필 수 있다.

상품 시장의 가격 파동에 대해 학연평(郝延平)은 특별히 외부적 요소와 불안정한 화폐제도의 영향에 주목했다.[72] 하지만 실제로 시장 안팎에 떠도는 각종 풍문은 상품의 가격 변동에 더 큰 영향을 미친다. 예를 들어 1895년 10월 영파에 "대만이 함락되었다"는 소문이 돌자 여러 상호들은 앞다투어 설탕을 사들였다. 이에 설탕가격은 밤낮 없이 폭등했지만 그 후 대남, 분항, 녹항 등지에서 10여 척의 설탕을 실은 배가 영파로 올 것이라는 소문이 돌자 설탕 가격은 곧바로 폭락했다.[73] 일찍이 1870년대 말에 중국의 전보망이 전국적으로 형성되었지만,[74] 상인들이 어떻게 이 전보망을 이용해 상업 경영을 했는지는 새롭게 연구되어

---

72 Hao Yen-ping, *The Commercial Revolution in Nineteenth-Century China : The Rise of Sino-Western Mercantile Capitalism*, Berkeley, Los Angeles, London : University of California Press, 1986, 10장을 참고하기 바람.
73 林玉茹 편, 『尺素頻通』, 제7건, 59~64쪽.
74 청나라 말기 중국 전보 네트워크의 발전에 대해서는 Erik Baark, *Lightning Wires : The Telegraph and China's Technological Modernization, 1860~1890*, Westport, Conn : Greenwood Press, 1997을 참고하기 바람.

야 할 부분이다.[75] 「척소빈통」에서 보이듯 영파는 19세기 말에 이미 전
보통신 시대에 들어섰기 때문에 여러 가지 유언비어의 전파에 대응해
영파에 있던 민남 대리상들은 전보를 이용하여 당지의 시장 정세를 공
개할 줄 알았다. 이를 통해 그들은 화남 각지 상인들의 수출 상품 수량
을 적절히 조절하여 일부 상품의 가격이 과도하게 떨어지거나 급격히
오르는 것을 방지하였다.[76] 한편 지방 정부가 시장을 통제하려 했는지
여부를 「척소빈통」의 편지들을 통해 살펴보면, 민생이나 사회 질서에
영향을 주는 미곡 시장에만 관심을 보여 몇 차례 쌀 수출 개방을 금지
한 적이 있다는 기록을 볼 수 있다.

5) 영파의 해상 집단

청나라 시기 중국 주요 항구의 시장에는 늘 여러 가지 상인 집단들
이 활동하고 있었는데 영파 역시 예외가 아니었다. 「척소빈통」을 통해
서 郊(교), 幇(방) 및 각종 선박 집단이 활동하고 있음을 확인할 수 있다.
교에는 하교(廈郊), 영교(寧郊), 광교(廣郊), 호교(滬郊), 진호교(津滬郊), 북교
(北郊) 등이 있었고, 방에는 대방(臺幇), 광방(廣幇), 북방(北幇), 장방(漳幇),
광하방(廣廈幇), 소방(紹幇), 건방(建幇) 등이 있었으며, 선박으로는 건선(建

---

75 陳計堯, 「近代中國的開港, 工業化與通商口岸之糧食消費的變遷(1870~1936)」, 海洋史叢書編
　　輯委員會 편, 『港口城市與貿易網絡』, 臺北 : 中央研究院人文社會科學研究中心, 2002, 227쪽.

76 예를 들어 1895년 10월 11일 영파 대리상은 공전을 보내 영파 지역의 설탕 가격이 천
　　주 지역의 그것보다 낮음을 알렸는데 이는 영파 지역에 설탕이 이미 다량 유입되어
　　해당 무역을 통해서는 별다른 이윤을 남길 수 없음을 말해준다. 林玉茹 편, 『尺素頻
　　通』, 제12건, 87~94쪽.

船)의 단체 활동이 있었다.

청나라 말기 해관의 한 보고에는 당시 상해에서 활동하던 상인 집단에 관한 기록이 있다.[77] 그 가운데서 일부 단체는 영파에서도 활동하였다. 다만 그러한 해관 보고들이 주로 회관(會館), 공소(公所) 등에 주목했던 반면,[78] 「척소빈통」은 복건 남부 상인의 시각에서 영파에서 활동하던 남북 각지 상인 집단의 운영과 상호 경쟁, 특히 민남 상인 특유의 단체 조직인 교의 운영에 주목하였다. 이는 현재 발견된 자료 중 유일한 것이라고 할 수 있다. 그를 통해 해당 상인 집단들이 영파에서 벌인 무역의 내용과 상호 경쟁 관계에 대해 알 수 있을 뿐만 아니라, 교, 상행, 수객(水客)에서 상선, 어선에 이르는 무역 사슬과 그것이 시장에서 운영되던 방식에 대해서도 알 수 있다. 해당 자료가 더욱 소중한 것은 과거로부터 현재에 이르기까지 교상들이 어떻게 시장을 조종했고 시장 정세에 어떤 영향을 미쳤는가에 대한 1차 사료를 발견하기 매우 어려웠기 때문이다. 「척소빈통」에 실린 편지들 중 적지 않은 부분이 김죽여와 그의 외삼촌이 어떻게 '교우(郊友)'들과 함께 시장 상품의 가격에 영향을 미쳤고 또 어떻게 시장 가격을 안정시켜나갔는지를 언급했다는 점에서 매우 소중하다고 하겠다.

---

77 「Decennial Report, 1892~1901 : Shanghai」, 中國第二歷史檔案館 편, 『中國舊海關史料』 153책, 535~538쪽.

78 회관, 공소에 대한 연구사 정리는 邱澎生, 『十八, 十九世紀蘇州城的新興工商業團體』, 臺北 : 國立臺灣大學出版委員會, 1990, 1~17쪽; 馮筱材, 「中國大陸最近之會館史研究」, 『近代中國史研究通訊』 30, 2000.9, 90~108쪽; Christine Moll-Murata, "Chinese Guilds from the Seventeenth to the Twentieth Centuries : An Overview", Jan Lucassen, Tine De Moor, and Jan Luiten van Zanden eds., *The Return of the Guilds*, Utrecht : Utrecht University, 2006, pp.213~248.

6) 상인들의 일상생활의 체현

「척소빈통」은 영파와 담수 두 곳의 항구도시에서 교행을 운영하던 상인들의 손에 의해 만들어진 자료이다. 따라서 해당 문서와 편지들을 통해 19세기 말 복건 남부 해상들의 일련의 생활 양태를 엿볼 수 있다.

우선 편지를 통해 상인들 사이의 긴밀한 교우관계를 살필 수 있다. 대리상의 모친이 세상을 뜨게 되면 천주에 있는 가게 주인은 특별히 조문을 다녀갔다.[79] 천주에 남아 있는 가게 주인은 멀리 영파에 파견된 대리상의 가족들을 늘 가까이서 돌봐 주었는데 때로는 생활비를 대주거나 자금을 융통해 주곤 했다. 한편 대리상과 위탁 상인 및 금주(金主)들은 해마다 서로 연하장을 주고 받았는데 경우에 따라 가게 주인이 사적으로 사용할 길림(吉林) 인삼을 대신 구매해 주기도 했다.[80] 가게 주인은 연하장을 통해 대리상들을 격려했고, 상행들은 연하장을 통해 자금을 출자해준 금주들에게 고마움을 표하는 동시에, 가끔은 무역 상황에 대해 보고하기도 했다.

그런데 그들이 연하장을 쓰는 방식에 대해서도 특별한 주의가 요구된다. 그들이 쓴 편지의 일부 단어들은 신분을 초월해 사용된 것들이다. 이를테면 "경림지연(瓊林之宴)", "호배(虎拜)" 등의 표현이나 단어는 군신 간의 예를 지킬 때 사용되던 단어들로 상인들은 관가의 말투로 편지를 주고받았음을 보여준다. 그들은 병체문(駢體文)을 사용하여 편지를 썼는데, 이는 단순히 풍류를 좇는 것을 넘어 상인들의 문학적 조예

79　林玉茹 편, 『尺素頻通』, 제11・12건, 81~94쪽.
80　林玉茹 편, 『尺素頻通』, 제15건, 107~110쪽.

를 보여주는 것이기도 했다. 비록 「척소빈통」의 편지들에 적지 않은 오자가 있고 일부 문구의 뜻이 잘 통하지 않는다고 해도 『녹항허가문서』와 비교했을 때 영파 대리상의 전반적인 문학적인 소양은 대만 상인들보다 훨씬 뛰어났다. 이는 왜 김죽여가 대만에 간 후 늘 다른 사람을 대신하여 상업 서신을 써 주었고, 심지어는 술집에서 일하는 여성이라고 추정되는 한 사람을 위해 정감이 넘치는 연애편지를 대필했는지에 대해서도 어느 정도 해답이 될 수 있는 대목이다.

다음으로 「척소빈통」의 편지들을 통해 민남 상인들이 어떻게 장사하는 법을 배웠고 어떻게 일자리를 찾았는지, 그리고 그들의 봉급은 얼마였는지에 대해서 알 수 있다. 김죽여가 영파에서 집으로 보낸 잡물과 장가를 가게 된 과정을 통해 무역 대리상들의 살림이 얼마나 궁핍했고 당시 그들이 어떤 물건을 사용했는지 알 수 있다. 예를 들어 당시 결혼 비용으로 대략 40원에서 50원 정도가 들었는데 그 가운데서 신혼 침상이 20원이나 되었다. 당시 결혼 과정에서 신혼 침상이 차지한 중요성과 상징적 의미에 대해 엿볼 수 있다. 무역 대리상의 한 달 봉급이 3원에서 4원 사이였다는 것을 감안하면 결혼 비용은 두말 할 나위 없이 큰 지출이었다.

그밖에 「척소빈통」의 잡초(雜抄)를 통해 당시 상인들의 경영관과 문화적 가치관을 살필 수 있다. 춘추전국시대의 유명한 상인이었던 범려(范蠡)의 장사 방법은 상인들이 지켜야 할 준칙이 되었다. 그것은 가장 모범적이고 본받을 만한 대상이었다. 또한 주자(朱子)의 효도 사상이나 사람 됨됨이에 관한 이념들은 상인들이 지켜야 할 생활적 가치가 되었다. 「척소빈통」의 49번째 잡초의 주요 출처는 곧 『주자가훈(朱子家

訓)』이었다. 김죽여가 끊임없이 말했듯이 비록 수입은 미미하고 부친은 아편에 빠져 있더라도 그 자신은 "한 사람의 자식으로 효도를 행해야만 하고[為人子止於孝]" "부모가 키워준 은혜를 잊지 않는 것[不能不顧父母之養]"이 "자식 된 도리였던 것이다[實則子職之道矣]."[81] 다시 말해서 김죽여는 잡초에 언급된 대로 유교적 효도관을 확실히 실천에 옮겼다.

4. 맺음말

「척소빈통」은 현재 발견된 자료들 중 유일하게 1894년부터 1905년 사이 영파를 중심으로 천주 및 대만 각 항구 사이에서 대리 무역상으로 일했던 복건 남부 지역 상인들이 남긴 필사본 편지에 관한 자료이다. 필사자는 아마도 1897년경 대만 담수에 와서 선두행(船頭行) 장사를 했던 김죽여였을 것이다. 김죽여는 천주 사람으로서 10세 때부터 영파에 있는 외삼촌의 가게에 가서 장사를 배웠고 하문, 상해 등지를 떠돌다 나중에 친구의 소개로 담수에 와서 장사를 했다. 김죽여는 1896년 영파를 떠나기 전후부터 시작하여 1894년 이래 그의 손을 거쳤던 상업 서신들을 필사하기 시작했다. 대만에 도착한 후 김죽여는 다른 사람을 대신해 편지를 써주기도 했고 연하장을 대신 써서 대륙에 있는 친지들

---

81   林玉茹 편, 『尺素頻通』, 제54건, 231∼232쪽.

에게 안부를 전하기도 했는데, 이 과정에서 그 전에 영파에 있을 때 가족 친지들에게 썼던 편지들도 재차 필사했다. 따라서 이상의 문서들은 점차 실용적 가치를 중시하던 데로부터 기념적인 의미를 가진 자료집으로 탈바꿈되었다.

「척소빈통」에는 도합 74건의 문서가 실려 있는데, 해당 문서들은 원본이 아니라 편지를 2차적으로 필사한 것이다. 해당 편지들은 필사자의 재분류 과정을 거친 까닭에, 수신자와 발신자 이름 및 발신 날짜가 명확히 기재되지 않은 것은 물론 탈맥락화가 진행되어 자료 판독의 어려움을 더해 준다. 「척소빈통」에 실린 편지들은 대략 7가지 종류로 나눌 수 있는데, 대부분은 상업 무역의 경영과 관련된 편지들로서 영파에서 천주로 발송된 편지들이 주를 이룬다. 방호가 언급한 바와 같이 영파에서 녹항으로 발송된 편지들이 아니다.

「척소빈통」의 문서 건수는 비록 적지만 상당히 희귀한 자료들이다. 첫째, 「척소빈통」을 통해 영파를 중심으로 한 대리상들이 어떻게 천주, 대만 각 항구와의 위탁 대리 무역을 진행했는지 대략 파악할 수 있으며, 일부 문서를 통해 담수에서의 구팔행 및 선박 무역의 운영 상황까지 엿볼 수 있다. 둘째, 19세기 말 영파의 증기선과 범선의 무역 경쟁은 이미 상당히 치열해졌던 바, 해당 문서를 통해 그러한 상황을 자세히 살필 수 있다. 보다 흥미로운 사실은 해당 문서들 속에 천주 지역 범선 선원들의 파업을 다룬 자료들도 포함되어 있다는 점이다. 셋째, 17세기 이래 대만과 영파 사이의 무역은 이미 매우 빈번하게 이루어졌고 그에 대한 기존 연구도 적지 않다. 방호는 본인의 저서 마지막 절에서 녹항과 영파 사이의 무역 상황을 다루었지만, 『창화현지(彰化縣志)』, 홍기생(洪棄生) 및 연아당(連雅堂)의 저서만 인용했을 뿐 「척소빈통」의 문서를 인용하지는 않았다. 「척소빈통」의 문서들은 아주 자세하게 대만 각 항구와 영파 사이의 무역 실태는 물론 상품의 운송 과정을 다루었고 녹항의 선두행과 영파 대리상 간의 상업 분쟁까지도 다루었으므로 추후 보다 심도 있는 분석을 요한다. 넷째, 영파는 19세기 말에 이르기까지 남북 물산의 무역 중심지로서, 「척소빈통」의 문서를 통해 아시아 각 지역으로부터 운반해온 남북 물산의 가격 비교와 연동 관계를 살필 수 있고, 어떤 요소들이 시장 가격에 영향을 미치는지 파악할 수 있다. 가장 소중한 것은 「척소빈통」의 문서들이 상품의 품종과 등급에 대해 자세히 소개하고 있다는 점인데, 같은 종류의 상품이라 할지라도 실제로 품종이 매우 다종다양한 바, 당시 수출입 무역의 실태를 보여 주고 서로 다른 지역에서 수입된 같은 품종의 상품들이 벌인 치열한 가격 경쟁에 대해서도 살필 수 있다. 다섯째, 「척소빈통」의 문서들은 19세기 말 영파에서 활동했던 해상 집단에는 어떤 사람들이 있었고, 그들 사이의 경쟁 물론 서양 상인들과의 경쟁까지 다루고 있으며, 선박으로부터 교행, 작은 가게, 수객들에 이르기까지 상호간의 작용과 힘겨루기에 대해서도 자세히 다루었다. 여섯째, 「척소빈통」 중에 들어있는 가족 서신 및 친구들에게 보낸 편지와 잡초들은 영파, 천주, 대만을 중심으로 활동한 해상 집단들의 상호 관계 및 그들의 가정, 생활에 대한 가치관을 잘 보여 준다.

무역통계로 본 1930년대 동아시아의 역내 교역과 항구도시[*]

하세봉

1. 머리말

'동아시아'라는 담론이 국내외에서 회자된 지도 이제 20년을 헤아리게 되었다. 담론 '동아시아'를 통하여 그동안 사상, 문화, 대외교섭 등에서 많은 성과를 축적하게 되었다. 그러나 경제사에서는 동아시아 전체를 조망하려는 노력은 근래에 빈약하다. 1980~90년대에 한국, 대만,

---

[*] 이 글은 2013년 10월 복단대학(復旦大學) 역사지리연구중심(歷史地理研究中心)의 주관으로 인하대 한국학연구소 등이 공동주최한 '해양·개항장·배후지─19세기 이래 동아시아의 교통과 사회 변천'에서 발표한 중국어 원고를 발표자 본인이 번역한 것이다. 학술대회 발표 원고이기 때문에 중국어 원고에서 충분히 서술하지 못한 부분을 번역과정에서 1절은 일부 보충했고 머리말과 맺음말은 새로 다듬었다.

홍콩, 싱가포르를 비롯한 동아시아의 경제적 발전을 이해하기 위하여 유교자본주의론, 중진자본주의론 등의 논의가 활발했지만, 1997년 동아시아의 통화·경제위기 이후 잠잠해졌다. 그러나 1997년 동아시아의 통화·경제위기는 동아시아가 세계자본주의 체제에 대하여 하나의 지역으로서 상호관계가 존재함을 보여주는 현상이었다. 동아시아경제가 지역으로서의 공통된 현상, 바꾸어 말하자면 상호관계를 지닌 동아시아 경제권은 역사적으로 소급하여 언제부터 시작되었을까. 전통시대의 동아시아 교역은 잘 알려져 있다시피 조공체제와 사무역으로 느슨하게 묶어져 있었다. 조공체제와 사무역에 입각한 동아시아 교역이 해체되는 시기는 개항과 더불어 조약체제로 이행한 19세기 후반의 일이고, 일정한 과도기를 거친 후, 내 생각으로는 동아시아경제가 근대적 상호관련성을 본격적으로 띠기 시작하는 것은 제1차 세계대전 이후인 1920~30년대로 여겨진다. 역내 교역의 측면에서 그러한 점을 찾아보고 그것이 수반하는 현상을 살피려는 것이 본고의 목적이다.

동일한 목적으로 나는 한 편의 논고를 발표한 적이 있다.[1] 이 글에서 면과 선 그리고 점의 역사로서 1930년대 동아시아의 내부 교역을 그려보고 싶은 것도 전고와 마찬가지이다. 그러나 본고에서는 먼저 면으로서 동아시아는 그 내부를 어떻게 구분할 수 있을까 하는 점에서 시작한다. 동아시아 혹은 아시아라고 할 때, 그 아시아가 무엇을 지칭하고 의미하는지에 대하여 다수의 논자들은 주로 역사상의 사상가나 정치가의 저술이나 발언에서 찾아내고자 했다. 그것이 관념 혹은 지향으로

---

1   하세봉, 「1930년대 동아시아역내교역의 방사선형 구조」, 『역사학보』 165, 2000.

서의 아시아라면, 보다 현실적인 혹은 현실에서 나타나는 동아시아를 찾아 볼 필요가 있다.

그 현실적인 동아시아를 찾아내는 데 적합한 대상의 하나는 당시의 무역통계자료이다. 무역통계는 지식인이나 정치가의 추상적인 관념 내지 인식과는 달리 상호 경제적 이해관계를 파악하기 위한 실용적인 필요에서 작성되는 것이고, 따라서 각종 무역통계는 보다 현실적인 동아시아의 지역구분을 바탕으로 하고 있을 것이다. 무역통계자료는 물론 국경을 기본적인 경계선으로 국가 간 재화의 이동을 파악하기 위한 목적으로 작성되는 것이고, 이 점에서 국가를 단위로 하는 현실을 가장 단적으로 보이고 있는 자료이나, 국경만으로는 파악하기 힘든 지역적 측면을 포착할 필요에 당면한다. 일본제국은 국민국가의 경계선을 무너뜨리고 영역을 확대했기 때문이다. 제국의 이름으로 포장된 국경만으로는 제국 이전부터 존재해 왔던 제국 내의 경제적 권역이 없어지는 것이 아니었다. 그 지역은 식민지란 이름으로 여전히 남아있었다. 신흥의 일본제국이 형해화된 중화제국을 볼 때에도, 중화제국의 역사적 유산에 집착한 중국 자신에게도, 중국은 한 덩어리로 파악하기에는 지역차가 컸다. 이러한 동아시아 내에 분할 가능한 지역적인 면을 무역통계자료를 통해 파악해보는 것이 우선의 일이다.

경제적 현실상의 동아시아 내의 지역구분을 근거로 각 지역 간의 교역을 선으로 그어보는 작업이 그 다음의 일이다. 이때 1936년도의 통계를 중심으로 다룰 것이다. 1936년도는 동아시아경제가 세계공황의 여파를 벗어나 정상을 되찾는 한편 본격적인 전시체제에 들어가기 직전의 시기이기 때문에, 1945년 이전 동아시아의 일상적인 교역의 최고

도달점을 보여준다. 이 부분의 서술은 전고를 재편하고 통계표의 추가
등 일부 수정 보완하였다.

2. 동아시아의 면―무역통계상의 지역

　외국무역의 통계작성이란 상대적인 작업이어서, 각국은 국가 또는
지역이 지칭하는 영역을 통일하여 무역통계상의 상호 편의를 도모하
려고 했다. 1932년 국제경제통계회의(The International Convention relating
to Economic Statistics)가 열려, 각국이 스스로 정한 자국의 무역통계지역
을 기초로 지역명에 관한 표를 작성했다. 이 회의에서 아시아지역에
관한 규정 가운데 동아시아를 보면, ① 홍콩 : 영국령이나 독립지역으
로 한다. ② 중화민국 : 홍콩, 마카오, 광주만(廣州灣)의 외국조차지 및 몽
고 서장(西藏)을 제외한 본토전부. 단 육로무역의 일부분이 제외된다.
③ 만주국(滿洲國) : 봉천(奉天) 등 11개 성(省)을 포함한다. 단 관동주(關東
州)는 제외한다. ④ 관동주 : 일본 속지이나 독립된 하나의 지역으로 하
고 무역통계는 관동주청이 독자적으로 발표한다. ⑤ 일본 : 조선, 대만,
남양제도, 관동주를 포함하지 않는다. 조선, 대만, 관동주는 각각 총독
부 혹은 주청이 별도로 조사 발표한다. 대략 이러한 합의가 이루어졌
지만, 각국이 반드시 국제경제통계회의의 이러한 지역구분에 관한 결
정에 따른 것은 아니었다. 무역의 상호관계라는 성격으로 세계 각국은

국가영역의 명확한 구분과 그 통일을 필요로 했지만, 각국은 나름의 편의에 맞추어 무역통계상의 국가구분을 임의로 하기도 하여, 그 지역적 구분은 다소 다른 경우가 없지 않았다. 동아시아에 관하여 예컨대 미국은 중화민국의 경우, 마카오 홍콩 관동주만을 제외한 전지역, 즉 만주, 몽고, 서장도 중화민국에 포함시켰다. 영국은 만주를 일본에, 대만은 일본에 포함시키고, 조선은 별개의 일 지역으로 삼았다.[2]

1930년대 동아시아 무역의 중심축은 역시 일본이었으므로, 먼저 일본 측 자료의 지역구분을 살펴보자. 1930년대 『일본무역외국연표(日本貿易外國年表)』에서는 세계를 7개 대지역으로 구분하고 있는데, 그 가운데 하나가 아세아주(亞細亞州)이다. 아세아주는 다시 4개 소지역으로 구분되어, 만주국, 관동주, 중화민국, 러시아령 아시아(Asiatic Russia), 홍콩이 하나로, 프랑스령 인도차이나(佛領印度支那, French Indo-china), 시암(暹羅, Siam), 영국령(英領) 말레이(British Malay), 해협식민지(海峽植民地, The Straits Settlements), 영국령 인도(英領印度, British India), 세이론(Ceylon)을 하나로, 이란, 이라크, 시리아, 팔레스타인, 아라비아가 하나, 아덴(Aden), 사이프러스(Cyprus), 필리핀, 영국령 보르네오(British Borneo), 네덜란드령 인도(蘭領印度, Dutch India)를 또 하나로 구분하고 있다. 『일본무역외국연표』는 대지역별로 수출입액을 합계내고 있으나, 대지역 아래의 소지역그룹에 대하여는 따로 합계를 내고 있지는 않다. 수출입통계가 체계화되면서 간행되기 시작한 때는 메이지 15년(1882)부터인데, 당초는 국별 수출입통계에서 국가의 구분은 특별한 기준이 설정된 것은 아니었

---

2   柴田銀次郎, 『外國貿易統計論』, 叢文閣, 1938, 12~21쪽.

고, 각국을 단지 열거한 데 불과했는데, 대체로 보아 국가순은 수출입액의 금액 순으로 보인다. 세계 각국을 대지역으로 구분하기 시작한 것은 메이지 27년(1894)부터이고, 대지역 아래에는 세계 각국을 아세아주 구라파주 아메리카주 기타 제주(諸洲)로 대별하고, 그 아래의 국가순은 무역액을 기준으로 순서를 매긴 듯하다.

1930년대의 지역구분에서 『일본무역외국연표』를 작성한 당시 일본 대장성의 아시아에 대한 인식을 볼 수 있어 흥미롭다. 우선 아시아 내의 첫째 소지역이 요즈음의 동아시아 혹은 동북아시아라고 할 때의 범주와 대략 일치하는 사실이다. 물론 『일본무역외국연표』에 식민지였던 조선과 대만은 포함되어 있지 않고, 그것은 각 총독부가 별도로 발표하였으나, 일본과 식민지 조선·대만이 아시아에 포함되는 것은 지금이나 그 당시나 마찬가지임을 감안한다면, 동아시아라는 범주는 이미 이 무렵에 그려질 수 있었다. 다음으로 이란 이라크 등은 현재의 중동과 대체로 일치하나, 동남아시아라는 지역이 현재의 인식과는 상당히 다르다는 점이다. 현재 남아시아라 할 때의 인도에 프랑스령 인도차이나, 시암, 영국령 말레이, 해협식민지 등 현재의 동남아시아가 뒤섞여 있고, 마지막인 네 번째의 아덴 사이프러스 등의 소지역은 그 기준이 무엇인지 애매모호하다. 이 구분은 대체로 지역적 공통성을 인식해서 라기보다는 식민지 모국을 염두에 둔 편의적인 순서로 보인다. 이것은 적어도 당시 일본 대장성에게 오늘날의 동남아시아나 남아시아라는 개념이 아직 성립되지 않았다는 것을 뜻한다.

『일본외국무역연표』는 무역연표라는 성격 때문에 국내물류에 대해서는 다루지 않았고, 따라서 명분상 제국의 일부로 취급되던 대만이나 조선과의 물류통계는 없다. 식민지의 무역연표는 『일본외국무역연표』를 통계양식의 모델로 했지만, 지역사정에 따라 상당히 변형된 양식으로 통계가 작성되었다. 『대만무역연표(臺灣貿易年表)－1936년』에서는 외국과의 무역을 먼저 게재하고 있으나, 절반 이상의 상당한 분량으로 대만 대(對) 중화민국 및 홍콩무역(香港貿易)의 행선지와 행선지별표가 다루어져 있고, 조선과 대만 간의 무역, 대만의 대내지(對內地)·화태(華太, 사할린)·조선 및 남양군도의 무역을 따로 취급하고 있다. 한편 『조선무역연표(朝鮮貿易年表)－1936년』은 수출입에 관한 내용이 절반가량인데(366쪽), 이출입에 관한 분량(392쪽)이 거의 대등한 분량으로 취급되고 만주국 및 중화민국에 관한 통계가 잡항에서 특별히 취급되고 있다. 무역연표를 작성하는 원래의 의도는 무역관련 통계를 작성하기 위함이어서, 그 원래의 의도대로 라면, 식민지하의 대만, 조선은 일본의 일 영역이므로 일본 본토와의 물류가 언급될 필요가 없으나, 『조선무역연표』『대만무역연표』가 일본과의 이출입에 큰 비중을 두고 작성되는 것은 서로를 다른 하나의 경제단위로 파악해야 하는 현실적 필요에 기인함은 물론이다. 『조선무역연표』에서 잡항의 내용은 대만주국 및 중화민국수출입품가액 항별(港別) 통계, 대만주국 및 중화민국수출입품 지방별 통계이다. 즉 대만과의 무역에 관한 통계는 없는 반면 만주, 중국과의 통계를 싣는 것도 그 중요성 때문이다. 그런데 여기서 지역의 항목을 보면 관동주, 만주국, 중화민국으로 나누고, 만주국은 간도지방, 북만주, 기타로 구분했는데, 만주라는 항목이 세 항목으로 세분되는 것은 1917년부터이다. 중화민국은 산동성, 하북성, 기타로 세분되어 있다. 즉 만주국에 대해서도 상품의 행선지 구분이 필요할 정도

로 양 지역의 관계가 밀접했고, 중국과는 사실상 이 2성(省)을 중심으로
한 화북지방에 교역이 치중되었음을 시사하고 있다.[3]

중국무역통계의 기초자료는 해관(China The Maritime Customs)에서 발
행하는 각종 통계자료임은 주지의 사실이다. 해관이 발간한 *Foreign
Trade of China*(『중화민국해관화양무역총책(中華民國海關華洋貿易總冊)』)의 구성양
식의 특징을 보면, 해관책(海關冊)에서는 품목 그 자체가 중시되고 국별
통계는 부차적인 것을 볼 수 있다. 이는 일본의 경우 품목의 국별, 국가
별 수출입, 입출항선박의 국가별 톤수 등 여러 가지 측면에서 국가별
통계가 중시되고 있는 것과 대비된다. 1920년도분을 예로 들면, 해관
징수세초(海關徵收稅鈔, Maritime customs Revenue)가 항구별 연도별로 통계
작성되었고, 해관이 관할한 상관징수세초(常關徵收稅鈔)도 역시 작성되고
있다. 그리고 양화(洋貨, 외국상품), 토화(土貨, 중국상품)별 수출입통계와 함
께 주요 수출품인 차(茶), 사(絲)의 통계가 별도로 제시되어 있고, 금은
의 이동 등에 관한 통계표가 제시되어 있다. 1932년부터 작성되기 시
작한 *Monthly Returns of the Foreign Trade of China*나 1930년대의 *Trade of
China, Annual Report*의 "Import from and Export to Foreign Trade"에서
는 각국별 분류 시 A, B, C의 알파벳 순서로 나열하고 있다.

내가 관심을 가지는 지역구분을 적시하는 통계로, '전국대외무역보
고 및 통계개요(全國對外貿易報告及統計輯要, Report on Foreign Trade of China and
Abstracts of Statistics)'에서는 각국별 무역액의 전국통계로서, 홍콩(香港)부
터 시작하여 프랑스령 인도차이나(安南, French Indo china) 등의 동남아시

---

[3]　그러나 기타 지역의 액수가 많은 연도가 자주 보인다.

아, 유럽각국, 동아시아(조선, 일본, 대만), 필리핀제도, 미주의 순으로 배열되어, 『일본무역외국연표』와 같은 세계의 대지역 구분은 존재하지 않는다. 다만 무역상대국은 1880~90년대에는 영국을 위시하여 13국(혹은 지역)에 그쳤으나[4], 20세기에 들어서서는 그 수가 늘어 예컨대 1912년도의 통계에는 홍콩을 시작으로 34개국(혹은 지역)으로 늘어나 보다 상세해졌다. 아시아에 관해서는 Hong Kong, Macao, Korea, Japan(Formosa include), Singapore etc., Dutch Indies, British India 등의 국가(지역)구분이 되어 있는데, 여기서 보면, 당시 해관은 식민지여부와 관계없이 조선 등을 하나의 지역으로 구분하고 있으나, 같은 일본의 식민지임에도 대만은 일본에 포함시키는 점이 대비되고, 동남아시아라는 지역적 구분이 존재하지 않는 등, 지역에 대한 구분관념이 희박했다. 해관무역보고 및 통계(各關貿易報告及統計, Port Trade Statistics and Reports)에서는 항별 무역화물에 관한 국별 통계는 없고, 대신 수출입화물 분석(進出口貨物類編, Analysis of Foreign Trade : Imports and Exports)에는 화물별로 수출입행선지가 기록되어 있다. 이 때문에 *Foreign Trade of China*로 중국의 국별 통계와 화물별 행선지는 확인되나, 중국의 각 항과 외국 국별 무역량은 확인할 수 없다. *Foreign Trade of China*의 통계는 각 항구 해관이 무역업자가 제출한 수출입보고서를 기초로 1931년 이전에는 각 항구의 해관이 통계를 작성했고, 1931년 이후에는 총세무사서(總稅務司署) 통계과에서 총괄 작성했다.[5] 따라서 각 항의 외국 국별 무역량의 통계를 내는 것이 가능했으나,

---

4 濱下武志, 『中國近代經濟史硏究』, 東京大學出版會, 1989의 부록, 466~468쪽 참조. 수출은 16개 국(지역).

5 鄭友揆, 『中國的對外貿易和工業發展－1840~1948』, 上海社會科學院出版社, 1984, 314쪽.

*Foreign Trade of China*의 이러한 통계양식은 당시 해관이 수출입화물의 국별 통계는 중시했으나, 중국의 각 지역과 외국간의 연관성에 대해서는 주목할 필요를 느끼지 못했음을 나타낸다.

중국 측의 각종 무역통계는 *Foreign Trade of China*를 기초로 작성되기 때문에 *Foreign Trade of China*의 지역구분에서 크게 벗어날 수 없을 것이나, 재가공한 결과를 보면 중국 측의 지역구분에 대한 인식을 엿볼 수 있다. 재정부의 『재정연감(財政年鑑)』(1935)에는 통계적 혹은 정책적인 관점에서 아시아 혹은 동아시아라는 인식을 찾아볼 만한 대목은 거의 없다. 무역상대국별 통계표에는 「영국 및 그 속지(英國及其屬地)」 「일본 및 그 속지(日本及其屬地)」 「미국 및 그 속지(美國及其屬地)」 「프랑스 및 그 속지(法國及其屬地)」 「네덜란드 및 그 속지(荷國及其屬地)」로 나누어, 아시아 각 지역을 식민지모국을 기준으로 분류했다(454~458쪽). 한편 『중국경제연감(中國經濟年鑑)』1934년 및 『중국경제연감-민국25년도 제3편』(中華民國實業部 編)에는 「아국대각국무역총액백분비통계표(我國對各國貿易總額百分比統計表)」를 작성하고 있는데, 이때의 국가구분은 미국, 일본, 영국, 홍콩, 독일, 인도, 네덜란드령 동인도, 오스트레일리아, 러시아, 안남, 조선, 시암(Siam), 프랑스, 이탈리아, 기타 각국으로 나누고 있다. 여기서는 대지역별 구분이 아니라, 대체로 볼 때, 중국과의 무역량이 큰 순서에 따라 순차적으로 각국을 위치시켰고, 이들 14개국으로 구분된 국별 구분에서 당시 독립된 국가가 아닌 식민지가 상당수를 차지하고 있는 점이 눈에 띈다(대만은 일본에 포함한다고 표기되어 있다). 그것은 당시 중국과의 경제적 관련도를 중심으로 국가 내지는 지역을 배치시키면서, 그 지역이 독립국가인가 식민지인가는 중시하지 않는 표 작성자의 의식을 드러내고 있는 것이다. 『신보연감(申報年鑑) — 민국25년』의 수출입화물액 국별 비교표에는 오스트리아, 벨기에, 룩셈부르크, 인도, 캐나다, 쿠바, 덴마크, 대만, 프랑스, 안남, 영국, 홍콩, 이탈리아, 일본, 조선, 마카오, 네덜란드, 네덜란드령 동인도, 뉴질랜드, 노르웨이, 시암, 싱가포르, 스웨덴, 스위스, 미국, 소련 및 시베리아, 기타각국의 순으로(815쪽) 나열되어 있다. 여기서는 세계지역의 대분류적 구분도, 그 나열순서상의 기준도 찾아보기 힘들다.[6] 여기서 주목되는 것은 대만이란 항목의 설정과 만주국의 항목이 없다는 점으로, 대만이 중국이 아님은 인정하고 있으나 만주국의 존재는 외면하고 있는 것이다.

현재의 동남아시아라는 용어는 1940년대부터 사용되기 시작하다가, 동남아시아라는 용어가 정착된 결정적 계기는 영국의 제안으로 동남아시아의 일본점령지에서 일본을 구축하기 위해 동남아시아 사령부를 설치하기로 한 1943년 퀘백 회의의 결의였고, 동남아시아가 세계공통어로 된 것은 제2차 세계대전 후 미국외교 덕분이라고 야노 도오루(矢野暢)는 언급하고 있다.[7] 동남아시아에 대한 일본무역통계상의 인식은 『일본무역외국연표』의 국별 통계 양식에서 보듯이 명확하게 성립된 것은 아니다. 1930년대 중국의 통계서, 예컨대 앞서 든 『재정연감』『중국경제연감』『신보연감』 등에서 무역과 관련하여 동남아시아라는 지역인식은 거의 찾아보기 힘들다. 대신 화교에 대한 관심에 기인하여 동남아화교

---

6 이 표의 앞부분에 『신보연감(申報年鑑)』의 편찬자는 해관책(海關冊)의 국가 구분에 따라 29곳으로 나누었다고 하고 있는데, 앞서 언급한 바와 같이 해관책에서는 일본에 대만(臺灣)을 포함시킨 수치를 제시하고 있었다. 여기서 대만의 수치는 어떻게 산정되었는지 알 수 없다.

7 矢野暢, 『東南アジア世界の構圖』, NHKブックス, 1984, 19쪽.

의 거주지역을 지칭할 때 남해(南海)라는 용어를 사용하며 언급하고 있다. 당시 중국에게 동남아란 지역이 아니라 거기에 거주하는 화교가 존재했을 뿐이다. 이러한 사실을 볼 때, 야노 도오루의 언급은 타당하나, 그것은 국제적으로 통용되는 동남아시아라는 용어에 한할 때 그러하다. 『일본무역외국연표』상에서는 동남아시아가 지역묶음으로서 뚜렷하게 부각되지는 않았지만, 일본경제계는 일찍부터 동남아시아에 대한 관심은 가졌다. 그러한 예로서 '남양협회(南洋協會)'가 1915년에 조직되어 이후 회보와 잡지를 발행했고, 대만총독부가 『남지나 및 남양정보(南支那及南洋情報)』를 1931년부터 발행하여 남양에 대한 조사를 시행하였는데, 구체적이고 망라된 정보가 등장하는 시기는 역시 40년대에 『대남양연감(大南洋年鑑)』이 나온 무렵이다.[8] 즉 이미 제2차 세계대전 전부터 일본에게는 남양(南洋)이라는 이름의 동남아시아가 존재했던 것이다.

이상은 그것이 독립국이든 식민지이든 외국에 대한 구분인데, 중국에 관해서 『일본외국무역연표』나 『고베무역연보(神戶貿易年報)』 등 일본 측 무역통계 자료에는 중국을 북지나(北支那), 중지나(中支那), 남지나(南支那)로 구분한 통계가 첨부되어 있다. 이러한 구분에 중국을 분할하려는 정치적 의도가 깔려있다고 본다면 그것은 지나친 예단이다. 무역통계 자료는 순수 경제자료이기 때문에 정치적 의도를 굳이 내세울 필요가 강하지는 않았다. 그것은 경제적 필요상 그러한 지역적 구분이 필요했기 때문일 것이다. 『대일본무역연보(大日本貿易年報)』[9]에는 1906년부터

---

8 해외지역을 대상으로 하는 무역협회의 창설에서 볼 때 남양협회(南洋協會)의 창설은 늦은 편이 아니다. 東京商工會議所 編, 『昭和10年 商工年鑑』, 1936, 880~881쪽 참조.
9 1882~1928년까지는 『대일본무역연보(大日本貿易年報)』였다가, 29년 이후는 『일본외국무역연표(日本外國貿易年表)』로 이름이 바뀐다.

「대청무역표(對淸貿易表)」 및 「대청무역항별표(對淸貿易港別表)」를 별도로 게재하기 시작했다. 「대청무역표(對淸貿易表)」는 청국(淸國)을 만주, 북청(北淸), 중청(中淸), 남청(南淸)의 4지역으로 나누고 각 지역별로 수출입액을 기재했다. 주기(註記)에 의하면, 중국의 이러한 지역구분은 만주는 만주 및 성경성(盛京省), 북청은 산동성(山東省) 및 직예성(直豫省), 중청은 강소성(江蘇省) 및 절강성(浙江省), 남청은 복건성(福建省) 및 그 이남으로 획정하고 있다. 이후에 만주와 관동주가 분리되고, 중국에 관한 별도의 항목에서 매년 화북(華北), 화중(華中), 화남(華南)의 지역별로 일본의 수출입액이 기재되고 있는데, 그 지역적 범주는 크게 다르지 않을 듯하다. 중국에 대한 일본의 이러한 지역구분은 당시 『대일본무역연보』을 편찬한 일본의 대장성, 나아가 일본의 경제계가 중국경제를 한 묶음으로서가 아니라 3, 4개의 지역으로 구분하여 보지 않으면 안 될 필요성에 기인한 것이다.

당시 일본 측의 자료가 북, 중, 남중국으로 구분한 것은 편의적인 필요도 있었겠지만, 3지역은 지역의 여러 가지 조건에 따라 경제적 성격이 다르고, 따라서 물류의 면에서도 중국을 대지역으로 구분할 필요가 존재하기 때문이다. 유사한 이유로 중국 측의 통계자료도 그러한 지역 구분은 행해졌다. 예를 들어 실업부(實業部)의 『중국경제연감―민국25년도 제3편』의 제14장 상업에 각지상정개황(各地商情概況)을 싣고 있는데, ① 상해(上海), 남경(南京) 등의 화동, ② 광주(廣州), 산두(汕頭) 등의 화남, 감숙성(甘肅省), 사천성(四川省) 등의 화서, ③ 산동성(山東省), 화북성(華北省) 등의 화북, ④ 호남성(湖南省), 강서성(江西省) 등의 화중으로 구분하고 있다. 재정부의 『재정연감』(1935)에서도 동삼성각관(東三省各關), 북부각관(北部各關), 중부각관(中部各關), 남부각관(南部各關)으로 나누어 대지역

별로 수출입무역액을 비교하고 있다(446~452쪽). 『재정연감』의 대지역
권 구분은 일본 측 중국무역통계자료의 중국 지역구분과 대체로 일치
한다. 『쇼와 11년 중남지나외국무역상세통계(昭和11年中南支那外國貿易詳細
統計)』에서는 북지나는 하북(河北), 산동(山東), 산서(山西), 섬서(陝西), 감숙
(甘肅)을 포함하고, 항구는 천진(天津), 청도(靑島) 등의 6개 항구, 중지나는
강소(江蘇), 절강(浙江), 안휘(安徽), 하남(河南), 호북(湖北), 강서(江西), 사천(四
川)을 포함하고, 항구는 상해(上海), 진강(鎭江), 남경(南京), 한구(漢口) 등 16
개 항, 남지나는 복건(福建), 광동(廣東), 광서(廣西), 운남(雲南)을 포함하고,
항구는 복주(福州), 하문(廈門), 산두(汕頭), 광동(廣東) 등 18개의 항구 혹은
관문을 포함하고 있기 때문이다(1쪽).

그런데 홍콩의 대중국무역통계에서 중국의 지리적 구분은 상당히 달
라 주목을 끈다. 만주사변 이후 홍콩의 무역통계에서 북중국은 만주국,
진강(鎭江), 진황도(秦皇島), 지부(芝罘), 대련(大連), 한구(大連), 하얼빈, 영파(寧
波), 상해, 천진, 위해위(威海衛), 온주(溫州) 및 양자강 연변항을, 중부중국은
산두, 산미(汕尾), 하문, 복주를, 남부중국은 광동, 해구(海口), 강문(江門), 오
주(梧州), 경주(瓊州), 운남을 포함하는 지역으로 구분하여 지역별 통계를
내고 있다.[10] 여기서는 북중국의 경계선이 온주까지 내려오고, 중국이나
일본의 무역통계에서는 남중국으로 처리되는 산두, 산미, 하문, 복주가
중부중국으로 분류되는 것이다. 따라서 남부중국의 지역적 범위는 광주
와 남부내륙의 국경도시로 매우 좁아졌다. 그것은 홍콩의 대중국무역에
서 중국이나 일본과는 달리 남부중국과의 교역이 많았고 따라서 남부중

---

10   東調東京支社調査實, 『東調調査 第26號-3 : 香港貿易』, 1940, 15쪽.

국에 무게를 두어 중국을 구분할 필요성 때문일 터인데, 이렇듯 동일한 중국대륙도 남쪽 끝에서 바라보면 또 다른 모습을 띠게 된 것이다.

3. 동아시아의 선—내부 지역 간의 교역

이상에서 확인했다시피, 무역통계자료상의 동아시아는 30년대에 오게 되면, 일본, 중국, 만주, 조선, 대만이라는 각 면의 조각으로 구성되었고, 중국은 북, 중, 남중국으로 세분되었다. 전자의 지역구분에 따라 36년도 현재 동아시아 내부 지역 간의 수출입액의 통계를 낸 것이 다음의 〈표 1〉이다. 〈표 1〉에서 관동주로의 각국(식민지) 수출액은 중국에 편입했고, 관동주로부터의 각국(식민지) 수입액은 만주에 편입시켰다. 관동주의 주요 수출품은 농산품이 대부분이고 또한 중국으로 수출되었기 때문이다.[11] 이출은 C.I.F. 가격, 이입은 F.O.B. 가격으로 다소의 오차가 발생하나, 전체적인 비중을 가늠하는 데는 무리가 없을 것으로 생각된다. 동아시아 무역 총액에서 중국은 근거자료에서 국폐원(國幣元)으로 기록되어 있으나, 1元：1圓＝1：1.023으로 원(圓)으로 환산하여 상호대비가 가능하도록 한 수정치이다.

---

11 本有造, 『日本植民地經濟史硏究』, 名古屋 : 名古屋大學出版會, 1992, 130쪽; 夷石隆壽, 「大連港輸移入外國品奧地仕向額就」, 『滿鐵調査月報』 11卷 12號, 1931.12, 115쪽; 關東州廳, 『關東州貿易統計—昭和11年』, 1936, 3쪽.

<표 1> 1936년도 동아시아 역내교역에서 지역별 수출입비중 비율(%)

		일본	중국	만주	조선	대만	홍콩	합계	동아 비율	동남아 비율	각국 비율	동아 무역액 (百萬 日圓)
일본	수이출		32.0	9.5	40.0	14.8	3.7	100	44.4	8.2	26.4	1,582
	수이입		12.2	18.8	40.6	28.2	0.3	100	34.1	7.4	21.3	1,274
중국	수출	40.4		9.5	4.0	2.0	44.1	100	34.2	5.7	4.1	247
	수입	79.6		7.8	1.5	1.7	9.3	100	20.2	13.4	3.3	193
만주	수출	56.5	19.3		13.7	8.3	2.3	100	67.3	0.6	5.3	319
	수입	85.2	8.8		5.2	0.2	0.6	100	93.3	1.2	7.2	431
조선	수이출	86.8	2.3	9.3		1.5	0.1	100	99.3	0.2	10.0	596
	수이입	87.6	2.2	8.8		1.4	0.0	100	97.4	1.6	11.3	677
대만	수이출	93.5	3.1	0.2	2.5		0.7	100	97.5	0.6	6.4	383
	수이입	84.7	3.0	9.2	3.1		0.0	100	97.4	0.8	4.8	287

- 동아시아 비중, 동남아시아 비중은 각국의 무역 총액에서 차지하는 동아시아, 동남아시아의 비중.
- 동아시아 무역액은 각국의 동아시아 내부무역액 수치(%).
- 동아시아 무역액 단위는 백만 원(圓).
- 출전 : 『日本外國貿易年表－昭和11年』, 2~5쪽; 『北支那外國貿易統計年報－昭和11年』, 8~9쪽; 『昭和11年 滿洲國外國貿易詳細統計』, 2쪽; 『朝鮮貿易年報－昭和11年』, 14~15쪽; 『臺灣貿易年報－昭和11年』, 17, 445쪽.

<표 1>은 1930년대 동아시아 무역에 관한 여러 가지 사실을 말해주고 있다. 일본과 각국(식민지) 간에 방사선형 교역이 성립되어 있었다. 동아시아지역 간 무역유통 총액은 5,985백만 원(圓)이 되는데, 수출입액을 합한 일본의 무역액이 47.7%를 차지하여 일본이 동아시아 내부 교역의 절반가량을 차지하고, 그 나머지를 조선이 21.3%, 만주가 12.5%, 대만이 11.2%, 중국이 7.4%의 비중을 차지하고 있었다. 이 시기의 일본은 비중에서 클 뿐만 아니라 동아시아 내부무역이 일본제국을 중심에 두고 특히 일본과 각국(식민지) 간에 방사선형 교역이 성립되어 있었던 것이다. 그 방사선 구조는 각국의 일본으로부터 수입 즉 일본의 각국으로 수출에 극단적으로 나타난다. 이러한 방사선형 양상에서 동아시아

교역의 제국-식민지적 구조를 재확인할 수 있다.

그리고 동아시아 내부 총무역액에서 일본 47.7% 다음으로 조선이 21.3%, 만주가 12.5%, 대만이 11.2%, 중국이 7.4%로, 조선의 비중이 기타 각국에 비해 상대적으로 컸다는 점이 주목할 만하다. 일본의 수출시장으로서 조선의 비중은 40.0%로, 중국과 만주를 포함한 수치와 맞먹을 정도였다. 조선에서 일본으로의 수입은 일본의 동아시아 수입에서 40.6%로 중국과 만주의 합계보다도 많았다. 이것은 동아시아 내에서 일본-조선의 상호의존도가 가장 높아, 같은 식민지라도 일본경제와의 관계에서 대만과 다른 조선의 위상을 말하고 있다.

또 동아시아 내부무역에서 중국의 비중이 극히 작았다(7.4%)는 의외의 사실을 발견하게 된다. 중국의 대동아시아 무역은 일본과의 교역이 사실상 결정했다. 1930년대에는 20년대에 비하여 현저하게 감소했다. 1926~30년의 5년간 중국 대일(對日)무역의 연평균액은 543.8백만 해관량(海關兩)이었고, 1932~36년의 5년간 연평균액은 233.4백만 국폐원(國幣元)이었다. 해관량을 국폐원으로 환산하면, 1해관량 = 2.06국폐원으로,[12] 5년간 연평균액은 1120.2백만 원(元)이 된다. 이 수치로 보면, 30년대 전반 중국의 대일무역액은 20년대 후반 무역액의 1/5로 크게 감소되었다.[13]

---

12   이 수치는 1926~30년 사이 해관량(海關兩) 대 US$의 연평균환율과 1932~36년의 국폐원(國幣元) 대 US$의 연평균환율을 기초로 해관량 대 국폐원의 가치를 계산한 것이다. Hsiao Liang-lin, *China's Foreign Trade Statistics : 1864~1949*, Harvard Univ., 1974, pp.154·192의 수치에 근거.

13   해관량 대 국폐원의 환율에 대하여 『昭和11年 北支那外國貿易統計年報』, 2쪽에는 누년 비교 시 1해관량 = 1.588국폐원으로 환산하고 있는데, 이 환율을 적용하면 그 감소폭은 다소 줄어든다.

〈표2〉 중국총무역에서 대일무역의 비중(1870~1936)

연도	1870	1880	1890	1900	1910	1920	1930	1936
비중(%)	2.6	3.6	5.7	11.5	16.4	28.5	24.7	15.5

• 출전 : Hsiao Liang-lin, *China's Foreign Trade Statistics : 1864~1949*, Harvard Univ., 1974, pp.22~24 · 152~154의 수치를 근거.

〈표 2〉에서 보듯이 남경조약을 계기로 시작된 중국의 근대적 대외무역에서 19세기 후반 이래 점진적으로 동아시아와의 상관도가 증가되어 20년대에는 30%에 육박할 정도가 중국과 동아시아의 무역관련도가 높아졌다. 그러나 30년대에 이르러 급격히 그 비율이 떨어졌다. 그 이유의 첫째는 만주국이 중국무역통계에서 분리되었기 때문이다. 1926년도와 비교해 보면, 1926년 만주 3항(대련(大連), 우장(牛莊), 안동(安東))의 무역액은 중국무역 총액의 28%를 차지했고, 만주 3항의 대일무역은 중국 대일무역 총액의 39%를 차지했다.[14] 둘째 중국의 정책적 요인으로서는 관세자주권의 회복 즉 관세의 인상을 꼽을 수 있는데, 관세는 미국, 영국, 독일의 상품에 비해 특히 일본 상품의 수입에 상대적으로 고관세가 매겨져 일본상품의 중국유입은 기타 열강의 상품에 비해 현격히 낮아졌다. 다만 고관세에 대한 반작용으로 특히 35, 6년에 밀수가 크게 증가했고, 밀수품의 절대부분은 동북의 항구로부터 들어온 일본상품이었다.[15]

---

14 Hsiao Liang-lin, *Ibid.*, pp.24 · 154의 수치 및 南滿洲鐵道株式會社, 『昭和元年 滿洲貿易詳細統計』, 2 · 7쪽의 수치에 근거.

15 鄭友揆, 『中國的對外貿易和工業發展 1840~1948』, 上海社會科學院出版社, 1984, 86~87쪽; Hsiao Liang-lin, *Ibid.*, p.8; 久保亨, 『戰間期中國自立への摸索－關稅通貨政策と經濟發展』, 東京大學出版會, 1999, 157쪽; 金子文夫, 「資本輸出と植民地」, 大石嘉一郎 編, 『日本帝國主義史』 2卷, 東京大學出版會, 1987, 351쪽.

〈표3〉 1926년도 만주 3항 수이출입에서 동아시아의 비중(%)

	일본	조선	홍콩	중국	동아시아 합계액	무역 총액
동아시아 수이출에서의 비중	48.5	15.8	1.6	34.1	100	229
동아시아 수이입에서의 비중	56.1	2.7	4.3	36.9	100	183
수출 총액 중의 비중	54.5	17.7	1.8			204(수출)
수입 총액 중의 비중	76.3	3.2	5.2			152(수입)

- 3항은 대련, 우장, 안동을 지칭한다.
- 금액단위 : 백만 해관량.
- 출전 : 南滿洲鐵道株式會社, 『昭和元年 滿洲貿易詳細統計』, 2～7쪽.

　　만주국의 성립은 이제까지 중국의 국내시장으로 존재하던 만주를 국경으로 분리하게 되었다. 관세구역의 분단 즉 국경의 설정은 만주시장을 중국으로부터 분리시키고, 일본에 깊숙히 편입시켰다. 면방직업, 제분업, 성냥제조업은 중국민족공업 가운데 대표적으로 성장 발전한 업종인데, 이러한 업종의 상품에게 만주는 중요한 시장이었다. 1920년대 후반(1926～30)에 3개항을 통한 물류량으로 시장점유율을 보면, 만주시장에서 중국제품 대 일본제품은 면직물이 10 : 20, 면사는 10 : 4, 제분은 10 : 8 성냥은 10 : 25의 비율이었다.[16] 이러한 비율로 보면, 이 무렵 만주에 만철을 비롯한 일본자본과 일본상인이 대거 진입해 중국시장을 개척했지만, 중국제품도 상당히 약진했던 셈이다.

　　〈표 1〉과 〈표 3〉으로 만주국 성립 전후 만주–중국의 교역을 비교해 보면, 국경의 설정으로 중국과 만주시장의 분리가 현저하게 진행된 사실을 보여준다. 1936년에 만주는 일본제품의 독점적인 판매시장으로 변했다. 반면에 대중국수출의 비중은 1926년의 34.1%에서 1936년도

16　　大連商工會議所, 『滿洲輸入本邦品と他國品との競爭事情』, 1932, 10～19쪽의 표에 근거.

의 19.3%로, 15%나 감소한다. 동일한 현상은 만주사변을 계기로 만주의 중국상인들이 거래선을 중국내지에서 일본으로 바꾸는 예[17]에서도 확인된다. 그런데 수출에서는 다르다. 만주의 대일본수출은 그 비중이 1926년의 48.5%에서 1936년에는 56.5%로 그 비중이 늘었으나, 절대액은 유사하다. 만주의 대조선의 수출비중도 1926년의 15.8%에서 1936년의 13.7%로 만주의 수출지로서 조선의 비중은 다소 감소했고, 금액도 감소되었다. 만주의 대동아시아 수출액은 1926년의 361백만 원(圓)에서 1936년에는 319백만 원으로 오히려 줄어들었고, 수입은 289백만 원에서 431백만 원으로 크게 늘어났다. 그리고 조선으로부터의 수입이 동기간에 거의 3배나 늘었다. 즉 만주의 중국으로부터의 분리로 인하여 일본제품의 수입시장, 부수적으로 조선상품의 수입시장으로 변했다.

1930년대에는 동아시아 내부교역에서 중국은 멀어져 갔고, 대신 일본제국이 중심에 섰다. 일본을 제외한 식민지 및 중국 간의 횡적 교역도 금액은 적지만 점차 증가했다. 〈표 1〉에서 보듯이 일본을 제외한 중국, 만주, 조선, 대만 간에 수출입에 따라 상당히 다르나 각 지역 간의 교역이 높게는 10%대까지 진전되고 있었다. 조선-대만의 관계는 요시노부 스스무(吉信肅)가 정리한 바가 있다. 그에 의하면 1923, 4년을 경계로 조선-대만의 교역은 이전의 우연적 교역이 이후 항상적 교역으로 전환되어, 전후를 비교하면 대만의 조선에 대한 이출은 이 시기를 경계로 20배, 이입은 10배가 증가되었다.[18] 또한 조선-중국의 교역도 중국 측에서 볼 때,

---

17   大阪市役所産業部 調査課, 『週刊 東洋貿易時報』 第8卷 9號, 1932.2, 7쪽.
18   吉信肅, 「日本の對植民地貿易」, 『兩大戰間期のアジアと日本』, 大月書店, 1979, 4~5·29

중국의 해관보고에 조선이 처음으로 등재된 1883년에 중국 총무역에서 조선무역은 0.009%에 불과했으나, 1927년에는 3.9%의 최고치에 달했다.[19] 가와이 가즈오[河合和男]·윤명헌(尹明憲)의 연구에 의하면, 조선의 대일 이입에서 36~38년에는 1할을 넘어섰다. 대일 이출에서도 공업제품이 급증하여 39년에는 총이출액의 59.5%를 차지하게 되었다.[20] 린만홍[林滿紅]은 "대만이 동북아 무역에서 차지한 비율은 1906~1931년간 평균 0.67%였는데 1932~1939년간 평균액은 5.63%로 8.4배가 증가했다"[21]고 한다. 따라서 만주는 일본상품의 수입시장이자 조선과 대만의 수입시장이 되어 이중식민지의 성격이 중첩되었다.

〈표 1〉에서 읽어낼 수 있는 또 하나의 사실은 동아시아 내부 각 지역과 동남아시아의 관계이다. 만주, 조선, 대만의 식민지는 동남아시아 무역액이 대동아시아 수출입의 1% 전후로 일본에 의해 거의 차단되어 있었다. 이것은 식민지 무역구조를 단적으로 보여주고 있다. 반면에 일본은 대동남아시아의 수출이 수이출입 총액의 대동아시아 수출액의 18.4%를 차지하여, 일본에게 동남아시아 시장은 14.8%의 대만을 약간 상회하는 비중을 점했다. 주의를 끄는 것은 중국, 홍콩, 동남아시아의 관계이다. 중국의 대홍콩수출은 대일본수출보다 약간 많고, 가령 홍콩을 동남아시아에 포함시킨다면, 중국에게 수출시장으로서 동남아시아가 갖는 비중은 일본보다 컸고, 수입은 동남아로부터의 수입이 일본으

~31쪽.

19 何炳賢, 『中國的國際貿易』, 商務印書館, 1937, 761쪽.
20 河合和男·尹明憲, 『植民地期の朝鮮工業』, 未來社, 1991, 157~165쪽.
21 「臺灣與東北間的貿易 1932~1941」, 『中央研究院近代史研究所集刊』 24期 下冊, 1995, 695쪽.

로부터 수입의 4/5에 달할 정도로 크다. 동아시아에서 중국은 유일하게 동아시아권 못지않게 동남아시아권과의 상관관계가 높았던 것이다. 동조도쿄지사(東調東京支社) 조사실의 자료에 의하면, 1936년도 홍콩의 무역에서 중국이 차지한 비중은 수출의 42.7%, 수입의 33.6%를 차지했고,[22] 또 다른 자료에 의하면 1936년도 홍콩의 수출가운데 51.1%가 중국을 포함한 동아시아, 18.5%가 동남아시아. 수입가운데 47.5%가 동아시아, 21.9%가 동남아시아였다.[23] 중국으로부터 홍콩의 수입품이 얼마나 동남아시아로 재수출되었는지는 추정하기 어려우나, 홍콩무역의 중계적 성격을 생각해 볼 때, 그 비중이 높았음은 분명하다.

여기서 1930년대 동아시아에서 중국은 유일하게 동아시아권 이상으로 동남아시아권과 긴밀한 관계를 보지하고 있었다고 했는데, 이를 '중국'의 특징이라 말하기는 무리가 있다. 앞서 보았듯이 중국을 북부 중부 남부로 구분하는 것은 당시 무역자료에 자주 보이는 일이다. 광대한 중국을 이러한 3지역으로 구분해서 보면, 중국을 단일 항목으로 취급할 때에는 보이지 않는 측면이 드러난다.

〈표 4〉에서 중국 3대 지역의 동아시아 시장과의 관련성을 보면, 화북은 동아시아와의 상관도가 높고 동남아시아와는 낮으나, 화남은 동아시아와의 상관도가 약하고 동남아와의 관련성이 강하다. 동아시아 무역에서 상대적인 비중은 화북의 40.9%에 비하여 화중이 15.4%로 현

---

22   일본은 수입의 12.8%를 차지했다. 東調東京支社調査室, 『東調調査 第26號－3：香港貿易』, 1940, 13쪽.

23   永田健三, 「南支貿易の價値と事變下貿易の特異性」, 『東京の貿易』第1卷 8號, 1938.12, 15쪽의 香港貿易國別比較表.

<표4> 1936년도 중국 3대지역 무역에서 각 무역권의 비중(%)

	중국 전체			화북			화중			화남		
	수출	수입	합계	수출	수입	합계	수출	수입	합계	수출	수입	합계
동아시아	19.1	18.1	18.5	35.4	48.3	40.9	17.2	14.3	15.4	1.4	8.2	5.1
동남아시아	5.7	13.4	10.1	0.5	10.0	4.6	8.2	10.4	8.3	22.7	31.2	25.9
홍콩	15.1	1.9	7.5	7.1	0.4	4.3	4.9	1.3	2.6	55.1	5.4	27.3
아시아 전체	44.0	36.5	39.72	43.5	60.1	50.6	30.8	29.1	29.8	82.0	45.9	62.1
구미	50.4	57.7	54.6	51.6	36.5	45.2	62.6	64.1	63.1	17.3	51.3	36.1
아시아 무역액	310	344	655	83	84	167	117	186	303	110	76	186

- 금액단위는 백만 國幣.
- 구미는 유럽과 미국.
- 출전 : 滿鐵天津事務所調查課, 『昭和11年 北支那外國貿易統計年表』, 1937, 8쪽, 12~13쪽; 東亞研究所, 『昭和11年中南支那外國貿易詳細統計』, 1940, 第1篇 12~13쪽·第2篇 12~13쪽.

격히 작다. 다만 무역의 절대액이 크기 때문에 화중의 동아시아 무역액은 151백만 국폐원(國幣元)으로 화북의 136백만 국폐원보다 많았다. 반면에 구미의 비중이 화중은 63.1%로, 화북의 36.5%, 화남의 36.1%보다 높았다. 화남은 36.1%로 화중은 물론 화북의 45.2%보다 낮다. 대신 화남은 인도, 동남아시아를 포함한 아시아와의 상관도가 62.1%로 높은 수치를 기록하고 있다. 즉 화남은 동아시아 내부무역의 변경에 위치하면서, 구미와도 상대적으로 관계성이 약하고 대신 동남아시아권에 깊이 편입되어 있었다.

4. 동아시아의 점 — 내부 교역에서 도시

그런데 해운을 주된 운송수단으로 하는 무역의 특성상 동아시아 내부교역은 소수의 몇 개 항구를 통해서 이루어진다. 따라서 점으로서의 동아시아 도시관계로 좁혀보면, 그 방사선구조는 지역 간이라기보다는 교역의 거점도시 간에 형성된 것이다. 동아시아 제국에서 근대도시는 소비시장을 배후에 두고 선박의 기항에 적합한 항구가 열강에 의해 강제적으로 개항의 요구를 받았다. 개항 이후 열강은 그 개항장을 통하여 효과적으로 각 시장에 진출했고, 한편 그러한 개항장은 각 지역 내 물류의 중추를 형성하여 전통적인 중심지가 급성장하거나 신흥도시가 빠른 속도로 발전했다. 그 결과 대외무역과 국내물류는 이러한 도시로 집중하는 현상을 나타내게 된다.

먼저 일본의 경우를 보면, 1936년도 일본수출입 총액에서 오사카, 고베, 요코하마의 3대항이 83.6%의 절대적 비중을 차지했다. 반면에 북미 및 유럽으로의 수출 가운데 고베는 30%, 오사카는 4%에 불과했다. 즉 오사카와 고베는 일본의 동아시아 무역으로 인하여 성장한 아시아 무역의 중심이었다. 한편 관동(關東) 즉 동경 경제권과 관서(關西) 즉 오사카 경제권은 일본 국내물류의 양대 축을 형성했는데, 양대 축의 사이에서 도쿄 경제권의 상품이 오사카 경제권으로 유입되는 추세를 보여준다.[24]

---

24 하세봉, 「1910~30년대 동아시아 시장에서의 大阪製品 對 東京製品」, 『東洋史學硏究』 67집, 1999, 154~159쪽. 일본의 각항구의 동아시아 및 구미와의 무역통계는 이 글에 제시되어 있다.

<표5> 1936년 일본 주요 항의 수이출입 비중(%)

	오사카	고베	요코하마	도쿄	합계
수출	25.0	36.0	25.2		86.2
수입	21.5	34.1	24.9		80.5
수출입합계	23.2	35.4	25.0		83.6
수이출	28.1	30.0	19.5	2.4	80.0
수이입	22.4	29.3	19.6	5.0	76.3
수이출입합계	25.3	29.7	19.6	3.7	78.3

- 수이출합계는 동년도 대만, 조선의 『貿易年表』.
- 출전 : 『昭和11年日本貿易年表 下冊』, 2~3쪽.

조선과 대만, 만주는 동일한 식민지임에도 교역의 집중도는 차이를 보인다. 30년대 조선무역에서 부산항의 물동량은 2위의 인천에 비해 10%가 많았고, 상위 3개항이 조선 전체 수이출입액의 55%를 차지했다. 조선은 일본이나 다른 국가에 비해 상대적으로 무역의 집중도는 떨어진다. 조선의 무역집중도가 비교적 낮았던 것은 당시 점차 확대되던 만주시장과 접경하는 신의주의 지리적 이점과 중화학공업이 형성되던 청진 원산 웅기가 만주와 동해(日本海)쪽의 '우라니혼[裏日本]'을 연계시키는 다리역할을 하게 되었기 때문이다. 조선의 국내물류는 철도운송의 경우를 통해 그 일단을 살필 수 있다. 1928년 철도를 통한 쌀의 집하를 보면, 중요종착역은 인천, 군산, 진남포, 부산의 순이다. 인천에 집하된 쌀의 발송역은 경기도, 전라남북도, 평안남도, 경상남북도에 걸쳐 있다.[25] 이렇듯 종착역을 중심으로 발송역이 일정한 공간에 분포했는데, 이러한 쌀집하의 방사선적 구조는 다른 상품의 집산에서도 유사하게 존재했을 것이다.

만주와 대만은 조선에 비해 국내외 물류의 집중도가 높았다. 만주에는 주요 항 3개 이외에도 하얼빈 등 4개의 무역항이 존재했는데, 이들 3개항

---

[25]　朝鮮總督府鐵道局, 『昭和3年度年報』, 1930, 主要貨物發著圖表·各驛運輸一覽表.

이 수출입의 91.2%를 차지하고, 이 가운데서도 대련(大連)이 73.7%를 차지할 정도로 무역이 대련에 집중되어 있다.

만주는 식민지 무역이 제국에 종속될 때, 무역의 집중을 가져오는 예인데, 이 점은 대만에서도 전형적으로 나타난다. 대만은 10여 개의 교역항이 있었는데 대만의 1936년도 수출입 총액에서 기륭(基隆)이 59.0%, 고웅(高雄)이 37.2%로 양항이 96.2%를 차지했고, 수이출입 총액에서는 기륭이 51.8%,

〈표6〉 1936년 대만 주요 항의 수이출입 비중(%)

	기륭	고웅	2항 합계
수출	79.3	17.2	96.5
수입	44.9	49.0	93.9
수출입합계	59.0	37.2	96.2
수이출	46.0	51.4	97.4
수이입	59.2	32.8	92.0
수이출입합계	51.8	43.4	95.2

• 출전 : 臺灣總督府財務局篇, 『臺灣貿易年表 昭和11年』, 3, 14, 443쪽.

〈표7〉 1936년 만주 주요 항의 무역 비중(%)

	대련	안동	영구	3항 합계
수출	70.7	7.7	10.0	88.4
수입	76.1	13,5	3.8	90.4
수출입합계	73.7	11.0	6.5	91.2

• 출전 : 滿鐵産業部, 『昭和11年 滿洲國外國貿易詳細統計』, 1쪽.

고웅이 43.4%로, 양항이 95.2%라는 절대부분을 차지했다. 양항을 상대적으로 비교하면, 이출입면에서 기륭은 이입이 많은데 고웅은 이출이 많고, 수출입면에서 기륭은 수출이 많은데 고웅은 수입이 많은 편이다. 이는 물자 이출지역으로서의 고웅과 소비중심지로서의 기륭이라는 양항을 배후로 두고 있는 지역의 성격차를 나타낸다.

20세기에 들어서서 대두가 만주수출의 최대중요품목이 되자 농산물거래상인 양잔(糧棧) 등이 하얼빈 등 중요도시에 설립되어 조직적인 대두의 수집에 나섰다.[26] 대두의 수집망은 곧 만주의 대련을 최상부로

---

26   薛明, 「20世紀初東北北部的對外貿易及特點」, 『學習與探索(哈爾濱)』, 1993.3; 風間秀人, 『滿洲民族資本の硏究』, 綠蔭書房, 1993, 19~28쪽.

〈표8〉 1936년도 중국의 지역과 도시가 전국무역에서 차지하는 무역비중(%)

	화북			화중			화남			
	전체	천진	청도	전체	상해	한구	전체	광동	구룡	산두
수출입합계	20.1	11.5 57.3	6.4 32.0	61.6	55.5 90.0	2.8 4.5	18.2	4.4 24.3	3.8 21.2	3.2 17.5
수출	27.0	16.6 61.6	7.2 26.9	53.8	51.2 95.1	1.9 3.5	19.1	6.0 31.4	0.8 4.6	3.2 17.2
수입	14.9	7.6 51.5	5.8 38.8	67.5	58.7 87.0	3.4 5.1	17.5	3.2 18.6	6.0 34.6	3.1 17.8

- 항목 안의 위 수치는 전국비율, 아래수치는 각지역 속에서의 비율.
- 출전 : 滿鐵天津事務所調査課, 『昭和11年 北支那外國貿易統計年報』, 1쪽; 東亞研究所, 『昭和11年中南支那外國貿易詳細統計』, 2쪽.

하고, 하얼빈 등 대도시, 영구(營口) 등의 중도시, 지방 현성(縣城)의 순서로 위계를 갖는 물류구조의 형성을 의미한다. 식민지 대만의 물류는 철도를 중심으로 형성되었다. 기륭과 고웅을 잇는 종관철도가 1908년에 완성되어, 이 철로를 통하여 중간 주요 역은 지역의 생산품인 사탕, 쌀, 차를 출하하고, 생산재료인 목재 비료는 입하했다.[27] 말하자면 대중(臺中), 창화(彰化), 구림(具林), 가의(嘉義) 등의 중간 주요 역은 지방생산품을 집하하여 일본으로 이출하며 지방 주요 도시로서 발전한 것이다.

중국 역시 무역의 집중도가 매우 높아 상해일극화(上海一極化) 현상이 심했다. 위의 〈표8〉은 1936년도 중국 주요 항의 수출입에서 차지하는 비중이다. 각 항목의 수치에서 위 수치는 전국의 비중, 아래 수치는 각 지역 내에서의 비중을 말한다. 상해는 1936년 중국수출입 무역의 55.5%를 차지하고 있고, 2위인 천진(天津)의 11.5%와 비교해도 현격한 차이가 난다. 이 수치는 중국의 지리적 규모를 생각하면, 그 집중도가

---

27   高橋泰隆, 「臺灣鐵道の經營」, 藤井光男 外編, 『日本多國籍企業の史的展開』上, 大月書店, 1989, 52·57~60쪽.

<표9> 1936년도 중국에서 항구와 항구 간 물류의 상대비중(%)

~에서 \ ~로	천진	연대	화북 합계	한구	상해	화중 합계	산두	광주	화남 합계	총계
천진	-	2.3	9.9	1.7	55.9	60.8	5.2	20.1	29.3	100.0
연대	1.3	-	5.5	3.2	51.3	63.1	8.2	9.9	31.4	100.0
화북 합계	13.2	2.8	19.3	1.8	52.8	57.3	3.6	15.5	23.5	100.0
한구	1.9	0.1	2.5	-	78.0	92.0	4.5	0.4	5.4	100.0
상해	13.5	2.0	22.9	15.3	-	45.6	5.8	13.0	31.6	100.0
화중 합계	8.1	1.2	13.5	12.6	32.4	66.9	5.2	7.4	19.5	100.0
산두	11.5	2.3	19.9	13.0	47.9	71.9	-	3.5	8.2	100.0
광주	6.9	0.5	10.4	1.3	42.4	45.8	22.6	-	43.8	100.0
화남 합계	12.7	1.5	18.8	3.7	37.8	45.2	10.9	4.7	36.0	100.0
총계	9.3	1.5	14.9	10.1	36.2	63.4	5.4	8.4	21.7	100.0

• 출전 : 韓啓桐, 『中國埠際貿易統計 1936~1940』, 中國社會科學院, 1951, 14~15쪽.

대단히 높다. 지역별로 보면, 화중의 무역집중도가 가장 높아 상해가 90.0%를 기록하는데, 화중의 무역은 사실상 절대부분이 상해를 통하여 이루어졌다. 화북은 천진과 청도(靑島)가 거의 대부분을 차지하는 반면에 화남은 분산도가 높다.

상해로 대외무역집중도가 높았던 중국은 그만큼 상해로의 국내물류 집중도도 높았다. 중국항구 간 물류통계로는 유일한 한계동(韓啓桐)의 통계에서 1936년도 항구 간 물류의 상대적인 비중을 주요 항만 추려 제시한 것이 위의 <표9>이다. <표9>는 범선, 기차 등에 의한 물류는 포함되어 있지 않아 분명한 한계는 있으나, 기선에 의한 원거리 국내물류가 상해를 중심으로 이루어지고 있음을 잘 보여준다.

중국총물류액에서 상해는 36.2%, 상해, 한구(漢口), 소주(蘇州) 등을 포함하는 화중이 63.5%를 차지하여 상해를 중심으로 한 화중이 원거리 물류의 절반 이상을 차지하고 있다. 각 항구의 이출액 가운데 상해로

가는 화물의 비중이, 천진은 55.9%, 한구는 78.0%, 산두(汕頭)는 47.9%, 광주(廣州)는 42.4%를 차지했다. 또한 상해의 이출액 가운데 천진이 13.5%, 한구가 15.3%, 광주가 13.0%를 각각 차지하고 있다. 〈표 9〉에 는 제시되어 있지 않으나, 각 항구의 이입액 가운데 상해로부터의 이 입이 차지하는 비중은, 천진이 56.3%, 연대(烟臺)가 52.9%, 한구가 58.8%, 산두가 40.6%, 광주가 59.5%로 대지역 주요 항구의 이입액 가 운데 상해로부터의 이입이 절반 이상을 차지하는 경우가 많았다. 그만 큼 상해의 제품이 전국에 고루 분포되었고, 상해경제에 각지의 경제가 종속되었다는 뜻이다.

화북·화중·화남 등 각 대지역 내의 거점항구는 대외무역 뿐 아니 라 지역 간 물류의 현관역할을 동시에 수행했는데, 상해, 광주의 경우, 상해의 화중에 대한 이출은 상해이출액의 45.6%, 광주의 화남에 대한 이출은 광주이출액의 43.8%였다. 상해나 광주의 인접항구는 소재지 대지역과의 물류비율이 80~100%에 달한다.[28] 따라서 상해를 정점으 로 하고, 대지역 간의 물류는 각 대지역의 거점항구인 천진, 광주 등이 담당하고 그 아래에 인접한 중소항이 소재지 대지역의 물자를 집산한 것이다.

---

28 〈표 9〉에서 화북의 거점항구과 소재지구(화북)간의 관련성은 상당히 높은데, 이는 천진(天津) 등 화북지구의 운수는 수운이 아니라 철로를 위주로 한 육상운수에 의지 한 때문이다.

5. 맺음말

1930년대 무역통계에서 세계 각국은 국제통계회의를 개최하여 통일된 지역구분을 기했지만, 동아시아의 지역구분은 각기 달랐다. 미국은 만주 몽고도 중국에 포함시켰지만, 영국은 만주와 대만은 일본에 포함시키고 조선은 별개의 일 지역으로 갈랐다. 일본의 무역통계표에서 분류한 아시아는 4개 소지역으로 구성하여, 첫째는 만주국, 관동주, 중화민국, 러시아령 아세아(Asiatic Russia), 홍콩, 둘째는 프랑스령 인도차이나(French Indo-china), 시암(Siam), 영국령 말레이(British Malay), 해협식민지(The Straits Settlements), 영국령 인도(British India), 세이론(Ceylon), 셋째는 이란, 이라크, 시리아, 팔레스타인, 아라비아, 넷째는 아덴(Aden), 사이프러스(Cyprus), 필리핀, 영국령 보르네오(British Borneo), 네덜란드령 인도(Dutch India)로 구분했다. 당시 일본의 무역통계 구분에서 첫째 지역은 오늘날 동(북)아시아라 부르는 지역과 지리적 범위가 대체로 일치하나, 동남아시아라는 지역구분은 아직 존재하지 않았다. 식민지 조선과 대만의 무역통계에서는 일본, 조선 혹은 대만과의 통계를 따로 실었다. 무역연표를 작성하는 원래의 의도는 외국과의 무역통계를 작성하기 위함임에도 제국 내 지역 간의 무역통계를 중요하게 다루고 있는 점은 제국 내 식민지를 각기 다른 하나의 경제단위로 파악해야 하는 현실적 필요에 기인하기 때문인데, 한편으로 이것은 제국 내에 역사적 연원을 무시할 수 없는 지역구도가 실존함을 증거하는 것이다.

중국의 경우, 전통적으로 서양인이 개입하여 작성된 해관의 기초자료는 품목이 중시되고 국별 통계는 부차적이었고 세계를 대지역별로 구분하는 시도도 희미했다. 이는 국가별 대지역별 통계가 중시된 일본의 무역통계와 다르다. 해관의 기초자료를 토대로 중국 측이 작성한 무역통계는 아시아라는 대지역을 염두에 둔 구분은 없었다. 대신 무역량의 순서에 따라 무역상대국을 순차 나열했고 아시아 각국은 식민지 모국을 기준으로 분류했다. 흥미로운 점은 대만이란 항목의 설정과 만주국의 항목이 없다는 점으로, 대만이 중국이 아님은 인정하고 있으나 만주국의 존재는 외면하고 있는 것이다. 중국에 대하여 일본의 무역통계는 북, 중, 남중국으로 구분하고 만주는 분리되었다. 일본 측 무역통계에서 구분한 이러한 중국의 지역은 지역의 여러 가지 조건에 따라 경제적 성격이 다르고, 따라서 물류의 면에서도 중국을 대지역으로 구분할 필요가 존재했기 때문이다. 유사한 이유로 중국 측의 통계자료도 그러한 지역구분은 행해졌다. 홍콩의 대중국무역통계에서 중국의 지리적 구분은 상당히 달라서, 북중국의 경계선이 온주(溫州)까지 내려오고, 중국이나 일본의 무역통계에서는 남중국으로 처리되는 산두(汕頭), 산미(汕尾), 하문(廈門), 복주(福州)가 중부중국으로 분류되었다.

이렇듯 1930년대 각국의 무역통계에서 동아시아의 지역구분은 일치하지 않아서, 지역구분이 각각 다르고 통계의 우선순위도 달랐다. 이것은 사변적인 동아시아 논의가 갖는 추상성과는 달리 무역통계가 무엇보다도 각국의 현실과 필요를 반영하고 있음을 극명하게 보여준다. 현실적 필요의 각기 다른 차이에도 불구하고 공통분모를 발견할 수 있다. 그것은 정치적으로 일본제국으로 통합되어 있지만, 일본 본토, 조선, 대만, 만주는 각각 하나의 경제단위로 간주되었고, 중국은 화북, 화중, 화남으로 경계가 설정되었던 것이다. 이들 단위와 경계는 1930년대 동아시아역내 교역에서 하나의 면을 이루고 있었다.

무역통계자료상의 1930년대 동아시아는 일본, 중국, 만주, 조선, 대만이라는 각 면의 조각으로 구성되었고, 중국은 북, 중, 남중국으로 세분되었다. 전자의 지역구분에 따라 산출한 1936년도 현재 동아시아 내부 지역 간의 수출입액의 통계는, 면과 면 즉 지역과 지역 사이에 일본을 중심에 두고 특히 일본과 식민지 간에 방사선 교역이 성립된 사실을 확인시켜준다. 여기서 동아시아교역의 제국-식민지적 구조를 재확인할 수 있다. 또한 동아시아 내에서 일본-조선의 상호의존도가 가장 높아, 같은 식민지라도 일본경제와의 관계에서 대만과 다른 조선의 위상이 나타난다. 한편 의외로 동아시아 내부무역에서 중국의 비중이 극히 작았다는 사실도 발견된다. 그 이유는 만주국이 중국무역통계에서 분리되었고, 중국의 관세자주권의 회복으로 일본상품 수입이 대폭 감소했기 때문이다. 한편 만주국의 성립으로 중국과 만주시장의 분리가 현저히 진행되었다. 동시에 일본을 제외한 식민지 및 중국 간의 횡적 교역도 금액은 적지만 점차 증가했다. 그러나 만주, 조선, 대만의 식민지의 대동남아무역은 일본에 의해 거의 차단되었다. 반면에 동아시아에서 중국은 유일하게 동아시아권 못지않게 동남아시아권과의 상관관계가 높았다. 그런데 중국을 3대 지역으로 구분하여 동아시아 시장과의 관련성을 보면, 화북은 동아시아와의 상관도가 높고 동남아시아와는 낮으나, 화남은 동아시아와의 상관도가 약하고 동남아와의 관련성이 강하다는 특징이 드러난다.

그런데 해운을 주된 운송수단으로 하는 무역의 특성상 동아시아 내부교역은 소수의 몇 개 항구를 통해서 이루어진다. 따라서 점으로서의 동아시아 도시관계로 좁혀보면, 그 방사선구조는 지역 간이라기보다는 교역의 거점도시 간에 형성된 것이다. 일본의 경우를 보면, 1936년도 일본수출입 총액에서 오사카, 고베, 요코하마의 3대항이 8할이라는 절대적 비중을 차지했다. 반면에 북미 및 유럽으로의 수출 가운데 고베는 30%, 오사카는 4%에 불과했다. 즉 오사카와 고베는 일본의 동아시아 무역으로 인하여 성장한 아시아 무역의 중심이었다. 1930년대 조선무역에서 부산항의 물동량은 2위의 인천에 비해 10%가 많았고, 상위 3개항이 조선 전체 수이출입액의 절반가량을 차지했다. 만주와 대만은 조선에 비해 국내외 물류의 집중도가 높았다. 만주에는 주요 항 3개 이외에도 하얼빈 등 4개의 무역항이 존재했는데, 이들 3개항이 수출입의 9할을 차지하고, 이 가운데서도 대련(大連)이 7할을 차지할 정도로 무역이 대련에 집중되어 있다. 대만의 36년도 수출입 총액에서 기륭(基隆)과 고웅(高雄)이 96.2%를 차지했고, 수이출입 총액에서는 95.2%라는 절대부분을 차지했다. 중국 역시 무역의 집중도가 매우 높아 상해일극화(上海一極化) 현상이 심했다. 상해는 1936년 중국수출입 무역의 55.5%를 차지했고, 2위는 천진(天津)으로 11.5%를 차지했다. 이 수치는 중국의 지리적 규모를 생각하면, 그 집중도가 대단히 높다. 지역별로 보면, 화중의 무역집중도가 가장 높아 상해가 90.0%를 기록하는데, 화중의 무역은 사실상 절대부분이 상해를 통하여 이루어졌다. 화북은 천진과 청도(靑島)가 거의 대부분을 차지하는 반면에 화남은 분산도가 높다. 상해로 대외무역집중도가 높았던 중국은 그만큼 상해로의 국내물류 집중도도 높았다. 중국 총물류액에서 상해는 36.2%, 상해, 한구(漢

口), 소주(蘇州) 등을 포함하는 화중이 63.5%를 차지하여 상해를 중심으로 한 화중이 원거리 물류의 절반 이상을 차지하고 있다.

따라서 동아시아 내부교역에서 물류는 19세기 후반의 그물망의 양상[29]에서 20세기에 들어와 방사선 구조를 형성했다고 결론지을 수 있다. 1930년대 동아시아 중요도시의 배치 형태는 동아시아 내부교역의 방사선구조 속에 각 도시가 위치하며, 오사카, 고베가 중심이 되어 각 주요 도시를 잇게 된다. 동아시아에서 도시의 발달은 전통적인 정치적 중심지를 배후로 하면서, 이러한 국제교역의 매듭점에서 성장하는 특징을 지닌다. 동아시아 내부교역의 외연에 위치한 상해와 요코하마는 구미를 근간으로 하는 세계무역체제에 연계되는 동맥이 되었고, 일본의 고베와 중국의 상해, 광주(廣州), 홍콩은 동남아로 연계되는 구조였다. 뿐만 아니라 동아시아 내부교역상 방사선의 각 지점에 위치하는 교역도시는 대내적으로 次물류센터로 자리잡아 국내물류 집산의 구심점을 구성했다. 다시 말하자면 오사카, 고베를 동아시아의 물류센터로 하여, 동아시아 내부교역은 각 지역의 무역거점도시와 방사선을 형성하며, 그러한 방사선은 위계를 가지는 피라미드를 이루었던 것이다.

29　古田和子, 「上海ネットワークの中の神戸」, 『年報─近代日本研究 14』, 山川出版社, 1992; 小風秀雅, 「1870・80年代における東アジア海運市場と日中汽船海運」, 『横濱と上海』, 横濱開港資料館, 1995.

사치(奢侈)의 배후

근대 동북 대개발 과정에서의 모피 무역

야오융차오

1. 문제 제기

미국의 저명한 중국학자 케네스 포메란츠의 『무역이 만들어낸 세계』에 따르면 1650년에서 1850년까지 중국 동북 지역의 만주인들이 모피를 착용함으로써 중국을 세계 최대 모피시장으로 부상하게 만들었다. 그에 따라 러시아, 영국, 미국 등지의 상인들은 북쪽으로는 캄차카반도, 알류샨제도, 알래스카로부터 남쪽으로는 뉴질랜드, 남태평양섬 등의 지역으로 가서 모피를 구해 중국으로 반입했는데, 이와 같이 여러 대륙을 넘나드는 모피 무역은 바다표범, 수달 등 동물에게 멸종의 위기를 불러왔다고 지적했다.[1] 이러한 상황은 19세기 후반기, 특히

20세기 상반기에 들어 모피 소비가 구미 사회에서도 크게 성행하자 새로운 국면을 맞이하게 되었다. 즉 중국 동북지역이 개발 붐의 영향으로 전면 개방되자 과거의 모피 무역이 동북지역으로부터 거꾸로 모스크바, 런던, 베를린 등의 지역으로 향했던 것이다. 이러한 역사에 대해 사람들은 잘 알지 못한다. 그러나 보다 중요한 것은 사치스러운 모피 무역의 배후에 숨겨진 역병 유행 등의 환경 문제이며, 그에 대해 마땅히 진지한 반성이 필요하다고 할 수 있다.

근대 이전의 동북지역은 삼림이 무성하고 야생 동물의 수도 매우 많고 다양하였다. 해당 지역의 기후가 비교적 한랭하여 동물들의 가죽이 부드럽고 털 또한 윤택했으므로, 모피의 생산량에서는 물론 그 질에 있어서도 전국적으로 으뜸이었다. 호랑이, 담비, 스라소니, 수달 등 일부 귀중한 동물의 모피는 전문적으로 황실에 공급되었다. 청나라 초중반 조정에서는 이른바 납공제도(納貢制度), 즉 현물로 부세를 납부하는 제도를 실행했는데, 그에 따라 각 지방에서는 해마다 일정한 수량의 사냥물을 조정에 바쳤고, 그때마다 조정에서는 성대한 납공 의식을 치러 술과 같은 하사품을 내려주었는가 하면 일정한 견포를 답례로 내리기도 했다.[2] 이러한 납공제도는 사실상 일종의 非시장교환경제에 속했다. 납공하기에 부적절하거나 그다지 귀중하지 않은 모피들은 동북 지역의 시장에서 작은 규모로나마 교역되었다. 즉 청나라 중기에 이르러 동북 지역의 동물 자원 번식 및 모피 무역 규모 등은 모두 지속적으로

---

1 케네스 포메란츠 · 스티브 토픽, 黃中憲 譯, 『貿易打造的世界』, 陝西师范大学出版社, 2008, 148~150쪽.
2 守田利遠, 『滿洲地志』 제2책, 東京丸善株式會社, 1906, 269쪽.

발전하였던 것이다.

1861년 영구(營口)가 동북 지역에서 처음 통상구로 개방되자 서양 여러 나라들과의 농산품을 비롯한 각종 무역이 날로 발전했다. 그 후 불과 40여 년의 시간이 흐른 1899년경에 이르러서는 200여 년간 지속되어 온 청나라의 모피 납공제도가 유명무실해져 정부 당국은 어쩔 수 없이 중대한 제도 조절을 시도해야만 했다. 이와 같은 현상이 발생한 데는 제2차 아편전쟁 후 러시아가 흑룡강 이북의 넓은 지역을 강탈해 간 이유도 있지만, 동북 지역에 내려진 봉금이 해제되고 그에 따라 대량의 경작지가 개척된 것 등의 요인들도 한몫했다.[3] 그밖에 더 큰 영향을 미친 요인들로 서양 국가의 시장에서 중국 동북 지역의 모피 등 사치성 소비품에 대한 수요가 증대한 것과 사냥꾼들이 자유롭게 모피를 교환할 수 있었던 것, 그리고 모피 수출 무역이 지속 불가능한 상태로 급속히 성장했던 것 등의 원인이 있다.[4]

한편 1864년 영구 개항 이후 서양식 해관이 세워짐으로써 정확한 무역 통계와 자세한 무역보고가 작성되기 시작했고 연속적으로 근대 동북 모피 무역의 성쇠 과정이 기록되었다. 예를 들어 근대 해관 보고에서는 동북 지역의 모피 판매 시장에 대해 "생가죽으로 말하면 독일령 렙스그, 영국의 런던, 러시아령 노브그로 등지의 시장이 가장 크고, 숙혁(熟革)으로 말하면 독일 베를린의 시장이 가장 크다"고 기록했다.[5]

---

3 丛佩远, 『东北三宝经济简史』, 农业出版社, 1987, 222쪽.

4 동북 지역의 동물들이 진귀한 모피를 생산할 수 있어 중요한 수출품 원료로 간주되었던 것 외에 노루, 사향노루, 멧돼지, 꿩 등의 동물들은 식용 혹은 약재로 쓸 수 있어 사냥꾼들의 포획 대상이 되었으나, 본고에서는 이러한 동물들의 무역에 대해서는 논급하지 않을 것임을 미리 밝혀둔다.

한마디로 근대 동북 모피 무역은 동북 지역 개발사 내지는 중국 근대 환경 변천사에 있어서 매우 중요한 사건이지만, 자료의 제한으로 학계에서는 모피 무역의 성쇠 및 그것이 미친 사회적 영향 등에 충분히 주목하지 못했으며, 현재까지도 자세한 수량 통계와 심층 연구가 부족한 상황이다.[6] 본고에서는 이미 출판된 영인 자료와 미간행된 동북 해관의 통계 및 무역보고 등 1차 자료를 이용하여 근대 동북의 수렵 주체, 생산 방식 및 유통 체계의 변천에 대해 자세히 살펴봄으로써 모피 무역의 수량과 가격의 변화를 밝혀내고, 그것을 통해 모피 무역이 당시 생태 환경에 미쳤던 영향을 분석해 보고자 한다.

2. 근대 동북 지역 동물의 종류, 분포 및 모피의 기능

근대 동북 지역이 대규모로 개방되고 농사를 짓게 되기 전, 현재 요녕성 동부, 길림성 동남부 및 흑룡강성 서북 지역은 삼림이 무성하여 그 면적이 275,000㎢에 달했다.[7] 해당 지역의 서쪽에는 대흥안령(大興安

---

5   「中华民国二年哈尔滨暨所属各分口华洋贸易情形论略」, 茅家琦 편, 『中国旧海关史料』 61책, 京华出版社, 2001, 130쪽에서 재인용.

6   의보중(衣保中)은 그의 저서 『近代以来东北区域开发与生态环境变迁的研究』(吉林大学出版社, 2004)에서 근대 동북 지역 호랑이 개체 수의 변화에 대해 언급했지만 전체 동북 지역 모피 무역의 상황에 대해서는 다루지 않았고, 조진(赵珍)은 「清代塞外围场格局与动物资源盛衰」(『中国历史地理论丛』 1호, 2009)에서 제도적인 측면에서만 동물 자원의 변천에 대해 논급하였다.

嶺)과 그 지맥이 있고, 북쪽에는 대흥안령의 주요 지맥인 이르후리 산
맥 및 소흥안령(小興安嶺)이 있으며, 남쪽에는 백두산 및 그 지맥이 있다.
따라서 이 지역에는 무성한 삼림과 중국의 고위도 지역에서는 보기 힘
든 야생 동물의 서식지가 형성되었으며 많은 사냥꾼들을 이 지역으로
모여들게 하였다. 20세기 초 한 일본인이 쓴『만주지지(滿洲地誌)』를 통
해 당시 동북 지역에 위치했던 주요 수렵구와 그곳에서 수렵할 수 있
던 동물을 다음과 같이 정리할 수 있다.

〈표1〉 1906년 당시 동북 지역 수렵 구역과 수렵물의 종류

수렵 구역	수렵물
吉林府, 長山屯 인근	고라니, 멧돼지, 꿩
五虎石, 穆琴河, 寬街 인근	고라니, 멧돼지, 꿩, 이리, 노루, 사향노루, 호랑이, 곰
二道溝, 萬里河 일대	고라니, 멧돼지, 노루, 꿩, 黃羊, 곰
西安縣属 圍場 일대	노루, 곰, 고라니, 멧돼지, 이리, 꿩
娘娘庫, 那爾轟 지방	노루, 사향노루
夾皮溝에서 敦化縣까지	사향노루, 곰, 호랑이, 고라니, 노루
敦化縣 서쪽 산지	고라니, 멧돼지, 곰
敦化縣에서 延吉廳 사이	꿩
延吉廳 동남으로부터 백두산 각지까지	호랑이, 곰, 고라니, 오소리, 여우, 회색쥐, 노루, 사향노루
凉水泉子 및 琿春 지역	꿩
土们子 인근	멧돼지, 고라니, 이리, 담비, 회색쥐, 黃信子, 노루, 사향노루, 꿩, 토끼, 貉, 오소리, 호랑이, 곰
小黃溝 인근	멧돼지, 고라니, 이리, 담비, 회색쥐, 黃信子, 노루, 사향노루, 꿩, 토끼, 貉, 오소리, 호랑이, 곰, 雪猁猁, 수달
綏芬廳 인근	꿩, 노루, 사향노루, 노루
佛爺溝, 老黑山, 二道溝 일대	고라니, 이리, 멧돼지, 노루, 사향노루, 꿩, 호랑이, 곰, 표범
興凱湖畔 龍王庙 인근	貉, 고라니

---

7   孫祖源,「东三省之狩猎业」,『中东半月刊』제3권 제4호, 1932, 14쪽에서 재인용.

수렵 구역	수렵물
蜂蜜山 일대 삼림	멧돼지, 고라니, 이리, 여우, 오소리, 담비, 노루, 사향노루, 호랑이, 곰, 표범, 꿩
三姓 인근	꿩
牡丹江 연안 삼림	호랑이, 담비, 여우, 너구리, 雪猁狲, 오소리, 노루, 사향노루
鐵嶺, 海林 지역	고라니, 멧돼지, 노루, 꿩
賓州廳, 阿什河 지역	회색쥐, 호랑이, 담비, 꿩, 곰, 호랑이, 노루, 사향노루
長壽縣, 烏吉密 지역	꿩
一面坡, 烏吉密, 二層甸子 등 지역	담비, 회색쥐, 노루, 멧돼지, 고라니, 이리
四合川, 小老營 일대 삼림	호랑이, 곰, 이리, 여우, 너구리, 고라니, 멧돼지, 담비, 회색쥐, 黃信子, 노루, 사향노루
大青山, 餘慶節, 上集厂 일대 林地	고라니, 노루, 멧돼지, 여우, 너구리, 회색쥐, 담비, 貉, 이리, 호랑이, 곰
齊齊哈爾城 인근	꿩
齊齊哈爾에서 墨爾根 연도 각지	꿩, 고라니
墨爾根, 璦琿 사이의 삼림	고라니, 멧돼지, 노루
碾子山, 齊孟齊河子 삼림	고라니, 노루, 곰
興安 지역	고라니, 곰, 노루, 멧돼지, 이리, 여우, 너구리, 貉, 호랑이, 꿩

• 『滿洲地誌』 제2책, 267～268쪽의 표를 재정리하여 작성했음.

위의 표를 통해 동북 지역의 동부 지역에는 모피 동물 종류가 풍부하고 서부 지역과 중부 평원 지대에는 모피 동물 종류가 상대적으로 적다는 것을 알 수 있다. 동부의 삼림 지대에는 호랑이, 표범, 담비, 곰, 여우, 살쾡이, 스라소니, 오소리, 갈색쥐 등이 많았고, 인구가 조밀한 송화강 유역 평원 지대에는 붉은 여우와 족제비 등이 많았다. 한편 대흥안령, 소흥안령의 삼림 지대에는 이리, 다람쥐, 황담비 등이 많았고, 내몽골 동부의 후룬벨 초원 및 커얼친 초원에는 수달, 이리, 여우 등이 많이 서식하였다.

필자가 근대 동북 각 통상구 해관의 대량 수출입 화물의 통계를 살펴본 결과, 모피 및 가죽옷 항목에 호랑이, 표범, 이리, 미국너구리, 여우, 오소리, 긴털족제비, 다람쥐, 담비, 흑담비, 스라소니, 라스카, 족제비, 수달, 마르모트 등 20여 가지 동물 가죽에 대한 수출 기록이 남아 있었다.

이상의 다양한 동물들은 그 산지에 따라 모피의 질과 등급에 차이가 있었다. 예를 들어 담비의 경우 털이 촘촘하고 나른해야 고급 밍크로 취급되었다. 품종으로 따져보면 담비에도 여러 종류의 담비가 있었는데, 그중 자주색담비와 은침담비라 불리는 담비의 털이 가장 유명했고, 판(版)담비의 경우 털이 짧고 색깔이 연한 것, 청근(靑根)담비의 경우 털이 회갈색이고 자주빛을 띠지 않는 모피를 그 다음으로 후하게 쳐주었다. 그밖에 자주빛 털을 가진 검은담비도 유명했다. "삼성(三姓) 이동(以東) 지역에서 생산되는 모피의 경우 모근이 약간 자색을 띠는데, 담비 털은 기후가 차면 찰수록 색깔이 더 진하게 되고 두터워져, 자고로 삼성 이동 지역의 모피가 가장 훌륭하다"[8]고 했다.

여우의 경우에는 형태가 일정하지 않아 갈색, 화색(火色), 십자형(十字型), 황색, 회색, 백색 등이 있었다. 특히 유럽인들이 여우털을 좋아했다. 흑룡강성에서 생산되는 체형이 비교적 크고 겨울이 되면 온 몸이 흰색으로 바뀌는 은여우의 모피가 가장 유명한 상품이었다.

다람쥐는 모양이 들쥐와 같았다. 온 몸에 빽빽하고 나른한 털이 덮여 있고 등에는 꽃무늬가 있어 화서(花鼠)로 불리기도 했다. 동북 지역 북부에서 생산되는 다람쥐는 온 몸이 암갈색을 띠었는데 복부는 하얀 색을 띠었고, 동북 지역 남부에서 생산되는 다람쥐는 짙은 갈색 털을

---

8   刘爽, 『吉林新志』, 吉林文史出版社, 1991, 124쪽.

가졌는데 털이 비교적 딱딱하여 그다지 각광 받지 못하고 일반적으로 마고자의 안감으로 사용되었다.

속칭 관동서(關東鼠)라 불리는 회색쥐는 크기가 작은 고양이만큼 컸다. 색깔은 회백색에 큰 얼룩이 섞여 있었으며 털이 가볍고 따뜻하여 구미 지역 여성들의 외투 및 소매 제작에 사용되었다. 특히 "부터하, 후룬벨에서 생산되는 색륜서(索倫鼠)라 불리는 동물의 모피가 털이 두꺼울 뿐더러 윤기가 나 동북 지역에서 가장 귀하게 여겼다. 그 종류로는 대모(大毛), 소모(小毛), 중모(中毛) 등 세 가지가 있었다. 그러나 산지에 모피 제작자가 없어 반드시 경도(京都)로 가져가야 밍크를 만들 수 있었는데, 구매자가 끊이질 않았고 밍크 한 벌 가격 또한 20금을 오르내렸다"[9]고 한다.

수달은 동북 북부 지역의 하천에서 살았다. 길이가 2척 정도에 달했고 털이 푸른 검은색을 띠거나 푸른 자주색을 띠었는데 그 모피로 옷깃이나 방한모를 제작할 수 있었다. 수달 가죽은 특히 일본 상류층의 환영을 받았으며 가격이 비싸 해호(海虎)라는 별칭이 있었다.

마르모트는 털의 질이 좋고 질길 뿐더러 마모에 강했다. 그 모피로 만든 옷감이 염색하기 편리해 가공한 후 색깔이 선명하였고 공예품으로서의 가치가 높았다. 마르모트는 흑룡강성 만주리와 후룬벨 고원 지대에서 많이 생산되었는데 특히 미국 시장으로부터의 수요가 컸다. 사지(史志)에 따르면 "마르모트는 형태가 고양이만큼 크고 주로 대흥안령에서 생산되며 봄이 되어 날씨가 따뜻해지면 밖에 나가 먹이를 찾고

---

9   徐宗亮, 『黑龙江述略』 卷6, 叢錄, 清 光緒 中刻本.

겨울에는 동면한다. 그 털로 방한용 의복을 만들 수 있어 시장에서 각광을 받았다"[10]고 한다.

한마디로 동북지역의 각종 모피는 산지에 따라 등급과 가격에 큰 차이를 보였으며, 모피의 기능과 가치는 보통 옷감으로 만들어진 후의 두께와 색깔 및 윤기 등에 따라 여러 가지로 나뉘었다.

3. 근대 동북 지역 수렵 방식의 변천과 모피 교역 시장 체계의 구축

전근대시기 동북 지역의 전통적인 수렵 방식은 조직과 규모에 따라 흠칙수렵(欽勅狩獵), 맹내수렵(盟內狩獵), 전기수렵(全旗狩獵), 부락수렵(部落狩獵)과 개인수렵(個人狩獵) 등 5가지로 나뉘었다. 그러던 것이 근대에 들어 서양에 대한 모피 수출 등의 외부 시장 변화가 배후지에 거주하는 엽호(獵戶)들에게도 영향을 미쳐, 과거 흠칙수렵, 맹내수렵, 전기수렵 등의 수렵 방식은 점차 자취를 감추고 부락수렵과 개인수렵 형태만 남게 되었다.

이른바 부락수렵이란 한 개 마을 또는 여러 개 마을의 장정들을 한데 모아 총기, 그물 및 기타 장비를 가지고 새나 짐승을 잡는 사냥 방식을 뜻하는데 1년에 보통 서너 차례씩 거행되었다. 그에 비해 개인수렵

______

10 何煜南,「黑龙江垦殖说略」,『中国边疆史志集成』 중의 『东北史志』 제5부 제14책, 89쪽을 참고하기 바람.

은 규모가 작았다. 가족 중에서 장정 몇몇이 무리를 지어 산으로 들어가 사냥하는 방식을 의미했다.[11] 1932년도의 한 조사에 따르면 동북 북부 지역의 전체 수렵 구역은 도합 15만 ㎢에 달했는데, 그중 후룬벨, 대홍안령, 소홍안령 및 동부 지역의 수렵구 면적이 각각 1.6만 ㎢, 5만 ㎢, 1.4만 ㎢, 7만 ㎢에 달했고, 해당 지역에서 활동하던 직업 사냥꾼은 각각 1,520명, 3,320명, 1,800명, 8,610명으로 합계 15,250명에 달했다. 이러한 수치를 통해 인당 수렵 면적은 10㎢도 되지 않았음을 알 수 있다.[12] 그만큼 당시 수렵 범위는 매우 밀집되어 있었다.

사냥 방법을 살펴보면, 러시아 극동 지역과 인접한 지역에서 러시아제 신식 총창(銃槍)을 사용한 것 외에는 근대 동북의 대부분 지방에서 여전히 전통적인 수렵 방식을 사용했다. 즉 그들은 그물을 쳐 동물을 잡거나 굴을 파고 함정을 설치해 동물을 사냥하였다. 가령 담비가 함정에 빠져들면 사람들은 함정 위에 그물을 덮어둔 채로 있다가 추운 날씨에서 며칠이 지나 기진맥진한 담비를 잡아올렸다.[13] 호랑이의 경우에는 통상적으로 두 가지 사냥 방법이 있었다. 하나는 미끼에 약을 발라 오솔길에 놓아두었다가 호랑이가 미끼를 물어 약효가 퍼지기를 기다려 잡는 방법이었고, 또 하나는 큰 구덩이를 파고 나뭇가지로 그 위를 덮은 후 작은 고깃덩이를 그 위에 놓아 호랑이를 함정으로 유인한 후 빠져들면 큰 돌덩이로 호랑이를 때려죽이는 방식이었다.[14] 즉 이

---

11 黄越川, 『东北畜产志』, 开明书店, 1930, 79쪽.

12 杨大荒, 「东北的毛皮交易」, 『青岛工商季刊』, 제2권 제4호, 1934, 138~139쪽에서 재인용.

13 「中华民国二年哈尔滨暨所属各分口华洋贸易情形论略」, 茅家琦 편, 『中国旧海关史料』 61책, 京华出版社, 2001, 129쪽에서 재인용.

14 *New Chwang Trade Report For The Year 1871~1872*, 25쪽.

러한 전통적인 사냥 방식들은 하나같이 동물의 가죽이 예리한 사냥 도구에 찔리거나 화기에 불타는 것을 극력 피하기 위한 방책들이었다.

당시 사냥꾼들의 살림이 대부분 가난했기 때문에 그들은 가을철 산에 들어가 사냥을 하기 전에 미리 모피상으로부터 예약금을 받아두었다. 모피 가격은 이때 결정되었는데 가격 결정권은 상인들의 수중에 있었다. 예를 들어 대흥안령 지역에서 모피를 판매하려면 시장을 통해야 했는데, 흥안령 북부 지역에서는 정기적으로 시장이 열렸고, 중부 및 남부지역에서는 한족 또는 다우얼족 사람들이 경영하는 작은 가게가 있었다. 초기 시장에서 동물의 모피는 대부분 '안다카'라고 하는 사람들에게 전달되었다. 안다카는 사냥꾼들에게 밀가루, 기름, 차, 돼지고기, 술과 채소 등을 공급하는 역할을 했다. 즉 대흥안령 중부 및 남부 지역에서는 모피의 유통이 사냥꾼으로부터 직접 구매자에게 전달되는 것이 아니었다.

전체 대흥안령 수렵 구역 중에서 제일 번성했던 곳은 북부 지역의 기건현(奇乾縣)이었다. 이곳에서는 해마다 12월, 이듬해 2월, 3월 및 6월 등 4차례 시장이 열렸다. 겨울철 시장이 열릴 때 모피를 판매하는 상행(商行)들은 대표를 파견해 상품을 구해왔다. 그러나 그들은 직접 시장에 가지 않고 전술한 안다카가 거주하는 지역으로 찾아가 안다카가 상품을 구해오기를 기다렸다. 한편 봄에 시장이 열릴 때에는 많은 내국인 상인들이 시장을 찾아가 약재로 쓸 수 있는 녹용(鹿茸), 녹미(鹿尾), 웅담(熊膽) 및 녹태(鹿胎) 등을 구매했다.[15]

15　傅恩齡, 『南开中学东北地理教本』, 하책, 南开中学自印本, 1931, 513~514쪽.

전통 시기 실물 공물로서의 동북 지역 사냥물은 주로 아르추카, 삼성(三姓), 영고탑(寧古塔) 등지에서 생산되었다. 근대에 들어 동북 지역의 교통과 경제 중심이 바뀌자 해당 지역에서의 모피 가공과 무역은 산지로부터 중간지를 거쳐 수출 종단까지 이르는 3단계의 시장 체계가 형성되었다. 대흥안령과 후룬벨 일대의 피화(皮貨) 중간 시장은 해라얼이었고, 소흥안령 일대의 피화 중간 시장은 삼성이었으며, 길림성 북부의 피화 중간 시장은 영안, 길림성 남부의 피화 중간 시장은 길림이었다. 동북 지역 전체를 놓고 보면 심양이 가장 큰 피화 집산지였고, 최종 수출 시장은 영구, 안동, 대련과 하얼빈 등 통상 도시였다.

해라얼, 만주리 등 후룬벨 지역의 대형 모피 시장에는 외국 피장(皮張) 회사의 지점이 설치되어 있었는데, 그들은 중개인을 채용해서 피화를 구매하였다.[16] 중동철로국(中東鐵路局)은 해라얼 지역에 모피 세척 공장을 세워 만몽 지역에서 생산되는 모피에 대해 소독, 세척의 과정을 거친 후 판매하게끔 하였다. 영국과 미국의 상인들 역시 해라얼 지역 상패자(桑貝子)와 만몽 지역의 모피 산지에 구매 지점을 세워 놓고 물품을 사들인 후 우체국 소포로 본국으로 부쳤다.

길림 지역의 30여 호 모피상들의 경우에는 피혁 가공업도 겸하였다. 그밖에 해당 지역에서 생산되는 세모 담비 가죽은 해외에도 널리 알려져 일본과 러시아 상인들은 현지에 상주하면서 모피를 구매하였다.

하얼빈에는 1908년부터 러시아인들이 모피 회사 및 가공 공장을 세우기 시작했고, 20년대에 이르러서는 10여 개의 외국적 피화공사(皮貨

---

16   위의 책, 같은 쪽.

公司)들이 세워졌는데, 매년 영업액이 적어도 200만 원에 달해 하얼빈은 명실 공히 동방의 피화업 중심 도시가 되었다. 일반적으로 해마다 음력 1월에서 3월 사이 외국의 도매상들은 중국인을 고용해서 해라얼에 가 사냥꾼으로부터 모피를 수매하였다. 해당 시점은 시기적으로 보릿고개였기 때문에 자금 사정이 궁핍한 사냥꾼들은 기꺼이 모피를 팔려 했다. 이렇게 수매한 모피는 외국의 모피상들에 의해 소포로 하얼빈에 보내진 후 해외로 수출되었다.[17]

동북 지역 남부의 모피 교역은 심양, 정가둔(鄭家屯), 영구, 대련 등을 중심으로 진행되었다. 심양은 해당 지역의 중심부에 위치한 도시로 동쪽으로는 안봉철도(安奉鐵道, 오늘날 심양에서 단동에 이르는 철도—역자 주)의 화물을 흡수할 수 있었고, 북쪽으로는 장춘(長春) 지역의 화물을 흡수할 수 있었으며, 서쪽으로는 사평(四平), 조남(洮南) 지역의 화물을 흡수할 수 있었다. 1919년도의 한 조사에 따르면 심양에는 중국인이 경영하는 모피 상행이 35군데 있었는데, 자본 총액은 2천 원에서 7, 8천 원까지 다양하였고, 각 상행의 직원 수는 10명에서 25명까지 일정하지 않았다. 그밖에 심양에는 또 일본인이 경영하는 모피 가게가 22군데 있었다. 거기에 중국인이 경영하는 소규모 점포까지 합치면 총 60여 군데의 모피 가게가 있었다. 심양 지역의 각종 모피 교역액은 3천여만 원에 달해 동북 지역에서 가장 큰 모피 교역 시장으로 자리매김되었다.[18]

이밖에 1920년대의 한 조사에 따르면 해마다 하얼빈 시장에서 유통

---

17 王逢壬,「调查－北满之皮货业」,『钱业月报』, 제12권 제3호, 1932, 88쪽에서 재인용.

18 滿鐵 庶務部 調查科,『满蒙全书』, 滿蒙文化協會, 제4권 工業 중 제7장 皮革工業 부분의 509~510쪽을 참고하기 바람.

되는 수달 가죽이 2,500장, 담비 가죽이 2천 장, 회색쥐 가죽 50만 장, 스라소니 가죽이 25만 장, 마르모트 가죽이 20만 장에 달했다. 길림의 경우 해마다 시장에서 유통되는 담비 가죽이 1천 장, 수달 가죽이 500 장, 여우 가죽 2,500장, 회색쥐 가죽 2만 장, 표범 가죽 1,500장, 곰 가죽 이 수백 장에 달했다. 심양 시장에서는 해마다 표범 가죽 4천 장, 수달 가죽 200장, 여우 가죽 7만 장, 족제비 가죽이 60만 장, 회색쥐 가죽이 20만 장, 마르모트 가죽이 8만 장이 교역되었다.[19] 이러한 수치를 통해 근대 동북 지역의 각 모피 시장에서의 교역 규모와 특성에 대해 대략 적으로 이해할 수 있다.

4. 근대 동북 지역의 모피 수출량과 가격에 대한 통계

근대 동북 지역 각 통상구의 해관 무역에 대한 통계를 통해 모피 수 출 무역의 역사를 크게 1864년에서 1894년까지, 1895년에서 1914년까 지 및 1915년에서 1931년까지 등 3개 시기로 구분할 수 있다.

1864년부터 영구에서는 무역통계와 무역보고가 작성되기 시작했 다. 필자가 살펴본 우장(牛莊, 영구) 해관의 수년 동안의 무역보고 중 1871~1872년도 보고에 처음으로 모피 무역에 대한 상당 분량의 기술

이 발견되었다. 그에 따르면 모피 무역은 만주 지역의 무역 중 중요하면서도 흥미로운 부분이다. 삼림이 무성하고 산지가 많은 만주 지역의 북부와 그에 맞닿은 시베리아 및 연해주에는 많은 모피 생산에 적합한 동물들이 서식하고 있었다. 모피상들은 아무르강(흑룡강-역자 주), 송화강(松花江), 후르하강, 우수리강 및 해당 하천의 지류들 유역에 위치한 이 거대한 모피 산지를 보통 상강(上江)이라 불렀다. 봉천(奉天, 심양(沈陽))은 동북 지역의 제일 중요한 무역 중심으로 5, 6개의 대형 모피 상행이 있었다. 해당 상행들은 사냥꾼들로부터 모피를 구매해 예복, 장식품 및 모자 등을 제조했다. 이렇게 만들어진 예복은 상류 사회에서 판매되었는데, 모피 제품을 구매한 사람들은 그것을 겉에 입거나 옷가지 속의 장식품으로 활용하여 자신의 상상력과 수완으로 남들에게 과시했다. 중국 출신의 중개인과 상인들은 봉천과 수렵 지역 사이의 무역을 장악했다. 그들은 해마다 겨울철이 시작될 무렵 봉천에서 화약, 무기, 의복과 공급품 등을 가져다가 수렵 지역의 사냥꾼들과 모피 제품으로 교환하였다. 그 후 그들은 모피제품을 잘 말려 두었다가 봄이 되면 봉천으로 가져다 각 상행들에게 판매하였다.[20]

영구 해관의 대량 수출입 화물의 무역통계를 살펴보면 1872년부터 모피 수출량 및 가격에 대한 기록이 발견되는데, 1894년에 이르기까지 모피 무역의 종류와 가격 통계는 도중에 중단되기도 한다. 이 시기 수출된 주요 모피들로는 호랑이 가죽, 표범 가죽, 여우 가죽, 검은 담비 가죽, 다람쥐 가죽 및 족제비 가죽 등이 있었고, 모피 수출액을 놓고 보

---

20 New Chwang Trade Report For The Year 1871~1872, 25쪽.

면 대두(大豆), 두병(豆餠), 잠사(蠶絲) 등 동북 지역의 대표적 농산품보다는 적은 비중을 차지했다. 뿐만 아니라 전술한 모피의 수출량 및 가격은 시기에 따라 기복이 심했다. 예를 들어 1872년에 수출한 호랑이 가죽은 60장이었고 1875년에는 34장을 수출했으며 1892년과 1894년에는 각각 244장과 48장을 수출했다. 그 가격은 해관량(海關兩)으로 각각 639냥, 1,000냥, 3,560냥, 1,271냥이었다.

1895년에서 1914년까지의 시기는 동북 지역의 모피 무역이 빠르게 발전한 시기였다. 1895년 이후 외부 시장이 확대되었고, 1898년에는 동북 지역 북부가 전면적으로 개방, 개발되었으며, 영구 한 군데였던 통상구도 이 시기에 들어 대련, 안동, 하얼빈, 만주리, 수분하(綏芬河), 삼성(三姓), 애혼(瑷琿), 연길(延吉), 혼춘(琿春) 등 10여 군데로 늘어났다. 해당 시기 영구 해관의 모피 및 모피 가공품 수출에 대한 기록은 비교적 연속적이다. 아래에 1896년에서 1903년까지 근 10년간 영구에서 수출된 여우 가죽, 다람쥐 가죽 및 수달 가죽, 족제비 가죽 등에 대한 수량과 가격을 정리해 보았다.

다음의 표에서 알 수 있듯이 호랑이 가죽 수출량은 1895년에 비해 크게 줄어들었다. 모피 가운데서 수출량이 가장 많았던 것은 족제비 가죽으로 제일 적게 수출되었던 해의 수출량은 3.8만 장에 달했고 가장 많이 수출되었던 해의 수출량은 7.2만 장에 달했다. 그 가치는 해관량으로 1만여 냥에 이르렀다. 여우 꼬리의 수출량은 1만 개에서 3만 개가량 수출되었고 다람쥐 가죽의 수출량도 많은 해의 경우 2만여 장에 달했다.

이밖에 주목해야 할 것은 동북 지역 북부가 개방됨에 따라 만주리, 수분하, 하얼빈이 점차 모피 수출의 중심이 되었다는 사실이다. 특히

<표2> 1896년에서 1903년까지 영구에서 수출된 모피 및 피혁 제품에 대한 수량과 가격 통계(단위 : 장 / 해관량)

			1896	1897	1898	1899	1900	1901	1902	1903
Skin (fur) clothing	fox	수량			619	3		513	607	299
		가격			7,665	55		5,586	17,161	4,498
	squirrel	수량			3,886	47		2,403	1,295	2,058
		가격			9,418	160		10,080	5,714	3,780
Skins (furs)	foxtails	수량	11,782	3,920	10,326	20,630	20,968		23,653	39,972
		가격	590	225	525	1,032	1,707		2,365	9,590
	tiger	수량	61	20	14		2			20
		가격	1,935	1,010	355		100			1,500
	marten	수량	1,186	1,470	124	413	493	971	1,370	419
		가격	8,302	11,761	868	2,309	3,225	9,480	9,590	4,190
	weasel and tails	수량	53,714	35,763	49,201	72,140		42,521	38,718	45,475
		가격	9,782	6,296	10,561	15,850		6,519	5,809	9,095
	squirrel	수량	9,086	5,067	10,149	2,774		20,374	14,342	
		가격	2,499	1,520	2,538	694		5,680	3,066	
	squirrel tails	수량 / 擔				21	17	14	18	3
		가격	11,019			8,135	9,894	4,152	7,168	2,200

• 영구 해관의 해당 연도 관책(關冊) 기록을 정리해 산출한 것임.

만주리의 경우 1908년에 통상구로 개방된 이후 마르모트 가죽의 수출
량이 크게 증가했는데, 만주리 해관의 기록에 따르면 1908년도 수출량
은 210,224장에 달했고 그 이후 1909년부터 1912년까지의 수출량은
각각 19,181장, 242,458장, 10,673장, 55,196장에 달했다.

한편 시장의 확대는 모피 가격의 앙등을 초래했다. 1897년 영구의 호
랑이 가죽 수출량은 20장, 가격은 1,020해관량이었고, 1899년의 수출량
은 2장, 가격은 100해관량이었으며, 1903년 수출량은 20장, 가격은 1,500
해관량이었다. 이때에 와서 호랑이 가죽의 수출량은 눈에 띄게 줄어들었

고 가격은 장당 50해관량 이상 올랐다. 한편 해관의 무역보고에 따르면
"이전에 담비 가죽이 많이 생산될 때에는 그 가격이 저렴하여 소미(小米)
한 그릇 또는 소주 한 병으로 담비 가죽 한 장을 바꿀 수 있던 것"이 1902
년경에 이르러서는 장당 가격이 5~10냥이 되었고, 1912년에는 일본과
러시아 상인들이 삼성에 와 담비 가죽을 대량 수매해 갔기 때문에 담비
가죽 가격이 크게 앙등했다. 만약 겨울철에 외관상 보기 좋고 훼손된 곳
이 없는 상등의 담비 가죽을 구할 수 있다면 그 가격은 150에서 200냥 사
이에 달했고, 중등 정도의 담비 가죽도 40에서 100냥 정도를 받을 수 있
었다. 하지만 정당하지 못한 방법으로 담비 가죽을 획득하거나 가격이
40냥 이하인 모피는 국제시장으로 수출하지 못하고 국내적으로 소비해
야만 했다. 상등의 담비 가죽이 유럽 시장에 출품되면 가격이 3~5배 정
도 뛰어 장당 750에서 1,000냥 가까이 되었다. 품질이 좀 떨어지는 담비
가죽도 장당 250에서 300냥 정도 받을 수 있었다.[21]

1915년을 전후하여 동북 지역의 모피 무역에는 새로운 변화가 발생
했다. 즉 동북 지역 북부의 통상구들 중에서 만주리와 하얼빈에서 대
량 수출되는 화물 가운데 모피가 일정한 부분을 차지한 것 외에 수분
하에서도 1910년부터 1914년 사이에 모피 수출입에 관한 기록이 생기
기 시작했다. 흥미로운 것은 해당 지역의 경우 모피 수출량이 수입량
보다 많았던 사실인데, 1915년에 이르러서는 수출 기록이 아예 사라지
고 수입 기록만 남았다. 이와 동시에 애혼의 경우에도 모피 수입만 있
을 뿐 수출은 사라졌다.

---

21 「中华民国二年哈尔滨暨所属各分口华洋贸易情形论略」, 茅家琦 편, 『中国旧海关史料』 61책,
京华出版社, 2001, 129쪽에서 재인용.

　　동북 지역 남부에서는 대련이 점차 모피 무역의 중심지가 되었다. 마르모트 가죽의 경우 1916년에 122,394장을 수출하여 그 가격이 27,207해관량에 달했고, 1918년에는 402,360장을 수출하여 가격이 82,619해관량에 달했으며, 1919년에는 수량이 더욱 증가해 523,419장을 수출하여 가격이 152,292해관량에 달했다.

　　마르모트 외에도 동 시기 대련의 모피 수출 통계에는 여우 가죽, 곰 가죽, 다람쥐 가죽, 이리 가죽, 오소리 가죽, 담비 가죽, 족제비 가죽, 수달 가죽 등 10여 종이 포함되었다. 모피 무역이 고액의 이윤을 창출했기 때문에 1915년에서 1931년 사이 각종 모피류의 수출량과 가격은 새로운 정점을 찍었다. 이하는 1927년부터 1931년까지의 5년간 동북 지역의 각 통상구에서 수출된 모피 수량에 대한 통계이다.

〈표3〉 1927년부터 1931년까지 동북 지역의 각 통상구에서 수출된 모피 수량 통계(단위 : 장 / 해관량)

		1927	1928	1929	1930	1931
여우 가죽	수량	8,523	28,230	15,323	14,976	12,485
	가격	192,089	404,184	142,703	188,880	172,052
완웅(浣熊) 가죽	수량	2,668	9,769	700	10,999	9,515
	가격	38,977	116,742	11,270	126,097	169,194
다람쥐 가죽	수량	285,327	105,932	3,338	390	2,000
	가격	697,998	164,285	3,214	393	2,200
이리 가죽	수량	6,295	3,376	1,293	4,866	4,261
	가격	96,658	69,564	32,335	120,622	100,741
족제비 가죽	수량	237,929	152,028	17,122	156,072	6,983
	가격	1,117,277	607,531	70,242	478,090	9,921
오소리 가죽	수량	2,587	3,992	13,843	14,257	38,667
	가격	3,173	5,008	18,547	49,049	128,149
담비 가죽	수량		50,182	21,681	3,795	
	가격		69,853	59,924	15,570	

		1927	1928	1929	1930	1931
검은 담비 가죽	수량			3,345	2,648	421
	가격			138,081	147,234	29,661
취묘(臭猫) 가죽	수량	6,600	48,259	38,296	18,202	27,804
	가격	5,600	42,224	48,625	30,083	56,832
스라소니 가죽	수량			268	460	
	가격			7,286	16,561	
라스카 가죽	수량			47,540	21,967	19,240
	가격			50,844	30,774	23,948
황유(黃鼬)	수량		223,964	315,645	113,302	304,686
	가격		504,886	1,042,448	465,947	760,333
수달 가죽	수량	1,378	482	20		
	가격	12,402	3,856	260		
땅족제비 가죽	수량			3,559	164	
	가격			5,935	473	
마르모트 가죽	수량	53,017	828,773	109,841		2,212
	가격	50,423	977,798	151,281		1,331
합계	수량	604,324	1,454,987	591,814	362,098	428,274
	가격	2,214,597	2,965,931	1,782,995	1,669,773	1,454,362

• 『滿洲貿易詳細統計』 중 동북 지역 각 통상구의 연도별 수출 통계를 재정리한 것임.

이상의 표를 통해 특정 연도 마르모트 가죽, 다람쥐 가죽, 족제비 가죽 등의 수출량이 매우 놀라울 정도로 많았다는 것을 알 수 있다. 특히 1928년의 경우 마르모트 가죽 수출량만 82.8만 장에 달했고 그 가격은 근 100만 해관량에 달했다. 그에 비해 담비 가죽, 스라소니 가죽, 땅족제비 가죽, 수달 가죽 등 귀중한 야생 동물의 모피 수출량은 별로 많지는 않았으나 가격은 매우 높았다. 검은 담비 가죽 한 장의 가격이 40에서 70해관량을 훨씬 웃돌았다. 전체적으로 놓고 보면 동북 지역의 모피 수출량이 가장 많았던 시기는 1928년도로 당해 수출된 모피는 145만 장에 달했고 가격은 거의 300만 해관량에 달했다. 물론 이상의 수치는 필자가 피화 무역

중에서 수량이 비교적 큰 모피와 그 가격을 통계한 것으로, 그 밖에 토끼 가죽, 개 가죽, 잡피 등의 경우는 통계에 포함시키지 않았다.

1920년대 후반의 한 조사에 따르면 동북 지역에서 해마다 생산되는 모피는 근 300만 장에 달했고 가격으로는 현지 대양(大洋) 1,200만 원에 육박했다. 그중 90% 이상은 시장에 흘러들었다가 다시 해외로 수출되어 모피 가공의 원료로 쓰였는데, 현지 모피 가공업자가 직접 수공 제작하는 모피량은 10%에 불과했다.[22] 이와 같이 많은 양의 모피가 생산되고 교역되었던 것은 "당시 사냥꾼들이 무려 30여 만 명에 달해 과거에 비해 여러 배 증가했고, 사냥 방법도 날로 완벽해져 비록 모피 생산은 줄었지만 수렵물은 과거 20년 전과 비교해 크게 줄지 않았기 때문이다. 불과 수십 년 후에 모피 품종이 줄어들지 않을까 걱정되는 것이 사실이었다."[23]

1931년 이후 동북지역 북부 삼림에 대한 벌목이 시작되고 철도 노선이 끊임없이 늘어나자 수렵 구역은 점차 줄어들었다. 그와 동시에 괴뢰 만주국 정부에서 사냥꾼들의 무기, 탄약 및 수렵 활동에 대한 관리 감독을 강화하였고, 그에 따라 구미 시장에 대한 모피 수출 역시 위축될 수밖에 없었다. 이상의 여러 가지 원인으로 만주국 시기 모피 무역은 크게 줄어들었다.[24] 다시 말해서 근대 동북 지역 모피 무역은 1931년 이전의 몇 년 동안 최고치에 달했던 것이다.

---

22 孙祖源, 「东三省之狩猎业」, 『中东半月刊』 제3권 제4호, 1932, 17쪽에서 재인용.
23 「北满出产之各种皮货统计」, 『银行月刊』 제8권 제11호, 1928, 44쪽에서 재인용.
24 哈尔滨商工公会 편, 『哈尔滨经济概观』, 1938, 45쪽.

5. 근대 동북 지역 모피 무역의 생태적 대가

고액의 이윤과 모피상들의 추동하에 직업 사냥꾼 및 비전문 사냥꾼 들의 수는 끊임없이 늘어났고 그에 따라 야생 동물의 수는 점차 줄어 들었다. 일찍이 1880년도 영구(營口)의 무역보고에서 이미 모피 무역으로 인해 동물 수가 감소한다고 지적했는데, 그에 따르면 "미국과 호주 등지에서 중국 동북 지역 모피에 대한 수요가 지속적으로 증가해 일부 진귀한 대형 야생 동물의 경우 이전처럼 쉽게 찾을 수 없게 되었다. 특히 호랑이와 같은 경우 개체 크기가 확연히 줄어들었고 털의 길이도 짧아졌으며, 그 밖의 일부 동물의 모피는 아예 구할 수 없게 되었다. 담비 가죽이나 수달 가죽처럼 크기가 작고 진귀한 모피는 실제 수출 중에서 매우 적은 비중만 차지했다"[25]고 한다. 한편 1881년도 영구 무역보고에서는 계속해서 "만주 지역이 짧은 기간 내에 식민주의자들에 의해 여러 토막으로 분할되었고, 그에 따라 야생동물도 대량으로 궤멸되었다. 따라서 사냥꾼들의 임무는 과거에는 쉽게 접했던 동물 모피를 이제는 이곳저곳 찾으러 다니는 것으로 바뀌었다"[26]고 했다.

모피 수출이 고액의 이윤을 창출하는 것 외에 농경 지역 또한 끊임없이 확대되자 민국(民國) 연간에 이르러 동북 지역의 진귀한 야생 동물 자원은 점차 줄어들게 되었다. 1911년도 용정촌십년무역보고(龍井村十年 貿易報告)에 따르면 "50년 전에만 해도 연길 지역에 식물 피복이 양호한

---

25   New Chwang Trade Report For The Year 1880, 12쪽.
26   New Chwang Trade Report For The Year 1881, 10쪽.

편이라 사냥감이 충분하여 이상적인 사냥터라고 할 수 있었는데, 오늘날에는 삼림 자원이 얼마 남지 않았고 토양도 단기간의 정리를 거친 후 경작에 적합하게끔 바뀌었다. 이러한 변화는 너무나 신속히 벌어졌다"[27]고 지적했다.

한편 당시의 다른 한 기록에 따르면, "모피는 주로 백두산과 대흥안령 사이의 무성한 수림에서 생산되었는데 곰 가죽, 여우 가죽, 담비 가죽, 표범 가죽, 호랑이 가죽, 족제비 가죽, 수달 가죽, 이리 가죽 등의 모피 제품은 동북 지역의 주요한 수출품으로 그 양은 단지 작잠사(柞蠶絲)에 비해 적을 뿐이었다"고 했고, "만주 호랑이의 가죽은 털이 가늘기로 유명했는데 그 질이 인도 호랑이 가죽에 비해 뛰어났지만 생산량은 점점 줄어든다"고 기록하기도 했다.[28]

계속해서 1912년도 해관 보고에서는 삼성에서 생산되는 담비 가죽에 대해 "과거에는 한 해 동안 삼성 시장에서 유통되던 담비 가죽이 7천에서 1만 장 정도에 달했지만 현재는 겨우 3, 4백 장에 불과하다"고 했다. 다른 한 평론에서도 "근래 들은 바에 따르면 러시아 정부에서 동물 보호를 위해 담비 사냥을 금지하는 기간을 1916년 10월 5일까지 연장했다고 하는데, 중국 정부에서도 마땅히 적절한 조치를 취해야 할 것이다. 그렇지 않으면 몇 년 후 귀중한 담비 가죽이 깡그리 사라질 것이라고 우려를 표했다."[29]

1930년 유상(劉爽)이 편집한 『길림신지(吉林新志)』의 "물산, 동물"에 관

---

27 「龙井村关十年贸易报告, 1910~1911年」, 『中国旧海关史料』 155책, 72쪽에서 재인용.

28 連濬, 『東三省經濟實況覽要』(影印本), 臺北傳記文學出版社, 1971, 155쪽.

29 「中华民国二年哈尔滨暨所属各分口华洋贸易情形论略」, 茅家琦 편, 『中国旧海关史料』 61책, 京华出版社, 2001, 129쪽에서 재인용.

한 부분에 따르면, "길림성에는 삼림이 많을 뿐더러 동물 자원도 풍부한데 삼림 지역이 개방된 이후 사냥꾼들이 끊임없이 산 속에 들어가 사냥을 하면서 목축업에 대해서는 별로 신경 쓰지 않았다. 따라서 새와 짐승들은 점차 줄어들고 어업과 목축업은 멸절 지경에 이르러 고기잡이는 어부들에게 일임한 상태다"[30]라고 했는데, 해당 언급은 근대 동북 지방의 정부 당국이 과도한 수렵 행위와 무책임한 상업 활동에 대해 자유방임하는 정책을 취했던 것을 제대로 지적한 것이라고 할 수 있다. 이는 러시아나 일본 및 기타 구미 국가들에 비해 1931년 이전의 동북 지역 수렵업이 갖고 있던 최대의 단점이었다. 전자들에 비해 동북 지역에서의 수렵은 시작 시간과 폐쇄 시간을 규정하지 않았을 뿐만 아니라 수렵 금지 구역도 지정하지 않았다. 즉 연중 진행되는 사냥 활동은 동물들로 하여금 제대로 된 휴식과 번식을 진행하지 못하게 만들었던 것이다. 한편 러시아, 일본 및 조선의 사냥꾼들 역시 동북 지역으로 몰려들어 한 군데 모피의 씨가 마르면 다른 지역으로 옮겨 계속 사냥을 했는데, 이는 결과적으로 적지 않은 진귀한 동물의 개체 수가 줄어들게 만들거나 멸종에 이르게 하였다.

모피 무역의 팽창으로 인한 동물 자체의 피해 못지않게 동북 지역 주민들에게 불어 닥친 페스트 피해도 그러한 행위가 불러온 또 한 가지의 보복성 재난이었다.

20세기 초 인류는 한 가지 공예 기술을 발명하였다. 그것은 곧 마르모트 가죽을 일정하게 가공하여 담비 가죽 못지않게 만드는 기술이었

30　刘爽, 『吉林新志』, 吉林文史出版社, 1991, 70쪽.

다. 이로 인해 세계 피혁 시장에서 마르모트 가죽에 대한 수요가 급증했고 특히 유럽 시장에서의 수요가 컸다. 그에 따라 해마다 겨울철이 되면 4천에서 6천 명에 이르는 러시아인과 중국인들이 만주로 와 마르모트 모피를 수출했다.[31] 1908년 당시 만주리 통상구의 마르모트 가죽 수출량은 210,224장이었고 이듬해에는 19,181장으로 줄었다가 1910년에 다시 242,458장을 수출했다.[32]

하지만 의학 연구에 따르면 마르모트는 일정 기간에 질병, 곧 페스트를 전파했다. 발병 시기는 통상적으로 10월부터 이듬해 4월까지 겨울과 봄철이었다. 이 기간은 마침 마르모트의 모피 질이 가장 좋아 수렵이 성행하는 시기와 맞물렸다. 이러한 우연은 페스트가 동물로부터 인간에게 전파되는데 시간적인 가능성을 제공하였다. 동북 지역에 거주하는 몽골인들은 일반적으로 조상들로부터 전수 받은 구전 지식에 의해 페스트에 걸린 마르모트를 감별할 줄 알았지만 모피 무역을 바라고 외부에서 들어온 러시아, 일본 내지 중국인 사냥꾼들은 그러한 지식이 없었다. 일부 사냥꾼들은 붙잡은 마르모트가 병에 걸렸다는 것을 알고도 이윤에 눈이 멀어 사냥물을 시장에 유통시켰다. 이에 대해 당시 신문에서는 "마르모트와 같은 동물을 사냥하는 것은 열에 아홉은 실패할 확률이 큰데 사냥꾼들은 욕심에 눈이 멀어 물불을 가리지 않고 마르모트가 역병에 걸렸는지 막론한 채 일괄적으로 도륙하여 만주 각지의 시장에 가져다 팔았다"[33]고 지적했다. 이와 같은 무책임한 마르

---

31 「哈尔滨关十年貿易报告, 1907~1911年」, 『中国旧海关史料』 155책, 19쪽에서 재인용.
32 「宣统二年哈尔滨口暨所属北满各分口华洋貿易情形论略」, 『中国旧海关史料』 52책, 202쪽에서 재인용.
33 「旱獭商务谈」, 『协和报』 49호, 1911, 20쪽에서 재인용.

모트 모피 무역으로 인해 세상을 놀라게 한 동북대 페스트가 만주리로부터 시작되어 동북 지역 내지는 화북 지역으로까지 크게 확산되었다.

페스트 사건에 대해 1911년도 하얼빈 해관 무역보고에서는 다음과 같이 기록했다.

봄에 접어들자 하얼빈에는 페스트가 발생했는데 그 세가 사뭇 강렬하여 병에 걸려 죽은 상민이 부지기수였다. 1910년 10월 24일 만주리 철도병원에서 처음 발견된 페스트는 조사 결과 마르모트가 전염시킨 것으로 판명되었다. 마르모트는 북만주 지역 및 몽골 북부에 굴을 파고 사는 동물로 사냥꾼들은 모피 무역을 위해 해당 동물을 사냥했는데 이것이 곧 전염병이 퍼지게 된 유래라 할 수 있다. 하얼빈이 개방된 이래 사냥꾼들은 해당 전염병에 자주 걸렸던 까닭에, 나중에 러시아 정부는 경계를 엄히 하여 경내에 들어와 모피를 무역하는 자는 반드시 모피 제품을 소독한 후에야 입경하게 했다. 금번 페스트의 전파 속도가 이토록 빠른 것은 왕년과 다른 현상으로 여러 차례 역병을 겪었지만 아직까지 그 자세한 이유를 파악하지 못하고 있다. 작년 겨울에 시작된 페스트가 올해 하얼빈까지 전파되었다는 소문을 듣자 러시아 정부는 그 세가 창궐하다는 것을 알고 교통을 단절시켜 전염병의 전파를 극력 막으려 했지만 역병은 철도선을 따라 내지까지 깊숙이 파고들었다. 따라서 연도 향촌마다 그 피해를 입게 되었는데 마을 전체가 역병에 걸려 죽었다는 소문도 있지만 당국에서는 별다른 방도를 내놓지 못하고 있고 상민들 역시 속수무책으로 질병을 피하기에만 급급할 뿐이다. 봉천에서 만국페스트연구회가 개최되어 여러 나라 전문의들이 해당 역병에 대해 논의한다고 하는데, 동서양인을 막론하고 모두

병에 걸리지만 서양인들의 피해가 상대적으로 적은 편이라 한다. 올해 3월에 이르러 페스트는 점차 자취를 감추었다. 통계에 따르면 역병으로 죽은 자가 하얼빈 철도 업계에서만 1,500명에 이르고 부가전(傅家甸)에서 6,500명이 죽었으며 전체 동북 지역의 사망자는 최저 7만 명에 이른다.[34]

페스트는 동북 지역의 경제 발전에 큰 영향을 미쳤다. 역병이 도는 기간 항구들이 폐쇄되고 도로가 막혔으며 많은 업종들이 휴업했다. 그것은 가히 야생 동물 자원에 대한 인간의 과도한 채취가 불러온 보복성 재난이라고 볼 수 있다.

요컨대 담비 가죽을 대표로 하는 동물 모피는 동북 지역의 특산품으로 간주되던 세 가지 물품 가운데 하나였다. 청나라 중엽까지 해당 지역은 원시적인 상태에 놓여 있었지만 근대에 들어 대외로 개방되고 곧바로 개발 작업이 이루어지자 동물 모피는 점차 서방 국제시장에서 각광을 받게 되었고, 그에 따라 근대 동북 지역의 주요한 대외 수출품으로 자리매김하여 연 무역량이 한때 2, 3백만 해관량에 달하기까지 했다. 이와 같은 외부적 수요는 동북 지역의 전통적인 수렵 생산 방식을 바꾸어 놓았다. 사냥꾼들과 모피 상인들은 탐욕에 의해 수동적인 생산 과정으로 내몰렸다. 그들은 고액의 이윤을 위해 때때로 야생 동물의 자연 번식 법칙을 무시한 채 과도하게 자원을 채취하였고, 그것에 대해 동북 지역의 정부 당국은 방임 태도만 취한 채 엄격히 단속하지 않았다. 시장에 대해 자유방임 정책을 취한 결과 70여 년이라는 비교적

---

34 「宣统三年哈尔滨口暨所属北满各分口华洋贸易情形论略」, 『中国旧海关史料』 57책, 159쪽에서 재인용.

짧은 시간 동안에 동북 지역의 야생 동물 자원은 수량 면에서는 물론 종류 면에서도 급속히 감소하였고, 전술한 바와 같이 유행성 페스트라는 참혹한 사회적 재난까지 불러왔다.

자연자원, 전통적인 교환 내지는 교역 시장이 서방 식민주의자들이 주도한 초기 글로벌 시장과 조우하게 된 것이 낙후한 지역의 경제 발전에 대해 자극제로 작용한 것은 사실이지만, 그와 동시에 낙후한 국가 또는 지역이 원시 자원을 개발하여 경제를 발전시키는 과정에서 발달한 국가의 환경 자본 이전 문제에 대해 제대로 대비하지 못했던 것 역시 사실이다. 본고에서 살펴본 바와 같이 근대 동북 지역의 대개발 과정에서 모피 무역으로 인해 초래된 생태적 대가는 현재까지도 시장 기능과 경제적 성장에만 주목하는 이들에 대해 훌륭한 역사적 계시로 작용할 것이다.

놀라운 변화

항강선(杭江線) 철도 개통 전후의 향민 세계
딩셴융

멀고 먼 옛날 인류는 줄곧 자연 상태의 교통 환경에서 생활해 왔다. 하지만 스티븐슨이 기관차를 발명한 이후 증기 혹은 전력을 기계력으로 전환하여 교통수단을 이용하는 위대한 시대가 도래했다. 산업 문명의 마력은 하루에 천리를 가고자 하는 인류의 꿈을 현실로 만들었고 일신월이(日新月異)하는 새로운 교통 시대의 막을 열었다. 1930년대 새로운 교통수단으로서 기차가 처음으로 절강성(浙江省) 중서부 지역의 향촌 주민들의 생활 속에 들어왔을 때 그들은 어떤 느낌을 받았을까? 기차의 도래는 향촌의 일상생활을 어떻게 바꾸었을까? 본문에서는 부동화(傅東華)의 에세이 『화룡(火龍)』을 기본 자료로 하고, 필자가 구주시(衢州市) 구강구(衢江區) 후계진(後溪鎭) 및 입리진(卄里鎭)에서 진행한 현장 조사 자료를 참고로 하여, 항강선 철도[1]가 개통된 이후[2] 향민사회에 미친 두려움과 놀라움, 기쁨과 각성 등의 변화 과정을 간단히 살펴보고자 한다.

1. 억측 속의 두려움

근대 문명이 외딴 지역의 향촌 사회에 미친 여러 가지 영향들 중에서 가장 대표적인 것을 꼽자면 하나는 모든 영역에 빈틈없이 침투한 공산품이고, 다른 하나는 신식 교통수단과의 조우라고 할 수 있다. 절강 동부 지역의 폐쇄된 교통 상황을 개선하기 위해 1929년 초 장정강

1　항강철도가 개통된 지 반년 후 당시 상해 복단대학(復旦大學) 중문계(中文系) 교수로 재직하던 부동화는 상해에서 고향 금화(金華)로 돌아와 『火龍』, 『杭江之秋』, 『故鄕散記』, 『父親的新年』 등 작품을 집필했다. 작가로서 부동화는 세심한 관찰과 자세한 필치로 기차가 처음 개통된 후 당시 고향에서 일어난 변화를 기록함으로써 오늘날 해당 시기의 역사를 살피는 데 있어 소중한 자료를 제공하고 있다. 『화룡』은 『東方雜誌』 제30권 제5호(1933.3.1)에 실렸는데 본고의 인용문은 전부 해당 에세이에서 발췌했음을 밝혀둔다. 섭선(葉璇)은 고향 구강구 후계진과 입리진에서 매우 값진 사전 조사를 진행했고 2011년 초 방학 기간을 이용해 필자와 함께 기록, 확인, 촬영 등 필드워크를 완수했다.

2　항강철도는 절강성에서 책임지고 부설한 철도이기 때문에, 절강성 남북 양 끝의 지명인 항주(杭州)와 강산(江山)에서 첫 글자를 따서 항강철도라 명명하였다. 1934년 5월 15일부터 절공철로국(浙贛鐵路局)이라는 관방(關防)이 기용되었고, 그때부터 절공철도(浙贛鐵道)라 불리기 시작했다.

(張靜江)의 건의에 따라 절강성 정부는 자금을 투자하여 항강경편철로(杭江輕便鐵路)를 부설하기로 결정했다. 1934년 1월 1일, 절강성 항주 강변에서 강서성(江西省) 옥산(玉山)에 이르는 항강철도가 전선 개통되었다. 한마디로 기차는 전통 향촌 사회에 가장 큰 영향력을 미친 근대 문명이라 할 수 있다.

그러나 "기차가 산업주의 또는 적어도 근대주의라는 가치를 지니고 보수적인 농촌에 들이닥쳤을 때 도리대로 말하면 농촌 사회는 그에 대해 적대적인 감정을 품어야 했다. 나는 프랭크 노리스(Frank Norrios)와 햄린 갤런드(Hamlin Garland)의 소설을 읽었기에 미국에도 그러한 선례가 있음을 알고 있었다." 실제로 중국에서 철도를 부설하는 것을 둘러싼 논쟁은 1860년대부터 시작되어 거의 반세기 동안 지속되었다. 그러던 것이 20세기 초에 이르러서는 환영을 받거나 거부를 당하는 경우가 반반씩이었다. 후자의 예를 들자면 상해(滬), 항주(杭), 영파(甬)를 연결하는 철도가 원래는 직선으로 설계되었지만, 연도의 동향(桐鄉)이라는 마을에서 철도가 통과하는 것을 반대해 결국에는 철도 노선이 해녕(海寧)을 거쳐 직각으로 휘어진 형태로 결정되었고, 심지어 해녕 장안진(長安鎮)에서는 농민이 철도 부설을 위해 부지 매입을 책임진 기관 사무실을 습격하는 사건이 벌어지기도 했다.

그 뒤 상해와 항주 사이에 철도가 개통된 이후 곧바로 항주와 영파 사이의 철도 노선 측량이 진행되었는데 공작대가 첨산(尖山), 주가탑(朱家塔) 등지를 지나 소산(蕭山)에 이르자 도처에 저항하는 사람들이 포진해 있었다. 그들은 무슨 대적을 만난 듯이 경계 태도를 보였다. 마침 절강철로공사(浙江鐵路公司) 경리 탕수잠(湯壽潛)의 고향이 소산이었는데, 철도 부설을 반대하는 자들은 탕수잠의 집을 헐어버리겠다고 위협하는가 하면 탕수잠의 선산을 파버리겠다고 협박했다. 이처럼 중국에서도 서양과 비슷하게 철도 부설을 반대하는 움직임이 있었는데, 그 이유는 철도 부설이 밭이나 가옥을 파괴하는 경제적인 요인도 있었지만, 무덤이나 풍수를 파괴한다는 이른바 문화적인 요인도 있었던 것이다.

이러한 현상은 시간의 흐름과 더불어 점차 바뀌었다. 1930년대 초 일반 향민들은 항강철로 부설에 대해 비교적 담담한 태도를 보였다.

항강철도는 부설부터 시작하여 개통에 이르기까지 3년 정도 시간이 들었는데 3년 전에 그 소문을 들었을 때 과연 누가 믿었을까? 할아버지뻘 사람들은 아버지뻘 사람들에게 '우리들은 철도 개통을 볼 수 없을 것 같은데 너희들은 아마 볼 수도 있겠구나'라고 감개무량해 했다. 하지만 아버지뻘 사람들도 그에 대해 회의적인 태도를 보이면서 철도 개통의 기대를 자식들 세대에게 걸었다. 따라서 해당 지역 주민들은 비록 철도를 부설한다는 소문을 들었지만 마치 흉년이 들어 전량(錢糧)을 면제한다는 요언(謠言)을 들은 것처럼 그냥 웃어넘겼던 것이다. 실제로 그들은 철도 부설에 대해 그다지 절박한 심정이 아니었다. 철도가 있어도 되고 없어도 되고 별 상관이 없었다.

이와는 달리 일부 지방의 유지인사들은 철도가 자신의 고향을 지나게 하기 위해 무진 애를 썼다. 항강철도는 원래 전당강(錢塘江)을 따라 북상해 남계(藍溪)에 도달할 예정이었는데, 1929년 가을, 당시 절강성 참의원을 지내면서 "중국에서 가장 먼저 砩石을 채취한 사람"으로 평가

받은 절강 동양(東陽) 출신의 하소한(何紹韓)은 항강철도의 노선이 강을 따라 평행으로 설계되어 공정이 험난할 뿐만 아니라 지나는 연도에 번화한 마을이 적어 추후 철도 경영에 지장을 미칠 것이라고 하면서, 자신의 학식과 명망을 앞세워 항강철도 노선이 제기(諸暨), 포강(浦江), 의오(義烏), 김화(金華)를 거쳐 남계에 도달하는 편이 낫다고 역설하였다. 그에 따라 항강철도 노선은 전당강 남안을 따라 부설하기로 결정되었지만, 곧바로 역사의 설치 문제가 새로운 논란거리로 부상하였다. 예를 들어 포강현(浦江縣) 정가오(鄭家塢)역의 경우 원래 역사 설치 계획이 없었지만 해당 지역 주민들의 요청으로 의오(義烏) 대진(大陳)에 설치하려던 역사를 옮겨왔고, 의오현(義烏縣)의 경우에도 철도 역사를 경제 중심인 불당(佛堂)에 설치할 것인지 아니면 조성(稠城)에 설치할 것인지를 두고 의오와 동양의 각 상회, 상인 및 연도 마을들에서 각자의 의견 제시를 한 결과, 의오현의 삼리당(三里塘)과 의정(義亭)에 역사를 설치하는 것으로 낙착을 보았다.

2. 기차와 조우하게 된 놀라움

항강철도가 개통되자 거짓말처럼 열차가 운행되기 시작했다. "누구보다도 그에 관심을 가졌던 것은 타지에서 일하던 일반 시민들이었는데, 그들은 항강철도에 큰 관심을 보였던 것만큼 혹여 실망스런 일이 벌어지지 않을까 노심초사했다. 하지만 결국에는 항강철도가 개통되었고 그것이 마침 상해에서의 전란과 맞물려 타향에 나갔던 주민들이 '용'을 타고 고향으로 돌아오게 되었다. 고향을 떠난 지 오래 되었던 우리들에게 철도 개통은 갑작스런 소식이었으며 실로 기적이라 하지 않을 수 없었다!" 1932년에 일본이 도발한 1·28사변에 직면하게 되자 상해로 나갔던 절강 사람들은 앞다투어 고향으로 피신하였는데, 위와 같이 그때 철도는 주요한 교통수단으로 이용되었다.

한편 평화로운 시대에도 기차의 도래는 백성들에게 많은 놀라움을 안겨주었다. "우리의 농민들은 (기차에 대해) 적대시하지도 원망도 하지 않았다. 오히려 유머러스한 태도로 그다지 상서롭지 못한 '화룡'을 환영했다. '화룡'이라는 시적인 이름도 그들이 기차에 붙여준 별칭이었다." 일찍이 중국의 향민들은 구불구불하고 위아래로 움직이는 사각형의 물체를 용에 비유해 왔다. 이를테면 용산(龍山), 용등(龍燈) 등이 바로 그것이다. 과거에 그들을 외부 세계와 연결해준 것이 쉼 없이 흐르는 강물(전당강)이었다면, 현재는 '화룡'이 강림하여 철로, 공로를 통해 중국의 향민들을 외부 세계와 연결해 주었다.

철도, 기차가 도래하자 사람들은 지난 경험에 따라 전통적인 방식으로 새로운 사물을 맞이하고 인식하려 했다.

화룡이 당도하자 미리 그 소식을 들은 농민의 처자식들은 마을 어귀로 모여들었다. 그들에게 있어 화룡을 맞이하는 것은 용등을 맞이하는 것과 같았는데, 실제로 용등도 화룡처럼 수십 마디씩이나 길었다. 이처럼 긴 행렬이 천천히 지나가는 것을 구경하는 데는 시간이 필요하다는 것을 처자들은 경험적으로 알고 있었기 때문에, 그들은 남편들을 시켜 미리 작은 걸상을 마을 어귀에 갖다 놓게 한 후 수군대며 화륜을 기다렸다.

1년에 한 번씩 가지던 용등 구경은 점차 사람들의 생활 속에서 자취를 감추었고 그 대신 매일같이 화륜을 만나게 되었다.

멀리서부터 뿌~웅하고 화륜이 울부짖고 한 움큼 한 움큼씩 연기와 불기둥을 뿜어냈다. 구경꾼들이 가슴을 졸여가며 괴물을 맞이할 채비를 하고 있을 때 화륜은 그들 앞에 들이닥쳤는데 과연 그것은 애꾸눈에 검은 머리를 가진 괴물이었다. 구경꾼들은 놀라움을 금치 못하고 발꿈치를 들고 목을 길게 빼든 채 화륜이 부리는 재주를 보려고 했지만, 화륜은 점잖게 씩씩거리기만 할 뿐 별다른 구경거리를 보여주지는 않았다. 처자들의 남편이나 자식과 비슷한 행색의 사람들이 화륜의 뱃속을 들락날락거린 뒤 화륜은 곧 뿌~웅 하는 소리와 함께 출발하였다. 이처럼 화륜이 곧장 사라져버리고 만다면 처자들은 괜히 걸상을 마을 어귀에 가져다 놓은 게 아닌가? 따라서 그들은 화륜이 용등만큼 볼거리가 많지 않다고 생각했다. 실제로 화륜은 사람들이 기다릴 필요 없이 자신이 알아서 재빨리 움직였고 그것은 사람들을 매우 놀라게 만들었다. 가엽게도 당시 농민들의 생활은 매우 단조로웠던 까닭에 기차가 가져다준 놀라움이 그들에게는 축복이라고도 할 수 있었다.

전통적인 향민 사회에서 상당히 긴 시간 동안 외딴 지역의 향민들은 철도와 기차에 대해 수많은 기묘한 생각을 품었다. 필자는 조사를 통해 기차에 관한 많은 재미있는 사실들을 발견했는바 이를테면 작은 호남(湖南)이라 불리는 구강(衢江)의 지류 오계강(烏溪江) 발원지는 교통 형편이 매우 열악했는데, 이 지역 주민들은 산 속에서 걸어 나와 일부러 철도 가까이에 가서 기차를 보려고 했다. 그러나 기차가 다가오면 그들은 멀리 비켜나 있을 뿐 다가가지 못했는데, 기차가 자동차보다 더 빨리 달리는 것을 보고 나름대로 궁리하여, 어떤 이는 기차가 누워서 달리고 자동차는 서서 달리기 때문에 기차가 더 빨리 달린다고 하는가 하면, 또 다른 이는 기차 바퀴가 가지런히 붙어서 달리기에 더 빨리 달린다고 하였다. 심심산골에서 바깥 세계로 나온 시골 아낙들에게 있어서 기차의 마디마디는 마치 용과도 같았다.

3. '용'을 부릴 수 있게 된 기쁨

기차가 달리기 시작하자 사람들의 일상생활에도 변화가 나타나기 시작했다.

기차에 대한 놀라움은 얼마 지속되지 않았다. 화룡이 몇 번 오고가자 사람들은 화룡에 대해 어느 정도 부릴 수 있는 준비가 되었다고 생각하고 화룡으로 하여금 자신을 위해 일하게 만들었다. 화룡의 뱃속에는 점차 쌀 광주리, 멜대들로 가득 차기 시작했는데, 이 역시 사람들을 기쁘게 만든 새로운 현상이었다.

항강철도는 타지에서 일하는 사람들을 위해 부설되었을 뿐만 아니라 더욱 중요하게는 현지에 있는 사람들을 위해 부설되었다. 편리한 교통은 더욱 많은 사람들로 하여금 생계를 위해 외지로 나가게 만들었다. 1933년에 씌어진 『항강철로공정기략(杭江鐵路工程紀略)』에서는 항강철도의 부설 이유에 대해, 금구(金衢) 일대가 산으로 둘러싸이고 물길이 좁아 교통이 불편하고 문화적으로 폐쇄되어 있었기 때문에, 절강성 전체의 복리를 도모하는 차원에서 절공선(浙贛線, 절강성과 강서성 사이의 철도 ―역자 주)을 속히 부설함으로써 기타 지역과의 불균형을 해소해야 한다고 밝혔다. 장기윤(張其昀)은 절강성 동부 지역의 가장 중요한 수출품으로 노동력을 꼽았는데, 실제로 항강철도 연선의 인구 중 항주시를 제외하고 근 300만에 달하는 인구 중 15%만 치더라도 근 45만 명이 밖으로 나가 생업을 이어갔다.

기차가 달리기 시작하자 일부 사람들의 직업이 바뀌어 새로운 직종들이 나타났다. 예를 들면 과거 쌀밥을 먹던 농민들 중 일부는 그새 철밥통을 든 철도 직원으로 탈바꿈했다. "어느 정도 시간이 흐르자 화룡이 잠시 머물다 가는 길옆의 차 마시는 쉼터에는 농민들이 상주하면서 일을 도왔다. 그들은 의연히 빨간 테가 둘러진 제복모가 아닌 고깔모자를 쓰고 있었고, 허리에는 양장이 아닌 앞치마를 두르고 있었으며, 신발도 구두가 아닌 굽 높은 가죽신을 신고 있었다. 그들이 윗몸에 걸친 파란 색의 러닝에는 하얀 천으로 새겨진 몇 호 각부(脚夫) 또는 몇 호 행리부(行李夫)라는 글자만 눈에 띌 뿐이었다. 그들은 힘든 일을 도맡아 했을 뿐만 아니라 여객을 도와 짐을 싸거나 짐을 찾아오고 짐의 무게를 재거나 푯말을 드는 등의 간단한 일거리도 도왔다.

얼마 전까지도 흙과 함께 지내던 농민들은 어느새 새로운 일거리에 필요한 문자 지식을 습득하였다. 한 번은 농민 출신의 역무원이 수십 개의 나무 도장 속에서 거칠어진 손가락으로 도장 한 개를 집어내 행리표(行李票)에 날인하는 것을 본 적이 있는데 그 과정에 한 치의 오차도 없는 것이 실로 놀라운 일이 아닐 수 없었다. 일부 농민들은 새로운 직업을 얻었지만 본업이던 농사에서 손을 뗀 지 얼마 되지 않아 일 처리에 서투른 부분이 없지 않았고, 또 표준말이 아닌 사투리를 구사하다 보니 외부인 특히 서양인들로서는 불편함을 느낄 수도 있었다. 하지만 서양인들의 수하에서 일하면서 상전의 비위를 맞추는데 이골이 튼 매판들보다는 농민들의 서투름이 오히려 더 사랑스러웠다. 그들이 보여준 유머, 놀라움 내지는 조화롭지 못한 복장, 서투른 손놀림, 알아듣기 힘든 사투리까지도 모두 사랑스러웠다. 게다가 그들은 또 새로운 것을 받아들이기 위해 충분한 마음의 준비를 마쳤는바, 과거 그 누구도 그들에게 그러한 훈련을 시킨 적이 없었고 단지 착취에 착취를 더해 그들을 허약하기 그지없는 존재로 만들었을 뿐이었다!"

항강철도가 구현(衢縣)에서 강산(江山) 사이에 위치한 후계가(後溪街)까지 부설되었을 때 현지인들 중에서 철도 건설에 참가한 사람들이 있었다. 최근 진행한 조사에 따르면 현재 구주시(衢州市) 후계진(後溪鎭)에 거주하는 양장생(楊長生), 양장수(楊長壽) 형제가 바로 그 경우에 속한다고 한다. 당시 철도 노동자들이 양 씨네 집에 머물렀는데 아래층에는 노동자들이, 위층에는 관리 감독자들이 양 씨 일가와 화목하게 지냈다고 한다. 나중에 두 아들 중에서 하나는 집에 남고 양장생은 철도 건설대를 따라 안휘(安徽) 방부(蚌埠)로 갔다가 상해에 정착했는데 후계진 일대에서 도합 20여 명이 양장생을 따라 철도 관련 업무에 종사하게 되었고 결국에는 철도 연선에 나뉘어 정착했다고 한다.

이와 동시에 철도 부설과 함께 외지의 노동자들이 건설 현장으로 유입되었는데, 그들은 대부분 일정한 기술을 보유한 북방 지역 출신의 숙련공들이었다. 항강철도 항남(杭藍) 구간 부설 시 1930년 가을에 북방 지역의 하북(河北), 천진(天津), 요녕(遼寧) 등 지역에서 철도 노동자 3,000명을 모집한 적이 있었고, 금옥(金玉) 구간 부설 시 재차 상술한 지역에서 노동자 7,000명을 모집한 적이 있었다. 건설 현장에 온 북방 지역 출신의 노동자들은 그 후 장기간 현지에서 생활하면서 조용하고 폐쇄적이던 시골 마을에 일정한 영향을 미쳤다.

조사에 따르면 항강철도 부설이 사람들에게 가져다준 가장 깊은 인상은 공정의 첫 단계인 기초 작업 과정이었는데 해당 작업은 전부 북방 지역에서 온 노동자들이 담당했다. 물론 철도 노선이 경과하는 무덤 밀집 지역은 현지인들이 참여하여 기초 작업을 완성했지만, 그 밖의 철도 부설 작업은 노동 강도가 강했기 때문에 체질이 비교적 약한 현지인들이 노동 강도는 물론이고 겨울의 한랭함을 견디지 못해 결국에는 대부분의 공정을 체격이 건장하고 무, 청채(青菜), 고추 등의 채소를 날 것으로 먹기 좋아하는 북방 지역의 숙련공들이 도맡았다.

북방 지역 노동자가 남방에 오게 됨으로써 생활적인 부분에서 현지인들과의 접촉 역시 피할 수 없었다. 가정 조건이나 신체 조건은 물론 노동력 등 면에서 현지인들이 뒤쳐졌기에 북방인들의 근면함과 용맹함에 매료된 일부 현지 처자들은 북방인들에게 시집갔고 북방인들도 스스로 현지 여인에게 장가들어 후계(後溪), 안인(安仁) 일대에 정착했다.

이와 같이 후계진에서는 북방 지역의 노동자와 현지 향민들이 사이 좋게 지낸 사례가 발견되었지만 그로부터 10여 킬로미터 떨어진 입리 진 양가감두촌(楊家坎頭村)에는 이와 정반대의 현상들이 존재했다. 당시 북방에서 온 현장 감독과 강산 지역에서 돼지를 파는 장사꾼 사이에 마을의 한 처자를 둘러싸고 삼각관계가 발생했는데 결국에는 싸움으 로까지 번졌다고 한다. 북방인은 호주머니에서 7, 8센티나 되는 못을 꺼내 강산 사람의 머리와 몸을 향해 찔러댔다. 이에 후자는 도주하기 바빴지만 주변에서 구경하던 사람들은 그 누구도 싸움을 말리지 않았 다고 한다. 그 후 마을 사람들은 철도 노동자들과의 왕래를 되도록 피 해 충돌이 일어나지 않게 했다고 한다. 조사한 바에 따르면 노동자들 은 늘 무리를 지어 다녔고 정력이 넘쳐 걸핏하면 지방의 향민들과 시 비가 붙었다고 하는데, 일례로 소산(蕭山) 지역의 노동자들이 여러 차례 경찰과 충돌한 사건을 들 수 있다.

4. 몽롱 속의 각성

항강철도가 부설된 뒤 기차는 수천 년간 잠들어 있던 마을에 갑자기 들이닥쳐 향민들의 생활 세계에 커다란 충격을 가져다주었다. "화룡은 농민들의 고요한 생활을 깨뜨렸다. 화룡이 휩쓸고 간 지역의 모든 것 이 허술하고 낙후했다. 하지만 이러한 허술함과 낙후함은 곧 살아있다는 생생한 증거로 약동의 시작을 의미한다는 점에서 커다란 감명을 주었다. 오히려 모든 것이 정연하게 제자리를 잡아간다는 것이야말로 문화의 노쇠함을 보여주는 것이라 하겠다." 외부와 단절된 채 폐쇄되었던 시골 마을이 이제는 새로운 힘을 느끼게 되었고 그것은 곧 향민들의 생활 세계 깊숙한 곳까지 침투했다.

한편 정치 투쟁과 군사 투쟁이 치열했던 당시에, 철도는 강제적인 역량으로 사람들 앞에 나타났고 그것은 곧 전대미문의 강력한 국가 역량의 개입을 의미했다.

현지 민중들이 철도에 대한 느낌은 통행 안전과 군사 투쟁의 수요로 인해 가급적이면 피하는 것이 좋다는 것으로 정리할 수 있었다. 항강철도가 시험 운행 중이던 시기 연도의 주민들이 구경을 위해 몰려들자 항강철로국(杭江鐵路局)은 시금(示禁) 7조를 발표하여 경고했고, 절강성건설청(浙江省建設廳)에서도 철도 연선의 주민들이 아이들을 엄격히 단속해 철도에 돌을 얹거나 기타 장애물을 놓게 해서는 안 되고, 철도 주변에서 가축을 풀어놓아도 안 되며, 철도에서 함부로 걸어 다녀서는 안 되고, 철도를 건널 때에는 반드시 횡도(橫道)를 따라 건너되 오가는 기차가 있는지를 확인해야 하며, 만약 기적 소리를 들으면 곧바로 피해야 한다고 규정하였다.

조사에 따르면 이상의 조치들은 매우 효과적이었다. 당시 정부 당국은 철도 관리를 엄격히 하여 철도 주변에 순찰인을 둠으로써 철도에 대한 파괴행위를 단속하였다. 그리하여 사람들은 철도를 파괴할 엄두를 내지 못했을 뿐만 아니라, 심지어는 기차를 구경하는 것조차 두려워했다. 당시 어른들이 아이들을 혼낼 때 늘 했던 말이 기차는 사람을 쫓아올 수 있어 만약 기찻길에 돌을 던지면 붙잡혀 간다는 것이었다. 시골의 아이들은 기차 가까이 접근하지 못하도록 단속되었고 아이들도 그에 따라 함부로 철도 가까이에 다가가지 않았다.

노인들의 회고에 따르면 어릴 적에 늘 철도를 순시하던 사람들이 있어 철도를 파괴하는 행위를 감독했다고 한다. 6, 7세 되던 때 아이들과 함께 철도에서 멀찍이 서 있다 보면 20여 미터 밖에서 기차가 다가오는 것이 보였는데, 기차 바퀴가 위 아래로 덜커덩 덜커덩 소리를 내는 것이 실로 재미있었다고 한다. 흥미로운 것은 철도 주변에서 감독하는 사람들 외에도 당시 주민들이 국민당 정부를 무서워했기 때문에 철도 가까이로 접근하지 못한 측면도 있었다. 실제 철도가 부설된 이후 철도국에서는 전문적인 무장호로대(武裝護路隊)를 조직했는가 하면 철도 연선 10리 이내를 각 마을에서 자체적으로 지키게 하였다.

조사를 통해, 북방 지역 철도 노동자가 양씨네와 주거 계약을 체결하면서 철도 공사장에서 그 어떤 물건도 집으로 가져오지 않겠다는 조항을 두었음이 발견되었다. 집주인 양씨는 그에 대해 감독 관리를 진행하되, 사사로이 공사장에서 물건을 반출하는 것을 용납해서는 안 되었고, 노동자들과 합심하여 물건을 빼돌려서도 안 되었다. 만약 그러한 행위가 발각되면 옥살이를 감수해야 했는데, 실제로 당시 관리 당국의 철도 노동자들에 대한 관리는 비교적 엄격하여 사람들은 이를 통해 국가의 힘에 대해 확실히 인식하게 되었다.

현대적 교통수단의 출현과 함께 사람들의 생활 관념에도 점차 변화가 발생했다. 예를 들어 구주 지역에서 통하는 속담 중에 "동쪽으로 놀러 가나 서쪽으로 놀러 가나 용유(龍遊) 만한 곳이 없고, 동쪽으로 걸어

가나 서쪽으로 걸어가나 구주만 한 곳이 없다"는 말과 "천황탑(天皇塔, 구주(衢州) 성내에 있던 양(梁)나라 시절에 세워진 탑으로 1951년에 철거되었다)이 보이지 않으면 눈물바람을 피운다"는 말이 있는데, 전자는 타향보다 고향이 좋다는 것을 가리키고, 후자는 구주 사람들이 고향을 그리워 해 먼 타향으로 떠나지 못한다는 것을 가리킨다.

금구 분지의 남쪽에 위치한, 강산항 중류 지역에서 가장 중요한 부두인 후계진 전하(前河)에도 이와 유사한 말이 있다. 전하 마을 남쪽 어귀에는 십수 장 높이에 서너 명이 함께 안아야 안을 수 있는 떡갈나무가 있다. 날씨가 좋을 때는 구주성의 남쪽 성문을 나서면 먼발치에서 나무 가지가 보였다. 노인들의 말에 따르면 전하 마을 사람들은 집을 떠나 길을 나서야 할 때 떡갈나무가 보이지 않으면 곧바로 눈물을 흘릴 정도로 애향심이 컸다고 하였다. 하지만 이제 사람들은 구주, 용유, 전하를 떠나 외부 세계로 나가는 등 기존의 생활권에 변화가 발생했고, 그들이 가졌던 보수적인 향토 관념도 점차 타파되기 시작했다.

항강철도가 개통된 지 반년 후 부동화는 고향 금화로 돌아왔는데 그가 보기에 금화에는 별다른 변화가 발생하지 않았다. 부동화의 저술 『고향산기(故鄕散記)』에 따르면 금화의 두 개 극장에서 연중 공연이 이루어지고 황포차(黃包車) 몇 대가 운영되었을 뿐 다른 변화는 발생하지 않았다고 하였다. 평소 고향에 대한 그의 기억대로 모든 것이 느슨하고 여유롭게 진행되었다. 실제로 고향의 변화는 부동화가 생각했던 것만큼 크지 않았는데 일단 그가 고향을 떠난 지 5년밖에 되지 않았고 철도의 개통에 대한 그의 기대 또한 지나치게 컸던 탓이 있었다. 철도의 개통과 함께 마땅한 긴장감이 향촌 사회에 동반되지 않았고, 시골 마을에는 여전히 여유로운 분위기가 유지되었다. 요컨대 항강철도가 개통된 지 1년 후의 금화는 여전히 16세기의 모습을 하고 있었던 것이다.

하지만 새로운 사회 변혁은 확실하고 내실 있게 진행되고 있었다.

근대 우정(郵政) 지도와 우정 네트워크[*]

왕저

1. 우정 지도의 판본 비교

과거 역대 중국 왕조들이 지도 제작을 매우 중시했음에도 불구하고 당시 대지 측량 기술의 제약으로 인해 과학적 가치가 있고 정확도가 비교적 높은 소축적 지도를 제작하지 못했다. 따라서 전문적인 우정 지도의 제작도 당시에는 상상할 수 없는 일이었다.

우정 업무가 아직 해관 관할하에 있던 시절인 광서(光緒) 29년(1903) 청나라는 〈대청우정공서비용여도(大淸郵政公署備用輿圖)〉를 발행했는데, 해

---

* 이 글은 미발표 원고로 수정 보완 중에 있으므로 독자들의 많은 질정을 바라마지 않는다.

당 지도는 한 폭짜리 지도로 전국의 우정 업무 지점, 우편 통신로의 방향과 전보국 등을 96cm×101cm의 지면에 담아냈다. 한편 같은 해 총세무사서(總稅務司署)에서도 〈대청추광우정여도(大淸推廣郵政輿圖)〉를 제작했는데, 해당 판본은 32폭의 채색 지도가 포함된 책자 형태로 발행되었으며 각 우정총국 산하 분국의 우편 통신로를 그려냈다. 1907년, 위의 지도 제작 경험을 바탕으로 통상해관조책처(通商海關造冊處, Statistical Department, Inspectorate General of Customs, Shanghai)에서 〈대청우정여도(大淸郵政輿圖)〉를 제작했다. 지도책의 형식으로 19개 분성(分省)의 우정 지도와 전국의 관직 분포도 및 전국의 전선도를 담아냈다. 각 분성의 지도에는 우정 경계, 우편 통신로(마차를 통한 통신로, 주야(晝夜) 통신로 및 수로(水路) 통신로), 화회국(火匯局), 한회국(旱匯局), 전보국, 철도, 건설 중인 철도, 부(府), 직예주(直隸州), 주(州), 청(廳), 현(縣), 촌진(村鎭) 등이 자세히 표기되었다. 모든 성진(城鎭) 치소(治所)들은 다시 세 가지로 세분화 되었다. 지도에는 그것을 속이 찬 검은 원, 속이 빈 검은 원 및 속이 빈 붉은 원으로 표기했는데, 각각은 기설 우체국, 기설 우정 대행점, 미설 우체국 혹은 우정 대행점을 의미했다.[1]

중화민국 교통부가 전국의 우정 업무를 인수한 후 차례로 여러 가지 판본의 〈중화우정여도(中華郵政輿圖)〉(1919년판과 1933년판)와 〈중화민국우정여도(中華民國郵政輿圖)〉(1936년판)를 발행했다. 이 세 가지 판본의 우정

---

[1] 해당 지도는 남경우전대학도서관(南京郵電大學圖書館)에서 디지털화 작업을 거쳐 온라인으로 열람하거나 검색할 수 있지만 다운로드는 할 수 없고 스캔한 해상도가 약간 떨어진다. 한편 하버드대 도서관 역시 해당 판본의 지도를 디지털화하였는데 다운로드도 할 수 있을뿐더러 해상도도 비교적 높은 편이다.

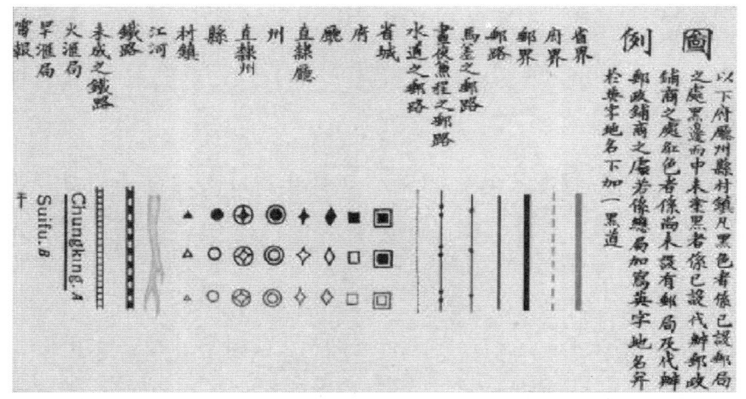

〈그림 1〉 1907년판 〈대청우정여도〉 도례(圖例)

지도는 현대적인 지도 제작 과정을 거쳐 만들어진 것으로, 저도(底圖) 역시 투영법에 의한 경위도 지도에 기반을 두어 제작되었다. 특히 1933년판과 1936년판 지도는 정밀도나 배색은 물론이고 표기의 세밀함에 있어서도 기존의 우정 지도들을 훨씬 능가했다. 이상의 지도 외에도 중화민국 교통부에서는 1917년, 1920년 및 1931년에 여러 가지 한 장짜리 채색 지도를 출판하였다.

1907년판 〈대청우정여도(大淸郵政輿圖)〉는 관내 18개 성과 동북 3성의 〈분성우정지도(分省郵政地圖)〉를 포함하고 있는데, 동북 3성의 경우 한 장의 지도에 함께 그려졌고, 직예성(直隷省)과 광동성(廣東省)의 경우 각각 한 장의 대축적 상세 지도를 첨부하여 '직예중앙(直隷中央)'과 '광동중앙(廣東中央)'이라고 이름 붙였다. 이밖에 해당 지도첩에는 〈중국직관(中國職官)〉과 〈중국전신(中國電信)〉 등 두 장의 그림이 추가되었는데, 모든 그림은 선 모양의 축적으로 그려졌고, 적색, 녹색, 남색, 흑색 등의 색깔을 사용하여 인쇄되었다.

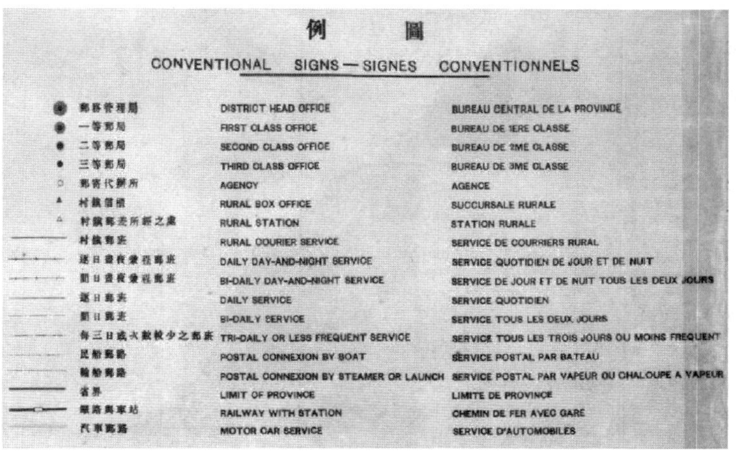

〈그림2〉 1919년판 〈중화우정여도〉 도례

　　1919년판 우정 지도는 1907년판에 비해 확실히 나아졌는데, 그림을 통해 알 수 있듯이 해당 지도에는 훨씬 풍부한 정보가 담겨 있다. 1907년판 지도에서 행정치소에 대해 표기하던 것이 1919년판에 와서는 직접 우정기구를 표기하는 것으로 바뀌었고, 위로부터 아래에 이르기까지 여러 가지 등급의 우정 관리 기구들, 이를테면 우무관리국(郵務管理局), 3개 등급의 우체국, 우편대행소, 촌진(村鎮)의 우편사무소 및 배달부가 지나가는 경로에 대해서까지 모두 자세히 표기했다. 두말 할 것 없이 우편 통신로의 운수 빈도는 우편 업무의 번잡 여부와 두 지점 사이의 정보 교환의 빈도를 말해준다고 볼 수 있는데, 지도에 표기된 우편 통신로의 경우 그 세밀한 정도가 매일 주야 우편배달, 격일 주야 우편배달, 일일 우편배달, 격일 우편배달, 3일 혹은 그 이상의 우편배달, 민간 선박 우편배달, 윤선 우편배달, 기차 우편배달 등 여러 가지 배달 방식을 표기할 정도에 이르렀다.

〈그림 3〉 1933년판 〈중화우정여도〉 도례

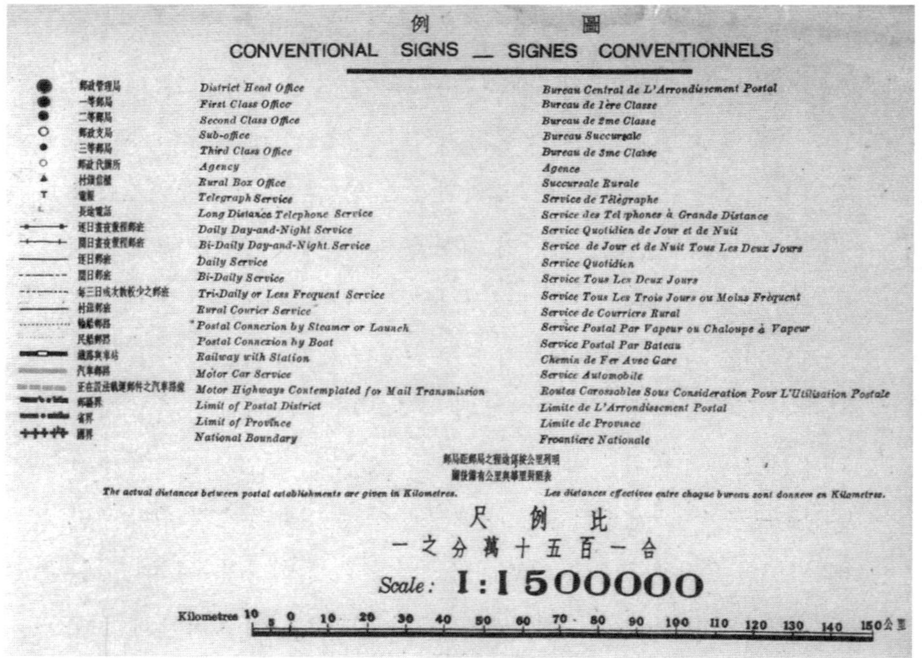

〈그림 4〉 1936년판 〈중화우정여도〉 도례

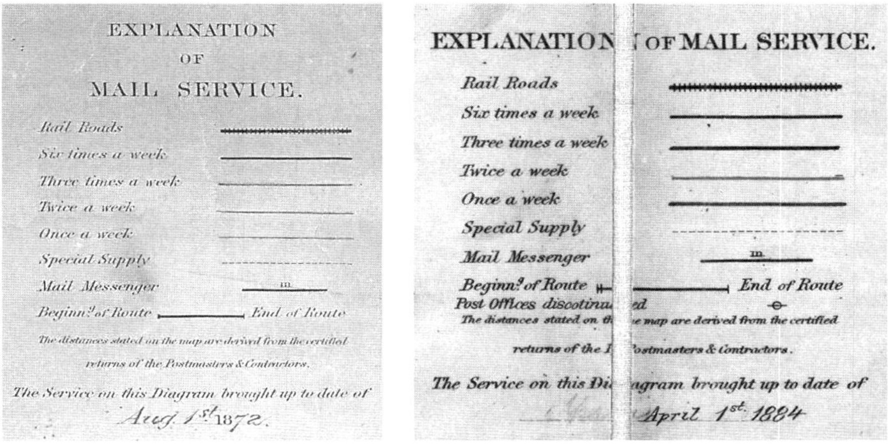

〈그림5〉 1872년판 뉴욕주 우편배달로 지도(좌)와 1884년판 오하이오-인디애나주 우편배달로 지도(우) 도례[2]

1933년판 〈중화우정여도(中華郵政輿圖)〉는 1919년판의 기초 위에서 보다 발전된 모습을 보인다. 철도, 전보국 등 공간적 정보가 추가되었고, 우편배달의 공간 분포 밀도와 우정기구의 설치에 대해서도 보다 자세히 기재되었다.

1936년판 우정 지도는 중국 우정 지도 제작의 최고봉을 보여주는 판본으로 전술한 모든 지도의 기초 위에 축적과 경위도 정보가 추가되었다. 도례 및 분류 등의 면에서 보다 과학적이고 합리적으로 제작되어 가장 높은 소장 가치를 보유한 우정 지도라고 할 수 있다.

〈그림 2〉와 〈그림 3〉에 비해 약 반세기 전에 출판된 미국의 우정 지도 역시 비슷한 표기 방식을 취했다. 일주일에 여섯 차례에서 일주일에 한 차례에 이르기까지 상이한 빈도의 우편배달로 분포를 기록하였

---

2   Topographer of Post Office Department, 〈Post Route Map of The State New York〉, 1872; Topographer of Post Office Department, 〈Post Route Map of The State of Ohio And Indianna〉, 1884.

다. 그러나 우정 서비스 지점 분포에 대한 표기에 있어서는 미국의 우
정 지도가 〈중화우정여도〉의 그것에 비해 세세한 등급을 나누지 않고
보다 자세히 기록한 편이다.

2. 우정 네트워크의 공간적 확장

이하에서는 1907년판 〈직예우정여도(直隷郵政輿圖)〉와 1919년판 〈직
예우정여도〉를 디지털화함으로써 경진기(京津冀, 북경, 천진 및 하북성 지역
을 가리킴–역자 주) 지역의 우정 네트워크의 공간적 확장 상황을 직관적
으로 보여주고자 한다.[3] 두 가지 판본의 지도가 만들어진 10여 년간은
우정 업무가 비약적으로 발전하던 시기였다. 우정 운영의 주체는 대청
우정(大淸郵政)으로부터 중화민국 교통부 우정총국으로 바뀌었고 우정
서비스 지점도 뚜렷이 증가하였다.

경진기 지역의 우정 네트워크는 북방 지역에 있어 가장 대표적인 경
우라고 할 수 있다. 남방 지역의 경우 오주(梧州), 몽자(蒙自), 중경(重慶)
및 악주(岳州) 등 특대형 우정 구역은 우체국과 우체국 사이의 거리가
매우 멀어 가축을 이용해 우편물을 배송해야 하는 지역들이다. 우편
배송로가 조밀한 지역, 예를 들어 장강(長江) 중하류 지역에서는 많은

---

[3]　1933년판과 1936년판 우정여도는 디지털화 작업이 한창 진행 중에 있어 아직 완성되
　　지 못했다.

하천을 통해 선편으로 우편물을 배달했다. 과거 중국에 있던 외국인 낚시 애호가들이나 수렵 애호가들은 중국인 배달부가 빠른 속도로 조그마한 배를 휘저으며 호각을 불어 사람들에게 우편배달을 고지하던 상황을 자세히 기억하고 있다.

경진기 지역의 우편배달에서 주야겸정(晝夜兼程, 주야특송(晝夜特送)이라고도 함)식 배달 방식이 가장 신속했는데, 이러한 방식으로 소형 우편물(서간, 엽서 및 신문)의 배송 속도를 한 배 정도 높일 수 있었다. 한편 일부 우체부들은 야간에 배송함으로써 과거 우체부들이 야간에는 휴식하던 습관을 바꿔놓기도 했다. 일부 우편배달로에서의 평균 배달 속도는 시간 당 10리에 달해 하루 동안 최고 240리까지 달릴 수 있었다.

천진(天津) 지역의 우정 업무 범위에는 당고(塘沽), 노대(蘆臺), 당산(唐山), 난주(灤州), 북대하(北戴河), 진황도(秦皇島), 산해관(山海關), 악정(樂亭), 소참(小站), 영진(寧津) 등의 지역이 포함되었다. 1911년 2월의 한 통계에 따르면 천진 지역 우정 업무 범위 내 55개 우편배달로 가운데서 가장 긴 것은 마창(馬廠, 하북성 청현(靑縣))에서 염산(鹽山)에 이르는 노정이었는데, 배달에 소요되는 시간은 59시간으로 거리로 따지면 297리 길이었다. 철도 수송 거리가 매우 제한적이었음을 고려하면(〈그림 6〉 참조) 이상의 배달 속도는 매우 빠른 편이었다. 참고해야 할 것은 1911년 5월 현재 천진 우정분국에 재직하던 중국인 직원 수는 649명에 불과했다는 사실이다. 우편배달부(D급)는 110명밖에 되지 않았고, 대부분의 직원은 대판(代辦), 분신(分信), 국역(局役), 교부(轎夫), 문역(門役), 갱부(更夫), 마부(馬夫) 등의 직책을 맡았다. 이와 같이 적은 인원수와 상술한 운송 속도를 종합적으로 고려해보면 당시 우편배달은 이미 체제 및 운송수

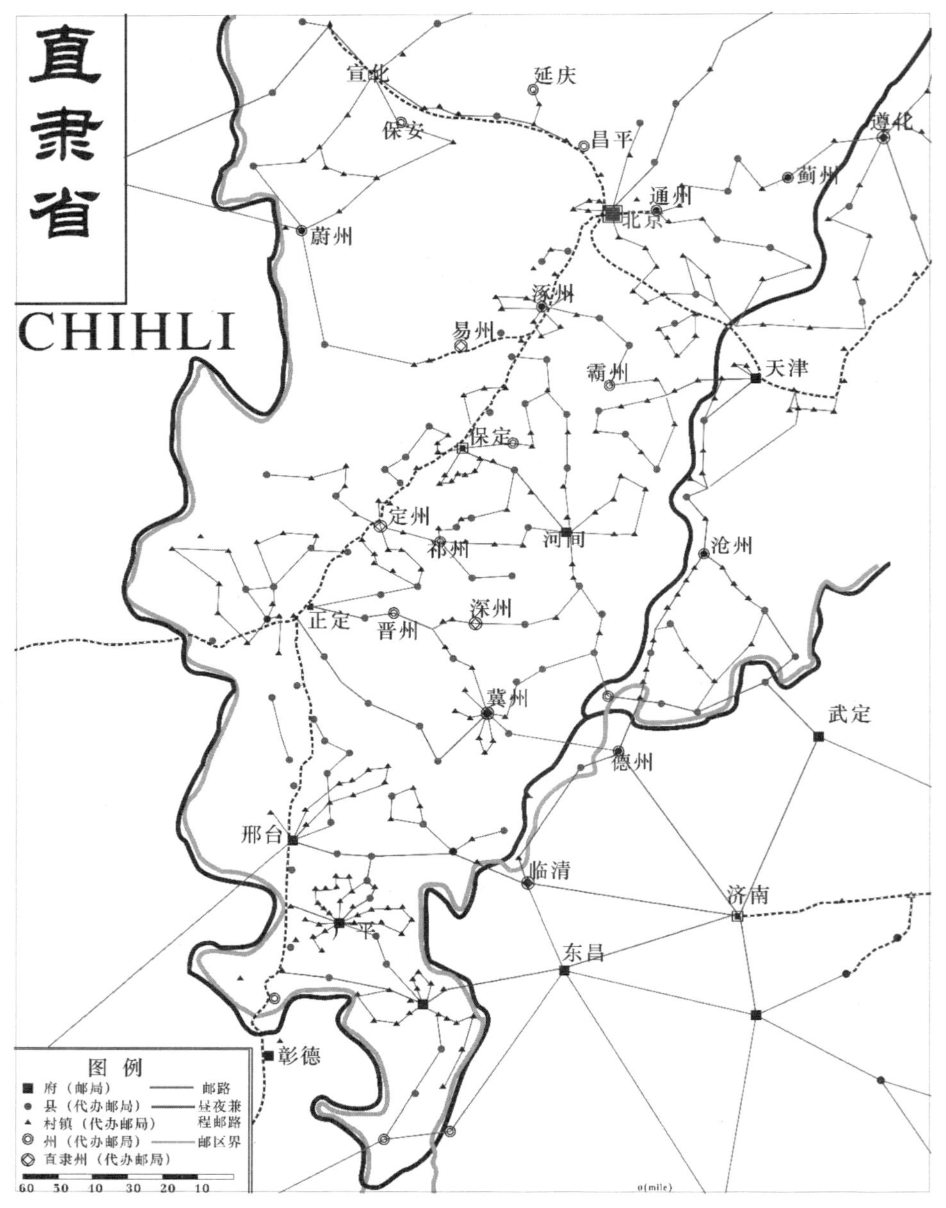

〈그림6〉 1907년 직예성(直隷省)의 우정

단 등의 면에서 모두 정점에 도달했던 것이라고 할 수 있다.

1914년 직예성의 우편 관할 구역이 새롭게 개편되어 북경의 우편 관할 구역과 천진의 우편 관할 구역이 병합되었고, 우정총국은 북경에서 직예성의 성도인 천진으로 옮겨왔다.

1919년에 이르러 우정 대행 업무는 이전 시기에 비해 비교적 빠른 속도로 발전하였다. 우정 대행 점포의 설치는 정식으로 우체국을 설치할 수는 없지만 일정한 우정 업무량을 보유한 지역(대부분은 향진(鄕鎭) 지역이었음)에서 놓고 볼 때 실로 현실적인 대안이 아닐 수 없었다. 그러한 지역에서는 우정 대행 점포를 설치하여 인근의 우체국 산하에 예속시키고 도시의 간이우체국 규정대로 우정 업무를 대행함으로써 비용과 인원 면에서 모두 절감하는 효과를 보았다. 우정 대행 점포를 운영하는 수당 또한 상당히 풍족한 편이었다. 새로 설치된 우정 대행 점포의 월수입은 3원으로 정해진 외에 우표 판매액의 15%를 보너스로 받을 수 있었다.[4]

따라서 상점들은 앞다투어 우정 대행 업무를 맡으려 하였고 그를 통해 일정 부분의 우편배달로를 관리하게 되는 것을 영광으로 여겼다. 우정 대행 업무를 맡게 된 관리자는 점차 상점 점포에서 우편 업무를 취급하는 것이 별다른 시설을 증설하지 않고도 새로운 수익을 올릴 수 있을 뿐만 아니라 고객을 불러 모아 상호간의 감정을 돈독히 하고 우편 업무를 통해 자신의 신용도를 높여 영향력을 확대할 수 있다는 것을 발견하게 되었다.

4　仇潤喜 편, 『天津郵政史料(제2집 上)』, 北京航空航天大學出版社, 1989, 118쪽.

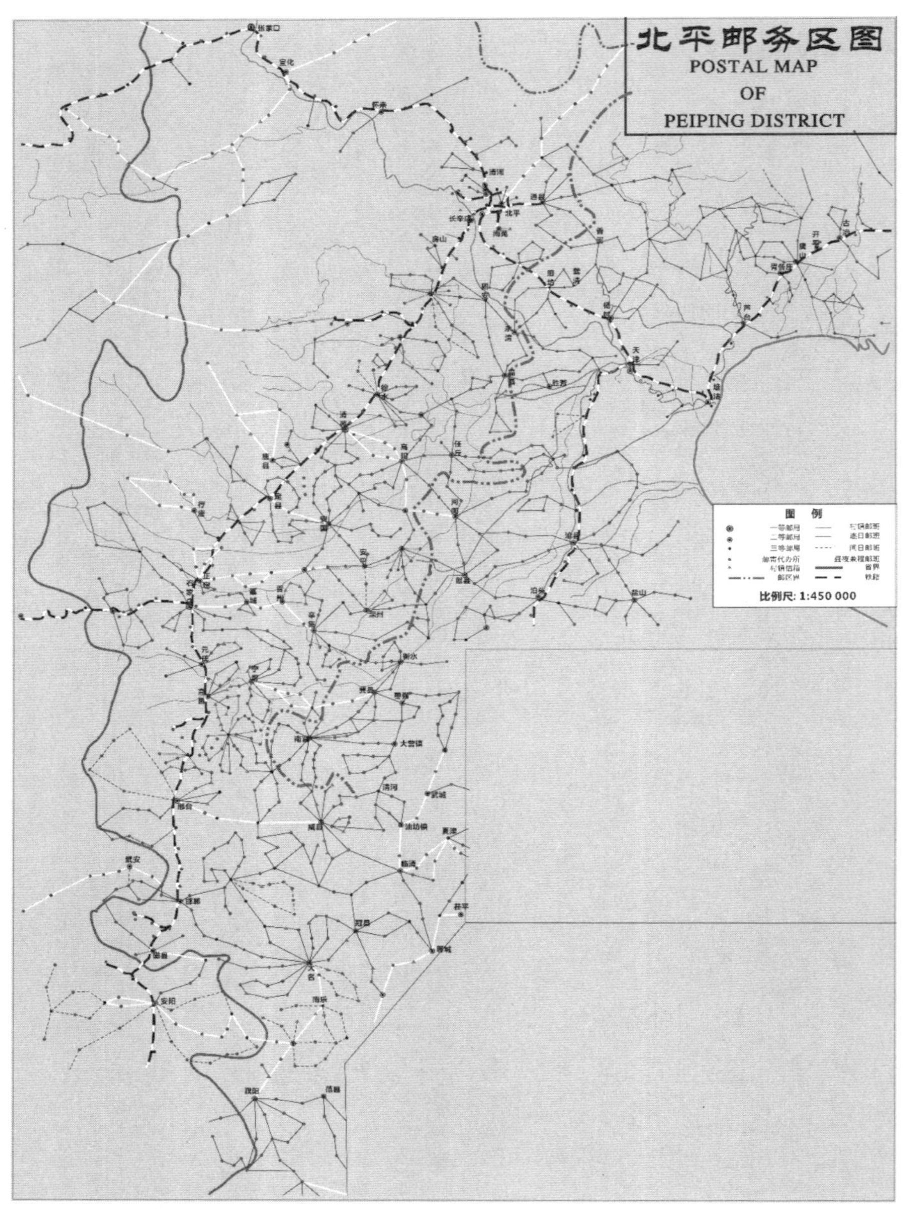

〈그림 7〉 1919년 〈북평우무구도(北平郵務區圖)〉

뿐만 아니라 보다 거시적인 차원에서 우정 업무는 공공사업 부문에 속했기 때문에 줄곧 정부의 보호와 협조를 받아 왔다. 군벌이 혼전하던 당시에 가게 주인이 만약 우체국과 연이 닿게 되는 것은 자신을 위해 훌륭한 방패막을 설치한 것과도 같아 그 역할을 무시할 수 없었다. 때문에 대행 업무 개시 초기에는 우체국에서 인센티브를 제공하는 방식으로 상인들이 우정 대행 업무를 맡도록 적극적으로 격려하였으나 나중에는 그러한 인센티브가 줄어들거나 아예 없어졌어도 많은 사람들이 우정 대행 업무를 맡으려 하였다. 심지어 때로는 점주가 자비로 일꾼을 고용해 우정 대행 업무를 맡기도 하였다. 그렇게 함으로써 더욱 빠른 속도로 우편배달 임무를 완수하려 하였다.

우정 대행 업무의 번영과 함께 더욱 많은 상인들이 그 과정에 참여하였고 이는 역으로 그들의 신분을 더욱더 다양하게 만들어주었다. 해당 상인들은 더 이상 단순한 상인이 아니라 정보 전달자의 신분까지도 겸하게 되었는데, 한마디로 그것은 더욱 풍부한 사회적 함의를 지니게 되었다는 징표였다. 그에 못지않게 각부(脚夫)들 역시 더 이상 전통적인 의미에서의 농민들이 아니라 상품 경제적인 요소까지 내포하게 되었으며, 그로써 근대적인 사회관계가 보다 심층적으로 발전하게 되었다.[5]

5　王斌, 「湖南郵政研究(1899~1937)」, 湘潭大學 碩士論文, 2008, 71쪽.

3. 우정 네트워크의 양적인 팽창

2013년 9월, 국영 우정 사업의 대표 주자였던 영국 황실 우정(Royal Mail)이 사회적으로 주식을 공모(Initial Public Offering, 약칭 IPO라고 함)하는 과정에 들어가면서 민영화 수순에 돌입했다. 하지만 역사적으로 영국 황실 우정을 대표로 하는 근대 우정 사업은 애초부터 정부 당국에서 도맡아 왔다. 철도나 전신 부문과 달리 우정 분야는 부분적이나 지역적으로 비교적 개방된 지역에서만 운영할 수 있는 업무가 아니었다. 19세기 말에서 20세기 초에 이르는 기간 동안 중국에는 여러 가지 우정 시스템이 공존했다. 이를테면 역참-신속 배달 취급점, 문보국(文報局), 민신국(民信局), 객우(客郵), 해관우정 등이 난립하였다. 이는 중앙정부의 무기력함에서 비롯된 비효율적인 현상이었다고 할 수 있다.

그럼에도 불구하고 근대 우정 사업에는 예상을 초월하는 발전이 이루어졌다. 우정 업무 지점의 절대 수량만 놓고 보아도 그 발전 속도는 매우 빠르고 범위 또한 광범위하였다.

1) 우정 업무 지점의 절대 수량

〈표 1〉과 〈표 2〉의 비교를 통해 민국 15년도의 우정 기구 수는 12,000개로서 1840년 미국의 전체 우정 서비스 지점 수와 비슷하다는 것을 알 수 있다. 여기에서 주목해야 할 것은 당시 미국은 건국된 지 70년 정도

〈표 1〉 미국 우정 네트워크의 확장과 지리상의 침투(1790~1840)

연도	우정 업무 지점 수	우정 업무 지점의 평균 근무자 수	우정 서비스가 제공된 주거 지역(settled area)의 평균 면적(㎢)
1790	75	43,084	9,046
1800	903	4,876	879
1810	2,300	2,623	467
1820	4,500	1,796	301
1830	8,450	1,289	196
1840	13,468	1,087	159

- 原註 : 인구수에는 인디언과 노예도 포함됨.
- 출전 : Richard R. John, Spreading The News : The American postal system from Franklin to Morse(Cambridge, Mass. : Harvard University Press, 1998), 51쪽.

〈표 2〉 민국 15년(1926) 우정처소(郵政處所) 통계

우정관리국	일급 우체국	이급 우체국	삼급 우체국	우편 업무 지국	우편 업무 대행점	합계
24	41	1,231	929	284	9,498	12,007

- 출전 : 中華民國 交通部 郵政總局, 『通郵處所集(第十二版)』, 交通部 郵政總局 소속 上海供應股, 1926.

시간이 지났고 우정 업무도 그 정도의 시간이 흘러 제자리를 잡아갔다는 것으로, 이를 통해 민국 15년도의 중국 우정 네트워크 발전은 매우 만족스러운 수준에 도달했음을 알 수 있다.

2) 우정 네트워크의 분포 밀도

우정 네트워크의 분포 밀도는 우정 네트워크의 발전 수준을 가늠하는 가장 중요한 지표이다. 1872년에 출판된 뉴욕주 우정 지도에는 마

<표3> 1872년 뉴욕 및 주변 지역의 우정 지도 부표

지역	면적(㎢)	1860년도 인구	인구 밀도 (㎢당)	1868년도 우정 지점 수	우정 지점 근무자 수*	우정 지점 서비스 지역 면적(㎢)*
마인	82,273	628,279	8	796	789	103
매사추세츠	20,202	1,231,066	61	671	1,835	30
로더섬	2,732	174,620	64	98	1,781	28
뉴욕	119,657	3,880,735	32	2,588	1,499	46
뉴저지	21,549	672,035	31	498	1,349	43
펜실베이니아	114,780	2,906,215	25	2,626	1,106	44

- *가 달린 열의 수치는 필자가 계산한 것임.
- 출전 : Topographer of Post Office Department, Post Route Map of The State New York, 1872.

인, 매사추세츠, 로더섬(Rhode Island), 뉴욕주, 뉴저지 및 펜실베이니아 등지의 우정 통계(<표3>)가 첨부되어 있다. 매개 우정 지점의 근무자 수는 800에서 1,900명 정도에 달했고, 한 개 우정 지점의 서비스 제공 면적은 제일 넓은 경우 100㎢, 제일 좁은 경우 30㎢에 달했다. 이는 다시 말해서 우정 지점에서 가장 멀리 떨어진 지역도 10여 km 정도밖에 되지 않아 말을 타고 한두 시간 정도, 걸어서는 반나절이면 도착할 수 있는 거리였음을 알 수 있다. 이러한 우정 서비스의 분포 밀도는 근대 중국과 같이 '작은 정부' 형태의 사회에서는 절대 도달할 수 없는 목표였다.

1919년 직예성에서 우정총국에 보낸 비망록에 따르면 동년 직예성 우편 구역 내 각 우정국소(郵政局所) 수는 937곳(관리국과 1, 2, 3급 우체국 및 대행 지점 포함)이었고, 1919년 10월 1일 자 직예우무관리국(直隷郵務管理局)에서 북경우정총국(北京郵政總局) 총판(總辦)에게 보낸 인구 통계표에 따르면 직예성 우편 구역의 서비스 대상 인구는 30,172,092명이었는데, 매개 우정 서비스 지점의 서비스 대상 인구는 약 32,300명에 달해 1872년도 미국의 해당 수치에 비해 20배에서 30배 정도 많았음을 알 수 있다(〈표 3〉 참조).

물론 이상의 근대 인구 통계의 정확성에 대해 의문의 여지가 없지 않지만 대략적인 추세를 예측하는 데에는 별다른 무리가 없다고 판단된다. 결과적으로 이상의 비교를 통해 중화민국의 우정 서비스가 미국의 우정 서비스보다 효율성이 높았다고 할 수는 없다. 당시 우정 업무는 일종의 사치성 소비 분야였다. 대부분의 중국인들의 소비는 등 따뜻하고 배부른 것에만 신경을 쓰던 단계로 그들은 우정 업무에 대해 별다른 기대를 하지 않았다.

그러나 다른 한 지표, 즉 우정 지점의 서비스 면적을 놓고 보면 20세기 중엽 중국 동남부 여러 개 성의 우편 서비스 면적은 19세기 중엽 미국의 그것과 거의 맞먹었다. 양자 모두 50㎢ 정도에 달해 상당히 높은 분포의 밀도를 보였다. 중국 인구 분포의 고밀도를 고려한다면 매개 우정 지점의 서비스 인구는 필시 미국의 그것에 비해 높을 것이다.

〈표 4〉 중국의 대표적인 몇 개 성(省)의 우정 지점 서비스 면적

성별(省別)	우정국소*	면적(㎢)**	매개 우정 지점의 서비스 면적(㎢)
江蘇	3,065	105,800	34
浙江	3,417	102,100	30
安徽	2,521	143,600	57
山東	3,720	153,600	41
山西	607	192,000	316
陝西	978	190,400	195
廣東	4,338	226,300	52

• 출전 : *『現代郵政』1권 2호, 1947, 37쪽; ** 중국역사지리정보시스템.

3) 전달 속도 비교

근대화되기 전 여러 나라들의 우정 네트워크는 기본적으로 말이나 인력 혹은 수로 운수를 통해 운영되었다. 당시 각국별 우정 네트워크

의 운송 속도는 크게 차이가 나지 않았다. 다음의 표에서 알 수 있듯이 근대화 이전 이슬람 세계의 우정 네트워크의 제일 빠른 일 전달 속도는 420km, 즉 840리에 불과했는데, 이는 청대 말을 통한 운송 속도와 크게 차이 나지 않았다.

하루에 800리 정도 가는 것은 당시 말의 영양 조건과 의료 조건하에서 주행할 수 있었던 최고 거리였다. 청나라 시기 통신 시한에 매우 엄격해서 전송 속도가 크게 강조되었다. 하루 밤낮에 600리를 달렸다거나 심지어는 800리까지 주파했다는 기록이 세워지기도 했다. 강희 연간에는 삼번의 난을 평정한 후 중국 서남 지역에서 북경까지 5,000여 리 길을 9일 만에 주파하여 난 평정의 소식을 전한 바 있고, 정성공(鄭成功)의 부하였다가 청나라에 귀순한 시랑(施琅)은 대만을 평정한 이후 복건성에서 북경까지 육로로 4,800여 리 길을 달려 첩보를 전하는 데 9일의 시간이 걸렸다고 하며, 북경에서 신강의 우루무치까지 8,500여 리 길을 달려 긴급한 군사 보고를 전달하는 데에는 15일의 시간이 걸렸다고 한다.[6]

---

6 劉廣生 편, 『中國古代郵驛史』, 人民郵電出版社, 1986, 321쪽.
7 우정은 Barid를 번역한 것으로 할리파와 각 행성(行省) 사이의 통신 기구를 지칭함. 사마라(Samarra, 이라크 중북부 도시), 메디나(Medina)·시르자(Shirza, 이란의 도시), 레이(Rayy, 이란 테헤란 동쪽 교외에 있다가 사라진 도시), 마르보(요르단의 도시), 고르칸(이란의 도시).

<표5> 우정[7] 거리와 전송 속도

노정(路程, Route)	육로 거리 (Distance overland)	우정 서비스 지점 (Postal Stations)	역사 기록 속의 운송 속도(Recored Speed)	하루 주행 거리(Distance covered in a day)
다마스쿠스–사마라	약 1,740km	145	6일	200~300km
다마스쿠스–바그다드	약 1,740km	미상	3주	60~80km
다마스쿠스–메디나	약 1,500km	미상	12일	125km
사마라–바그다드	약 180km	15	1시간 20분	미상
바그다드–시르자	약 1,100km	91~94	7~8일	140~160km
바그다드–메카	약 1,650km	미상	4일	410km
카이로–다마스쿠스	약 730km	미상	2~4일	180~360km
레이–마르보	약 1,270km	미상	3일	420km
고르칸–바그다드	약 2,000km	미상	13일	150km

• 출전 : Adam J. Silverstein, *Postal systems in the Pre-Modern Islamic World*, Cambridge University Press, 2010, p.192.

근대 중국의 등대 건설 및 관리 중 관민(官民) 상호 작용의 지역적 차이

우링페이

1. 등대 건설 관리의 역사

중국의 유구한 항운사 속에서 등대를 대표로 하는 항로 표시 시설은 항운 사업의 발전과 더불어 나타났다. 고대의 등대 건설 및 관리는 자선 사업의 성격을 띠었다. 민간에서 자금을 모집하여 사묘(寺廟)에 탑을 세우고 빛을 내게 하는 것이 가장 중요한 형식이었다. 현재 상해 청포(靑浦)에 있는 묘탑(泖塔)이 바로 그런 경우에 속하는데 해당 등대는 북송대부터 항로를 표시하는 기능을 수행해 왔다. "오천택(吳天澤)에 따르면 노승이 바닷가에 기초를 만들고 묘탑을 세움과 동시에 우물을 파고 정자를 세워 오가는 사람들에게 탕명(湯茗)을 내주었다. 묘탑에는 등이 설치되어 오가는 사람들이 볼 수 있도록 하였는데 5층 높이의 탑을 세우는데 5년의 시간이 걸렸다. 탑의 부지 면적은 1, 2무(畝) 정도로 큰물이 져도 잠기지 않았다"[1]고 한다.

한편 정토산(淨土山)에 있는 정토사(淨土寺)는 "당 개보 5년 구 선명사(善名寺) 터에 미타원(彌陀院)이라는 이름으로 세워졌다가 송 태평홍국 7년에 정토사로 이름을 바꾸었는데 사찰 뒷산에 탑을 세워 밤마다 행자를 시켜 날이 밝을 때까지 불을 밝히게 함으로써 뱃사람들이 이정표로 삼을 수 있게 하였다"[2]고 한다. 이러한 기록을 통해 수상 교통에 있어서 등대가 갖는 중요성을 알 수 있다.

근대에 들어 1858년에 체결된 천진조약의 부속 문서 통상장정선후조약에서는 "부장(浮桩), 호선(號船), 탑표(塔表), 망루(望樓) 등을 세우는 비용은 선초(船鈔) 항목에 귀속시켜 지발(支撥)하여 사용하도록"[3] 규정했는데, 1862년부터 선초의 3할은 동문관(同文館)의 경비로 사용되었고 7할은 해관총세무사(海關總稅務司)로 보내져 해무(海務) 건설 경비의 명목으로 항표 건설에 사용되었다. 1902년에 동문관이 경사대학당(京師大學堂)에 편입된 이후 기존에 동문관 경비로 지급되던 선초의 3할 역시 해관총세무사로 이전되어 항표 건설에 사용되었다. 이와 같이 중국 근대의 등대 건설을 해관이 주도하였기 때문에 사람들은 늘 그 부분에만 주목하여 해관 이외의 역량들, 이를테면 외국이나 중국의 개인 혹은 회사 단체 등 민간 부문에서 등대를 건설하는 데 미친 역할을 간과하였다.

---

1   (明) 顾清, 『松江府志』卷21, 明 正德七年 간행본(영인본), 成文出版社 1983, 923쪽.
2   (明) 張元忭, 『松江府志』卷21, 明 萬曆 각본(영인본), 成文出版社 1983, 1636쪽.
3   王铁崖, 『中外旧约章汇编』第一册(生活·读书·新知), 三联书店, 1957, 118쪽.

반사덕(班思德)에 따르면 해관에 해무과(海務科)가 설치되기 이전에 "중국 연해 및 내륙 하천에 항행 표지가 설치되긴 했지만 그 수가 적었고 설비가 노후하여 진정한 등대 건축이란 존재하지 않았다"고 하였다.[4] 그러면서 그는 "중국의 등대 설치는 청나라 동치 중엽부터 시작되었는데, 총세무사였던 로버트 하트의 공이 크다고 하면서 당시 중국 영해의 항해 표지가 매우 부족하여 오가는 선박들 모두 항행에 어려움을 느꼈지만 별다른 도리가 없어 아쉬워하던 중에, 총세무사 하트가 그 부분을 염려하여 서구를 본받아 연해 곳곳에 등대와 부표를 만들어 항행에 편리하게 하고 무역을 발전시켜 세수를 늘리자고 제안하였고, 그것은 곧바로 총리아문(總理衙門)에 보고되어 총리아문에서 직접 각 통상구에 등대 세우는 일을 책임지고 추진해 나갔다. 다만 해당 사무가 번다하고 공정이 어려워 널리 전문가를 초빙하여 일을 맡겼는데, 그 결과 남쪽의 경주(瓊州)부터 북쪽의 우장(牛庄)에 이르기까지 중국 연해 각지에 차례로 등대가 세워졌다"고 했다.[5]

나중에 일부 연구자들은 위와 같은 반사덕의 관점을 답습해 중국 근대의 등대 건설을 곧바로 해관에서 추진한 등대 건설과 등치시켰다. 이를테면 강도(江濤)의 경우 「근대 복건 연해의 조항(助航) 표지에 대한 탐구」[6]라는 논문에서 중국 해관이 등대에 대한 통상적인 관리와 경비의 사용 등 문제를 살펴보았지만 중국의 민간과 외국에서 추진한 등대 건설에 대해서는 살피지 않았고, 이방(李芳)의 경우에도 「청나라 말기

---

4   班思德, 『中国沿海灯塔志』, 海关总税务司署 统计科, 1933, 2쪽(이하 책명, 인용쪽수만 표기).

5   『中国沿海灯塔志』, 序一.

6   江涛, 「近代福建沿海助航标志探析」, 福建师范大学 硕士学位论文., 2012.

등대 건설과 관리」[7]라는 논문을 통해 비록 "민중의 초기 등대 건설"이라는 절을 따로 설정하여 분석하긴 했지만, 그 속에는 오히려 관변 측에서 주도한 등대 건설의 사례를 적지 않게 포함시켰다. 뿐만 아니라 민중이 등대를 건설하는 과정에 일으킨 소극적인 영향에 대해서도 분석하지 않았다. 민간 측의 건설 역량에 대해 '민중'이라고만 애매하게 처리했을 뿐 구체적으로 개인과 회사단체 등으로 세분하지 않았는데, 실제 양자가 추진한 등대 건설 사업은 엄연히 구별되는 것이었다. 따라서 외국의 등대 건설 사례도 당연히 해당 논문에 포함되지 않았다. 이러한 아쉬움들은 아마 해당 논문의 제목이 독자들에게 가져다주는 기대감에서 비롯된 듯하다. 근대 중국의 등대에 대한 연구가 부족한 상황에서 이상의 연구 성과들이 발표된 것은 다행스러운 일이긴 하지만, 한편으로는 적지 않은 아쉬움을 남겼다고 생각한다.

분명히 알아두어야 할 것은 해관의 역할이 결국에는 매우 제한적이었다는 사실이다. 특히 초기 등대 건설 과정에서 해관이 통제할 수 있었던 지역은 연해 지역의 일부에만 국한되었다. 중국 해관의 관할하에 있지 않았던 많은 지역(특히 조계(租界))은 물론이고, 해관이 주목하지 못했거나 주목할 만한 여력이 없었던 지역의 등대 건설은 조계지를 차지한 국가나 중국 민간의 역량이 나서서 사업을 추진함으로써 해당 지역에서의 안전 운행을 담보하였다. 1920년 현재, 명확한 경위도 좌표가 있는 등대 가운데서 중국 해관에서 관리하던 등대는 47개였고,[8] 중국

---

7   李芳, 「晚淸灯塔的建設与管理」, 华中师范大学 硕士学位论文, 2011.
8   등대와 등선의 기능이 일치하기 때문에 해관에서 출판한 *List of the Chinese Lighthouses, Lightvessels, Buoys and Beacons*의 통계에서는 일반적으로 등선과 등대를 구분하지 않고

해관이 아닌 다른 기관이나 민간에서 관리하던 등대는 42개로[9] 양자의 수치는 엇비슷하여 상술한 관점이 매우 중요하다는 것을 증명해준다.

관리자가 중국 해관이 아닌 등대들은 대부분 외국에서 관리했는데, 무시할 수 없는 한 가지 사실은 중국의 민간에서 예로부터 자발적으로 등대를 건설한 전통이 있었다는 것이다. 민간 역량은 중국 근대의 등대 건설과 관리 사업에 적극 참여했다. 만약 민간에 그러한 힘이 부족할 때에는 해관의 개입이 필요했고, 그와 마찬가지로 해관의 입장에서도 등대 건설을 보다 확대할 필요가 있을 때에는 민간 역량의 지원이 필요했다. 쌍방 간의 이러한 수요는 등대의 건설과 관리에 있어 관민 간에 원활한 상호 작용이 이루어지도록 촉진했던 반면에, 쌍방 간의 이익이 불일치할 때에는 관민 간에 악성적인 상호 작용이 발생하도록 역기능을 발휘하기도 했다.

계산했다. 이에 따라 본고에서 언급한 등대 중에는 등선이 포함되어 있음을 미리 밝혀둔다.

9 *List of the Chinese Lighthouses, Lightvessels, Buoys and Beacons, The Statistical Department of The Inspectorate General of Customs*, 1920, 12~46쪽.

2. 등대 건설 관리에 있어서의 관민 간의 상호 작용

1) 양성적인 상호 작용

(1) 등대 건설 중의 상호 작용

절강(浙江) 석포(石浦) 동문은 밖으로는 태평양과 이어지고 안으로는 석포항(石浦港)과 접해 있는, 크고 작은 배들이 오고 가는 교통 요로에 위치했다. 그러나 이곳에는 암초가 있어 왕래하는 선박들이 여러 차례 침몰하는 사고가 발생했다. 이에 사람들은 해당 암초를 돌 호랑이라 불렀다. 그러던 것이 1906년에 이르러 개인이 자금을 내어 이곳에 등대 하나를 세우고 현지 어업협회의 관리하에 두었다.[10]

1922년의 한 보도에는 해당 등대가 세워진 과정을 다음과 같이 적고 있다. "석포에 사는 임소보(任筱甫)라는 자가 암초 때문에 배가 통행하기 불편한 것을 보고 해결 방법을 고민하던 중 등대를 세워야겠다는 생각을 하여 건축비 5, 6천 원을 형제와 함께 출연했다. 들리는 바에 따르면 임군은 만금을 가진 자산가는 아니지만 매해 소득 중 일부를 떼어내서 공익 사업에 충당한다는 뜻으로 자금을 의연했던 것이다. 그 소문이 널리 퍼지자 곧 신문지상에까지 오르내리기 시작했으며, 이를 계기로 공익 사업에 열심히 참여한 자를 격려하게 되었다"고 한다.[11]

한편 그로부터 11년 후인 1933년 강소성(江蘇省) 농광청(農礦廳)에서 꾸

---

10   *List of the Chinese Lighthouses, Lightvessels, Buoys and Beacons*, 1910, 20~21쪽.

11   黄美成, 「热忱建灯塔(浙江)」, 『兴华』 제19권 제14호, 1922, 23쪽.

린 잡지 『어황(漁況)』에는 다음과 같은 보도 한 편이 실렸다. 이를 통해 전술한 석포 등대가 그때까지 여전히 양호하게 운영되었음을 알 수 있다. "절강성 동문도(東門島)는 삼문만(三門灣) 항로의 요충에 위치해 있으나 도처에 암초가 분포하고 있어 항행에 지장이 컸고, 이에 뱃사람들은 해당 항로를 험한 것으로 인식했다. 실제로 해당 항로에는 방향을 가리켜주는 표지 설비가 없었던 까닭에, 가끔씩 배가 전복되거나 침몰했다는 사고 소식이 들리던 중 석포 어민 임소화(任筱和)와 임소부(任筱浮)가 민국 3년에 가산을 내어 등대 하나를 세웠는데, 운영 자금은 그들이 매달 고기를 잡아 벌어들인 돈을 등대 유지의 경상비로 사용하고, 그 밖에 여분이 있으면 기타 설비까지 마련하여 완비성을 갖추도록 하였다고 한다. 등대가 세워진 이래로 인근을 지나는 선박들이 모두 안전하게 운행하여 한 건의 사고도 발생하지 않았다. 실로 항해계에 큰 공을 세웠다 할 수 있다. 근자에 들어 임씨 형제는 그들이 나이가 들어져 세상으로 가게 되면 등대를 관리할 사람이 없게 될까봐 염려하여 미리 자금을 마련하여 추후 등대를 운영하는 데 사용할 수 있게끔 기금을 조성하려 한다"[12]는 소식을 전했다. 요컨대 석포의 등대는 개인이 출연하여 세운 등대로 임씨 형제의 끊임없는 노력하에 장기간 등불을 밝힐 수 있었다. 이는 실로 간단치 않은 장거로 현지 어민과 그곳을 왕래하는 상선의 안전 운행에 지울 수 없는 공로를 세운 것이다. 한 가지 첨언할 것은 그 후 석포 등대가 해관에 인계되어 관리되었다는 사실이다.

12　「東門島漁民捐資建筑灯塔」, 『漁況』 44호, 1932, 6쪽.

개인이 세운 등대에 대해 (중화민국) 해군부 해도 측량국에서는 포고를 내어 공시했고[13] 일부는 해관에서 접수하도록 하여 통일적으로 관리 감독하였다. 한 공지를 살펴보면 "절강성 해관 관할 구역인 태평산 (太平山) 서북쪽의 개인이 설치한 등대를 해관에서 접수하였는데, 등대에 설치되었던 정광등(定光燈)을 올해 12월 18일경(해당 날짜에 재공고하지 않을 예정임) 무인 관리가 가능한 전석기(電石氣) 섬광등(閃光燈)으로 교체함으로써 오가는 선박들의 항행에 편리를 도모할 것이다. 이는 각지 어선들의 안전 운행에 관계되는 문제로 별도로 공지할 필요가 있고 동시에 해당 포고 내용을 소속 어업 기관에 알려 그들로 하여금 어민과 어상들에게 알리게 할 필요가 있다"고 했다.[14]

이처럼 개인과 관변 당국 사이에 상호 작용이 발생했던 것 외에 회사 단체 등 조직들과 관변 당국 사이에도 상호 작용이 발생했다. 천진 해관 관할 구역 내에 있는 진황도(秦皇島) 등대는 개란광무국(開灤鑛務局)에서 설치하고 관리하던 등대였는데, "해당 통상구에는 관변 당국이 관리하는 등대가 없어 협상 끝에 개란광무국에서 백색 표간(標杆) 끝에 전등을 달아 진황도 서남 절벽 끝에 세움으로써 등대의 기능을 수행하게끔 하였다. 만약 해당 전등에 문제가 생긴다 해도 진황도항 부두에 있는 전등이 제 기능을 하였다."[15] 개란광무국은 1912년에 "개평(開平), 난주(灤州) 두 광무공사를 합쳐"[16] 세운 회사로 중국 근대 경제사에 있어

---

13 「中华民国东南海岸泉州附近崇武设有私立灯塔布告」, 『交通公报』 658호, 1935, 49~50쪽; 「中华民国东海岸舟山群岛普陀设有私立灯塔」 『交通公报』 624호, 1935, 44~45쪽.

14 韩复榘·张鸿烈, 「准实业部咨送海关布告以接收浙江太平山西北角私人所设灯塔及改变情形仰转饬所属各渔业机关团体转告渔民鱼商知照由」, 『山东省政府公报』 429호, 1937, 23쪽.

15 *List of the Chinese Lighthouses, Lightvessels, Buoys and Beacons*, 1920, pp.42~43.

서 매우 중요한 위치를 차지하며 해당 회사에서 설치한 등대 역시 나중에 해관의 통일적 관리 하로 귀속되었다.

절강 주산(舟山)의 서후문(西堠門) 채화산(菜花山) 일대는 암초가 널려 있고 풍랑이 거셀 뿐더러 등대도 설치되지 않아 이곳을 지나는 많은 상선과 민간 선박들의 운행 안전을 위협하였기 때문에, 1924년 초 상해 초상국(上海招商局)에서는 "비밀리에 삼북(三北), 평안(平安), 주산, 영리(永利), 달흥(達興) 등 항륜(航輪) 회사들을 불러 연명으로 상해에서 정해(定海)로 가는 항선에서 책자산(冊子山) 중간에 위치한 서후문에 등대를 세움으로써 위험 요인을 없애 항행에 편리하게 해 달라고 뇌(賴) 세무사에게 청했더니, 뇌 세무사가 절강 해관 및 감(甘) 세무사와 논의한 끝에 그리 하기로 결정하였지만 여러 날이 지나도록 실행에 옮겨지지는 않았다"[17]고 했다.

즉 여러 가지 원인으로 해관에서 등대를 세우지 않았다는 것인데, 이에 1930년 서후문에 등대를 세워야 한다는 건의가 재차 제기되었다. 그에 따르면 "상해의 화상(華商) 항업계(航業界)는 오가는 선박들의 항해 안전을 고려하여 채화산에 등대를 세울 필요가 있다고 생각했는데, 이에 대해 각 윤선 회사들에서도 동의하여 금명 간에 청구서를 교통 당국에 제출하여 해관에 전달하게 함으로써 새로운 등대를 세우도록 할 것"이라고 하였다.[18]

그러나 결국 해관에서 해당 등대를 설치하지 않자 익리(益利) 등의 회

16　「唐山实业四种—开滦矿务局」, 『兴华』 제24권 제29호, 1927, 20쪽.

17　「各航轮公司催筑西堠门灯塔」, 『申报』(上海版), 1924. 1. 29.

18　「设置方向台与灯塔」, 『申报』(上海版), 1930. 6. 20.

사들이 나서서 채화산에 등대를 세우게 되었다. 1931년에 상해항업공회(上海航業公會)에서 해관 총세무사 매락화(梅樂和)에게 보낸 편지에 따르면, 익리 회사가 보기에는 각 윤선 회사들이 해관에 둔사비(吨紗費)를 납부하기 때문에 해관에서는 마땅히 등대 등의 시설을 세워 선박들의 운행 안전을 담보해야 할 테지만, 현재 해당 회사에서 해관의 책임 범위에 속한 등대의 건설을 완성했고 또 그것이 일대를 오고가는 선박들에게 커다란 도움이 된다는 것이 증명되었으므로, 해관에서는 마땅히 뒤늦게라도 등대의 관리 책임을 인정하고 익리 회사에 등대 건설비와 이미 지출된 운영비를 반환해 주어야 한다고 주장했다.[19] 결국 해관에서는 상해항업공회의 요구를 들어주어 등대 건설비와 유지비를 익리 회사에 돌려주는 동시에 등대의 관할권을 해관 산하로 회수하였다.

(2) 등대 관리 중의 상호 작용

지적해야 할 것은 근대 중국에서 체계적으로 등대를 건설한 주체는 해관이었다. 특히 해관 해무과가 핵심적인 역할을 수행했다. 이에 반사덕(班思德)도 "동치 7년(1868)부터 원래의 계획에 따라 일을 추진하여 동년 3월에 해무과를 설치하여 총세무사 산하에 귀속시켰는데 세무사가 직접 관리하였기 때문에 일명 해무과 세무사라고도 하였다. 해무과의 업무로는 연해 지역과 내륙 하천의 등대, 등선(燈船), 부표(浮漂), 무호(霧號) 및 기타 각종 항행 표지를 건설 관리하고, 항로에 침몰한 선박들을 제거하고 항구와 수도를 건설하며, 선박의 정박 등의 업무를 관리

---

19 「为准将益利公司等所建菜花山灯塔即予收回管理并将垫用建筑支用等款照数拨还事」, 『航業月刊』, 제1권 제10호, 1931, 4~6쪽.

하고 또 인재를 채용해 직임을 맡기는 것이었다. 해무과 세무사 산하에는 등대 공정사 정(正), 부(副) 각 1명과 항구 공정사 1명이 있었는데, 초대 등대 정 공정사 한득선(韓得善) 군은 해관에서 수년간 일해 온 첫 총공정사였다"고 했다.[20]

해관에는 등대를 건설하고 유지하기 위한 비교적 완전한 해무 사업 체계가 갖추어져 있었지만 민간의 역량 또한 그 과정에 적지 않은 영향력을 발휘했음을 발견할 수 있다. 그 이유는 근대 항운업의 발전과 더불어 윤선의 항행 구역이 점차 확대되고 항로 안전에 대한 요구도 점차 높아짐에 따라, 해관의 해무 사업 특히 등대 등의 항표 건설에 대해 더욱 엄격한 요구가 제기되었기 때문이다. 그러나 실제로 중국의 해안선과 하안선이 매우 길었기 때문에 단순히 해관의 역량만으로는 업무 수행에 한계가 있었고, 따라서 등대 등의 항행 표지의 건설에 민간 역량의 참여는 매우 절실한 상황이었다.

개인과 회사 단체가 등대의 건설 및 관리 사업에 참가한다는 것은 보통 관변 측에 협조해 구체적인 사무를 추진해가는 것을 뜻하였으나, 아래의 한 통의 해관 통령(通令)에서 볼 수 있듯이 해관 측 역시 어민과 민선 선주들의 역할을 매우 중시하였다. 그에 따르면 "해관의 집사선 (緝私船) 또는 순라정(巡邏艇)이 수문(水文) 자료가 부족한 연해에서 항행해야 할 경우를 대비하여, 각 해관의 세무사들은 마땅히 해관 소속 선박들이 측량을 나가거나 새로 세울 등대의 위치를 선정할 때 유관 증명서를 소지한 집사선(緝私船) 담당 관원이 당지 어민이나 민선 선주들에

게 일정한 보수를 내어줌으로써, 그들이 해도에 표기되지 않은 암초나 침몰 선박의 잔해 등 장애물의 정확한 위치 정보를 제공하도록 독려해야 한다"고 규정했다.[21]

근대적인 과학 기술의 조건하에서 연해나 연강 항로에 대해 측량하는 것은 대량의 인력을 필요로 하는 작업으로 해관에서 민간인들의 참여를 독려하는 것은 정확한 선택이었다. "민국 3년 말 현재 중국의 바다와 하천에는 총 227개의 등대(그 가운데서 185개는 내하(內河) 혹은 항구에 설치되었음)가 설치되었고, 그밖에 148개의 부통(浮筒), 145개의 표장(標樁)이 설치되었는데 송화강(松花江)의 경우 목장(木樁) 표지만 600여 개나 되어 해당 통계에서는 누락되었다."[22] 다시 말해서 민간 역량의 참여 없이 해관 혼자만의 힘으로는 절대 이상과 같은 성과를 거둘 수 없었다.

한편 민간 역량 또한 등대의 유지 관리에 매우 신경을 썼는데, "절강 정해(定海) 경내의 역항(瀝港) 지방에 암초가 너무 많아 상선이 운행할 때마다 위험 요소가 존재했다. 그곳에 등대를 설치한 것은 선박의 운행 안전과 직결되는 문제였지만, 등대 건설 후 유지 관리를 위한 경비가 부족하여 문을 닫아야 할 지경에 이르렀다. 이에 영소(寧紹) 등의 윤선 회사들에서는 재정부에 건의 사항을 전달하여 해당 등대를 존치시키는 것은 매우 중요한 일이므로 재정부에서 마땅히 절강 해관에 훈칙하여 후자가 등대의 수리 경비를 보조하도록 조치해 달라고 요구하였

---

21 「为对海图上未标明之障碍物提供精确资料者按旧例付给少额酬金海务巡工司应予记录并定期通报有关部门事」, 海关总署旧中国海关总税务司署通令选编编译委员会 편, 『旧中国海关总税务司署通令选编』, 中国海关出版社, 2003, 339쪽에서 재인용.

22 『中国沿海灯塔志』, 29쪽.

다."[23] 이를 놓고 봐도 각 윤선 회사들은 해관을 협조하여 등대를 유지 관리하는데 매우 많은 공을 들였음을 알 수 있다.

2) 악성적인 상호 작용

악성적인 상호 작용이란 다름 아닌 관민 간의 충돌을 가리키는 것으로, 구체적으로 두 가지 유형으로 나눌 수 있다. 하나는 등대를 건설하고 관리하는 과정에서 관변 측에서 민중들의 정당한 권리를 무시하거나 침탈하는 경우이고, 또 하나는 민중이 관변 측의 정당한 권익을 침탈한 경우를 뜻한다. 후자의 전형적인 모습은 불법 분자들이 등대에 대해 파괴 활동을 감행하는 것이다.

(1) 관변 측에서 민중들의 정당한 권익에 손해를 끼친 경우

이 경우에는 관변 측의 배임 행위와 민중의 권익을 무시하거나 침탈하는 행위가 포함된다. 후자에 비해 전자가 더 흔히 볼 수 있는 경우인데 예를 들어 하문(廈門) 해관 관할 구역인 북정도(北椗島) 등대는 건설 초기인 광서 8년(1882)에 해관 직원들이 현지 어민들에게 등대를 세우는 것이 그들의 고기잡이나 미역 채취 등의 생계 활동에 지장을 주지 않는다는 점을 충분히 설명해 주지 않았고 또 해당 어민들 역시 등대를 세우는 것이 선박의 안전 운행에 매우 필요하다는 것을 제대로 인식하

---

23 「各轮船公司请愿修理沥港灯塔」, 『航業月刊』, 제3권 제4호, 1935, 6쪽.

지 못해 "서로 모여 자신들의 어업권이 뺏길까봐 두려워 했는데",[24] 결국 이로 인해 등대의 건설 작업이 연기된 것은 물론 현지 해관 업무의 진행에도 지장을 주었다.

한마디로 이는 해관 직원이 제대로 된 역할을 발휘하지 못해 불필요한 손실을 불러온 사건이다. 사례 하나를 더 들어 보면, 복건(福建) 조구서(鳥邱嶼)에 등대를 건설할 때 시멘트로 부두를 만들어 건설 자재 등을 운반하는데 편리를 도모하고자 했는데, "공정이 지연되자 화약으로 암석을 발파하게 되었다. 그러나 현지 토착 주민들은 발파 작업을 좋은 구경거리로 간주하여 공사 현장으로 모여들었는데 건설 일꾼들이 자리를 비켜달라고 해도 그저 웃기만 할 뿐이었다"고 한다.[25]

이 경우는 분명히 해관 직원들이 민중들에게 화약 발파 작업의 위험성을 충분히 고지하지 않아 발생한 사건이었지만, 해관 직원들은 자신의 책임을 인식하지 못하고 오히려 충돌이 발생하면 "공정을 멈추고 군대 등 공권력의 힘을 빌려 민중을 탄압한 후 다시 공정을 시작하려 했다." 이런 착오적인 인식과 조치는 추후 해당 도서에서의 관민 간 상호 작용에 극히 나쁜 영향을 미쳤던 것이다.

(2) 민중들이 관변 측의 정당한 권익을 침탈한 경우

강력한 정부 권력을 전제로 한 관민 간 충돌에 대한 보도와 연구들은 일반적으로 관변 측이 민중의 권익을 침해한, 이른바 충돌의 한 가지 측면만 강조하는 경향이 강하지만, 민중들이 관변 측의 정당한 권

---

24   『中国沿海灯塔志』, 135쪽.
25   『中国沿海灯塔志』, 138쪽.

익을 침탈하는 충돌의 다른 한 측면에 대해서는 간과하는 경우가 많다. 실제로 민중들이 관변 측의 정당한 권익을 침탈하는 행위는 정부의 세력이 약한 지역 사회에서 자주 발견되며 이에 충분히 주목할 필요가 있다. 등대 관리 기구의 경우 늘 '작은 정부'의 형태였는데, 그 이유는 등대가 일반적으로 외딴 섬이나 반도 지형에 세워졌기 때문에 물자 운송은 물론 사람이 오가는 데도 많은 불편이 따랐기 때문이다. 이런 상황에서 일단 충돌이 발생하게 되면 이방인으로서의 등대 관리인들은 곧바로 고립무원의 지경에 빠지게 되는 것이다.

1935년 7월 30일 중화민국 재정부에서는 두 건의 문건을 반포하였다. 하나는 해관 총세무사에서 작성한 「해관방지도비겁략등선등탑판법(海關防止盜匪劫掠燈船燈塔辦法)」이고 다른 하나는 강서성 정부에서 보낸 「방호등탑등선판법(防護燈塔燈船辦法)」이었다. 「해관방지도비겁략등선등탑판법」 제1조에 따르면 "담당 해관에서는 반드시 각 등선과 등대에서 근무하는 인원들에게 함부로 근무지를 이탈해서는 안 되고 인근의 주민들과 분쟁이 발생해서도 안 된다고 고지하되 어기는 자가 있으면 곧바로 해직시켜야 한다"[26]고 하여 등대 관리 인원과 주민들 사이의 충돌이 발생할 경우에 대비해 명확한 규정을 세웠다.

한편 강서성 정부가 재정부에 올린 「방호등탑등선판법」 제14조[27]에서는 정부 당국이 등대나 등선에 대한 범죄 행위를 어떻게 처리해야

---

26 「海关防止盗匪劫掠灯船灯塔办法(总税务司拟订呈经财政部二十四年七月三十日公布)」, 『安徽政务月刊』 10호, 1935, 109쪽.

27 「防护灯塔灯船办法(江西省政府咨送经财政部二十四年七月三十日抄发)」, 『安徽政务月刊』 10호, 1935, 110~111쪽.

할지에 대해 규정했다. 자세한 내용을 살펴보면 등대나 등선을 보호하기 위해 어떤 방법을 써야 하고, 수상 공안국이나 등대 소재지 정부, 보갑 및 기타 관변 당국, 등대 경비원, 그리고 해관 감독공서 등에서 각각 어떤 책임을 져야 하는지를 규정함과 동시에 상응한 처벌 조치와 장려 조치를 명문화했다.

이를 앞서 지적한 「해관방지도비겁략등선등탑판법」 제5조의 "도적 무리가 비교적 창궐한 지방의 등대 관리 인원은 가능한 범위 내에서 민간인 주택을 임대하여 거주하면서 여러 가지 도구를 그곳에 보관하여 절도 당하지 않게 하라"고 한 것과 동 판법 제6조의 "각 등선, 등대의 공물(公物)이나 등용품(燈用品)은 직무에 방해되지 않는 범위 내에서 되도록 적게 비치하도록 하고, 그와 동시에 쉽게 지워지지 않고 함부로 고치기 힘든 기호를 표기해 놓아 도적들이 넘보지 못하게 하라"[28]고 한 것 등을 연계시켜 보면, 두 가지 문건 모두 등대를 노린 도적들의 범죄 행위에 대해 우려하는 차원에서 반포된 것임을 알 수 있다. 이런 규정들이 제정된 것은 등대의 건설과 관리 가운데서 발생한 관민 간의 악성 충돌로 인한 부정적 영향에 대해 해관과 지방 당국 모두 매우 중시했음을 말해준다.

28　「海关防止盗匪劫掠灯船灯塔办法(总税务司拟订呈经财政部二十四年七月三十日公布)」, 『安徽政务月刊』 10호, 1935, 109쪽.

3. 등대 건설 및 관리 중의 관민 간 상호 작용의 지역적 차이

관민 간 상호 작용의 지역적 차이에는 두 가지 부분이 포함된다. 하나는 양성적인 상호 작용의 지역적 차이이고, 다른 하나는 악성적인 상호 작용의 지역적 차이이다. 각지 해관에서는 등대를 건설하고 관리하는 과정에서 자신의 역량만으로 사업을 전개해 나가는 것이 어렵기 때문에 민중들의 참여가 필요하다는 것을 절실히 깨달았고, 민중들의 입장에서도 현실적인 수요(이를테면 바다로 나가 조업하기 위해서는 등대의 도항(導航)이 필요했고 해관에서 제공하는 침몰 선박 내지는 암초에 대한 정보가 필요했음)에 의해 등대의 건설과 관리 작업에 열의를 보였다. 이는 곧 관민 간의 양성적인 상호 작용이 발생하게 된 근원이다.

하지만 각 지역 주민들의 성격이 다르고 새로운 사물에 대한 그들의 인식도 차이가 있었으며 각 지방의 관리들이 구체적인 사건을 처리하는 태도와 처리 방법 또한 상이하였기 때문에, 똑같은 규정을 실행한다고 해서 서로 다른 지역에서 상호 작용의 결과 또한 일치하지는 않았다. 뿐만 아니라 각 지역에서의 충돌 혹은 범죄의 비용과 수익에서도 차이가 존재했기 때문에, 관변 측과 민간 측의 이익이 서로 불일치할 경우 악성적인 관민 충돌이 발생할 가능성 또한 높아졌다.

1) 장강 중상류 지역

1935년 해관 총세무사가 재정부에 보낸 한 보고에서는 "구강(九江) 해관 관할 구역 내의 등대에 대한 도적들의 절도 행위가 가장 심각하다"[29]고 지적했다. 이를 볼 때 강서성 정부에서 「방호등탑등선판법」을 제정한 것은 우연한 일이 아니었음을 알 수 있다.

구강 일대에서 등대나 등선에 대한 약탈 행위가 발생했다는 보도는 오래 전부터 있었다. 1820년대 서양의 한 신문 보도에 따르면, 구강 인근의 마돈(馬墩) 지역에 등대의 역할을 하는 조그마한 등선이 있었는데 하룻밤에 "9명의 강도가 긴 칼을 휴대하고 등선에 쳐들어와 재물과 중국인 3명의 의복을 약탈해 갔다고 하였다. 그 후 메릴린치 윤선이 사건 현장을 지나가자 등선 위의 한 사람이 메릴린치 선주에게 해당 사실을 알렸고, 메릴린치 배가 구강에 도착한 후 곧바로 구강 해관에 알렸다고 하는데, 사건을 조사해보니 해당 도적들은 재해를 입은 난민들이었다고 하였다."[30]

이밖에 안경(安慶) 인근에도 늘 강탈 사건이 발생했다. "안경 하류 30리 쯤 되는 곳의 노안도(老鴈島) 및 전강구(轉江口) 등 지역은 큰 강을 마주하고 있어 교통의 요충이라고 할 수 있었다. 이에 그곳에 등대를 설치해 오가는 선박의 교통을 정리하고 있었는데, 지난 해 10월 강도 10여 명이 노안도 등대 내 기물을 전부 약탈해 가 구강 해관 세무사 단이(單爾)는 성장(省長)이 직접 나서 도적을 잡아들이도록 해관 감독에게 요구

---

29   熊式輝, 「海关防止盗匪劫掠灯船灯塔办法」, 『江西省政府公报』 275호, 1935, 5쪽.

30   「难民抢劫尖艇」, 『申报』(上海版), 1911.9.21.

했지만 여태까지 범인을 잡지 못했다." 하지만 그로부터 얼마 지나지 않은 12월 18일, "전강구 등대도 약탈을 당해 관리 직원의 의복 등이 없어져 해관 감독은 재차 성정부에 도적을 붙잡아달라고 요구했다."[31]

뿐만 아니라 같은 구강 해관 관할하에 있는 남창(南昌) 봉황주(鳳凰洲) 지역에도 "총을 멘 강도 수십 명이 쪽배를 타고 등선에 접근하여 밧줄을 끊어버리고 배 안에 있는 물건을 모두 훔쳐갔다"[32]고 했다. 이를 통해 장강 중류 지역은 관민 간 악성적인 상호 작용이 가장 많이 발생한 지역이라고 볼 수 있다. 그와 달리 장강 상류 지역에는 등대가 비교적 적었기 때문에 등대를 노린 범죄 행위 또한 크게 발생하지 않았고 신문과 잡지에 등장하는 보도들도 별로 없어 심층적인 분석이 어렵다.

2) 장강 하류 지역

강소(江蘇) 남통(南通) 인근 지역은 강도들의 노략 행위가 자주 발생하는 지역이었다. "재정부에서는 관할 해관에서 올린 보고에 따라 지난달 16일부터 현재까지 통주(通州) 해관에서 2마일 정도 떨어진 등대에 도둑이 두 번이나 들어 항행 안전을 위협하게 되었다. 이에 재정부에서는 통령(通令)을 내려 해당 죄인을 붙잡으라고 하였다고 한다. 그러면서 재정부에서는 항행의 편리를 위해 세워진 등대를 약탈하는 행위는 법규를 무시하는 행위로서 마땅히 행정원에서 각 성시(省市)에 등대를

---

31   「盜匪兩次劫掠灯塔」, 『申報』(上海版), 1917.1.28.
32   「盜匪屢劫灯船」, 『申報』(上海版), 1917.2.18.

보호하라는 훈칙을 내리고 강소성 정부도 마땅히 훈령을 내려 도적을 붙잡되, 다른 각 성시 정부 역시 금후 해관의 등대를 잘 보호하여 항행 안전에 도움이 되게 하라"[33]고 하였다.

하지만 이로부터 3일 후의 한 보도에 따르면 "남통 상음사(常陰沙)의 등선이 절도 당했다"[34]고 하였다. 1936년에 이르기까지 다른 지역에서는 등대, 등선이 도난당했다는 보도가 별로 없었지만 유독 남통 지역에서만 "여러 차례 등선이 도둑들에게 털린 일이 발생했는데 상음사 십일우항(十一圩港) 밖에 있는 등선의 경우 13일 밤에 재차 강도의 습격을 당해 등유 및 관리인들의 옷가지가 도난 당해 현(縣) 정부에 해당 사실을 보고하여 도적을 붙잡게 하였다"[35]고 한다.

그러나 강소 해관 관할 구역 내에서 자주 발생하는 기타 범죄 사건들은 대부분 죄질이 비교적 경미한 절도 사건들이었다. 예를 들어 1901년도 『신보(申報)』의 한 기사에 따르면 "요소앙(姚小仰), 축재수(祝才秀) 등 4명의 도둑들이 포강 등대 내에 저장된 등유 일곱 상자를 훔쳐갔다가 강소 해관 세무사에 붙잡혔기 때문에 이를 도원(道轅) 상해공서에 알려 죄인에 대한 심문을 마친 후 처벌을 기다린다"고 하였고,[36] 강소 해관에서 해군사령공서(海軍司令公署)와 오송수경(吳淞水警) 제1청 청장에게 보낸 공함에 따르면, 강소 해관 유성(流星) 선주가 보고하기를 "순시선이 외해 등대에 대한 순시를 마치고 상해로 돌아오던 중 숭명현(崇明縣) 백절산(白節山) 근처를 지날 때 그곳의 등대 옆에 있는 저장물 창고가

---

33 「財部通咨保护灯船」, 『申报』(上海版), 1933.12.8.

34 「南通常阴沙灯船被劫」, 『申报』(上海版), 1933.12.11.

35 「南通十一圩港灯船被劫」, 『申报』, 1936.5.17.

36 「批饬发落」, 『申报』(上海版), 1901.3.10.

파괴된 것을 발견하여 가까이 가서 살펴보았더니 창고 내에 보관해 두었던 밧줄과 전선이 모두 없어졌다"[37]고 하였다.

특기할 것은 장강 입해구(入海口)에 위치한 화조산(花鳥山) 등대의 관리 인원들은 섬에 거주하는 주민들과 "관계가 좋은 편이어서 화남 지역의 각 등대에서처럼 관리 인원이 현지 토인들과 충돌하는 사건이 거의 발생하지 않았다"[38]고 하였다. 이를 통해 장강 하류 지역의 경우 관민 간의 악성적인 상호 작용만 발생했던 것이 아니라 양성적인 상호 작용도 함께 존재했었음을 알 수 있다.

3) 화북 지역

막야도(鎮鋣島)에 등대를 설치하기 이전 인근 해역에서 조난당한 선박들은 약탈을 당하기 일쑤였는데, 등대를 건설하고 나자 "여객과 선원들이 피신할 수 있는 장소가 생겨났을 뿐만 아니라 개인 물건이나 화물을 맡겨놓을 수 있는 안전한 장소로도 활용될 수 있었다. 따라서 윤선, 범선 및 민선이 조난당할 경우 등대에 와서 잠깐 머무르는 자들의 발걸음이 끊이질 않아 관리 인원들은 그들의 의식주 문제를 해결하기 위해 백방으로 노력했고 최대한도로 도움을 주었다"[39]고 한다. 이를 통해 등대의 관리자와 현지 민중들 사이의 관계가 매우 화목했음을 알 수 있다.

---

37 「灯塔公物失窃之查缉」,『申报』(上海版), 1918.10.30.
38 『中国沿海灯塔志』, 219쪽.
39 『中国沿海灯塔志』, 267쪽.

산동성(山東省) 영성현(榮成縣)에 있는 성산두(成山頭) 등대는 세워진 이후 관리 인원과 현지 민중들 사이의 관계가 그다지 좋지 못했으나, 바위에서 추락한 현지 마을의 원로를 등대의 관리 주임이 구해준 것을 계기로 양측의 관계는 점차 원활하게 바뀌어갔다. 그리하여 "민국 초년의 사회적 혼란기에 해당 마을의 사람들은 등대에 대표를 보내 마을의 부유(婦孺)들을 전부 등대 내에 안치하여 보호해 달라"[40]는 요구까지 하게 되었는데, 비록 나중에 등대의 관리 문제로 인해 주민들의 요구를 들어 주지는 못했지만, 마을 주민들이 등대의 관리 인원들에게 이상의 요구를 했다는 사실은 그들이 등대의 관리자를 신임한 것으로 볼 수 있다.

과거 중국에서는 사묘(寺廟)의 탑을 항표로 많이 이용했었으며, 근대에 들어서도 등대를 건설하는 과정에 종종 그러한 사례가 발견된다. 연태산(烟台山) 등대가 바로 해관과 불교 사찰이 서로 합작하여 세운 시설물이다. "연태산 사찰 내의 모든 건물은 일반적인 등대의 모양이 아니라 사찰 건물의 꼭대기에 등을 설치해 놓았다. 해당 건물은 중국의 전통적인 양식을 좇아 모양이 흡사 견고한 포루의 능보(稜堡)와도 같았다." 한편 "사찰 내의 건물들은 등대 직원의 숙소 및 창고로도 쓰였다." 등대의 정상적인 업무를 보장할 뿐만 아니라 "사찰의 건립 취지를 살려 등대의 외부를 하얗게 칠해 등대로서의 외관을 유지하면서도 내부 기둥의 도색은 여전히 검은색과 붉은색 두 가지를 사용하였다. 따라서 연태산 등대가 위치한 사찰은 풍경이 수려하여 고찰의 풍모를 잃지 않았다.

---

40   『中国沿海灯塔志』, 286쪽.

사찰 내 변액 및 비문들도 현재에 보기 드물 정도로 보존이 잘 된 편이다. 연태산 사찰에 등대를 세운 후에도 승려들은 탑의 북쪽에 위치한 건물에서 몇 년간 생활하였는데 현재 해당 건물은 경찰분소로 사용되고 있다."[41] 이 사례를 통해 해관 관할하의 등대 관리자와 사원의 승려들이 양성적인 상호 작용을 보여 화목하게 지냈음을 알 수 있다.

한마디로 화북 지역의 등대 관리자와 현지 민중들은 상호간에 신뢰 관계를 쌓았기에 악성적인 상호 작용이 별로 발생하지 않았다. 해당 지역의 관민 간 상호 작용은 양성적인 것이 주를 이루었다고 볼 수 있다.

4) 화남 지역

화남 지역의 등대 건설과 관리 중의 관민 간 상호 작용은 대체로 순조롭지 못했다. 민중들이 등대 관리 기구의 권익을 해치고 등대를 겨냥한 범죄 행위가 때때로 발생하였는가 하면, 등대 관리자들도 그에 못지않게 공권력을 파견해 주민들을 탄압하는 경우가 자주 있었다.

민중들이 등대 관리 기구의 권익을 해친 사례로는 동견산(東犬山) 등대의 건이 대표적이다. "광서 13년(1887) 등대가 위치한 섬의 주민들은 부두 및 등대 사이의 평탄한 길에 건물 몇 채를 지었는데 해당 도로를 건설할 때 비용을 주민들에게서 걷지 않고 모든 자재비 등을 등대 관리 기구에서 부담하였고 마을 사람들이 인부로 동원되어 풍족하게 일당을 받아

---

41 『中国沿海灯塔志』, 295쪽.

간 적이 있었다. 그런데 현재 그들이 등대에 대해 파괴하는 것은 물론 태연히 도로까지 침범한 것은 실로 어처구니가 없는 일이다. 한편 광서 23년(1897) 등대 관리인 진술(陳述)이 키우던 개를 향민들이 훔쳐 잡아먹는 일이 총 네 번이나 있었다 하고, 광서 30년(1904)에는 섬 인근의 전선을 끊어간 일이 발생했고, 민국 5년(1916)에는 등대 내 경포(警砲)에 장착한 화약이 절도당하는 일이 발생하기도 하였다."[42] 현지 주민들의 이상의 행위는 실로 등대 관리자들로 하여금 골머리를 앓게 만들었다.

보다 심각한 것은 등대를 겨냥한 폭력 범죄가 빈번하게 발생했던 것인데, 1932년 6명의 영국인 부녀자와 2명의 러시아인이 오늘날 복건(福建) 연강현(連江縣)에 위치한 적오(赤澳) 등대에서 강도들에게 납치되었다. 비록 나중에 그 가운데 영국인들은 광동에서 복건으로 비적들을 소탕하러 온 장서귀(張瑞貴)의 부대에 의해 "남산 석굴에서 구출되어"[43] 조주(潮州) 해관으로 보내져 영국 영사 측에 인도되었지만, 두 명의 러시아인은 끝내 구출되지 못했다고 한다. 뿐만 아니라 1938년 『신보』(홍콩판)의 보도에 따르면 홍콩과 "복주 사이의 한 군데 등대가 해적들에게 털렸다"고 하였는데, 해적들은 약탈만 했던 게 아니라 "등대의 주임인 닐슨과 중국인 직원 두 명까지 납치해 갔고 등대에 저장되었던 등유는 한 방울도 남기지 않고 전부 훔쳐갔다"[44]고 했다. 물론 나중에 조사한 바에 따르면 "닐슨 등이 실종된 것이 해적들의 노략질에 의한 것이 아니라 다른 이유에서였다고는 하지만",[45] 이러한 납치 사건들은 등대 관리

---

42 『中国沿海灯塔志』, 156쪽.
43 「粤军分入赣闽 十日内即可总攻」, 『申报』(上海版), 1932.3.22.
44 「海外一灯塔竟被海盗掳劫 煤油被掠主任及职员均被掳 今后各轮船航行将发生困难」, 『申报』(香港版), 1938.7.3.

인원의 신변 안전에 대해 사람들이 우려하지 않을 수 없게 만들었다.

하지만 이에 못지않게 등대 관리 인원들의 민중을 대하는 방식에도 문제가 있었다. 등대 관리자들은 현지 주민들과 소통이 부족했다. 이는 그들의 현지 민중에 대한 시선을 통해서 살필 수 있다. 등대 관리자들이 보기에 "현지인들은 자기중심적이고 구속되지 않아 성격이 우락부락했고"[46] "반은 강도, 반은 해적이었으며"[47] "그들이 거주하는 모사(茅舍)나 생활 습관 및 문란한 성 의식 등을 보더라도 그들은 아직도 신석기 시대나 철기 시대에 살고 있다"[48]는 등의 모멸적인 언사를 서슴지 않았다. 이와 동시에 현지 민중들을 방범하기 위해 등대 관리자들은 공간적인 격리 방법을 채용하여 "철사나 나무로 장벽을 만들었는데 얼마 지나지 않아 나무들이 자라자 외부인들은 함부로 등대를 출입할 수 없게 되었다."

이처럼 소통의 부족으로 인한 감정상의 거리는 서로 간의 불신과 대립의 정서를 낳게 되었다. 등대 관리자들의 서술에 따르면 여러 번 군대를 보내 백성들을 진압한 사례가 발견된다. 이를테면 "마침 고급 무관이 위사(衛士) 여러 명을 대동하고 등대에 강제로 침입한 촌민들을 탄압하러 와서 남아있던 민인들은 뿔뿔이 흩어졌다"거나 "민국 7년 내지 정부 당국에 병사 4명을 섬으로 보내 탄압하게 해 달라고 요구하였다"거나 "내지의 관리가 수시로 와서 탄압했다"는 등등의 기록이 자주 발견된다. 하지만 등대 관리자들이 보기에 병사를 보내 진압해야 하는

45　「閩灯塔管理員失踪□□海盜搰劫所为」, 『申报』(香港版), 1938.7.4.
46　『中国沿海灯塔志』, 61쪽.
47　『中国沿海灯塔志』, 138쪽.
48　『中国沿海灯塔志』, 143쪽.

사건들은 대부분 민중들이 악의를 품고 저지른 사건이라기보다는 쌍
방 간의 소통 부족으로 인해 일어난 사건들이었다. 등대 관리자들은
이러한 현상을 과도하게 해석하여 지나치게 격렬하고 부적절한 방식
으로 해결하려 했기 때문에 결국 사건을 더욱 악화시켰다.

화남 지역에서는 해관들이 지역 민중들의 이익을 침탈한 것과 지역
민중들이 등대 관리 기구의 정당한 이익을 해치는 사건이 빈번하게 발
생했을 뿐더러 치열하게 대항하는 방식으로 해당 모순을 해결하려 했
다. 화남 지역은 관민 간의 악성 상호 작용이 가장 심각하게 발생했던
지역이다.

4. 맺음말

만약 고대 사묘 내의 도항 기능을 갖춘 보탑을 등대의 초기 형태라
고 할 수 있다면, 중국의 등대 건설과 관리의 역사는 매우 유구하다.[49]
이와 같은 고대의 등대 건설과 관리 작업에는 민간의 역량과 관변 측
의 상호 작용이 영향력을 미쳤는데, 근대에 들어 이러한 관민 간의 상
호 작용은 보다 빈번히 발생하였다. 기존의 등대에 관한 연구들이 이
부분을 간과하였기 때문에, 본고에서는 해관 사료와 근대에 간행된 신

49　叶嘉畲, 『中国航标史』, 中华人民共和国 海事局, 2000, 14~18쪽.

문, 잡지를 기초 자료로 삼아 분석 연구를 진행하였고, 그 결과 민간의 역량이 근대 중국의 등대 건설과 관리 작업에 참여했던 것은 관변 측과의 상호 작용에서 양성적인 상호 작용과 악성적인 상호 작용 두 가지를 모두 포함한 과정이었음을 밝혀냈다. 그와 동시에 그러한 관민 간의 상호 작용이 상당히 큰 지역적 차이를 보인다는 것을 밝혀냈다.

관민 간의 양성적인 상호 작용은 민중들이 해관 측을 협조하여 수로를 측정하거나 등대를 건설하는 것과 해관의 등대 관리 인원들이 조난당한 선박을 구조하거나 민중들이 경영하기 힘든 등대를 인수하여 관리하는 것 등의 내용이 포함된다. 한편 관민 간의 악성적인 상호 작용은 해관 측에서 민중들의 권익을 무시하거나 침탈하는 행위는 물론 민중들이 관민 간의 충돌에서 과격한 행위를 보이는 것, 등대에 대해 범죄 활동을 감행하는 것 및 해관 측의 정당한 권익을 해치는 행동 등이 포함된다.

그중 화북 지역에 분포된 등대의 경우 관민 간의 양성적인 상호 작용이 비교적 많았고, 장강 하류 지역에 분포된 등대의 경우 관민 간의 상호 작용은 양성적인 것과 악성적인 것이 혼재된 양상을 보였으며, 화남 지역과 장강 중류 지역에 분포된 등대의 경우 관민 간의 악성적인 상호 작용이 집중적으로 발생하는 모습을 보였다.

이러한 관민 간의 상호 작용의 지역적 차이는 주관적인 차원에서 각 지역 민중들의 상이한 성격과 그들이 새로운 사물을 인식하는 수준의 차이, 서로 다른 지역의 관변 당국에서 구체적인 사건을 대하는 태도와 방법이 서로 달랐던 데서 기인했고, 객관적으로는 각 지역에서 발생한 충돌의 비용과 수익의 차이에서 발생하였다.